Wirtschaftspolitische Forschungsarbeiten der Universität zu Köln

Band 43

Staatliche Regulierung und die Krise des kamerunischen Bankensystems von 1986-1997

von

Jan Schroeder-Hohenwarth

Herausgegeben von Prof. Dr. Manfred Feldsieper

Tectum Verlag
Marburg 2002

In der Schriftenreihe *Wirtschaftspolitische Forschungsarbeiten* des Tectum Verlags erscheinen in unregelmäßiger Folge herausragende Forschungsarbeiten aus dem Umfeld der Universität zu Köln.
Herausgegeben wird die Reihe von Prof. Dr. Manfred Feldsieper.

Die Deutsche Bibliothek - CIP-Einheitsaufnahme

Schroeder-Hohenwarth, Jan:
Staatliche Regulierung und die Krise des kamerunischen
Bankensystems von 1986-1997
/ von Jan Schroeder-Hohenwarth
- Marburg : Tectum Verlag, 2002
Zugl: Univ. Diss Köln 2002
Wirtschaftspolitische Forschungsarbeiten der Universität zu Köln ; Bd 43
ISBN 978-3-8288-8372-7

Tectum Verlag
Marburg 2002

VORWORT

Krisen von Banken- und Finanzsystemen im Ganzen begleiten die wirtschaftliche Entwicklung seit dem Beginn des Industrialisierungsprozesses im 19. Jahrhundert in mehr oder minder regelmäßigen Abständen. Zumeist blieben sie auf einzelne Länder oder Regionen der Welt beschränkt. Als sie sich kumulierten und Anfang der 30er Jahre des vorigen Jahrhunderts fast alle damals hoch industrialisierten Länder in kurzer zeitlicher Reihenfolge erfassten, kam es zu dem Phänomen, das in die Wirtschaftsgeschichte unter der Bezeichnung ,*Weltwirtschaftskrise*' eingegangen ist.

Die Lehren, die im institutionellen und regulatorischen Bereich daraus gezogen wurden, hatten zur Folge, dass zumindest in den hoch industrialisierten und einkommensmäßig an der Spitze stehenden Ländern Krisen, die das Finanzsystem dieser Länder insgesamt in Bedrängnis gebracht hätten, nicht mehr zu verzeichnen waren, wenngleich Bankenkrisen größeren Ausmaßen, d.h. mehr als nur der Zusammenbruch einer einzelnen Bank, nicht ganz vermieden werden konnten.

In der Zeit nach dem Zweiten Weltkrieg wurden solche Finanzkrisen in einzelnen Ländern und deren Ausbreitung durch starke Beschränkungen in der Konvertibilität vieler Währungen und infolgedessen einer stark reduzierten internationalen Kapitalmobilität begrenzt. Aber schon wenige Jahre, nachdem das Internationale Währungssystem von Bretton Woods mit seinem Korsett grundsätzlich fester Wechselkurse Anfang der 70er Jahre des vorigen Jahrhunderst zusammengebrochen war, kam es – wohl auch wegen des in Folge insgesamt zunehmenden Grades an Konvertibilität in der Welt – wieder zu bedeutsamen Finanzkrisen in einzelnen Ländern oder gar ganzen Weltregionen. Ausgangspunkt war die Finanz- und Schuldenkrise Mexikos im Jahre 1982, die letztlich ganz Lateinamerika erfasste und deren Folgen eigentlich bis heute nachwirken und spürbar sind. Seitdem gehören Krisen von Banken oder gar ganzen Finanzsystemen in einzelnen Ländern oder großen Regionen zu den, so möchte man fast schon sagen, „*tagtäglichen*" Vorkommnissen. Die jüngste Finanz- und Schuldenkrise Argentiniens bestätigt diesen Befund.

Während die Finanzkrisen lateinamerikanischer Länder, der Länder Ostasiens oder in den Nachfolgestaaten der ehemaligen Sowjetunion die entsprechend Aufmerksamkeit im tagespolitischen Nachrichtengeschäft oder auch in der wissenschaftlichen Auseinandersetzung und Diskussion fanden, haben Finanzkrisen in afrikanischen Ländern nicht den gleichen Grad an Aufmerksamkeit gefunden. Zweifellos liegt das auch daran, dass die afrikanischen Staaten im ökonomischen Sinne alle ganz *,kleine'* Länder sind und infolgedessen Finanzkrisen in diesen Staaten kaum internationale Reperkussionen zur Folge haben können.

Herr SCHROEDER-HOHENWARTH hat es sich in der vorliegenden Arbeit zur Aufgabe gemacht, die Banken- und Finanzkrise im afrikanischen Kamerun wissenschaftlich aufzuarbeiten, eine Krise, die sich über einen Zeitraum von über 10 Jahren ab Mitte der 80er bis weit in die 90er Jahre des vorigen Jahrhunderts erstreckte.

Auf der Basis der modernen Theorien von Finanzierungssystemen und den Ursachen für deren Krise wird die Banken- und Finanzkrise in Kamerun umfassend und akribisch aufgearbeitet, und es werden die politischen Entscheidungen mit ihren Lösungen dargestellt, mit deren Hilfe es letztlich gelang, die Krise zu beenden und das Banken- und Finanzsystem wieder auf eine solidere Basis zu stellen.

Einzelheiten der Krise und ihrer Überwindung können und müssen an dieser Stelle nicht geschildert werden. Dazu sei der Leser auf die entsprechenden Kapitel der Arbeit verwiesen, die sich mit den entsprechenden Gegebenheiten und Bedingungen in Kamerun befassen. Um das Banken- und Finanzsystem eines Landes beschreiben und analysieren zu können, bedarf es einer umfassenden und genauen Kenntnis dieses Landes und seiner Wirtschaft, die nicht nur von außen und mit Hilfe von Datenbänken und Statistiken gewonnen werden kann. Eine längere eigene Anschauung von den wirtschaftlichen und politischen Gegebenheiten und Prozessen in einem solchen Lande sind dazu unerläßlich. Hier nun konnte Herr Schroeder-Hohenwarth auf seine eigenen Erfahrungen in Kamerun zurückgreifen, wo er längere Zeit im Finanzsektor für die DEG, eine deutsche Institution der Entwicklungshilfe, tätig war.

Dadurch erhält die vorliegende Untersuchung eine Authentizität, die für Fallstudien über einzelne Länder unabdingbar ist. Die Analysen und Ergebnisse spiegeln sich nicht nur in einem kompetent aufbereiteten Datenmaterial wieder, sondern sie beinhalten in ihren Urteilen und Bewertungen auch die Einschätzungen eines Fachmannes, der durch einen langjährigen Aufenthalt an Ort und Stelle und einer Beschäftigung mit den angesprochenen Fragen „vor Ort" geprägt sind.

Die Lektüre dieser Forschungsarbeit sei daher Ökonomen, die Entwicklungspolitik betreiben (wollen), nachdrücklich empfohlen.

Köln, im Februar 2002   Univ. Prof. Dr. Manfred Feldsieper

i

Inhaltsverzeichnis

ii

ABBILDUNGSVERZEICHNIS

TABELLENVERZEICHNIS

ABKÜRZUNGSVERZEICHNIS

AG	Aktiengesellschaft
AIBE	Autres institutions bancaires éligibles
AIBNE	Autres institutions bancaires non éligibles
BAKred	Bundesaufsichtsamt für das Kreditwesen
BAO	Banque de l'Afrique Occidentale
BCCC	Bank of Credit and Commerce Cameroon
BCD	Banque Camerounaise de Développement
BCEAO	Banque Centrale des Etats de l'Afrique de l'Ouest
BCM	Banques créatrices de monnaie
BdF	Banque de France
BEAC	Banque des Etats de l'Afrique Centrale
BIAOC	Banque Internationale pour l'Afrique Occidentale Cameroun
BICEC	Banque Internationale du Cameroun pour l'Epargne et le Crédit
BICIC	Banque Internationale pour le Commerce et l'Industrie au Cameroun
BIP	Bruttoinlandsprodukt
BIS	Bank für Internationalen Zahlungsausgleich
BMBC	Banque Méridien BIAO Cameroun
BNCI	Banque National pour le Commerce et l'Industrie
BNP	Banque Nationale de Paris
CAC	Crédit Agricole du Cameroun
CAMBANK	Cameroon Bank
CBC	Commercial Bank of Cameroon
CCEC	Commission de Contrôle des Etablissements de Crédit
CCEI	Caisse Commune de l'Epargne et de l'Investissement
CEMAC	Communauté Economique et Monétaire de l'Afrique Centrale
CFC	Crédit Foncier du Cameroun
CFD	Caisse Française de Développement
CHB	Comptes Hors Budget
CL	Crédit Lyonnais
CNC	Conseil National du Crédit
COBAC	Commission Bancaire de l'Afrique Centrale

DBB	Deutsche Bundesbank
DEG	Deutsche Investitions- und Entwicklungsgesellschaft mbH
EFI	Entwicklungsfinanzierungsinstitut
eG	eingetragene Genossenschaft
EIU	Economist Intelligence Unit
ESAF	erweiterte Strukturanpassungsfazilität
EU	Europäische Union
EZB	Europäische Zentralbank
FCFA	Franc de la Coopération Financière en Afrique Centrale
FF	Französischer Franc
FIB	First Investment Bank
FJP	Fünf-Jahres-Plan
FOGAPE	Fonds de Garantie aux Petites et Moyennes Entreprises
FONADER	Fonds National de Développement Rural
GFSY	Government Finance Statistics Yearbook
GuV	Gewinn- und Verlustrechnung
IFNB	Institutions financières non bancaires
IFS	International Financial Statistics
IMF	International Monetary Fund
JAE	Jeune Afrique Economie
KG	Kommanditgesellschaft
KGaA	Kommanditgesellschaft auf Aktien
KMU	kleine und mittlere Unternehmen
LLR	Lender of Last Resort
MIB	Meridien International Bank
MTM	Marchés Tropicaux et Méditeranéens
NEER	nominaler effektiver Wechselkurs
NFI	Nicht-Finanzinstitute
OECD	Organization for Economic Cooperation and Development
oHG	offene Handelsgesellschaft
ONCPB	Office Nationale de Commercialisation de Produits de Base
RDPC	Rassemblement Démocratique du Peuple Camerounais
REER	realer effektiver Wechselkurs
SAP	Strukturanpassungsprogramm

SCB	Société Camerounaise de Banque
SCB-CL	Société Commerciale de Banques – Crédit Lyonnais
SCM	Secrétariat du Comité Monétaire de la Zone Franc
SCR	Société de Recouvrement de Créances
SG	Société Générale
SGBC	Société Générale de Banques au Cameroun
SNH	Société Nationale des Hydrocarbures
SNI	Société Nationale d' Investissement
SODECOTON	Société de Développement du Coton
StBA	Statistisches Bundesamt
SZR	Sonderziehungsrechte
UN	United Nations
UNC	Union Nationale du Cameroun
ZBG	Zentralbankgeld

1. EINFÜHRUNG

Zwischen 1980 und 1996 sind weltweit in über 130 Ländern Probleme im Bankensektor aufgetreten, die die Schließung und/oder Rekapitalisierung des Systems erforderlich machten (Lindgren et al. 1996, S. 3). Die mit der Restrukturierung des Bankensektors verbundenen direkten Kosten waren erheblich und haben in einigen Fällen mehr als 40% des Bruttoinlandsproduktes (BIP) erreicht (IMF 1998d, S. 78). 1997 und 1998 hat die Asienkrise erneut die Aufmerksamkeit auf die Risikopolitik von Kreditinstituten und die Stabilität des Bankensystems gelenkt. Unabhängig von der in der Literatur nach wie vor umstrittenen Frage, welche Zusammenhänge im einzelnen zwischen Finanzsektor und wirtschaftlichem Wachstum bestehen, herrscht weitgehendes Einvernehmen darüber, daß eine systemische Krise im Bankensektor mit Friktionen und Anpassungskosten und damit gesamtwirtschaftlichen Wohlfahrtsverlusten verbunden sein kann: „In general, a decline in economic activity precedes the outbreak of a banking crisis so that it becomes difficult to isolate the independent effect of the crisis on output during and after the event. Nevertheless, there is widespread agreement that a banking crisis is likely to amplify a downturn [...]"(Goldstein/Turner 1996, S. 6).

Gleichzeitig ist der Bankensektor weitgehenden staatlichen Eingriffen ausgesetzt. Die Regulierung hat verschiedene Ziele: Einerseits soll der dem System inhärenten Instabilität begegnet werden, andererseits haben Regierungen sowohl in Entwicklungs- als auch in industrialisierten Ländern durch Reglementierung des Bankensektors die Kapitalallokation zu beeinflussen versucht. Staatliche Eingriffe determinieren Organisation und Effizienz des Bankensystems zu großen Teilen: „In most countries, regulation rather than competition determines a bank's range of products and services it can offer, the types of assets and liabilities it can hold and issue, and the legal structure of its organization" (Claessens/Klingebiel 2000, S. 1).

Das Ausmaß der Regulierung führt dazu, daß die Stabilität des Bankensystems wesentlich von der Art und Ausgestaltung staatlicher Eingriffe beeinflußt wird. Vor dem Hintergrund der mit Systemkrisen verbundenen Kosten und Wohlfahrtsverlusten kommt dem Zusammenhang zwischen Regulierung und Stabilität folglich besondere Bedeutung zu. Das gilt umso mehr für afrikanische Entwicklungsländer, in denen Banken häufig die einzigen Institutionen sind, die die gesamtwirtschaftlichen Funktionen des Finanzsektors – Mobilisierung und Alloziierung finanzieller Ressourcen und Abwicklung des Zahlungsverkehrs – erfüllen können[1].

---

[1] Der informelle Finanzsektor, dessen Institutionen von einer staatlichen Regulierung nicht erfaßt werden, ist nicht Untersuchungsgegenstand dieser Arbeit.

Die vorliegende Arbeit soll die Auswirkungen staatlicher Reglementierung auf die Stabilität des Bankensystems anhand eines Fallbeispiels, nämlich Kameruns, darstellen. Untersuchungsgegenstand ist dabei die krisenhafte Entwicklung des Bankensektors zwischen 1986 und 1997: Mit dem Verfall der Rohstoffpreise ab 1986 und der nominalen Aufwertung der lokalen Währung gegenüber dem Dollar setzte in Kamerun eine Rezession ein, die auch Rentabilität und Stabilität der Geschäftsbanken beeinträchtigte. In der Folge wurde die Sanierung des Systems durch Liquidationen, Fusionen und Rekapitalisierung im Zuge zweier Restrukturierungsprogramme 1989/90 und 1995 notwendig. Erst 1997 war die Krise endgültig überwunden. Der Analyse liegt die Hypothese zugrunde, daß sich verschlechternde wirtschaftliche Rahmenbedingungen zwar das auslösende Moment für die Systemkrise gewesen sind, die strukturellen Ursachen aber in staatlichen Eingriffen liegen. Der Begriff „Regulierung" wird dabei weit gefaßt: Neben Reglementierung, deren Motiv die Stabilisierung des Systems ist, werden auch die in Kamerun praktizierte finanzielle Repression und die rechtlichen Rahmenbedingungen im Hinblick auf eventuelle destabilisierende Effekte analysiert.

Die Arbeit ist in zwei Teile gegliedert: Teil I befaßt sich mit den theoretischen Aspekten staatlicher Reglementierung des Bankensektors, während in Teil II auf Basis dieser theoretischen Erkenntnisse der Versuch unternommen wird, die oben genannte Arbeitshypothese für das kamerunische Beispiel zu verifizieren. Teil I gibt zunächst eine kurze Übersicht über die wesentlichen Funktionen von Banken bzw. des Finanzsektors[2] im Wirtschaftsprozeß (Kapitel 2). Das betrifft die Mobilisierung lokaler Ressourcen, Fristentransformation, Informationsproduktion und Unternehmenskontrolle sowie die Risikodiversifikation[3]. Daran schließt sich eine Diskussion der theoretischen Erkenntnisse zur Regulierung des Bankensektors an (Kapitel 3). Staatliche Eingriffe werden dabei nach drei Kategorien unterschieden: Reglementierung, die auf die Stabilisierung des Systems gerichtet ist (Abschnitt 3.1), finanzielle Repression als Ausdruck staatlichen Interventionismus' (Abschnitt 3.2) sowie - als Regulierung im weiteren Sinne – die rechtlichen Rahmenbedingungen (Abschnitt 3.3).

Staatliche Regulierung, die der Stabilitätssicherung dienen soll, ist ökonomisch nur dann gerechtfertigt, wenn Marktversagen vorliegt und damit das

---

[2] Der kamerunische Finanzsektor ist wesentlich weniger differenziert als der industrialisierter Länder: Im Juni 1997 stammten 99,6% des über den formellen Finanzsektor alloziierten inländischen Kreditvolumens von Geschäftsbanken, gleichzeitig machte das Einlagevolumen dieser Institute mit 98,5% praktisch die Gesamtheit der lokal mobilisierten Ressourcen aus (BEAC 1997, Statistiques Monétaires). Im wesentlichen erfüllen also Banken die gesamtwirtschaftlichen Funktionen des Finanzsektors, so daß die Begriffe Finanz- und Bankensektor im kamerunischen Kontext synonym verwendet werden können.
[3] Auf die Abwicklung des Zahlungsverkehrs als gleichwohl zentrale Funktion des Bankensystems wird im Rahmen dieser Arbeit nicht eingegangen.

Bankensystem inhärent instabil ist. Dementsprechend ist der Darstellung staatlicher Eingriffe eine Diskussion der Gründe für die Instabilität vorangestellt, insbesondere der aus Informationsasymmetrie resultierenden Gefahr von „bank runs". Eingriffe von Aufsichtsbehörden zielen in erster Linie darauf ab, diese Ursache der Instabilität so weit wie möglich zu beseitigen, indem das Vertrauen der Einleger in das Bankensystem gestärkt wird. Dabei werden grundsätzlich zwei Formen staatlicher Reglementierung unterschieden: zum einen protektive Maßnahmen, die darauf abzielen, negative Auswirkungen von Krisen - wenn sie denn doch auftreten - sowohl für das System als auch für die einzelnen Gläubiger einer Bank zu begrenzen bzw. zu vermeiden, zum anderen präventive Regulierung, die die Wahrscheinlichkeit von krisenhaften Entwicklungen sowohl bei einzelnen Banken als auch innerhalb des Systems insgesamt verringern soll. Schutzmaßnahmen stellen insbesondere die Einlagenversicherung und Lender-of-Last-Resort-(LLR)-Fazilitäten (üblicherweise der Zentralbank) dar, präventiven Charakter haben beispielsweise Mindestanforderungen an Eigenkapital, Liquidität und Diversifikation des Kreditportfolios.

Der Bankensektor war bzw. ist darüber hinaus Gegenstand staatlicher Eingriffe, die einerseits zwar mit dem Ziel der Systemstabilisierung begründet werden, aber de facto auf die unmittelbare Lenkung der Kapitalallokation abzielen („financial repression"). In erster Linie betrifft das Eingriffe in die Kredit- und Preispolitik von Banken, d.h. die Reglementierung von Zinssätzen und die Vorgabe von Mindestkreditvolumina für staatlicherseits definierte Wirtschaftssektoren oder Kreditnehmergruppen. Beteiligungen des Staates an Banken könnten dagegen zunächst als eine besondere Ausprägung präventiver Regulierung interpretiert werden, wenn durch unmittelbare Einflußnahme auf die Geschäftspolitik der Bankensektor stabilisiert werden soll. Analog zu den direkten Eingriffen in die Kredit- und Preispolitik von Banken steht aber der Versuch, durch Übernahme von Beteiligungen andere wirtschaftspolitische Ziele zu erreichen, im Vordergrund. Dementsprechend werden Staatsbeteiligungen als ein weiteres Instrument finanzieller Repression betrachtet.

Rechtssystem und Rechtssicherheit können zwar nicht als Regulierung im engeren Sinne betrachtet werden, sind aber gleichwohl Bestandteil des staatlicherseits gesetzten Rahmens für die Geschäftstätigkeit von Banken. Sowohl für die Effizienz als auch für die Stabilität des Bankensektors sind die rechtlichen Rahmenbedingungen von entscheidender Bedeutung. Das betrifft insbesondere den Gläubigerschutz und die Rechnungslegung. Eine Diskussion der Auswirkungen von Mängeln im Rechtssystem und in der Rechnungslegung auf die Stabilität des Bankensystems beschließt den theoretischen Teil dieser Arbeit.

Teil II der Arbeit ist der Analyse der strukturellen Ursachen der Bankenkrise in Kamerun gewidmet. Im Rahmen eines Exkurses wird zunächst die politische und wirtschaftliche Entwicklung Kameruns dargestellt (Kapitel 4). Daran schließt sich eine Untersuchung des kamerunischen Bankensektors zwischen 1985 und 1997 und insbesondere der krisenhaften Zuspitzung ab 1986/87 an (Kapitel 5). Dabei werden einerseits die institutionelle Entwicklung (Abschnitt 5.1) und andererseits die zentralen Determinanten für die Stabilität des Systems – nämlich Liquidität, Struktur und Qualität des Kreditportfolios sowie Kapitalisierung – detailliert betrachtet (Abschnitt 5.2).

Die Ergebnisse dieser Analyse sind die Basis für den folgenden Versuch, die Zusammenhänge zwischen staatlichen Eingriffen und Rechtssystem als strukturelle Faktoren auf der einen Seite und der Stabilität des Systems auf der anderen zu beleuchten (Kapitel 6). Folglich wird Regulierung im Hinblick auf ihre potentiellen Effekte auf Liquidität, die Qualität des Forderungsportfolios und die Eigenkapitalausstattung untersucht. Aufgrund der Zugehörigkeit Kameruns zur zentralafrikanischen Franc-Zone wird dabei zwischen eventuellen Auswirkungen der Geldpolitik und des festen Wechselkurses auf die Stabilität des Systems (Abschnitt 6.1) und der Regulierung auf nationaler Ebene (Abschnitt 6.2) unterschieden. Letztere umfaßt protektive und präventive Eingriffe (Abschnitt 6.2.2), finanzielle Repression (Abschnitt 6.2.3) und die rechtlichen Rahmenbedingungen (Abschnitt 6.2.4). Eine kurze Zusammenfassung der Ergebnisse beschließt die Arbeit (Kapitel 7).

Bereits an dieser Stelle sei darauf hingewiesen, daß – wie häufig in Entwicklungsländern - das verfügbare Datenmaterial unvollständig und nicht immer verläßlich ist. Die Ergebnisse dieser Arbeit sind daher mit Unsicherheiten behaftet. Um diese zumindest zu begrenzen, wird meistenteils auf Angaben des Internationalen Währungsfonds (IMF) und der regionalen Zentralbank (Banque des Etats de l'Afrique Centrale, BEAC) zurückgegriffen. Beide Quellen sind zuverlässiger als die Statistiken der kamerunischen Behörden. Soweit möglich werden diese Daten darüber hinaus durch Kenntnisse und Erfahrungen des Verfassers dieser Arbeit aus seiner Tätigkeit für die Deutsche Investitions- und Entwicklungsgesellschaft (DEG) - insbesondere aus der Wahrnehmung der Mandate der DEG in den Verwaltungsräten zweier kamerunischer Geschäftsbanken von 1997 bis 2000 - ergänzt.

TEIL I: Funktionen des Finanzsektors und staatliche Regulierung – Theoretische Grundlagen

2. FUNKTIONEN DES FINANZSEKTORS IM WIRTSCHAFTSPROZEß

Grundlegende Aufgaben des Finanzsektors sind - neben der Abwicklung des Zahlungsverkehrs - die Mobilisierung lokaler Ressourcen und die Allokation dieser Ressourcen zu rentablen Investitionen, d.h. die Intermediation zwischen Überschußeinheiten (Sparern) und Defiziteinheiten (Investoren bzw. Kreditnehmern) (vgl. z.B. Weltbank 1989, S. 31).

Der Begriff „Finanzsektor" ist dabei im weitesten Sinne zu interpretieren und umfaßt die Gesamtheit aller Finanzinstitutionen, Finanzinstrumente und Märkte für Finanzprodukte. Finanzintermediäre im engeren Sinne „buy direct financial claims, such as treasury bills, mortgages and commercial notes from borrowers. On the other hand, they offer their own indirect financial claims to lenders" (Fry 1988, S. 234 f.). Je nach institutioneller Ausgestaltung und Entwicklungsstand des Finanzsektors eines Landes werden die nachfolgend beschriebenen Funktionen ganz oder teilweise von Finanzintermediären im engeren Sinne – also primär Banken - oder von anderen Institutionen übernommen (z.B. Ratingagenturen, die als Produzenten von Informationen auftreten oder Aktien- und Rentenmärkte, die Finanztitel liquide machen). Der Finanzsektor insbesondere in afrikanischen Entwicklungsländern ist typischerweise weit weniger differenziert als in Industrienationen – Aktien- und Rentenmärkte existieren nicht oder nur rudimentär, Versicherungen spielen eine wesentlich geringere Rolle, unabhängige Ratingagenturen sind nicht vorhanden. Daher wird im folgenden speziell auf die Funktionen von Banken eingegangen.

Die Existenz von Finanzintermediären resultiert daraus, daß Kapitalmärkte unvollkommen sind (Levine 1997a): Transaktionen sind nicht kostenneutral, Informationen sind zwischen den Marktteilnehmern asymmetrisch verteilt und ihre Beschaffung und Bewertung verursacht Kosten, die Wirtschaftssubjekte handeln unter Ungewißheit hinsichtlich der zukünftigen Entwicklungen und der Ergebnisse ihrer Entscheidungen, Investitionen und Kredite sind mit Unteilbarkeiten verbunden. Dementsprechend sind neben den direkten Kosten des Kapitaltransfers mit Spar- bzw. Investitionsentscheidungen sowohl aus Sicht der Sparer als auch aus Sicht der Investoren weitere Transaktionskosten verbunden, insbesondere Kosten der Informationsbeschaffung oder –produktion und Kosten, die mit der Diversifikation des Aktiv- oder Passiv-Portfolios verbunden sind (vgl. z.B. Schwiete 1997, S. 46 ff.).

Finanzintermediation führt vor diesem Hintergrund dann zu einer Steigerung der gesamtwirtschaftlichen Wohlfahrt, wenn erstens die direkten Kosten des Kapitaltransfers durch Intermediäre gesenkt werden können. Zweitens sind die mit der Produktion von Informationen über Kreditnehmer und deren Investitionsprojekte verbundenen Kosten relativ hoch und dürften einen wesentlichen Anteil der mit dem Prozeß der Kapitalallokation insgesamt verbundenen Transaktionskosten ausmachen. Ohne Intermediation müßte jeder einzelne Anleger diese Kosten selbst tragen. Folglich führt Informationsproduktion durch einen Intermediär zu gesamtwirtschaftlichen Wohlfahrtssteigerungen. Drittens bewirkt die Konzentration von Kapitalanlagen einerseits und Verbindlichkeiten andererseits bei einem Finanzintermediär über die damit verbundene Portfolio-Diversifikation sowohl aus Sicht der Anleger als auch der Investoren eine Verringerung der mit Anlage- bzw. Finanzierungsentscheidungen verbundenen Risiken.

2.1 Mobilisierung von Einlagen und Fristentransformation

Die zentrale Aufgabe des Bankensystems ist die Entgegennahme von Einlagen einerseits und die Kreditvergabe andererseits. Voraussetzung dafür ist zunächst die Mobilisierung finanzieller Ersparnisse durch Banken. Die Anlage bei Banken muß gegenüber anderen Anlageformen, beispielsweise Sachaktiva wie Immobilien etc., vergleichsweise attraktiver sein. Dabei werden Einleger sowohl die Rendite als auch potentielle Risiken einer Anlage bei Banken berücksichtigen.

Weiterhin werden Kapitalgeber ihre Gelder tendenziell kurzfristig anlegen bzw. sich bei längerfristigen Anlagen Kündigungsmöglichkeiten offenhalten, da über ihre künftigen Liquiditätsbedürfnisse Ungewißheit herrscht. Gleichzeitig ist für die Finanzierung von Investitionen meist eine längerfristige Finanzierung notwendig, weil der Cash-Flow die Rückführung von Verbindlichkeiten nur über einen längeren Zeitraum ermöglicht. Banken tragen damit durch Fristentransformation, d.h. langfristige Kreditvergabe bei gleichzeitig kurzfristiger Refinanzierung, dazu bei, daß sowohl den Bedürfnissen der Einleger als auch denen der Kapitalverwender Rechnung getragen wird.

Fristentransformation führt im Ergebnis dazu, daß Banken illiquide Aktiva mit liquiden Einlagen finanzieren. Damit können de facto nicht alle Einlagen zum gleichen Zeitpunkt in Zentralbankgeld (ZGB) umgetauscht werden, d.h. Banken sind immer nur bedingt liquide: Falls alle Einleger ihre Depositen zum gleichen Zeitpunkt abziehen, gerät der Bankensektor insgesamt auch bei Existenz eines funktionierenden Interbankenmarktes in eine Liquiditätskrise, zumal die kurzfristige Liquidierung von Bankaktiva – insbesondere von Darlehensforderungen - wenn überhaupt nur unter größeren Verlusten realisierbar ist. Diese „bedingte Liquidität" von Banken ist gleichzeitig ein wesentliches Argument für die Regulierung des Bankensektors. Regulierungsmaßnahmen sollen verhindern, daß es zu einem sogenannten „bank run" kommt, also dem gleichzeitigen Abzug der Depositen aller oder jedenfalls (zu) vieler Einleger, der dann zum Zusammenbruch eines bzw. mehrerer Institute führen kann.

2.2 Informationsasymmetrie, Informationsproduktion und Unternehmenskontrolle

Grundsätzlich sind Kredit- und Kapitalmärkte „durch Informationsasymmetrie gekennzeichnet, denn ein Kreditnehmer (Investor) besitzt Informationen über seine Investitionsprojekte, seine Handlungen und Handlungsalternativen, die den Gläubigern nicht zugänglich sind" (Schwiete 1997, S. 63). Daraus entsteht ein agency-Problem, da der Kreditnehmer (Agent) einerseits über sein Investitionsvorhaben und seine Handlungsalternativen ex ante besser informiert ist als der Kapitalgeber (Prinzipal). Andererseits kann er, sofern seine Handlungen durch den Kapitalgeber nicht vollständig überwachbar sind, auch nach Vertragsschluß - ex post - die ihm zur Verfügung gestellten Mittel anders verwenden als vertraglich vereinbart oder seinen Anteil an den Erträgen zu Lasten der Kapitalgeber erhöhen (vgl. z.B. Engellandt 2001, S. 24). Im Ergebnis kann das dazu führen, daß das Kapitalangebot ex ante sinkt und/oder die Effizienz der Ressourcenallokation ex post beeinträchtigt wird (Shleifer/Vishny 1997). Die aus dieser asymmetrischen Verteilung von Information resultierenden Probleme werden in der Literatur unter den Stichwörtern „adverse selection" bzw. „adverse incentive" und „moral hazard" diskutiert.

Finanzintermediäre stellen in diesem Kontext einen Mechanismus zur Reduzierung der Informationsasymmetrie dar. Die Produktion von Information ist zunächst mit Kosten verbunden. Gleichzeitig kann Information Eigenschaften eines öffentlichen Gutes aufweisen: weitgehende Nichtausschließbarkeit, Nichtrivalität und gemeinsamen Konsum, d.h. Unteilbarkeit. Die damit verbundenen free-rider-Probleme können dann dazu führen, daß ohne Finanzintermediation Information nur in suboptimalem Umfang produziert wird (vgl. z.B. Levine 1997a, S. 696). Wenn dagegen angenommen wird, daß Information ein privates Gut ist – was die Existenz beispielsweise von Rating-Agenturen erklärt -, sind mit der Informationsproduktion durch einen Intermediär verglichen mit der durch jeden einzelnen Kapitalgeber Kostenvorteile verbunden, indem die Multiplikation der mit Informationsbeschaffung und –auswertung verbundenen Aufwendungen vermieden wird.

Weiterhin können Finanzintermediäre dazu beitragen, daß das ebenfalls aus Informationsasymmetrie resultierende Phänomen der Kreditrationierung zumindest reduziert wird und so das gesamtwirtschaftlichen Kapitalangebot steigt. Unternehmenskontrolle durch Finanzintermediäre schließlich führt zur Reduzierung der ex-post-Informationsasymmetrie und verbessert so die Effizienz der Ressourcenallokation.

2.2.1 Kosten der Informationsproduktion

Mit der Beschaffung und Auswertung von Informationen über Kreditnehmer und deren Projekte sind (Transaktions-)Kosten verbunden. Dementsprechend ist aus

Sicht des Anlegers der Ertrag einer Anlage geringer als die nominale Verzinsung, während aus Sicht des Kreditnehmers die effektiven Kosten der Mittelaufnahme über der Nominalverzinsung liegen. Finanzintermediation trägt dazu bei, daß die Differenz zwischen Anlageverzinsung und effektiven Kreditkosten reduziert wird. Damit nehmen sowohl Kapitalangebot als auch –nachfrage bzw. Ersparnis und Investitionen zu.

Fry (1988, S. 236 ff.) stellt diesen Sachverhalt für Transaktionskosten allgemein an einem einfachen Beispiel dar (Abbildung 1): Das Kapitalangebot S sei eine Funktion der um das Liquiditäts- und das Ertragsrisiko sowie sonstige Transaktionskosten bereinigten Marktverzinsung i^N. Ohne Finanzintermediation kalkuliere der Anleger mit 2% Suchkosten, 3% Risikoprämie und 1% Abschlag für die Einschränkung seiner Liquidität. Bei einer Nominalverzinsung von beispielsweise 10% ergibt sich daraus aus Sicht des Einlegers eine Nettorendite von 4%. Die Kreditnachfrage I sei eine Funktion der Bruttokosten i^B, die mit der Mittelaufnahme verbunden sind. Die mit dem direkten Verkauf der eigenen Verbindlichkeiten an Anleger verbundenen Transaktionskosten belaufen sich auf 4%. In diesem Falle liegt die Differenz zwischen Nettoverzinsung aus Sicht des Kapitalgebers – 4% - und den effektiven Kosten der Mittelaufnahme – 14% - bei 10%. Das korrespondierende Investitionsvolumen beträgt I*. Finanzintermediäre (Banken) können diese Differenz reduzieren, indem sie Informationen produzieren und die Suchkosten reduzieren. Kredite werden dabei vom Intermediär für beispielsweise 10% angeboten, während Anleger auf ihre Einlagen 7% Verzinsung erhalten. Wenn Intermediation dann z.B. dazu führt, daß die Abschläge auf die Bruttoverzinsung aus Sicht der Einleger von vorher insgesamt 6% auf nunmehr noch 1% sinken und gleichzeitig die Transaktionskosten der Kapitalverwender auf 2% halbiert werden, liegt die effektive Depositenverzinsung aus Sicht der Anleger bei 6%, während die Kosten der Mittelaufnahme noch 12% betragen. Die zuvor genannte Differenz ist damit von 10% auf 6% reduziert worden, das Investitionsvolumen steigt auf I**.

Informationsproduktion durch Banken bzw. Finanzintermediäre trägt damit auf verschiedenen Wegen zur Steigerung der gesamtwirtschaftlichen Wohlfahrt bei: Wenn Information Eigenschaften eines öffentlichen Gutes aufweist und folglich durch Anleger selbst nur in suboptimalem Umfang produziert wird, ist zunächst die Produktion dieser Informationen durch einen Finanzintermediär aufgrund der Verbesserung der Kapitalallokation wohlfahrtssteigernd. Weiterhin sind die Kosten der Beschaffung und Auswertung von Informationen relativ hoch. Selbst wenn Information öffentlich nicht beobachtbar ist, also ein privates Gut darstellt, hätte ohne Finanzintermediation jeder einzelne Anleger diese Kosten selbst zu tragen, d.h. sie würden mehrfach anfallen. Informationsproduktion durch Banken führt damit zu einer Senkung der Transaktionskosten insgesamt (Levine 1997a, S. 695). Schließlich treten bei der Beschaffung und Verwertung dieser Informationen sowohl Skalen- als auch Lerneffekte auf, die zu einer weiteren Senkung der Kosten der Informationsproduktion führen. Im Ergebnis bewirkt Finanzintermediation damit c.p. einen Anstieg des gesamtwirtschaftlichen Spar- bzw. Investitionsvolumens und eine effizientere Kapitalallokation.

Abbildung 1: Transaktionskostensenkung durch Finanzintermediation

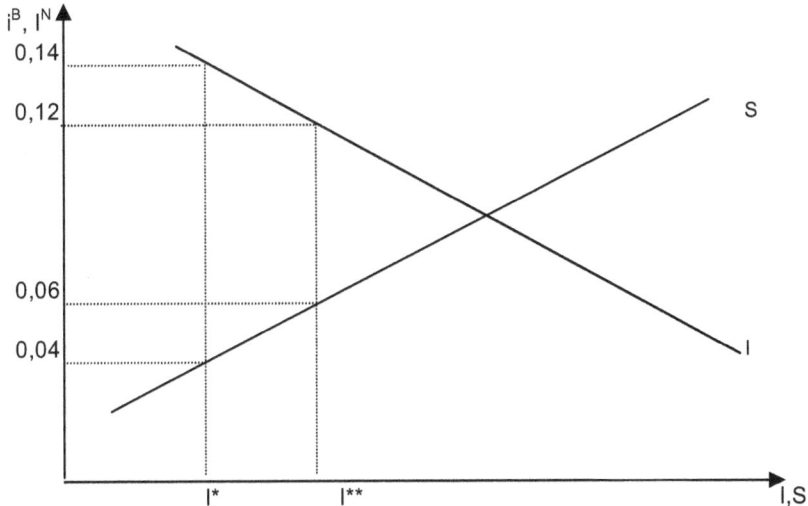

Quelle: Fry (1988)

2.2.2 Kreditrationierung und ex-ante-Informationsasymmetrie

Ex-ante-Informationsasymmetrie stellt aus Sicht des Kapitalgebers ein Auswahlproblem dar. Der Kapitalverwender (Investor) übermittelt zwar Informationen über den erwarteten Ertrag seiner Investition, gleichzeitig ist der Kapitalgeber aber nicht in der Lage, den Risikogehalt der Investition - die Varianz der Ertragsfunktion - zu beurteilen. In dieser Situation kann es am Kreditmarkt zu einem Gleichgewicht mit Nachfrageüberschuß und damit zu Kreditrationierung kommen (Stiglitz/Weiss 1981).

Bei Existenz einer Überschußnachfrage auf dem Kreditmarkt würden Kapitalanbieter normalerweise den Zinssatz erhöhen. Da aber im allgemeinen ein positiver Zusammenhang zwischen Investitionsrisiko und potentiellem Ertrag besteht, werden bei Zinserhöhungen gerade diejenigen Investoren ihre Kreditnachfrage aufrechterhalten, deren Projekte mit vergleichsweise hohen Risiken behaftet sind (moral hazard): Sofern der Ertrag der Investition höher ist als der vereinbarte Zinssatz, fällt der überschießende Teil komplett dem Kapitalverwender zu und steigert dessen Eigenkapitalverzinsung. Falls andererseits die Erträge unterhalb der vereinbarten Fremdkapitalverzinsung liegen, fließen Zinszahlungen nur in dieser

Höhe an den Kapitalgeber. Damit steigt aus Sicht des Investors die Eigenkapitalverzinsung mit zunehmendem Investitionsrisiko. Der Kapitalgeber ist also im Mißerfolgsfall am Risiko beteiligt, ohne daß dem eine entsprechendes „upside-potential" für den Erfolgsfall gegenüberstände. Zinserhöhungen würden dementsprechend zu einer unerwünschten Erhöhung des Ausfallrisikos durch Auswahl riskanterer Investitionsvorhaben führen (adverse selection)[4].

Dieser Sachverhalt läßt sich graphisch veranschaulichen (Abbildung 2). Das Kreditangebot S und die Kreditnachfrage D sind dabei Funktionen des Zinssatzes i. Bei voller Information würden die Rentabilität aus Sicht des Kapitalanbieters und damit das Kreditangebot mit zunehmendem Zins stetig steigen, es ergäbe sich ein Gleichgewicht mit dem Zins i* und dem Kreditvolumen V*. Bei Informationsasymmetrie treten die oben erläuterten adverse-selection- und moral-hazard-Probleme auf. Die Rentabilität r eines Darlehens ergibt sich dann aus dem Zins i und dem Ertragsrisiko. Dementsprechend ändert sich das Maximierungskalkül der Kapitalanbieter und damit das Kreditangebotsverhalten: Es wird der Zinssatz i' realisiert, der den erwarteten Ertrag in Abhängigkeit vom Risiko maximiert (r^{max}). Daraus ergibt sich das Kreditvolumen V'. Zinserhöhungen über i' hinaus unterbleiben, da der erwartete Ertrag wegen der überproportionalen Risikozunahme sinken würde. Wenn i' unter dem theoretischen Gleichgewichtszins liegt, ergibt sich daraus ein gleichgewichtiger Nachfrageüberschuß von V'^D – V'. Auch Darlehensnehmer, die bereit wären, einen höheren Zinssatz zu zahlen, erhalten u.U. keine Mittel.

Der Zinssatz hat damit neben der Allokationsfunktion auch noch eine Informationsaufgabe hinsichtlich des Risikogehaltes einer Investition. Da mit Zinserhöhungen über i' hinaus aus Sicht der Kapitalanbieter Ertragseinbußen verbunden wären, führt dies dazu, daß der Zinsmechanismus nicht mehr automatisch zur Markträumung führt. Die Kapitalgeber halten den Zins auch bei Existenz einer Überschußnachfrage konstant. Das Gleichgewicht am Kreditmarkt ist durch Rationierung gekennzeichnet, wobei

„(a) among loan applicants who appear to be identical some receive a loan and others do not [...]; or (b) there are identifiable groups of individuals in the population who, with a given supply of credit, are unable to obtain loans at any interest rate [...]" (Stiglitz/Weiss 1981, S. 394 f.).

---

[4] Adverse selection hat bereits Akerlof (1970) am Beispiel der Krankenversicherung beschrieben: Mit zunehmendem Lebensalter wird es für nicht versicherte Personen wegen des höheren Krankheitsrisikos schwieriger, einen Versicherungsvertrag zu erhalten. Preiserhöhungen führen nicht zur Lösung, da primär diejenigen Versicherungsnehmer bereit sind, höhere Prämien zu zahlen, die selbst davon ausgehen, die Versicherung auch in Anspruch nehmen zu müssen: „The result is that the average medical condition of insurance applicants deteriorates as the price level rises – with the result that no insurance sales may take place at any price" (S. 492 f.).

Abbildung 2: Kreditrationierung bei Informationsasymmetrie

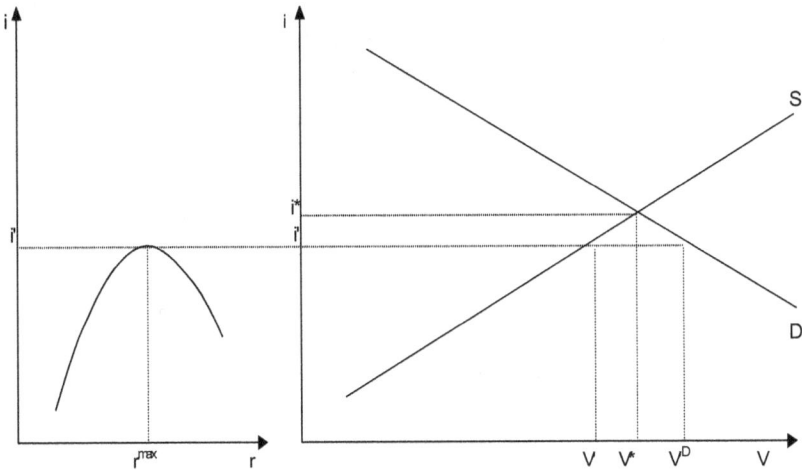

Quelle: eig. Darstellung

Der gleichgewichtige Nachfrageüberschuß am Kapitalmarkt führt zu einem gesamtwirtschaftlich suboptimalen Investitionsvolumen. Zusätzlich bewirken Informationsasymmetrie bzw. die damit verbundene Kreditrationierung, daß bereits existierende Firmen, die einen „track record" aufweisen können oder über besonders gute Verbindungen zum Management einer Bank verfügen, unabhängig von der tatsächlichen Qualität ihres Investitionsvorhabens von Kapitalgebern gegenüber jüngeren und u.U. profitableren und innovativeren Unternehmen bevorzugt werden[5].

Rationale Kapitalgeber (Banken) sind sich also der aus Informationsasymmetrie resultierenden Risiken bewußt und werden folglich „Vorkehrungen treffen [...], die sie vor potentiellen Schädigungen [...] immunisieren" (Engellandt 2001, S. 26). Die Kosten der Informationsasymmetrie – beispielsweise in Form der mit Kreditrationierung verbundenen entgangenen Investitionserträge – gehen also letztlich zumindest teilweise zu Lasten der Kapitalnehmer. Folglich haben beide Seiten ein Interesse daran, Informationsasymmetrien durch Informationsproduktion zu reduzieren: Die Beschaffung zusätzlicher Informationen über Kreditnehmer und Investitionsvorhaben bewirkt aus Sicht der Kapitalgeber eine

---

[5] Rajan/Zingales (1998) untersuchen empirisch den Zusammenhang zwischen der Entwicklung des Finanzsektors und den Wachstumsraten verschiedener Industriesektoren, die in unterschiedlichem Ausmaß auf Fremdfinanzierung angewiesen sind. Die Ergebnisse der Analyse legen nahe, daß insbesondere die Entwicklung neuer Firmen und damit das Wirtschaftswachstum vom Finanzsektor beeinflußt wird: „[...] financial development may play a particularly beneficial role in the rise of new firms. If these firms are disproportionately the source of new ideas, financial development can enhance innovation, and thus enhance growth in indirect ways" (S. 584).

Verringerung der Informationsasymmetrie und damit des Ertragsrisikos[6]. Damit nähert sich das Zinsniveau dem theoretischen Gleichgewicht bei voller Information an, das Ausmaß der Kreditrationierung sinkt. Das Investitionsvolumen steigt, gleichzeitig wird die Effizienz der Kapitalallokation verbessert.

Kreditrationierung als Folge von Informationsasymmetrie in der oben dargestellten Form kann durch die Stellung von (werthaltigen) Sicherheiten verringert werden. Die Bereitschaft von Kreditnehmern, Sicherheiten zur Verfügung zu stellen, hängt unter anderem vom Investitionsrisiko ab. Dementsprechend ordnen sich Investoren selbst zu definierenden Risikoklassen zu, indem sie sich mehr oder weniger bereit zeigen, für Darlehen mit ihrem persönlichen Vermögen zu haften. Im Ergebnis werden dem Kapitalgeber damit indirekt Informationen über den Risikogehalt einer Investition zugänglich gemacht (Buch 1996, S. 149). Das Ausmaß der Kreditrationierung wird damit allerdings nicht zwangsläufig verringert: Stiglitz/Weiss (1981) zeigen, daß auch erhöhte Anforderungen an die Besicherung u.U. analog zu Zinserhöhungen ein steigendes Ertragsrisiko für Kapitalgeber bzw. Banken bergen und damit das Rationierungsproblem nicht lösen können. Dies gilt dann, wenn wohlhabendere Kreditnehmer – die in der Lage sind, entsprechende Sicherheiten zu stellen – grundsätzlich als risikofreudiger betrachtet werden können[7].

Das Problem der ex-ante-Informationsasymmetrie wird weiterhin gemindert, wenn die Finanzierung einer Investition nicht durch Fremd-, sondern durch Eigenkapital erfolgt. Ein wesentliches Problem, nämlich der mit der ungleichen Verteilung des Ertragsrisikos verbundene Anreiz zur Realisierung risikoträchtigerer Investitionen, wird durch den Anspruch des Eigenkapitalgebers auf proportionale Beteiligung an den Gewinnen gelöst[8]. In diesem Falle wird das Marktgleichgewicht dadurch hergestellt, daß potentielle Kapitalgeber Projekte solange zu finanzieren bereit sind, wie die prognostizierte Verzinsung das mit der Finanzierung verbundene Risiko rechtfertigt. Sofern die zur Bestimmung dieses Risikos notwendigen Informationen von Finanzintermediären produziert werden, ergibt sich aus den geringeren Kosten der Informationsproduktion eine Steigerung des gesamtwirtschaftlichen Wohlfahrt.

Informationsproduktion kann sowohl durch Banken als auch durch andere Institutionen des Finanzsektors erfolgen. Beispielsweise läßt sich auch der

---

[6] Banken haben hier einen komparativen Vorteil gegenüber anderen Finanzintermediären, sofern der Kreditnehmer auch laufende Konten unterhält. Aus den Bewegungen auf diesen Konten kann auf die Bonität geschlossen werden. Diese stellen damit eine zusätzliche Informationsquelle dar; vgl. z.B. Fama (1985).

[7] Berger/Udell (1990) kommen in einer empirischen Studie für die USA zu dem Ergebnis, daß zwischen Besicherung eines Darlehens und Risikogehalt eine positive Korrelation besteht.

[8] Davon unabhängig hat der Unternehmer als Kapitalnehmer weiterhin die Möglichkeit, nicht-monetäre Nutzen – beispielsweise in Form luxuriöser Dienstreisen oder der privaten Nutzung von Unternehmensdienstleistungen für private Zwecke - zu Lasten der Kapitalgeber zu realisieren.

Aktienmarkt in diesem Sinne interpretieren: In der am Markt gefundenen Bewertung eines Unternehmens kommen sämtliche verfügbaren Informationen zum Ausdruck (sofern man von gezielten Kurspflegemaßnahmen etc. abstrahiert), gleichzeitig wird das Verhalten von Unternehmen laufend überwacht. Die Sanktion besteht dann im Falle von Negativverhalten in sinkenden Kursen bzw. höheren Kosten der Mobilisierung zusätzlicher (Eigen-)Mittel.

2.2.3 Ex-post-Informationsasymmetrie und Unternehmenskontrolle

Die Notwendigkeit der Unternehmenskontrolle erklärt sich aus der oben bereits angesprochenen ex-post-Informationsasymmetrie, d.h. der Tatsache, daß nicht alle Handlungen des Kapitalverwenders für die Kapitalgeber beobachtbar sind. Ersterer hat damit die Möglichkeit, auch nach Erhalt des Kapitals seine eigenen Interessen zu Lasten der seiner Financiers zu verfolgen, indem er zum Beispiel riskantere Projekte realisiert als vereinbart oder die Erträge aus der finanzierten Investition zu niedrig angibt, d.h. seinen Anteil am Gesamtertrag auf Kosten der Anleger erhöht (moral hazard).

Hinsichtlich der Informationsproduktion kann für den Fall der ex-post-Überwachung des Kapitalverwenders analog zur Verringerung der ex-ante-Informationsasymmetrie argumentiert werden: Bei gegebenen Kosten der Mittelbeschaffung besteht für den Kreditnehmer ein Anreiz, in Abweichung von den getroffenen Vereinbarungen nach Erhalt der Finanzmittel Projekte zu realisieren, deren Ertrag höher ist, die aber gleichzeitig mit höherem Risiko verbunden sind. Dadurch kann der Kreditnehmer den Erwartungswert der Rendite des eingesetzten Eigenkapitals erhöhen. Gleiches gilt für den Anreiz, den Ertrag einer Investition gegenüber den Kapitalgebern möglichst niedrig auszuweisen. Dementsprechend bestünde auch hier aus Sicht des Kapitalgebers die Notwendigkeit, dieses Risiko durch höhere Zinsforderungen auszugleichen. Daraus resultieren die oben erläuterten Probleme der adverse selection und der Kreditrationierung. Durch ex-post-Überwachung des Kreditnehmers (also Informationsproduktion) kann das Ausmaß dieser Effekte verringert werden[9]. Mit der Übertragung der Überwachungsaufgaben auf einen Intermediär - im Rahmen einer Vereinbarung der

---

[9] Andere Kontrollmechanismen, die das Ausmaß von agency-Konflikten reduzieren können – beispielsweise der Arbeitsmarkt für das Management oder der Aktienmarkt – werden hier nicht angesprochen. Zur Klassifizierung und international unterschiedlichen Ausprägungen solcher Mechanismen vgl. z.B. Moerland (1995).

Kapitalgeber über „delegated monitoring" (Diamond 1984) - sind dabei Kostenvorteile verbunden[10].

Neben der Informationsproduktion in Form laufender Überwachung von Kreditnehmern kann Unternehmenskontrolle auch dadurch erreicht werden, daß Verfügungsrechte von Kapitalverwendern auf Kapitalgeber übergehen, wenn Forderungen nicht bedient werden. Die Effektivität dieses Mechanismus hängt maßgeblich von den konkreten rechtlichen Rahmenbedingungen – insbesondere vom Konkurs- und Besicherungsrecht - ab. Der einfachste Fall der Übernahme der Unternehmenskontrolle durch Kapitalgeber ist die Finanzierung eines Investitionsvorhabens durch Fremdkapital. Sofern die Erträge aus der Investition nicht ausreichen, um Zins- und Tilgungszahlungen zu leisten, gehen Verfügungs- und Verwertungsrechte auf den Kreditgeber über. Dementsprechend entfällt aus Sicht des Kreditnehmers der Anreiz, den Ertrag aus der realisierten Investition so niedrig anzugeben, daß der Übergang der Kontrolle tatsächlich erfolgt. Falls die Investition dagegen ausreichend rentabel ist, erhalten die Kapitalgeber die im vorhinein vereinbarte Verzinsung. Die Kenntnis über den tatsächlich realisierten Ertrag ist damit für sie nur von begrenztem Interesse. Der potentielle Übergang von Verfügungsrechten führt dementsprechend dazu, daß die Notwendigkeit zur Verifizierung der Investitionserträge aus Sicht der Kapitalgeber weniger ausgeprägt ist. Damit werden die Kosten der Überwachung weiter reduziert. Der gleiche Effekt kann durch Besicherung des Kredites erreicht werden, wenn die Kapitalgeber die Möglichkeit haben, auf Vermögensgegenstände des Schuldners zuzugreifen, die nicht zu der finanzierten Investition selbst gehören. Hier stellt sich – insbesondere in Entwicklungsländern – die Frage der rechtlichen Durchsetzbarkeit solcher Ansprüche und damit der Effektivität dieses Instrumentes.

Im Prinzip ist die Ausübung von Unternehmenskontrolle auch durch die Kapitalgeber selbst – ohne Einschaltung von Intermediären – möglich. Sofern allerdings viele Kapitalgeber an der Finanzierung beteiligt sind, ist damit zu rechnen, daß Interessengegensätze auftreten. In diesem Falle wird die Einschaltung eines Intermediärs unter gesamtwirtschaftlichen Aspekten sinnvoll, wenn die dadurch realisierten Kosteneinsparungen – nämlich aus der Reduzierung der Kosten des

---

[10] In Diamonds Modell müßte im Falle der direkten Finanzierung von Investitionen durch Kapitalgeber jeder einzelne die Kosten der Kontrolle tragen, da annahmegemäß die Kontrollergebnisse für Dritte nicht beobachtbar sind. Bei der indirekten Finanzierung durch einen Intermediär wird folglich durch Pooling der Anlagebeträge die Multiplikation der Kontrollkosten vermieden. Andererseits herrscht zwischen Intermediär und Kapitalgebern ebenfalls Informationsasymmetrie, so daß die Notwendigkeit besteht, ersteren zu kontrollieren. Mit der Delegation sind folglich ebenfalls Kosten verbunden. Diamond zeigt, daß Finanzintermediation rational ist, weil diese Delegationskosten mit zunehmender Anzahl der durch den Intermedär finanzierten Investitionen – also Risikodiversifikation – abnehmen und die Kosten bei Einzelkontrolle unterschreiten. Zur detaillierten Darstellung und Kritik des Modells vgl. Engellandt (2001).

„Verteilungskampfes" – größer sind als die Kosten der Intermediation selbst (Schwiete 1997, S. 80).

Im Falle der Finanzierung von Investitionen durch Eigenkapital – also durch Beteiligung der Kapitalgeber am Projekt – ist zunächst davon auszugehen, daß über die damit verbundenen Informationsrechte das Problem der ex-post-Informationsasymmetrie weitgehend gelöst wird. Im Gegensatz zur Fremdfinanzierung sind weiterhin mit einer Beteiligung weitgehende Kontrollrechte verbunden, die bereits vor Eintritt der Zahlungsunfähigkeit greifen. Ob und inwieweit eine wirksame Unternehmenskontrolle bei Minderheitsbeteiligungen möglich ist, hängt von den rechtlichen Rahmenbedingungen ab[11]. Weiterhin gilt analog zum Fall der Fremdfinanzierung, daß eine aktive Kontrolle durch Kapitalgeber die Bündelung der Interessen vieler Einzelanleger durch einen Intermediär erforderlich macht (vgl. z.B. Buch 1996, S. 154).

2.2.4 Risikodiversifikation

Aus Sicht von Kapitalgebern sind Investitionen immer mit Ertragsrisiken verbunden, die u.U. zum Verlust des eingesetzten Kapitals führen können. Für Kreditnehmer liegt in den schwankenden Liquiditätsbedürfnissen der Anleger ein Risiko. Finanzintermediäre fungieren in diesem Kontext als „Risikoversicherer", indem durch Diversifikation des Aktivportfolios das Ertragsrisiko für Kapitalgeber einerseits und durch Fristentransformation das Liquiditätsrisiko für Kapitalverwender andererseits reduziert wird.

Kapitalgeber werden, da hinsichtlich ihrer künftigen Liquiditätsbedürfnisse Ungewißheit herrscht, Mittel entweder überwiegend kurzfristig zur Verfügung stellen oder sich Kündigungsmöglichkeiten vorbehalten (was im Ergebnis ebenfalls eine kurzfristige Anlage darstellt). Dementsprechend werden Kapitalverwender ihrerseits einen Teil der ihnen überlassenen Mittel in Form von nicht oder nur gering verzinsten Liquiditätsreserven halten müssen, um Schwankungen der Liquiditätsnachfrage der Anleger abzusichern. Damit sinkt das gesamtwirtschaftliche Investitionsvolumen.

Mit steigender Anzahl von Einlegern nimmt nach dem „Gesetz der großen Zahl" die Schwankungsbreite der Depositenabflüsse nur unterproportional zu (Baltensperger/Milde 1987, S. 5). Dementsprechend ist die notwendige Liquiditätsreserve für den Intermediär geringer als die Summe der von den einzelnen Kreditnehmern zu haltenden Reserven. Folglich kann der Finanzintermediär ein größeres Kreditvolumen längerfristig vergeben, ohne selbst in Liquiditätsschwierigkeiten zu geraten. Aus Sicht des Kreditnehmers wird damit das

---

[11] Beispielsweise von der Höhe der Beteiligung, die notwendig ist, um eine Sperrminorität zu erreichen, oder von – meist statutarisch festgelegten – Mehrheitserfordernissen für bestimmte geschäftspolitische Entscheidungen.

Liquiditätsrisiko reduziert bzw. ausgeschaltet; gleichzeitig kann mit gegebenen Mitteln ein größeres Investitionsvolumen realisiert werden[12].

Für Kapitalgeber sind weiterhin mit jeder einzelnen Investition Ertrags- und Ausfallrisiken verbunden. Mit zunehmender Anzahl von Investitionen, deren Risiken nicht vollständig miteinander korreliert sind, sinkt aber das Portfoliorisiko insgesamt. Gleichzeitig führen Unteilbarkeiten und Transaktionskosten dazu, daß risikomindernde Porfoliodiversifikation für einzelne Anleger nur begrenzt möglich ist. Finanzintermediäre sind demgegenüber in der Lage, das Ausfallrisiko für den einzelnen Anleger durch Risikostreuung (und Informationsproduktion) zu verringern. Voraussetzung dafür ist eine möglichst breite sektorale und ggfs. auch regionale Streuung der finanzierten Investitionen, da ansonsten das Risiko einer positiven Korrelation der Einzelrisiken besteht und der risikomindernde Effekt der Diversifikation entfällt.

2.4 Fazit

Die Intermediation zwischen Sparern und Investoren durch Banken (bzw. andere Finanzintermdiäre) kann als Reaktion auf Marktunvollkommenheiten interpretiert werden. Transaktionskosten, Informationsasymmetrie, Unteilbarkeiten und Unsicherheit führen dazu, daß Banken entstehen. Mit der Intermediation nehmen Spar- und Investitionsvolumen zu, gleichzeitig wird die Kapitalallokation effizienter. Dementsprechend führt Finanzintermediation zu einem höheren Wohlfahrtsniveau.

Das betrifft zunächst die Mobilisierung von Einlagen und die Fristentransformation. Da über die künftigen Liquiditätsbedürfnisse Ungewißheit herrscht, bevorzugen Einleger kurzfristige Anlagen. Kapitalverwender bzw. Kreditnehmer sind demgegenüber auf die langfristige Finanzierung von Investitionsvorhaben angewiesen. Fristentransformation durch Finanzintermediäre führt dazu, daß den Bedürfnissen beider Seiten Rechnung getragen wird. Dementsprechend steigt das Volumen langfristiger Investitionen. Gleichzeitig liegt in dieser Funktion des Finanz- bzw. Bankensektors ein grundlegendes Motiv für Regulierung: Die Refinanzierung langfristiger Kredite mit kurzfristigen Einlagen führt dazu, daß Banken grundsätzlich nur bedingt liquide sind. Ein unerwarteter Abzug von Depositen (bank run) kann den Zusammenbruch eines oder mehrerer Kreditinstitute zur Folge haben. Regulierung zielt daher darauf ab, bank runs zu verhindern.

---

[12] Analog können Aktien- und Rentenmärkte interpretiert werden: Aus Sicht von Kapitalverwendern wird das Liquiditätsrisiko durch Begebung langfristiger Papiere minimiert. Gleichzeitig führt die Existenz eines Sekundärmarktes dazu, daß die Liquiditätsbedürfnisse der Kapitalgeber gedeckt werden können (Levine 1997a, S. 692).

Weiterhin herrscht zwischen Anlegern und Kapitalverwendern sowohl ex ante als auch ex post Informationsasymmetrie. Das führt dazu, daß der Zins als Allokationsparameter nur noch eingeschränkt geeignet ist: Bei höherer Verzinsung werden tendenziell diejenigen Kreditnehmer ihre Nachfrage aufrecht erhalten, deren Investitionsvorhaben mit vergleichsweise hohen Risiken verbunden sind und/oder die beabsichtigen, nach Erhalt der Mittel ihre eigenen Interessen zu Lasten derjenigen ihrer Financiers zu verfolgen. Die Folge ist Kreditrationierung. Ex-ante-Informationsproduktion führt dazu, daß das Ausmaß der Kreditrationierung ab- und das Investitionsvolumen zunimmt. Insoweit diese Informationen von Banken bzw. Finanzintermediären produziert werden, sind damit Kostenvorteile verbunden. Analog stellt Unternehmenskontrolle Informationsproduktion ex post dar und reduziert damit ebenfalls das Risiko für Kapitalgeber. Folglich steigt das Investitionsvolumen. Mit der Übernahme der Kontrollfunktion durch einen Finanzintermediär ist wiederum eine Senkung der Transaktionskosten verbunden.

Schließlich fungieren Banken als Risikoversicherer: Unteilbarkeiten führen dazu, daß das Ausmaß der Portfoliodiversifikation, das einzelne Anleger zur Risikominderung realisieren können, begrenzt ist. Durch „Pooling" von Einlagen kann folglich die Risikostreuung verbessert werden. Aus Sicht der Kapitalnachfrager liegt in den schwankenden Liquiditätsbedürfnissen der Anleger ein Risiko, das sie durch die Haltung von Liquiditätsreserven zu decken versuchen. Mit zunehmenden Einlagevolumen nimmt aber die Varianz der Liquiditätsabflüsse ab. Die Bündelung der Einlagen führt dann dazu, daß das Liquiditätsrisiko abnimmt und mehr langfristige Investitionen finanziert werden können.

3. REGULIERUNG UND STABILITÄT DES BANKENSEKTORS AUS THEORETISCHER SICHT

Aus Sicht von Wirtschaftspolitikern nimmt der Bankensektor eine Sonderrolle ein, in der er sich wesentlich von anderen Sektoren unterscheidet: Zum einen ist er Transmissionsmechanismus für die geldpolitische Steuerung, zum anderen wird die Existenz eines stabilen Finanzsektors als essentiell für die gesamte Wirtschaft betrachtet, d.h. es werden positive externe Effekte (und gleichzeitig Eigenschaften eines öffentlichen Gutes) angenommen (vgl. z.B. Solow 1982, S. 241). Daraus wird grundsätzlich ein besonderer Regulierungsbedarf abgeleitet[13]. Daneben ist der Konsumentenschutz, d.h. insbesondere der Schutz von Kleinanlegern, eine Motiv für die staatliche Reglementierung von Banken.

Gegen eine mit der besonderen volkswirtschaftlichen Bedeutung des Banken- bzw. Finanzsektors begründete Regulierung ließe sich einwenden, daß gerade diese Bedeutung eher gegen eine staatliche Beeinflussung spräche, da mit jedem Eingriff tendenziell Wohlfahrtsverluste verbunden sind. Diese fallen naturgemäß um so größer aus, je wichtiger der betroffene Sektor gesamtwirtschaftlich ist. Daß der Bankensektor dennoch in den meisten Ländern massiv reguliert ist, läßt sich nach Burghof/Rudolph (1996, S. 18) auf zwei wesentliche Faktoren zurückführen, nämlich

- auf ein mögliches grundsätzliches Mißtrauen der Politik im Hinblick auf die Funktionsfähigkeit von Märkten und die Ergebnisse von Marktprozessen und

- auf die Annahme, daß Besonderheiten des Bankenmarktes zu Marktversagen führen und damit Regulierung zur Stabilitätssicherung notwendig ist[14].

In der Praxis dürften beide Motive schwer zu unterscheiden sein. Die theoretische Diskussion der Rechtfertigung staatlichen Eingreifens in den Bankensektor beschränkt sich notwendigerweise auf ökonomisch greifbare Sachverhalte, also auf die Frage eines eventuellen Marktversagens.

Der Bankensektor ist in allen entwickelten Volkswirtschaften weitaus komplexeren Regulierungen unterworfen als alle anderen Wirtschaftssektoren. Als übergeordnete Ziele dieser Regulierung gelten allgemein

- die Gewährleistung eines Bankensystems, das seine gesamtwirtschaftlichen Aufgaben erfüllt,

---

[13] Darüber hinaus dient der Finanzsektor als Mittler für die Deckung von Defiziten der öffentlichen Haushalte. Auch daraus dürfte ein gewisses Regulierungsbedürfnis entstehen.
[14] Dieses Argument fußt auf der ursprünglich für die Versicherungswirtschaft entwickelten „Strukturtheorie", nach der die besondere Struktur eines Wirtschaftszweiges – für Banken die Abhängigkeit vom Vertrauen der Einleger und niedrige Eigenkapitalquoten – staatliche Aufsicht bzw. Regulierung rechtfertigt; vgl. z.B. Beber (1988, S. 12).

- die Wahrung der Stabilität und Solidität einzelner Institute und des Bankensektors insgesamt sowie

- ein angemessener Schutz für Einleger (Bröker 1989, S. 77).

Daneben werden häufig noch Ziele allgemeinerer Natur genannt, etwa die Verhinderung „übermäßiger" Konzentrationen von finanzieller Macht[15] oder allgemein die Förderung der Effizienz der Finanzmärkte, von der damit angenommen wird, sie würde in einem unregulierten Umfeld beeinträchtigt (Pecchioli 1987, S. 17). Dieser Zielkatalog spiegelt die historischen Erfahrungen mit Bankenzusammenbrüchen und Systemkrisen wider, insbesondere während und nach der Wirtschaftskrise der 20er und 30er Jahre des 20. Jahrhunderts. Diese Erfahrungen haben zu der Einschätzung geführt, daß „the achievement of the basic objectives of preserving stability and soundness of individual financial institutions and the financial system as a whole and of ensuring adequate investor protection, which requires adequate supervision, is an indispensable condition for achieving the objective of efficiency and of ensuring an adequate functioning of the financial system" (Bröker 1989, S. 49).

Neben Maßnahmen staatlicher Politik, die auf die Sicherung der Stabilität gerichtet sind, treten darüber hinaus häufig dirigistische Eingriffe, mit denen andere wirtschaftspolitische Ziele erreicht werden sollen, beispielsweise die bevorzugte Kreditversorgung von staatlicherseits definierten Sektoren, Regionen oder Bevölkerungsgruppen durch Vorgabe von Mindestkreditvolumina oder durch Zinsvergünstigungen. Im folgenden wird daher zunächst zwischen staatlichen Maßnahmen unterschieden, deren Ziel einerseits unmittelbar die Stabilisierung des Finanz- bzw. Bankensektors ist oder die Kreditinstitute andererseits lediglich als Instrumente zur Erreichung der o.g. wirtschaftspolitischen Ziele nutzen. Im Anschluß daran werden die Zusammenhänge zwischen den rechtlichen Rahmenbedingungen und der Stabilität des Geschäftsbankensystems diskutiert. Dem vorangestellt ist eine Diskussion der Argumente, die für eine inhärente Instabilität des Bankensystems und damit für die Notwendigkeit staatlichen Eingreifens sprechen.

3.1 Staatliche Eingriffe als Reaktion auf Instabilitäten des Bankensektors

3.1.1 Theoretische Erkenntnisse zur Rechtfertigung staatlicher Intervention

Das aus ökonomischer Sicht zentrale Argument für die staatliche Regulierung des Bankensektors ist die aus Marktversagen resultierende inhärente Instabilität des Systems. Die Abwesenheit von Regulierung kann dann die Gefahr systemischer

---

[15] Vgl. z.B. Roe (1990, S. 8), der sich auf die USA bezieht: „Opinion polls show popular mistrust of large financial institutions with accumulated power. Politicians responded to that opinion by enacting rules restricting private accumulations of power by financial institutions."

Krisen bergen. Diese wiederum führen zu einem Rückgang des gesamtwirtschaftlichen Geldangebots mit negativen Auswirkungen auf Investitionen und Beschäftigung.

Die Begriffe „Finanzsektorkrise" bzw. „Bankenkrise" sind in der Literatur nicht einheitlich definiert[16]. Mit Sundararajan/Balino (1991, S. 3) wird im folgenden darunter eine Situation verstanden, in der „a significant group of financial institutions have liabilities exceeding the market value of their assets, leading to runs and other portfolio shifts, collapse of some financial firms, and government intervention. Thus [...] a situation in which an increase in the share of nonperforming loans, an increase in losses [...], and a decrease in the value of investments cause generalized solvency problems in a financial system and lead to liquidation, mergers or restructuring".

Diese Art von Systemkrisen wird in der Regel durch realwirtschaftliche Schocks ausgelöst, beispielsweise eine deutliche Verschlechterung der Terms of Trade und damit der wirtschaftlichen Situation von Kreditnehmern in Ländern, deren Wirtschaft von Rohstoffexporten geprägt ist. Der vollständige Schutz des Bankensektors vor solchen Schocks ist andererseits weder machbar noch wünschenswert und damit keine Begründung für Regulierung, wenn auch staatliche ad-hoc-Interventionen bei krisenhaften Zuspitzungen gerechtfertigt sein können. Eine Besonderheit des Bankensektors liegt demgegenüber in der Gefahr von in der vorstehenden Definition genannten bank runs, d.h. dem für die Banken unerwarteten und massiven Abzug von Depositen: Einerseits kann durch den plötzlichen Rückgang des Einlagenvolumens auch ein solventes Institut zusammenbrechen, andererseits besteht das Risiko, daß der Zusammenbruch einer einzelnen Bank zu einem (begründeten oder unbegründeten) Verlust des Vertrauens der Einleger in den Bankensektor insgesamt und damit zu Liquiditätsengpässen auch bei anderen Banken führt[17]. Tatsächliche oder von Einlegern unterstellte wirtschaftliche Schwierigkeiten einer einzelnen Bank können damit zu krisenhaften Entwicklungen des Systems insgesamt führen.

Bank runs werden in erster Linie mit Marktversagen aufgrund von asymmetrischer Informationsverteilung zwischen Banken einerseits und Einlegern andererseits erklärt. Calomiris/Gorton (1991) unterscheiden zwei theoretische Ansätze: einerseits die „random withdrawal theory", die auf Diamond und Dybvig (1983) zurückgeht, und andererseits die „asymmetric information theory". Erstere erklärt Bankpaniken dadurch, daß die Liquidierung langfristiger Bankaktiva Kosten verursacht, also die Veräußerungswerte unter dem Buchwert der Depositen liegen.

---

[16] Sofern der Finanzsektor eines Landes, wie beispielsweise in Kamerun, im wesentlichen von Banken geprägt ist, können beide Begriffe synonym verwendet werden.
[17] Dieses Risiko nimmt mit steigendem Homogenitätsgrad der Banken, d.h. vergleichbaren Portfolio- bzw. Risikostrukturen zu, vgl. z.B. Wolf-Wacker (1987, S. 53).

Einleger verhalten sich nach einer „first-come-first-served"-Regel, um das Risiko eines eventuellen Verlustes zu vermeiden, der anfällt, wenn sie ihre Depositen zu spät abziehen. Falls nun einzelne Einleger erwarten, daß andere Anleger ihre Depositen abziehen wollen, entsteht ein bank run im Sinne einer „self-fulfilling-prophecy". Allerdings fehlt die theoretische Begründung für die Änderung der Erwartungen hinsichtlich der Verhaltens der anderen Anleger und damit für den Auslöser der Panik. Die „asymmetric information theory'" interpretiert bank runs demgegenüber als rationale Reaktion auf veränderte Einschätzungen der Bonität des Bankensystems insgesamt. Ausgangspunkt ist dabei die Überlegung, daß Einleger die Bonität einzelner Banken nicht beurteilen, also nicht zwischen „guten" und „schlechten" Banken unterscheiden können. Der Abzug von Depositen aus dem Gesamtsystem ist dann rational, wenn Bankgläubiger Signale erhalten, die auf eine Verschlechterung der wirtschaftlichen Lage des Bankensektors insgesamt hindeuten. Auf Basis einer Analyse der Bankenkrisen in den USA zwischen 1814 und 1914 kommen Calomiris/Gorton (1991) zu dem Ergebnis, daß die „asymmetric information theory" empirisch gestützt wird.

Die Gefahr von bank runs wird durch die enge Verflechtung der Banken untereinander noch verstärkt. Liquiditätsschwierigkeiten bzw. die Zahlungsunfähigkeit einer einzelnen Bank können dazu führen, daß andere Banken ebenfalls in Mitleidenschaft gezogen werden (Ansteckungseffekt, „contagion effect"). Da Einleger über das genaue Ausmaß dieser Verflechtungen nicht vollständig informiert sind, müssen sie diesen Ansteckungseffekt befürchten. Der Abzug von Depositen auch bei nicht unmittelbar betroffenen Instituten ist damit rational; „die Gefahr eines allgemeinen bank runs wird evident" (Burghof/Rudolph 1996, S. 24).

Ursache der Informationsasymmetrie zwischen Einlegern und Banken ist die eingeschränkte Transparenz von Kreditinstituten. Relevante Kriterien wie z.B. die Qualität des Kreditportfolios und damit Ausfallrisiken können auf Basis publizierter Zahlen nicht oder nicht vollständig beurteilt, Risikoprofile durch den Einsatz innovativer Instrumente sehr kurzfristig verändert werden. Zudem resultiert in einer dynamischen Betrachtung ein moral-hazard-Problem aus dieser Informationsasymmetrie: Banken erhalten Depositen zu festgelegten Konditionen, bevor die Struktur des Aktivportfolios feststeht. Die Refinanzierungskosten sind damit kurzfristig fix. Das führt bei positiver Korrelation zwischen Risiko und erwartetem Ertrag eines Investitionsvorhabens zu einer stärkeren Risikoneigung der Banken (Bhattacharya et al. 1998, S. 756). Informationsasymmetrie birgt damit nicht nur die

Gefahr von bank runs, sondern kann zudem höhere Portfoliorisiken nach sich ziehen, die die Stabilität des Systems zusätzlich beeinträchtigen[18].

Gleichzeitig kann die asymmetrische Verteilung von Information wegen der Komplexität des Bankgeschäfts und der Möglichkeit zu sehr kurzfristigen Veränderungen der Risikostruktur auch durch Publizitätsvorschriften nur eingeschränkt reduziert werden. Insbesondere Kleinanleger dürften auch bei sehr weitgehender Publizität nicht willens oder in der Lage sein, diese Informationen zu bewerten. Weitgehende Publizitätsvorschriften bergen zudem das Risiko, daß Informationen von der Öffentlichkeit zu Recht oder zu Unrecht negativ beurteilt werden und so latent zum Panikpotential beitragen (vgl. z.B. Pecchioli 1987, S. 219). In diesem Falle würde die Publizität das Gegenteil dessen bewirken, was ursprünglich erreicht werden sollte. Ergebnisse von Prüfungen einzelner Institute durch die Bankenaufsicht beispielsweise werden vor allem aus diesem Grunde nicht bzw. nicht vollständig veröffentlicht.

Unabhängig vom tatsächlichen Grad der Informationsasymmetrie trägt die Natur des Bankgeschäfts selbst zur Instabilität des Systems bei: Geldschöpfung und Intermediation durch Banken implizieren eine geringe Eigenkapitalquote. Bankaktiva – insbesondere Kredite, deren Bewertung Informationen über den Darlehensnehmer voraussetzt – sind aber wenn überhaupt nur mit erheblichen Abschlägen kurzfristig veräußerbar. Im Falle eines bank runs müßte dann die Differenz zwischen den Verbindlichkeiten, also insbesondere Einlagen, und dem Liquidationswert der Aktiva durch Eigenkapital gedeckt werden können, um die Illiquidität eines Institutes zu vermeiden. Niedrige Eigenkapitalquoten rechtfertigen folglich die Annahme der Einleger, daß im Krisenfall ein Verlustrisiko entsteht. Neben der Einschätzung der Bonität des Gesamtsystems werden einzelne Einleger daher bei ihrer eigenen Entscheidung auch das potentielle Verhalten aller anderen Einleger berücksichtigen, um im Falle der Krise möglichst „first in line" zu sein und eigene Verluste zu vermeiden. Gleichzeitig wird die Instabilität des Systems durch diesen Sachverhalt tendenziell noch verstärkt, da der plötzliche Entzug von Liquidität bzw. der daraus resultierende kurzfristigen Zwang zur Veräußerung von Aktiva mit entsprechenden Verlusten auch die Insolvenz einer „gesunden" Bank bewirken kann (Dale 1984, S. 53 ff.).

Der Bankensektor kann damit als inhärent instabil betrachtet werden: Aus Informationsasymmetrie können bank runs resultieren, die zum Zusammenbruch auch von solventen Banken führen und sich auf das gesamte Bankensystem

---

[18] Auch ein funktionierender Interbankenmarkt führt nicht dazu, daß das Liquiditätsrisiko entfällt: Informationsasymmetrie besteht – in geringerem Ausmaß - auch unter Banken. Ein Kreditinstitut kann folglich bei plötzlich auftretenden Liquiditätsschwierigkeiten auch am Interbankenmarkt mit dem Problem der Kreditrationierung konfrontiert sein.

ausbreiten können[19]. Staatliche Regulierung ist damit grundsätzlich gerechtfertigt. Die staatlichen Eingriffe, die der Stabilitätswahrung dienen sollen, werden nachfolgend dargestellt und diskutiert. Der Fokus dieser Analyse liegt dabei nicht auf den mit jedem staatlichen Eingriff verbundenen wohlfahrtsökonomischen Effekten, sondern vielmehr auf den Konsequenzen regulatorischer Maßnahmen für die Stabilität des Bankensystems.

3.1.2 Staatliche Maßnahmen zur Stabilisierung des Bankensektors

Die auf die Sicherung der Stabilität des Systems gerichteten Regulierungen unterscheiden sich nach Dale (1984, S. 55) im Hinblick auf ihre Zielrichtung: „These controls fall into two broad categories: preventive regulation, designed to curb risk-taking by banks and therefore reduce the likelihood of liquidity and solvency problems; and protective regulation, designed to provide support both to banks and their depositors should problems in fact arise." Direkt auf den Schutz der Einleger bzw. der Banken im Falle des tatsächlichen Auftretens von krisenhaften Entwicklungen zielen einerseits Einlagenversicherungen und andererseits Lender-of-Last-Resort-(LLR)-Fazilitäten (üblicherweise der Zentralbank). Präventiven Charakter haben Vorschriften bezüglich der Eigenkapitalausstattung, Liquiditätsanforderungen etc.

Beide Typen von staatlichen Eingriffen sind hinsichtlich ihres Charakters nicht eindeutig zu trennen, sondern vielmehr interdependent (vgl. z.B. Baltensperger 1990): Die Existenz einer Einlagenversicherung beispielsweise wird auch dazu führen, daß das Vertrauen in den Bankensektor insgesamt zunimmt und damit die Wahrscheinlichkeit von Bankenzusammenbrüchen reduzieren, die durch „bank runs" ausgelöst werden. Insofern wirkt auch die Einlagenversicherung präventiv. Falls Schutzmechanismen wie LLR oder die Einlagenversicherung existieren, sind präventive Reglementierungen weiterhin primär Folge der mit der protektiven Regulierung verbundenen Ineffizienzen. Risikounabhängige Prämien für die Einlagenversicherung beispielsweise verursachen ein moral-hazard-Problem dergestalt, daß Banken zur Inkaufnahme höherer Risiken angehalten werden, da der für die Refinanzierung zu zahlende Depositenzinssatz nicht mehr risikoabhängig ist. Dementsprechend werden weitere (präventive) Regulierungen notwendig, die dieses Problem zumindest verringern sollen. Trotz dieser Interdependenzen erscheint die Unterscheidung zwischen protektiver und präventiver Regulierung zweckmäßig, da sie von den staatlicherseits primär verfolgten Zielen der Regulierung des Bankensektors ausgeht.

---

[19] Eine andere Position vertritt Kaufman (1996), der Bankenzusammenbrüche gesamtwirtschaftlich nicht für gefährlicher als Konkurse von Unternehmen anderer Branchen hält.

3.1.2.1   Staatliche Eingriffe mit Schutzcharakter

Protektive Eingriffe können ihrerseits wiederum danach unterschieden werden, ob sie diskretionären Charakter haben oder institutionalisiert sind. Bei diskretionären Regulierungen „besteht eine beabsichtigte Ungewißheit über die genauen Bedingungen des Eingriffs, sie umfassen in erster Linie die Lender-of-Last-Resort (LLR)-Funktion der Zentralbank" (Rombach 1993, S. 103). Bei institutionalisierten Regulierungen sind Zeitpunkt und Art des Eingriffs festgelegt, dies betrifft die Einlagenversicherung.

LLR und Einlagenversicherung können grundsätzlich als alternative Lösungsversuche für das oben erläuterte Stabilitätsrisiko betrachtet werden: Einerseits reduzieren beide Instrumente die Wahrscheinlichkeit, daß dem System als Folge allgemein geänderter Erwartungen der Einleger Depos021ten entzogen werden. Andererseits verringern sie die Gefahr einer aus einem einzelnen Bankzusammenbruch resultierenden Systemkrise, indem Einlegern die Motivation genommen wird, Einlagen auch bei nicht unmittelbar betroffenen Banken abzuziehen. Bei temporären Liquiditätsschwierigkeiten eines Institutes lösen LLR-Fazilitäten das Problem der aus Informationsasymmetrie resultierenden Kreditrationierung durch unmittelbare Zufuhr von Liquidität. Die Einlagenversicherung mindert die Gefahr des massiven Abzugs von Einlagen durch die garantierte Rückzahlung. Zusätzlicher Liquiditätsbedarf kann allerdings nur gedeckt werden, wenn es entweder der betroffenen Bank gelingt, kurzfristig weitere Einlagen zu mobilisieren oder wenn Interbankverbindlichkeiten ebenfalls von der Einlagenversicherung gedeckt sind.

In der Praxis sind LLR und Einlagenversicherung häufig gleichzeitig Bestandteile des staatlichen Instrumentariums: Sofern beispielsweise der Versicherungsschutz betragsmäßig begrenzt ist, wird der LLR als ergänzendes Instrument zum Erhalt des Vertrauens der Einleger notwendig. Gleichzeitig sind Interbankverbindlichkeiten i.d.R. nicht von der Einlagenversicherung gedeckt, so daß die kurzfristige Mobilisierung zusätzlicher Liquidität bei Auftreten von Engpässen trotz der garantierten Rückzahlung ohne einen LLR problematisch sein kann.

Neben LLR und Einlagenversicherung könnte eine einzelne Bank auch durch die zeitlich begrenzte Aussetzung der Verpflichtung zur Barauszahlung von Depositen, die sog. „suspension of convertibility", vor einem Zusammenbruch geschützt werden. Im Ergebnis führt das dazu, daß Einleger grundsätzlich keine Sicherheit hinsichtlich der Deckung ihres künftigen Liquiditätsbedarfes haben. Damit ist die suspension of convertibility als ein die Funktionsfähigkeit des Systems eher beeinträchtigendes Instrument zu betrachten und wird im folgenden nicht diskutiert.

3.1.2.1.1 Diskretionäre Regulierung: „Lender of Last Resort"

Die Existenz eines LLR soll, wie oben bereits erwähnt, das Auftreten von Systemkrisen in Form von bank runs dadurch verhindern, daß temporäre Liquiditätsengpässe aufgefangen werden. Der LLR kann also als staatliche Reaktion auf Marktversagen interpretiert werden. Informationsasymmetrie und Kreditrationierung können dazu führen, daß auch solvente Banken mit Depositenabflüssen konfrontiert werden, die ihrerseits u.U. die Illiquidität der betroffenen Banken zur Folge haben können, oder aber Liquiditätsengpässe nicht durch Aufnahme zusätzlicher Mittel am Interbankenmarkt decken können. Die Liquiditätszufuhr über den LLR hat dann zwei Auswirkungen: Auf Ebene der einzelnen Bank entfällt der Zwang zur kurzfristigen Veräußerung von Aktiva mit erheblichen Abschlägen auf den Buchwert und damit das Risiko der aus einem Liquiditätsengpaß entstehenden Insolvenz. Der Zusammenbruch eines solventen Instituts wird damit verhindert. Auf Ebene des Gesamtsystems wird ein Vertrauensverlust der Einleger und das daraus resultierende Risiko einer Bankpanik, d.h. der massive Abzug von Depositen auch bei anderen Instituten, vermieden.

Innerhalb eines marktwirtschaftlichen Systems muß gleichzeitig sichergestellt sein, daß tatsächlich insolvente Banken aus dem Markt ausscheiden. Liquiditätshilfen des LLR sollen dementsprechend ausschließlich solventen Banken gewährt werden. Damit impliziert die Existenz eines LLR zunächst die Annahme, daß Behörden eher in der Lage sind, Insolvenz von Illiquidität zu unterscheiden als Marktteilnehmer - andernfalls bestünde das Problem der Kreditrationierung nicht. Weiterhin setzt eine Beurteilung der Solvenz durch die Aufsichtsbehörden umfangreiche Berichtspflichten der Banken voraus.

Der LLR steht zunächst vor dem Problem, Illiquidität von Insolvenz zu unterscheiden. Ein Kreditinstitut ist dann solvent, wenn die Verbindlichkeiten durch die Summe aus Eigenkapital und Aktiva gedeckt sind. Buchwert und Liquidationswert insbesondere von Krediten können aber, wie bereits erwähnt, erheblich voneinander abweichen. Eine Bank kann folglich zwar im Sinne der Fortführung der Geschäftstätigkeit (going concern) solvent sein, aber einen negativen Liquidationswert aufweisen. Sowohl die Ermittlung eines Liquidationswertes als auch die Beurteilung der Werthaltigkeit von Forderungen unter der Prämisse der Fortführung der Geschäftstätigkeit unterliegen Unsicherheiten, da es für Darlehensforderungen i.d.R. keinen Sekundärmarkt gibt. Die Unterstützung einer Bank, die als going concern solvent ist, wäre gerechtfertigt. Im Falle eines negativen Nettowertes auch bei Fortführung der Geschäftstätigkeit wäre im Gegensatz dazu die Unterstützung durch den LLR nur dann plausibel, wenn eine Verweigerung zu einer Bankpanik und weiteren Zusammenbrüchen – also gesamtwirtschaftlichen Kosten – führt (Dale 1984, S. 67). Die Bestimmung der Wahrscheinlichkeit von für das

Gesamtsystem zu erwartenden negativen Konsequenzen bzw. der damit verbundenen Kosten ist ebenfalls erheblichen Unsicherheiten unterworfen. Gleiches gilt schließlich für Zeitpunkt und Volumen eventueller Liquiditätshilfen.

Die Schwierigkeiten bei der Beurteilung der Solvenz und die Tatsache, daß auch Zusammenbrüche insolventer Banken – deren Ausscheiden aus dem Markt grundsätzlich erwünscht ist - ein Panikpotential bergen, führen dazu, daß die Gewährung von Krediten durch den LLR faktisch kaum auf solvente Banken beschränkt werden kann. Zudem könnte sich die Zentralbank in ihrer Funktion als LLR – sei es aus wirtschaftspolitischen Erwägungen oder weil politischer Druck ausgeübt wird - gezwungen sehen, auch insolvente Institute zumindest für einen begrenzten Zeitraum zu unterstützen und damit deren wünschenswerten Marktaustritt zu verzögern bzw. zu verhindern. Das gleiche Argument gilt für den Fall der Insolvenz einer großen Bank, die als „too big to fail" betrachtet wird[20].

Weiterhin sind mit der Einräumung von LLR-Fazilitäten erhebliche moral-hazard-Probleme verbunden: Banken selbst werden zunächst durch die Existenz des LLR dazu angehalten, höhere Risiken einzugehen, da sich dadurch keine Steigerung der Refinanzierungskosten mehr ergibt: "The portfolios of insured financial institutions will be less conservative and their average yields will be higher" (Solow 1982, S. 243). Darüber hinaus führt die Existenz eines LLR dazu, daß Banken nach Möglichkeit ihr Eigenkapital reduzieren, da damit im Erfolgsfalle (d.h. bei einer Gesamtkapitalrendite des Portfolios, die über dem Depositenzinssatz liegt) die Eigenkapitalverzinsung steigt, während potentielle Verluste auf den LLR überwälzt werden können. Falls der Nettowert einer Bank bereits negativ ist, könnte das Management zudem versuchen, die wahre Situation zu verschleiern, um mit den dann vom LLR erhaltenen Mitteln eine „go-for-broke-Strategie" zu fahren, d.h. Projekte mit hohen Ertragsaussichten und hohem korrespondierenden Verlustrisiko zu finanzieren (Guttentag/Herring 1983, S. 10). Eine wirksame Kontrolle der Risikopolitik durch die Anteilseigner der Bank – die den Verlust des Kapitals befürchten müßten – ist nur dann zu erwarten, wenn hinreichend große Einzelaktionäre vorhanden sind. Einleger andererseits werden bei ihrer Anlageentscheidung die Risikostruktur ebenfalls nicht mehr berücksichtigen, weil die jederzeitige Liquidierbarkeit ihrer Depositen durch den LLR garantiert wird.

Auf Ebene der Banken selbst kann das moral-hazard-Problem durch Forderung eines „Strafzinses" für durch den LLR gewährte Liquiditätshilfen und/oder die Besicherung dieser Kredite verringert werden: Die aus der Inkaufnahme höherer

---

[20] Die Existenz eines LLR führt vor diesem Hintergrund zu Wettbewerbsvorteilen für große Banken, da Einleger annehmen, daß der Staat bzw. die Zentralbank den Zusammenbruch einer hinreichend großen Bank wegen der unterstellten Auswirkungen auf das System nicht zulassen werden, während bei kleineren Instituten der Eingriff des LLR weniger wahrscheinlich ist.

Risiken und der Reduzierung des Eigenkapitals im Falle des Mißerfolgs resultierenden Verluste werden, zumindest teilweise, internalisiert. Sofern sich Aufsichtsbehörden weiterhin das Recht vorbehalten, bei Unterstützung einer Bank durch den LLR eine Prüfung durchzuführen, deren Ergebnis die Schließung des Institutes sein kann, wird moral hazard auch dadurch vermindert.

Darüber hinaus ist gerade der diskretionäre Charakter des LLR als Reaktion auf moral hazard zu sehen. Dadurch, daß sowohl Banken selbst als auch Einleger im Unklaren darüber gelassen werden, ob „in fact, the marines will come to the rescue, or if they decide to come, will arrive in time" (Kindleberger 1978, S. 165), soll die Marktdisziplin gestärkt werden. Der LLR sieht sich dabei vor dem Problem, einerseits keine Zweifel daran aufkommen zu lassen, daß im Falle einer drohenden Systemkrise Liquidität zur Verfügung gestellt wird, und andererseits einzelne Banken im Ungewissen darüber zu lassen, ob und unter welchen Bedingungen Überbrückungskredite gewährt werden (Rombach 1993, S. 107). Gerade bei großen Banken wird man aber annehmen können, daß Einleger und Banken selbst zu Recht davon ausgehen, daß der LLR nötigenfalls Unterstützung leisten wird. Der diskretionäre Charakter der Unterstützung durch den LLR ist somit nur begrenzt realistisch, das moral-hazard-Problem wird dementsprechend allenfalls verringert.

Die mit der Existenz eines LLR verbundenen Risiken könnten vermieden werden, wenn die diese Funktion durch das Bankensystem selbst übernommen würde. Das zentrale Argument für eine Marktlösung ist das Eigeninteresse der Banken: Da sich die Institute der möglichen Konsequenzen eines Bankzusammenbruchs für das eigene Fortbestehen bewußt sind, werden sie im Falle einer Krise einer Bank eigenständig, also ohne „externen" LLR, Rettungsmaßnahmen einleiten. Weiterhin dürften Marktteilnehmer mindestens ebensogut wie Behörden in der Lage sein, die Solvenzposition einer illiquiden Bank zu beurteilen und dementsprechend über die Gewährung von Liquiditätshilfen zu entscheiden.

Gegen die Marktlösung sprechen aber gewichtige Bedenken (Claassen 1985, S. 222 f.): Einerseits könnte die betroffene Bank so groß sein, daß das System die benötigte Liquidität nicht aufbringen kann. Weiterhin werden sich einzelne Banken als free-rider zu verhalten versuchen, d.h. insbesondere dann, wenn Zweifel hinsichtlich der Solvenz des illiquiden Instituts bestehen, ihren Beitrag möglichst gering halten. Im Ergebnis kann das ebenfalls dazu führen, daß die Liquiditätshilfe nicht ausreicht. Das entscheidende Argument gegen eine Marktlösung dürfte darüber hinaus darin zu sehen sein, daß die wesentliche Funktion des LLR im Erhalt des Vertrauens der Einleger liegt: Nur die Zentralbank ist in der Lage, Liquidität (in inländischer Währung) in unbegrenztem Umfang zu schaffen und damit die jederzeitige Liquidierbarkeit von Depositen zu garantieren[21].

3.1.2.1.2 Institutionalisierte Regulierung: Einlagenversicherung

Die Einrichtung einer Einlagenversicherung ist im Gegensatz zum LLR nicht ausschließlich von dem Ziel der Erhaltung der Stabilität des Bankensystems motiviert, sondern kann darüber hinaus als Maßnahme des Konsumentenschutzes interpretiert werden: Insbesondere kleine Einleger sollen vor Verlusten geschützt werden (vgl. z.B. Pecchioli 1987, S. 227). Konsumentenschutz kann durch LLR-Fazilitäten wegen des diskretionären Charakters jedenfalls nicht per se erreicht werden, wenn auch Unterstützungsmaßnahmen des LLR Einleger ebenfalls vor Verlusten schützen. Der entscheidende Unterschied zum LLR liegt weiterhin darin, daß die Voraussetzungen für den Eingriff, d.h. den Versicherungsfall, im Vorhinein klar definiert sind, teilweise sogar ein rechtlicher Anspruch auf Leistung des Versicherers besteht.

Der stabilisierende Effekt der Einlagenversicherung entspricht der des LLR: „[...] first, at any given level of risk taking, an individual bank is less likely to fail because depositors will have less incentive to withdraw their funds when it experiences financial difficulties; and secondly, the failure of any one bank is much less likely to result in contagious failures elsewhere to the extent that depositors are assured of repayment" (Dale 1984, S. 64)[22]. Analog gilt auch für die Einlagenversicherung, daß der erwünschte stabilisierende Effekt nur dann eintritt, wenn die Bonität der Versicherung aus Sicht der Einleger außer Frage steht.

Die mit der Einlagenversicherung verbundenen moral-hazard-Probleme entsprechen ebenfalls denen, die die Existenz eines LLR mit sich bringt: Da Depositenzinsen nicht mehr risikoabhängig sind, werden Banken dazu angehalten, höhere Risiken einzugehen und ihr Eigenkapital durch versicherte Einlagen zu substituieren, d.h. die Eigenkapitalquote zu verringern. Bei voller Deckung kann eine bereits insolvente Bank auf Kosten der Versicherung eine „go-for-broke"-Strategie einschlagen, da die Mobilisierung von Einlagen jederzeit möglich ist. Gleichzeitig spielt die Risikostruktur einer einzelnen Bank für den Einleger keine Rolle mehr, d.h. das Motiv zur Kontrolle der Bank durch (Groß-) Anleger entfällt.

---

[21] Rombach (1993, S. 134) kommt zu dem Ergebnis, daß bei Existenz sowohl einer Einlagenversicherung als auch eines LLR zumindest eine dieser Institutionen staatlich getragen sein sollte.
[22] Auch eine Einlagenversicherung eliminiert das Motiv zum Abzug von Einlagen nicht vollständig, da im Falle der Insolvenz eines Institutes zumindest mit einer zeitlich begrenzten Einschränkung der Dispositionsfreiheit und mit Zinsverlusten für den Zeitraum bis zur Zahlung durch die Versicherung zu rechnen ist.

Da die Einlagenversicherung im Gegensatz zum LLR institutionalisiert ist, entfällt die – wenn auch nur eingeschränkt realistische – Möglichkeit, moral hazard durch Ungewißheit über Zeitpunkt und Konditionen eines Eingriffs zumindest zu verringern. Neben der Möglichkeit der Schließung eines Institutes im Versicherungsfall sind Ansatzpunkte zur Lösung des moral-hazard-Problems zum einen der Umfang des Versicherungsschutzes und zum anderen die Prämienstruktur.

Volle vs. partielle Versicherung von Einlagen

Die volle Deckung aller Einlagen durch die Versicherung schließt das Risiko einer Bankpanik aus, sofern ein Rechtsanspruch auf die Versicherungsleistung besteht und die Bonität des Versicherers – also des Staates oder eines anderen Trägers – von den Einlegern als gegeben betrachtet wird. Die oben erläuterten moral-hazard-Probleme allerdings treten (sofern die Prämien für die Versicherung nicht risikoabhängig gestaltet werden, dazu s.u.) ungemindert auf. Dementsprechend müssen Banken Beschränkungen hinsichtlich ihrer Risikopolitik, der Eigenkapitalausstattung etc. unterworfen werden[23]. Gleichzeitig wird die Reglementierung der Liquidität weitgehend überflüssig, da Banken jederzeit Einlagen mobilisieren können.

Sofern der Versicherungsschutz beschränkt wird, um moral hazard zu begrenzen, impliziert das notwendigerweise die Möglichkeit der Kontrolle von Banken durch Einleger (Bhattacharya et al. 1998, S. 759): Unabhängig vom Umfang des Versicherungsschutzes haben Banken weiterhin einen Anreiz, höhere Risiken einzugehen und das Eigenkapital zu reduzieren. Eventuelle Verluste können zumindest teilweise auf die Versicherung überwälzt werden. Dem soll durch das Verlustrisiko für die Einleger entgegengewirkt werden. Verlustrisiken stellen einen Anreiz zur Kontrollausübung durch Einleger dar, folglich werden die zu zahlenden Depositenzinsen wieder risikoabhängig. Die Risikopolitik einer Bank würde sich damit unmittelbar auf die Refinanzierungskosten auswirken. Der Versicherungsschutz kann dabei entweder auf einen bestimmten Prozentsatz jeder Einlage begrenzt werden oder nur Depositen bis zu einer maximalen Höhe – diese aber zu 100% - decken.

Sofern die zeitnahe und umfassende Beurteilung der Risikopositionen einer Bank durch Einleger überhaupt möglich ist, trifft dies allenfalls auf Großanleger zu. Gleichzeitig bedeutet die prozentuale Beschränkung des Versicherungsschutzes aber ein Verlustrisiko auch für Kleinanleger. Dementsprechend wird die Gefahr einer Bankpanik durch diese Form der Einlagenversicherung nicht verringert. Die prozentual beschränkte Einlagenversicherung ist damit eher als Instrument des

30

Konsumentenschutzes denn als Mittel zur Stabilisierung des Bankensystems zu betrachten (so z.b. auch Dale 1984, S. 65).

Die betragsmäßige Begrenzung des Versicherungsschutzes hebt einerseits auf die unterstellten Kontroll- und Einflußmöglichkeiten von Großanlegern ab und trägt andererseits ebenfalls dem Motiv des Konsumentenschutzes Rechnung. Dahinter steht der Gedanke, daß Kleinanleger sowohl von Informationsasymmetrie stärker betroffen sind als große (institutionelle) Anleger als auch deutlich geringere Möglichkeiten zur Beurteilung und Beeinflussung der Risikopolitik einer Bank haben. Hinsichtlich der Begrenzung des aus der Einlagenversicherung resultierenden moral-hazard-Problemes wird man zwar einerseits davon ausgehen können, daß Großanleger in der Tat größeren Einfluß auf das Management einer Bank ausüben können. Aufgrund der Intransparenz von Banken und der Möglichkeiten zur sehr kurzfristigen Änderung von Risikopositionen ist aber auch hier Kontrolle nur sehr eingeschränkt möglich. Dementsprechend besteht für Banken zumindest kurz- bis mittelfristig die Möglichkeit, größere Risiken einzugehen, ohne daß damit Auswirkungen auf die Refinanzierungskosten verbunden wären. Das moral-hazard-Problem wird durch die Haftungsbegrenzung damit nicht vollständig gelöst. Weiterhin liegt im Hinblick auf die angestrebte Stabilisierung des Systems in der Haftungsbegrenzung für größere Einlagen ein Widerspruch, da

- wie oben bereits erläutert, allein die Existenz eines Verlustrisikos unabhängig von der Höhe des eventuellen Verlustes ein Motiv für den frühzeitigen Abzug aller Depositen darstellt und

- große Einlagen deutlich „mobiler" sind als kleine und damit durch die Haftungsbegrenzung die Instabilität eher verstärkt als verringert wird (vgl. z.B. Guttentag/Herring 1983, S. 23).

Harrell (1994) hält dem entgegen, daß große Anleger im Falle von (vermeintlichen oder tatsächlichen) Schwierigkeiten einer Bank ihre Einlagen nicht dem Gesamtsystem entziehen, sondern zu einem als solide betrachteten Institut transferieren würden. Die Stabilität des Systems würde dementsprechend durch die Haftungsbegrenzung nicht beeinträchtigt. Der Abzug von großen Einlagen und deren Weiterleitung zu einer anderen Bank kann aber zu einer Verstärkung des Liquiditätsengpasses bei der betroffenen Bank führen und damit den Entzug weiterer Depositen verursachen. Falls es keinen LLR gibt und Interbankeinlagen nicht von der Versicherung gedeckt werden, wird diese Bank aufgrund des Phänomens der Kreditrationierung u.U. keine Möglichkeit haben, sich am Interbankenmarkt zu refinanzieren, obwohl Liquidität vorhanden wäre. Daher ist ein Zusammenbruch des

---

[23] Bankenregulierung dient dann eher dem Schutz der Versicherung selbst als der Stabilisierung des Systems.

- möglicherweise solventen - Instituts mit eventuellen negativen Konsequenzen für den Bankensektor insgesamt auch dann nicht auszuschließen, wenn die Einlagen dem Gesamtsystem nicht entzogen werden.

Das moral-hazard-Problem kann damit durch Beschränkung der Deckung allein nicht gelöst werden. Andererseits ist der Versicherungsschutz in allen existierenden Versicherungssystemen begrenzt. Das spricht dafür, daß das Motiv des Konsumentenschutzes jedenfalls eine erhebliche Rolle bei der Einführung dieser Systeme gespielt hat.

Versicherte Einlagenarten

Im Hinblick auf die Funktion der Einlagenversicherung – primär die Wahrung der Stabilität des Bankensystems – stellt sich neben einer eventuellen Haftungsbegrenzung die Frage, welche Arten von Einlagen versichert werden sollen. Im Rahmen existierender Versicherungssysteme werden Interbankeinlagen, auf Fremdwährung lautende Einlagen, Einlagen bei Zweigstellen ausländischer Banken im Inland und Einlagen bei Zweigstellen inländischer Banken im Ausland unterschiedlich behandelt (Rombach 1993, S. 115).

Mit Blick auf die Stabilitätssicherung ist insbesondere die Behandlung von Interbankverbindlichkeiten von Bedeutung. Für die Einbeziehung dieser Verbindlichkeiten in die Einlagenversicherung spricht die Tatsache, daß der Interbankenmarkt eine wichtige Refinanzierungsquelle für Banken ist: Der plötzliche Entzug dieser Mittel kann, analog zum Abzug von (Klein-) Einlagen, zu Liquiditätsengpässen und in der Folge zur Insolvenz eines Institutes führen. Andererseits wird man davon ausgehen können, daß Banken eher in der Lage sind als Kleinanleger, die Risiko- und Liquiditätspositionen eines anderen Institutes zu beurteilen, wenn diese auch, wie oben bereits erwähnt, kurzfristig veränderbar sind. Darüber hinaus kann ein Liquiditätsbedarf bei Existenz einer Einlagenversicherung auch durch die Mobilisierung zusätzlicher Einlagen von Nichtbanken gedeckt werden. Der Ausschluß von Interbankeinlagen führt weiterhin dazu, daß das aus der Einlagenversicherung resultierende moral-hazard-Problem verringert wird, weil Banken, die den Interbankenmarkt als Refinanzierungsquelle nutzen, zumindest eher einer marktkonformen Kontrolle ihrer Risikopolitik unterworfen werden (so auch Wolf-Wacker 1987). Sowohl die geringere Informationsasymmetrie als auch die Stärkung der Marktdisziplin rechtfertigen damit die Nichteinbeziehung von Interbankeinlagen in die Einlagenversicherung.

Risikounabhängige vs. risikoabhängige Prämien

Der Kern des mit der Einlagenversicherung verbundenen moral-hazard-Problems liegt darin, daß der Depositenzins, den Banken für versicherte Einlagen zu zahlen haben, nicht mehr risikoabhängig ist. Wenn gleichzeitig die Prämie für die

32

Einlagenversicherung ebenfalls unabhängig vom Risiko – beispielsweise in Form einer flat rate – erhoben wird, werden damit die Refinanzierungskosten insgesamt größtenteils risikounabhängig. Banken haben damit ein Motiv, sowohl verstärkt Risiken einzugehen als auch Eigenkapital durch versicherte Einlagen zu substituieren. Eine Einlagenversicherung, die auf risikounabhängigen Prämien basiert, erreicht damit das Gegenteil dessen, was mit ihrer Einführung ursprünglich angestrebt wurde.

Finsinger (1989) hält dem entgegen, daß das Risiko des Kapitalverlustes der Anteilseigner die Risikoneigung einer Bank beschränkt, sofern die Einlagenversicherung nicht die Übernahme insolventer Banken finanziert. Dies trifft aber nur dann zu, wenn einerseits hinreichend starke Einzelaktionäre das Management der Bank kontrollieren und beeinflussen. Andererseits bleibt die Möglichkeit zur sehr kurzfristigen Änderung von Risikopositionen durch das Management[24].

Da weiterhin eine hinreichende Überwachung der Risikopolitik einer Bank durch Einleger und damit die Lösung des moral-hazard-Problemes durch Begrenzung des Versicherungsschutzes nicht möglich ist, bietet sich die Bestimmung der Höhe der Prämien anhand des Risikos an: Risikoabhängige Prämien führen dazu, daß die Refinanzierungskosten der Bank die individuelle Risikoneigung des Institutes widerspiegeln und stellen damit eine unter Allokationsaspekten optimale Lösung dar. Gleichzeitig würde die weitere Reglementierung von Banken überflüssig, da sämtliche risikobeeinflussenden Faktoren – Eigenkapitalquoten, Liquiditätspositionen etc. – bei der Ermittlung der Prämienhöhe berücksichtigt würden. Dem stehen allerdings erhebliche praktische Schwierigkeiten entgegen, da zunächst die genaue Beurteilung des Risikogehaltes einzelner Bankaktiva durch die Versicherung problematisch ist: Das Risiko herausgelegter Kredite beispielsweise kann im Zeitverlauf in Abhängigkeit von der Entwicklung des Kreditnehmers oder der Branche variieren; gleiches gilt für den Wert eventuell vorhandener Sicherungsgüter etc. Darüber hinaus wird das Risiko eines Bankportfolios von objektiv nicht meßbaren Faktoren, etwa der Qualität des Managements einer Bank oder eines Kreditnehmers beeinflußt (vgl. z.B. Pecchioli 1987, S. 229). Schließlich gilt auch hier, daß die Anpassung der Prämien u.U. nur zeitverzögert erfolgen kann, während die Änderung von Risikopositionen sehr kurzfristig möglich ist.

---

[24] Es gibt allerdings eine Reihe anderer disziplinierender Faktoren, beispielsweise den Arbeitsmarkt für Führungskräfte von Banken oder die Gefahr einer möglichen Übernahme durch Konkurrenzinstitute bei Schieflagen. Diese tragen zwar zur Verringerung des moral-hazard-Problems bei (auch im Hinblick auf LLR-Fazilitäten), lösen es aber nicht grundsätzlich.

Banken halten neben versicherten Depositen in der Regel auch Einlagen, die nicht dem Versicherungsschutz unterliegen. Die Differenz zwischen den Zinssätzen für nicht versicherte und für versicherte Einlagen könnte dann Basis für die Ermittlung risikoadäquater Versicherungsprämien sein (Thomson 1987). Dagegen sprechen einerseits die vorstehend genannten Argumente: Information ist zwischen Einlegern und Banken asymmetrisch verteilt, dementsprechend können Risiken nicht vollständig berücksichtigt werden. Zudem führt die Existenz von Transaktionskosten dazu, daß sich Risikounterschiede nur begrenzt in Preis- bzw. Kursdifferenzen niederschlagen. Andererseits könnten Unterschiede in der Beurteilung von Banken durch unversicherte Anleger zumindest einen Anhaltspunkt für die Prämiendifferenzierung bieten.

Näherungsweise könnten diese Probleme durch Bildung von Risikoklassen anhand eindeutig beobachtbarer Kriterien gelöst werden. De facto werden aber innerhalb existierender Versicherungssysteme meist flat rates erhoben. Dementsprechend sind die nachfolgend diskutierten Reglementierungen der Geschäftstätigkeit von Banken notwendig, um einerseits das moral-hazard-Problem zumindest zu verringern und so die Stabilität des Systems zu wahren, und andererseits die Versicherung selbst zu schützen.

3.1.2.2 Staatliche Eingriffe mit Präventivcharakter

Reglementierungen mit Präventivcharakter sind zunächst als Instrumente zur Verringerung des aus der Existenz eines LLR und/oder einer Einlagenversicherung resultierenden moral-hazard-Risikos zu interpretieren. Wenn protektive Eingriffe effizient gestaltet werden könnten – beispielsweise durch risikoabhängige Prämien bei einer Einlagenversicherung - würde staatliche Prävention weitgehend überflüssig. Da dies nur sehr eingeschränkt der Fall ist, zielen die nachfolgend diskutierten Eingriffe einerseits darauf ab, die Einlagenversicherung bzw. den LLR vor durch Ausschaltung des Marktmechanismus induzierten Inanspruchnahmen zu schützen. Falls protektive Regulierung in Form von LLR-Fazilitäten oder einer Einlagenversicherung nicht existiert, sind präventive Regulierungen andererseits als Reaktion auf Marktunvollkommenheiten und die damit verbundene inhärente Instabilität des Bankensystems aufzufassen.

Ansatzpunkte für präventive Regulierung sind allgemein die Begrenzung von Risiken für Solvenz bzw. Liquidität des Bankensektors. Dies betrifft in erster Linie Eigenkapital und die Liquiditätsposition von Banken, darüber hinaus aber auch Fragen der internen Organisation und Kontrolle, beispielsweise Risikomanagementsysteme, die interne Revision oder die Verteilung von Entscheidungskompetenzen. Präventive Eingriffe lassen sich in zwei Kategorien aufteilen: Einerseits qualitative Normen, die sich „auf die unterschiedlichen Bereiche der Führung und Organisation des Bankunternehmens" (Burghof/Rudolph 1996, S. 52) beziehen, und andererseits quantitative Normen, die an eindeutig meßbaren Faktoren ansetzen.

Eine weitere Kategorisierung könnte nach der Zielrichtung der jeweiligen Instrumente vorgenommen werden. Präventive Vorgaben könnten einerseits als Mittel zur Verringerung der Wettbewerbsintensität und zur Kontrolle der Marktstruktur interpretiert werden. Auf der anderen Seite stellt staatliche Prävention – wie oben bereits erwähnt - eine Reaktion auf die mit protektiven Maßnahmen verbundenen moral-hazard-Probleme dar. Nach dieser Systematik wären der ersten Gruppe von Regulierungen beispielsweise administrierte Zulassungsverfahren, Einschränkungen bei der Gründung von Filialen, die Beschränkung des zulässigen Tätigkeitsbereiches von Banken und Diversifikationsvorgaben zuzuordnen. In die zweite Kategorie ließen sich insbesondere Vorgaben im Hinblick auf das erforderliche Eigenkapital sowie Liquiditätsvorschriften einordnen.

Diese Kategorisierung ist allerdings nicht trennscharf. Vorschriften zur Liquiditätshaltung beispielsweise betreffen einen von vielen wettbewerbsrelevanten Parametern und beeinflussen damit auch die Wettbewerbsintensität. Diversifikationsvorgaben – beispielsweise in Form prozentualer Obergrenzen für die Kreditvergabe an definierte Sektoren - beschränken zwar den Wettbewerb in den jeweiligen Sektoren, haben aber andererseits auch die Vermeidung einer unangemessenen Risikopolitik zum Ziel, die wiederum durch moral hazard motiviert sein könnte. Die Zuordnung einzelner Eingriffe zur jeweiligen Kategorie würde damit weitgehend willkürlich. Daher ist die Unterscheidung nach qualitativen und quantitativen Ansätzen präventiver Regulierung geboten. Die nachfolgende Diskussion beschränkt sich dabei auf die wesentlichen Ausprägungen präventiver Eingriffe, nämlich Beschränkungen des Marktzutritts und der zulässigen Geschäftsbereiche einerseits sowie Vorgaben hinsichtlich des Eigenkapitals, der Liquidität und der Portfolio-Diversifikation andererseits. Der Schwerpunkt liegt dabei auf den quantitativen Anforderungen, insbesondere auf der Eigenkapitalquote, die den zentralen Ansatzpunkt präventiver Regulierung darstellt. Dem vorangestellt sind einige kurze Überlegungen zur staatlichen Haltung zum Wettbewerb im Bankensektor.

Eine besondere Rolle spielen weiterhin unmittelbare Eingriffe in die Preis- und Kreditpolitik von Banken – also Ober- und/oder Untergrenzen für Kredit- und Depositenzinsen und die Vorgabe von Mindestvolumina. Diese Reglementierungen sind hinsichtlich ihres Charakters nicht eindeutig als Präventivmaßnahmen aufzufassen: Zur Begründung dient zwar einerseits die Verhinderung eines staatlicherseits als stabilitätsgefährdend betrachteten Preiswettbewerbs, andererseits werden aber auch andere wirtschaftspolitische Ziele, vor allem die Lenkung der

Kreditvergabe, mit der Regulierung verfolgt. Insbesondere in Entwicklungsländern stand bzw. steht das letztgenannte Motiv im Vordergrund. Die Auswirkungen dirigistischer Eingriffe dieser Art werden daher gesondert untersucht.

Die Vorgabe von Mindestbeteiligungen des Staates am Kapital einer Bank kann ebenfalls als präventive Regulierung interpretiert werden: Durch Wahrnehmung von Mandaten in Aufsichtsgremien oder die direkte Zugehörigkeit zur Geschäftsleitung einer Bank wird unmittelbare Kontrolle ausgeübt, deren Ziel Stabilitätswahrung und Schutz eventuell vorhandener Sicherungsinstrumente vor unangemessener Inanspruchnahme ist[25]. Analog zu direkten Eingriffen in die Preispolitik gilt aber auch hier, daß zumindest in Entwicklungsländern andere wirtschaftspolitische Ziele Primärmotivation für Beteiligungen des Staates an Banken sind. Zudem führen Staatsbeteiligungen tendenziell zu politischer Einflußnahme insbesondere bei der Darlehensvergabe und begünstigen Interessenkonflikte und Korruption. Die Rolle des Staates als Anteilseigner wird daher ebenfalls separat diskutiert.

3.1.2.2.1 Präventive Regulierung und Wettbewerb im Bankensektor

Präventive Maßnahmen führen grundsätzlich zu einer Beschränkung des Wettbewerbs im Bankensektor[26]. Die Reglementierung wird dabei staatlicherseits meist mit der Sicherung der Stabilität des Systems begründet: Anforderungen an die Qualifikation des Managements oder an die Mindestausstattung mit Eigenkapital beispielsweise zielen demnach zwar in erster Linie darauf ab, die Solidität von neuen Wettbewerbern sicherzustellen (Pecchioli 1987, S. 71), stellen aber nichtsdestotrotz Markteintrittsbarrieren dar und schützen so die bereits etablierten Institute. Einschränkungen bei der Kreditvergabe andererseits sollen zwar die Stabilität existierender Banken sichern, senken aber gleichzeitig die Intensität des Wettbewerbs in den jeweiligen Sektoren zwischen bereits etablierten Kreditinstituten. Wettbewerbsneutralität staatlicher Eingriffe im Sinne der Vermeidung allokativer Verzerrungen kann möglicherweise hinsichtlich der Reglementierungen erreicht werden, die sich auf bereits aktive Banken beziehen, nicht aber mit Blick auf Beschränkungen des Marktzutritts[27]. Zur Sicherung der so erreichten Wettbewerbsvorteile werden Banken versuchen, auf die für die Gestaltung des

---

[25] Staatliche Beteiligungen können dazu führen, daß Einleger von einer impliziten Garantie für ihre Einlagen ausgehen und haben damit u.U. auch protektiven Charakter.

[26] Die Wettbewerbsbeschränkungen sind dabei insbesondere dann wirksam, wenn der Bankenmarkt von lokal agierenden Banken dominiert ist, d.h. der Wettbewerbsdruck durch in den Markt drängende ausländische Banken gering ist. Das war bzw. ist in vielen Entwicklungsländern – wie auch in Kamerun – der Fall.

[27] Beber (1988) beschränkt ihre Untersuchung dagegen auf die Auswirkungen der Bankenaufsicht auf den Wettbewerb zwischen bereits existenten Instituten.

aufsichtsrechtlichen Rahmens verantwortlichen politischen Entscheidungsträger Einfluß zu nehmen.

Die staatliche Haltung in Industrieländern im Hinblick auf Wettbewerb im Bankensektor war bis etwa Ende der 60er Jahre eher ablehnend. Hauptmotiv für wettbewerbsbeschränkende Regulierung war die Vorstellung eines „ruinösen" Wettbewerbs im Bankenmarkt: Eine Erhöhung der Depositenzinsen zur Ausweitung des Marktanteils impliziert danach die Tendenz zur Inkaufnahme höherer Risiken im Aktivgeschäft, um die gestiegenen Refinanzierungskosten zu kompensieren. Geringere Kreditzinsen andererseits bedeuten unabhängig von der Qualität des jeweiligen Forderungsportfolios ein höheres Verlustrisiko (Wolf-Wacker 1987, S. 128). Analog kann für andere Determinanten der Kosten- und Ertragsstruktur argumentiert werden: Keeley (1990) beispielsweise führt die ab Anfang der achtziger Jahre für die USA beobachtete Zunahme von Bankzusammenbrüchen (insbesondere der Savings & Loans) unter anderem darauf zurück, daß Deregulierung und zunehmender Wettbewerb einerseits eine verstärkte Risikoneigung bei Banken und andererseits sinkende Eigenkapitalquoten nach sich gezogen haben. Wettbewerb führt zu sinkenden Margen sowohl im Passiv- als auch im Aktivgeschäft und hat damit aus Sicht der Regulierungsbehörden eine die Stabilität einzelner Banken bzw. des Systems insgesamt beeinträchtigende Wirkung. Andererseits bewirken wettbewerbsbeschränkende Maßnahmen Wohlfahrtsverluste, da den geschützten Banken die Abschöpfung von Monopolrenten ermöglicht und gleichzeitig kostensenkende Innovation zumindest verlangsamt wird.

Vor dem Hintergrund allgemein zunehmenden Wohlstands und verstärkter Diversifikation der nationalen Wirtschaften sowie insbesondere der Internationalisierungstendenzen in allen Wirtschaftsbereichen hat sich die Haltung der Regierungen – jedenfalls in den industrialisierten Ländern – gewandelt. Parallel zu einer generell stärkeren Betonung der positiven Auswirkungen von Wettbewerb ist auch der Bankensektor seit Ende der 60er Jahre und insbesondere Anfang der 80er Jahre dereguliert worden (Bröker 1989, S. 50). Dementsprechend hat sich zwar die Gewichtung der mit staatlicher Regulierung verfolgten Ziele verschoben. Die Förderung der Effizienz der Finanzintermediation hat an Bedeutung gewonnen, während Anlegerschutz und Wahrung der Stabilität des Systems insgesamt tendenziell in den Hintergrund getreten sind. Nichtsdestotrotz wird Wettbewerbsbeschränkung nach wie vor für erforderlich gehalten: „Systems should not be „over"-competitive, that is, there needs to be adequate profitability for financial institutions, that is franchise value, in the system as the existence of future profits will help induce financial institutions to act prudently now" (Claessens/Klingebiel 1999, S. 13).

Ungeachtet dieser Verschiebung der Gewichte bleiben präventive Eingriffe des Staates weiterhin unumgänglich, solange mit protektiven Instrumenten wie Einlagenversicherung und/oder LLR die oben geschilderten moral-hazard-Probleme verbunden sind. Die gesamtwirtschaftlichen Kosten der aus dieses Eingriffen resultierenden Wettbewerbsverzerrungen mit ihren allokativen Folgeeffekten sind dann abzuwägen gegen die Wohlfahrtssteigerung, die sich aus der Stabilisierung des Bankensektors ergibt.

3.1.2.2.2 Qualitative Normen der Bankenaufsicht

Markteintritt und Zulassungsbeschränkungen

Der Markteintritt neuer Wettbewerber wird von den Regulierungsbehörden i.d.R. mit einer Vielzahl qualitativer Auflagen verbunden. Das betrifft beispielsweise die Rechtsform, formale Anforderungen an die Qualifikation des Managements etc. und kann bis zu einer Bedarfsprüfung durch die Behörde gehen. Zudem wird im Regelfall für die Erteilung der Betriebsgenehmigung als quantitatives Erfordernis ein definiertes Mindesteigenkapital verlangt[28]. Ziel dieser Regulierung ist die Vermeidung des Markteintritts von als „unsolide" zu betrachtenden Instituten und daraus resultierender Gefahren für die Stabilität des Bankensystems. Gleichzeitig werden damit LLR bzw. Einlagenversicherung vor verstärkter Inanspruchnahme geschützt.

Daß Mindestanforderungen an die Qualifikation der Geschäftsleitung einer Bank tendenziell stabilitätsfördernd wirken, dürfte außer Frage stehen. Gleiches gilt für den Ausschluß bestimmter Rechtsformen, sofern mit den dann zulässigen Rechtsformen zusätzliche Kontrollinstrumente verbunden sind, die zur Verringerung der Informationsasymmetrie beitragen, beispielsweise erweiterte Publizitätspflichten. Zur Verringerung des moral-hazard-Risikos wäre weiterhin der Ausschluß von Rechtsformen denkbar, die nur eine beschränkte Haftung der Gesellschafter vorsehen (vgl. z.B. Burghof/Rudolph 1996, S. 90).

Marktzugangsbeschränkungen führen gleichzeitig zu einer höheren Rentabilität der etablierten Institute, da diesen die Abschöpfung von Renten ermöglicht wird: „With entry controlled by regulators, the degree to which the pricing and availability of services reflects monopolistic or competitive behaviour is determined by the local firms already in the market" (Gilbert 1984, S. 627). Dementsprechend haben Banken ein Motiv, Einfluß auf die Aufsichtsbehörden dahingehend auszuüben, daß die Zulassung neuer Wettbewerber – beispielsweise

---

[28] Nach Rochet (1992) kann die Beschränkung der Haftung der Anteilseigner einer Bank auf das gezeichnete Kapital zu einer verstärkten Risikoneigung führen. Dementsprechend wäre die Vorgabe eines Mindestkapitals mit Blick auf moral hazard gerechtfertigt.

38

ausländischer Banken – weitgehenden Beschränkungen unterworfen wird[29]. Damit würde die Effizienz des Bankensektors tendenziell abnehmen. Ob und inwieweit die Zulassung eines neuen Instituts als arbiträre Entscheidung der Aufsichtsbehörde zu betrachten ist, hängt davon ab, welcher Ermessensspielraum besteht: Sofern nur eindeutig definierte Kriterien zu erfüllen sind, wird die politische Einflußnahme gering sein. Die Identifikation eines „Bedarfs" für eine weitere Bank durch die Aufsichtsbehörde als Zulassungsvoraussetzung dürfte demgegenüber ein Beispiel für ein in hohem Maße beeinflußbares Kriterium sein[30].

Auf regionaler Ebene wird der Markteintritt reguliert, indem Aufsichtsbehörden die Gründung von Bankfilialen einer Zustimmungspflicht unterwerfen. Als Begründung dafür wird in der Regel eine von den Behörden vermutete negative Auswirkung auf die wirtschaftliche Situation der betreffenden Bank angeführt, die aus der Ausdehnung des Filialnetzes resultiert (so z.B. Pecchioli 1987, S. 73). Gleichzeitig kann dieses Instrument zur gezielten Regionalpolitik eingesetzt werden, wenn beispielsweise die Eröffnung von Bankfilialen in ländlichen Gebieten besonders gefördert wird. Die Beschränkung der Geschäftstätigkeit von Banken auf bestimmte Regionen – bzw. die damit fehlende regionale Diversifikation - birgt andererseits ein erhöhtes Portfoliorisiko.

Beschränkung des Tätigkeitsbereiches

Die gravierendste Beschränkung des Geschäftsbereiches von Finanzinstitutionen stellt das angelsächsische Trennbankensystem dar, in dem die sog. Commercial Banks im wesentlichen auf das „reguläre" Bankgeschäft beschränkt sind, während Wertpapiergeschäfte – Neuemissionen, Underwriting etc. – von Investment Banks betrieben werden. Gegen die Ausdehnung der Geschäftstätigkeit eines einzelnen Institutes auf beide Bereiche – und damit gegen das Universalbankensystem, wie es beispielsweise in Deutschland anzutreffen ist - werden im wesentlichen zwei Argumente angeführt: „[...] first, it was feared that this combination of financial activities would give rise to unmanageable conflicts of interest which would endanger the stability and soundness of the financial system as well as raise problems for protecting the investor against malpractises; second, it was feared that the combination of these activities would lead to a politically as well as

---

[29] Der Gegenwartswert der Monopolrenten ist anderseits ein Element des Gesamtwertes einer Bank. Mit wettbewerbsmindernder Regulierung steigt dieser Gesamtwert. In Verbindung mit Regelungen zur Schließung eines Instituts bei Verstoß gegen aufsichtsrechtliche Vorgaben kann daraus eine Begrenzung der Risikoneigung der Banken resultieren, da mit der Schließung dann höhere Verluste der Bankeigentümer verbunden wären, vgl. z.B. Keeley (1990, S. 1185 f.).
[30] Die Bestätigung eines solchen „Bedürfnisses" durch eine Behörde als Zulassungsvoraussetzung ist im übrigen mit einem marktwirtschaftlich orientierten System kaum vereinbar. Das Bundesverfassungsgericht beispielsweise hat die Bedarfsprüfung bereits 1958 für verfassungswidrig erklärt.

economically unacceptable concentration of power" (Bröker 1989, S. 82, zu möglichen politischen Motivationen für die Fragmentierung der Finanzmärkte in den USA vgl. Roe 1990). Mit den im wesentlichen gleichen Argumenten wird die Beschränkung der Geschäftstätigkeit allgemein, also auch innerhalb von Universalbankensystemen, begründet.

Die Ursache für die befürchteten Interessenkonflikte wird insbesondere in Informationsasymmetrien an den Finanzmärkten gesehen: Eine Bank, die Kredit- und Emissionsgeschäft gleichzeitig betreibt, könnte beispielsweise versuchen, Anleihen eines Darlehensnehmers schlechter Qualität am Markt zu plazieren, um so das Risiko der bereits gewährten Kredite zu vermindern. Dementsprechend wäre die Reglementierung unter dem Aspekt des Konsumentenschutzes gerechtfertigt, wobei ein regelrechtes Verbot nicht notwendig ist, wenn Interessenkonflikte durch andere präventive Regulierungen – beispielsweise „codes of conduct" oder erweiterte Publizitätspflichten – vermieden werden können. Die Beschränkung der Ausdehnung in nicht unmittelbar dem „klassischen" Bankgeschäft zuzuordnende Märkte – Versicherungen, Leasing, Factoring etc. - wird weiterhin damit begründet, daß daraus eine unter Stabilitätsaspekten unerwünschte Zunahme des allgemeinen Risikos resultiere. Dies wäre dann der Fall, wenn entweder diese Geschäfte grundsätzlich mit höheren Risiken verbunden sind oder aber mangelnde Kompetenz der Bank bzw. Interessenkonflikte zur Inkaufnahme höherer Risiken führen. Andererseits kann die Erschließung neuer Geschäftsbereiche, deren Risiken nicht positiv mit denen der bereits abgedeckten korreliert sind, insgesamt zu einer Reduzierung des Risikos führen. Auch hier wäre damit unter Effizienzaspekten präventive Regulierung in Form von Kontrolle einem aufsichtsrechtlichen Verbot vorzuziehen.

Eine besondere Rolle spielen mit Blick auf aufsichtsrechtliche Beschränkungen Kapitalbeteiligungen von Banken an Unternehmen anderer Sektoren und der Handel mit Aktien oder Schuldverschreibungen solcher Unternehmen auf eigene Rechnung. Aus Sicht der Aufsichtsbehörden sind mit diesen Geschäften v.a. zwei potentielle Probleme verbunden:

a) Insbesondere Beteiligungen an nicht börsengehandelten Unternehmen sind vergleichsweise illiquide und bewirken im Gegensatz zu Darlehensforderungen keinen regelmäßigen Rückfluß von Liquidität in Form von Zins- und Tilgungszahlungen.

b) Darüber hinaus sind Beteiligungen oder der Erwerb von Schuldverschreibungen potentiell mit besonders ausgeprägten Interessenkonflikten verbunden: Um die Werthaltigkeit der eigenen Anlage zu sichern, könnte eine Bank Kredite gewähren, die bei „normaler" Risikoabwägung nicht zugesagt worden wären.

40

Das gilt insbesondere bei Schieflagen des jeweiligen Beteiligungsunternehmens.

Aus beiden Gründen sind Beteiligungsbesitz und Wertpapierhandel von Banken häufig (quantitativen) aufsichtsrechtlichen Beschränkungen unterworfen[31]. Soweit die unter a) genannten Erwägungen der Formulierung entsprechender Reglementierungen zugrunde liegen, kann die Beschränkung des Beteiligungsgeschäfts als Sonderfall der Liquiditätssicherung interpretiert werden.

Auf der anderen Seite sind mit der möglichst breiten Definition des zulässigen Geschäftsbereiches stabilitätsfördernde Effekte verbunden (Claessens/Klingebiel 1999, S. 2 ff.): Eine breitere Angebotspalette führt tendenziell dazu, daß die Beziehungen zwischen Kreditnehmern und Banken intensiver und langfristiger werden. Das bedeutet gleichzeitig einen besseren Informationsstand des Kreditinstitutes, d.h. die Informationsasymmetrie wird reduziert. Darüber hinaus können economies of scope realisiert werden, wenn fixe Kosten – beispielsweise für Vertrieb oder Personal – auf eine größere Anzahl von Produkten verteilt werden. Daraus resultiert eine höhere Rentabilität des Bankensektors, die unmittelbar stabilitätsfördernd wirkt. Wenn zukünftige Gewinne höher sind, steigt gleichzeitig der Verlust, den Anteilseigner einer Bank im Falle des Zusammenbruchs erleiden. Das wiederum verringert moral hazard im Sinne der höheren Risikoneigung bei der Kreditvergabe. Schließlich ist mit der Diversifizierung auf der Angebotsseite eine Verstetigung der Erträge verbunden, sofern die Einnahmen aus unterschiedlichen Dienstleistungen nicht vollständig korreliert sind. Barth et al. (2000) kommen beispielsweise auf Basis einer empirischen Untersuchung des regulatorischen Umfeldes in mehr als 60 Ländern zu dem Ergebnis, daß Beschränkungen des Wertpapiergeschäfts zu höherer Instabilität des Bankensektors führt: „Countries with greater regulatory restrictions on the securities activities of commercial banks have a substantially higher probability of suffering a major banking crisis" (S. 6). Das bedeutet, daß die stabilitätsfördernde Wirkung der Diversifikation des Angebotes die höheren Risiken überkompensiert.

3.1.2.2.3 Quantitative Normen der Bankenaufsicht

„Quantitative Normen zur Solvenz- und Liquiditätssicherung sollen die Wahrscheinlichkeit einer Bankinsolvenz durch eine Begrenzung der übernommenen Risiken beschränken" (Burghof/Rudolph 1996, S. 121). Eine Insolvenz kann ihrerseits durch zwei Faktoren ausgelöst werden, nämlich durch Liquiditätsengpässe

---

[31] In den USA beispielsweise untersagte der Glass-Steagall Act von 1933 Banken den Handel mit Aktien zunächst vollständig. Mittlerweile ist das Verbot insoweit gelockert worden, als der Handel in Tochtergesellschaften abgewickelt werden muß. Die Bruttoerträge aus diesen Geschäften dürfen 25% der gesamten Einnahmen nicht überschreiten.

einerseits oder das Auftreten hoher Verluste – z.B. wegen erhöhten Wertberichtigungsbedarfs - und daraus folgender Überschuldung einer Bank andererseits. Eine präventive Regulierung mittels quantitativer Vorgaben zielt primär darauf ab, durch Eigenkapitalvorschriften Überschuldungssituationen zu vermeiden und gleichzeitig über Liquiditätsvorschriften die jederzeitige Zahlungsfähigkeit einer Bank sicherzustellen.

Eigenkapitalanforderungen

Das Eigenkapital einer Bank ist der zentrale Ansatzpunkt staatlicher Reglementierung: Eigenkapital determiniert erstens die Kapazität der einzelnen Bank, Verluste zu absorbieren, ohne daß es zu Insolvenz und/oder Liquiditätsengpässen kommt[32]. In diesem Sinne nimmt mit steigender Eigenkapitalquote die Stabilität des Bankensystems zu[33]. Zweitens bedeuten höhere Kapitalanforderungen auch eine stärkere Risikobeteiligung der Anteilseigner einer Bank. Damit wird der aus moral hazard entstehende Anreiz zur Inkaufnahme höherer Risiken reduziert; dies trägt ebenfalls zur Stabilisierung des Systems bei. Durch den Zwang, Aktivpositionen mit Kapital zu unterlegen, determinieren Eigenkapitalvorschriften schließlich drittens das Bilanzvolumen einer Bank.

Weiterhin resultiert aus den oben diskutierten protektiven Eingriffen des Staates – insbesondere einer Einlagenversicherung mit risikounabhängigen Prämien - neben der Tendenz zur Inkaufnahme höherer Risiken auch diejenige zur Reduzierung des Eigenkapitals, so daß besonderer Regulierungsbedarf gesehen wird. Eigenkapitalvorgaben sollen damit zum einen sicherstellen, daß Banken in der Lage sind, Phasen wirtschaftlichen Mißerfolgs zu überstehen, ohne daß die Gefahr des Zusammenbruchs besteht. Zum anderen soll die Reglementierung des Kapitals eine unangemessene Inanspruchnahme staatlicher Schutzmechanismen verhindern.

Die Aufsichtsbehörden stehen bei der Festlegung von Eigenkapitalquoten zunächst vor dem Problem der Definition dessen, was als „angemessene" Kapitalausstattung zu betrachten ist. Ausgehend von der Funktion des Kapitals als Puffer gegen Verluste bzw. die mit Verlusten verbundene Gefahr der Insolvenz wäre es erforderlich, ein aus Sicht der Behörde akzeptables Insolvenzrisiko zu definieren. Dies impliziert einerseits eine Festlegung der ökonomischen Umstände – Zinsfluktuationen, Veränderungen der Terms of Trade, Rezessionen etc. -, die Banken zu verkraften haben, ohne auf die Unterstützung des LLR oder der Einlagenversicherung zurückgreifen zu müssen. Darüber hinaus müßte es zur

---

[32] Neben der Eigenschaft als „Puffer" gegen Verluste werden in der Literatur noch weitere Funktionen des Eigenkapitals diskutiert (z.B. Vertrauensbildungs- oder Informationsfunktion), auf die hier nicht eingegangen wird.

Ableitung einer in diesem Sinne theoretisch „richtigen" Eigenkapitalquote möglich sein, die Auswirkungen negativer ökonomischer Entwicklungen auf Banken bzw. das damit verbundene Insolvenzrisiko exakt zu bestimmen. Da dies nicht möglich ist, bleibt die Festlegung einer Eigenkapitalquote durch Aufsichtsbehörden letztlich ein willkürlicher Akt, „die bisherige Regulierungspraxis kann sich auf keine gesicherten theoretischen Erkenntnisse stützen" (Rombach 1993, S. 150). Das gilt sowohl für die Höhe der Eigenkapitalquote als auch für die angestrebte Verringerung des Insolvenzrisikos durch die Vorgabe von Mindestkapitalquoten.

Weiterhin müssen staatliche Stellen bei der Reglementierung des Eigenkapitals die Passivpositionen definieren, die in die Berechnung der Quote eingehen sollen. Wiederum mit Blick auf die Funktion des Eigenkapitals als Puffer gegen Verluste ist demgemäß das haftende Kapital einer Bank in jedem Falle zu berücksichtigen. Die Behandlung anderer Passiva, beispielsweise nachrangiger Verbindlichkeiten, Pauschalwertberichtigungen und Neubewertungsrücklagen oder nicht in der Bilanz ausgewiesener Positionen, insbesondere stiller Reserven, ist demgegenüber weniger eindeutig. Letztlich wird die Definition des aufsichtsrechtlich relevanten Kapitals vom primären Ziel der Regulierung abhängen (Dale 1984, S. 58): Im Falle einer vollständigen Deckung aller Depositen durch eine Einlagenversicherung ist das Risiko einer Bankpanik praktisch ausgeschlossen, demgemäß stellt Bankenregulierung in erster Linie auf den Schutz der Versicherung selbst ab, während die Verhinderung des Zusammenbruchs einer einzelnen Bank sekundär ist. Folglich können alle Positionen einbezogen werden, die in einem Liquidationsverfahren zur Deckung von Verlusten zur Verfügung stehen. Falls andererseits die Versicherung nur einen Teil der Einlagen deckt, sind Systemkrisen nicht ausgeschlossen. Demgemäß zielt Regulierung sowohl auf die Vermeidung von Bankzusammenbrüchen als auch auf den Schutz der Versicherung ab. Daraus ergibt sich die Tendenz, im aufsichtsrechtlich relevanten Eigenkapital nur diejenigen Positionen zu berücksichtigen, die unmittelbar liquidierbar sind, um so das Insolvenzrisiko zu reduzieren.

Da es für einen Großteil der Bankaktiva keinen Sekundärmarkt gibt, ist die Bewertung des Aktivportfolios ebenfalls problematisch. In Differenzen zwischen Marktwert und Nominal- bzw. Buchwert einer Forderung beispielsweise würde sich das Risiko, das mit dieser Forderung verbunden ist, niederschlagen. Demgemäß würden Marktpreise einen Anhaltspunkt für die notwendige Unterlegung mit Eigenkapital bieten. Buchwerte andererseits berücksichtigen das mit einer Forderung verbundene Risiko u.U. nur unvollständig – die Angemessenheit von Wertberichtigungen auf Forderungen beispielsweise hängt im wesentlichen von der

---

[33] Ein theoretisch fundierter und eindeutiger Nachweis für den angenommenen negativen Zusammenhang zwischen Eigenkapitalausstattung und Insolvenzrisiko steht noch aus.

Einschätzung des Managements und der Abschlußprüfer der Bank ab und kann von Aufsichtsbehörden nur eingeschränkt beurteilt werden. Buchwerte erlauben daher keine eindeutige Beurteilung der Portfolioqualität und damit des Insolvenzrisikos. Weiterhin werden Diversifikationseffekte, die das Portfoliorisiko insgesamt reduzieren können, nicht berücksichtigt.

Die Aufsichtsorgane haben grundsätzlich zwei Möglichkeiten, die Relation zwischen Eigenkapital und Aktivvolumen zu reglementieren: einerseits durch Festlegung einer sogenannten „gearing ratio", d.h. einer einfachen Relation zwischen Kapital und Aktiva, und andererseits durch Vorgabe einer „weighted risk assets ratio", bei der verschiedene Aktiva mit ihren relativen Risiken gewichtet werden. Die unterschiedliche Gewichtung von Aktivpositionen stellt dabei einen Versuch dar, das Fehlen „objektiver" Marktwerte zu kompensieren.

Beide Methoden unterscheiden sich hinsichtlich ihrer Auswirkungen auf die Portfoliostruktur von Banken. Im Falle der gearing ratio wird einerseits die Diskriminierung zwischen verschiedenen Arten von Aktiva vermieden, indem alle Positionen unabhängig vom jeweiligen Risiko mit der gleichen Gewichtung berücksichtigt werden (Pecchioli 1987, S. 157). Demgemäß ergeben sich keine Verzerrungen der relativen Preise und damit der Kapitalallokation. Andererseits bestehen erhebliche Zweifel daran, ob der gewünschte Effekt – nämlich eine Verringerung des Insolvenzrisikos - durch Vorgabe einer gearing ratio erreicht werden kann: Die Vorgabe eines bestimmten Eigenkapitalvolumens schränkt aus Sicht der Banken die Möglichkeit ein, die Eigenkapitalrendite durch einen höheren Fremdkapitalanteil zu steigern (Leverage-Effekt). Dementsprechend resultiert aus der einfachen gearing ratio für die Banken ein Anreiz, verstärkt Aktiva in ihr Portfolio zu nehmen, die höhere Risiken und höhere korrespondierende Ertragschancen aufweisen, um diesen Nachteil zu kompensieren. Im Ergebnis kann dann die gearing ratio - sofern nicht gleichzeitig das Aktivgeschäft von Banken ebenfalls reglementiert wird - das Gegenteil dessen bewirken, was angestrebt wird, nämlich eine Zunahme des Insolvenzrisikos (Koehn/Santomero 1980).

Dieses Problem soll durch die Berücksichtigung des Risikos unterschiedlicher Aktiva bei der Ermittlung der Eigenkapitalquote gelöst werden. Im Idealfall setzt das voraus, daß das Risiko jedes einzelnen Aktivpostens ermittelt und daraus auf Basis des aus Sicht der Behörde akzeptablen Insolvenzrisikos eine theoretisch fundierte Mindestunterlegung mit Eigenkapital abgeleitet werden kann[34]. Da die Risiken verschiedener Bankaktiva zum einen schwer ermittelbar und zum anderen i.d.R.

---

[34] Kim/Santomero (1988) zeigen, daß die Ermittlung von „theoretisch korrekten" Gewichten auf Basis von Informationen über die erwarteten Erträge des jeweiligen Aktivums, über die Korrelation zwischen den jeweiligen Einzelrisiken und einer eindeutigen Festlegung des akzeptablen Insolvenzrisikos durch die Behörden möglich ist.

nicht unabhängig voneinander sind und das Portfoliorisiko darüber hinaus auch von qualitativen Faktoren wie etwa der Qualität des Managements oder dem „Standing" der Bank beeinflußt wird, deren Messung problematisch ist, entspricht die Gewichtung der verschiedenen Aktiva bestenfalls näherungsweise den theoretisch korrekten Größen[35]. Dementsprechend resultieren aus der Eigenkapitalvorgabe allokative Verzerrungen. Andererseits trägt die unterschiedliche Gewichtung von Aktiva ihrerseits dazu bei, daß Banken zur Diversifikation ihres Portfolios angehalten werden. Daraus resultiert eine Reduzierung des Gesamtrisikos, sofern die jeweiligen Einzelrisiken nicht vollständig positiv korreliert sind.

Liquiditätsquoten

Aus der Existenz einer Einlagenversicherung und/oder eines LLR resultiert für Banken der Anreiz, ihre nicht oder nur gering verzinsten Liquiditätsreserven über das Maß hinaus zu reduzieren, das bei Abwesenheit von Schutzinstrumenten zur Deckung des Liquiditätsrisikos notwendig wäre. Gleichzeitig können, wie bereits erwähnt, Liquidität und Solvenz eines Institutes in der Praxis nicht eindeutig getrennt werden: Temporäre Liquiditätsschwierigkeiten führen u.U. zu Kreditrationierung und bergen die Gefahr der Insolvenz als Folge der dann notwendigen kurzfristigen Veräußerung von Aktiva. Beide Aspekte – moral hazard und Sicherung der Stabilität des Systems – führen dazu, daß Aufsichtsbehörden die Reglementierung der Bankenliquidität für notwendig erachten[36].

Allgemein ist unter „Liquidität" in diesem Zusammenhang die Fähigkeit der Banken zu verstehen, zu jedem Zeitpunkt ihren Zahlungsverpflichtungen nachzukommen. Die Erfüllung dieser Zahlungsverpflichtungen kann einerseits – beispielsweise im Falle von Barauszahlungen oder der Erfüllung von Mindestreserveverpflichtungen – die Verfügbarkeit von Zentralbankgeld (ZBG) voraussetzen oder andererseits durch Giralgeldtransfers erfolgen (Büschgen 1998, S. 897). Die Versorgung des Gesamtsystems mit liquiden Mitteln in Form von ZBG ist Gegenstand der Geldpolitik; staatliche Reglementierungen richten sich demgegenüber auf die Fähigkeit des Systems, die gegebenen liquiden Mittel in der

---

[35] Gardener (1994) weist zudem darauf hin, daß die gängige Ermittlung der „weighted risk asset ratio" implizit unterstellt, daß Risiken linear additiv sind. Portfoliotheoretisch ist genau das nicht der Fall, da durch Diversifikation das Gesamtrisiko verringert werden kann.
[36] Bei Liquiditätszufuhr durch einen LLR kann den Banken ein „Strafzins" auferlegt werden, der dieses moral-hazard-Problem zumindest weitgehend eliminiert. Eine 100%ige Versicherung der Einlagen führt weiterhin dazu, daß die aufsichtsrechtliche Regelung der Liquidität überflüssig wird: Ein Institut wird jederzeit in der Lage sein, am Markt neue Depositen zu mobilisieren, ohne der Gefahr der Kreditrationierung ausgesetzt zu sein. Damit entfällt das Problem der aus temporärer Illiquidität resultierenden Insolvenz. Unter Stabilitätsaspekten sind Liquiditätsquoten folglich insbesondere dann erforderlich, wenn die Einlagenversicherung risikounabhängige Prämien und nur partielle Deckung vorsieht. Andererseits dient die Regulierung der Liquidität auch dem Schutz der Versicherung selbst und wird dementsprechend auch bei voller Deckung aller Einlagen erfolgen.

Weise umzuverteilen, daß jede einzelne Bank zahlungsfähig bleibt (Dale 1984, S. 61).

Eine dynamische Definition von Liquidität im Sinne der jederzeitigen Zahlungsfähigkeit impliziert, daß die Messung dieser Liquidität jedenfalls nicht ausschließlich an Bestandsgrößen orientiert sein darf, sondern zukünftig zu erwartende Zahlungsströme berücksichtigen muß. Dementsprechend spielt das Ausmaß der Fristeninkongruenz – also unterschiedlicher Laufzeiten von Einlagen und Krediten – für die Beurteilung der Liquidität eine zentrale Rolle. Gleichzeitig liegen beispielsweise in der sektoralen oder regionalen Konzentration von Aktiva, im Fremdwährungsgeschäft oder der verstärkten Inanspruchnahme einzelner Refinanzierungsquellen Risiken, die sich auf die Liquiditätsposition einer Bank auswirken können. Das zentrale Problem bei der dynamischen Beurteilung von Liquidität liegt aber in der großen Bedeutung des Interbankenmarktes für die Refinanzierung: Der Zugang eines einzelnen Institutes zu diesem Markt – und damit das Ausmaß potentieller Liquidität – hängt von einer Reihe quantitativ nicht meßbarer Faktoren ab, beispielsweise der Qualität des Managements oder der „Erfahrung" der Bank. Gleichzeitig wird die Aufnahme von Geldern am Interbankenmarkt wegen des aus Informationsasymmetrie resultierenden Phänomens der Kreditrationierung genau dann erschwert werden, wenn zusätzlicher Liquiditätsbedarf auftritt.

Die statische Messung von Liquidität erfolgt demgegenüber dergestalt, daß die relative Liquidität verschiedener Aktiva – im Sinne von Liquidierbarkeit – ermittelt und diese Aktiva dann in Relation zu bestimmten Verbindlichkeiten gesetzt werden. Die mit dieser Art der Liquiditätsmessung verbundenen Schwierigkeiten liegen auf der Hand: Der Liquiditätsgrad (Liquidationswert) unterschiedlicher Gruppen von Aktiva ist kaum eindeutig zu bestimmen, da dies einheitliche Qualität und Fungibilität voraussetzen würde (Pecchioli 1987, S. 130). Insbesondere bei Darlehensforderungen, für die praktisch kein Sekundärmarkt existiert, sind diese Voraussetzungen nicht gegeben[37]. Falls trotz dieser Schwierigkeiten feste Liquiditätskoeffizienten vorgegeben werden, stellt sich weiterhin das Problem der Bestimmung der Höhe dieser Koeffizienten. Eine zu niedrige Vorgabe wird sich als irrelevant erweisen, gleichzeitig sinkt mit zunehmender Reservehaltung die Rentabilität der Banken. Daraus können sich mittel- bis langfristig negative Auswirkungen auf die Stabilität des Systems ergeben.

---

[37] Die „Securitisation" von Aktiva trägt allerdings zur Lösung dieses Problems bei. Über die Zusammenfassung von Darlehensforderungen und die Begebung von damit besicherten Anleihen („asset backed securities") wird auch für kleinere Forderungen ein Sekundärmarkt geschaffen.

Diversifikationsregeln

Vorgaben zur Diversifikation des Aktiv- und Passivportfolios einer Bank beeinflussen einerseits die Risikostruktur einer Bank und die Wettbewerbsintensität in einzelnen Marktsegmenten. Andererseits sollen Vorschriften zur Risikostreuung analog zur Reglementierung von Eigenkapital und Liquidität die Inkaufnahme unangemessener Risiken durch Banken vermeiden, die durch Existenz einer Einlagenversicherung und/oder eines LLR motiviert werden kann.

Die wirksame Kontrolle der Risikostreuung einzelner Banken stellt die Aufsichtsbehörden allerdings vor große Probleme: Stand traditionell bei der Reglementierung der Portfoliodiversifikation das vergleichsweise leicht quantifizierbare „Klumpenrisiko" im Vordergrund, d.h. die Konzentration auf wenige Großkreditnehmer oder Kreditnehmergruppen, hat sich nunmehr die Erkenntnis durchgesetzt, daß auch Risikopositionen anderer Art wesentliche Auswirkungen auf Liquidität und Solvenz eines Institutes haben können. Dies betrifft Aktiv- und Passivseite, beispielsweise sektorale oder regionale Konzentrationen des Aktivportfolios, die übermäßige Inanspruchnahme bestimmter Refinanzierungsquellen, das Ausmaß von Zinsänderungsrisiken[38], Wechselkursrisiken oder die Fokussierung auf einzelne Produkte als wesentliche Ertragsquellen etc. Damit ist die Beurteilung der gesamten Risikosituation einer Bank wesentlich komplexer geworden. Gleichzeitig ist ein gewisses Maß an Konzentration aus Sicht der Banken wünschenswert, weil damit komparative Vorteile gegenüber Wettbewerbern verbunden sind und der Aufbau von Know-How zu einer besseren Bewertung von Risiken führt.

Naturgemäß sind Risikopositionen schnellen Veränderungen unterworfen, sei es, weil eine Bank selbst ihre Geschäftspolitik laufend anpaßt, sei es weil Marktentwicklungen sich unmittelbar auf den Risikogehalt einer Forderung auswirken. Die Reglementierung der Risikokonzentration durch Vorgabe wie auch immer definierter Kennzahlen erscheint – von einigen Ausnahmen wie z.B. Großkredit- oder Länderrisikobegrenzungen abgesehen - demgemäß wenig sinnvoll. Die Aufsichtsorgane konzentrieren sich daher meistenteils darauf, Anforderungen an Informationssysteme zu formulieren, die ihrerseits sowohl dem Management einer Bank als auch der Bankenaufsicht die Beurteilung der Risikopositionen ermöglichen sollen. Wesentliche Grundsätze sind dabei

---

[38] Die Refinanzierung langfristiger und fest verzinslicher Darlehen durch kurzfristige Einlagen beispielsweise war aufgrund der folgenden Zinssteigerungen bzw. der damit höheren Refinanzierungskosten eine wesentliche Ursache für die Savings & Loans-Krise in den USA.

- die Existenz angemessener Instrumente und interner Verfahren, die der Geschäftsleitung einer Bank die jederzeitige Kontrolle und Steuerung von Risikokonzentrationen ermöglichen;

- die Definition von Berichtspflichten – in Form definierter Kennzahlen wie z.b. Risikobegrenzungen, von Anzeigepflichten oder Richtlinien etc. -, die es den Aufsichtsbehörden erlauben, die Qualität der vom Management ausgeübten Kontrolle zu beurteilen sowie

- aufsichtsrechtlich weitgefaßte Definitionen von Risikoengagements und Kreditrisiken, die idealerweise alle Risikopositionen umfassen, die mit einzelnen Geschäften verbunden sein können (Pecchioli 1987, S. 105).

3.2 Finanzielle Repression als Ausdruck staatlichen Interventionismus'

Die Motive für eine unmittelbare staatliche Steuerung von Zinsen und Kreditallokation sind in erster Linie wachstumspolitischer Natur. Ausgangspunkt ist die Überlegung, daß künstlich niedrig gehaltene Zinsen die Investitionstätigkeit fördern und damit die Wachstumsrate steigt. Gleichzeitig wurde insbesondere in Entwicklungsländern angenommen, daß die lokale Ersparnisbildung aufgrund des niedrigen Einkommens zur Finanzierung des Kreditbedarfs nicht ausgereicht hätte. Das Hauptaugenmerk galt folglich nicht der Mobilisierung lokaler Ressourcen, sondern eben der Förderung der Investitionstätigkeit: „Typically, however, financial policies in developing countries have neglected the role of the financial system in mobilizing domestic resources" (Fry 1988, S. 302). Staatliche Eingriffe in die Preis- und Kreditpolitik sollten (und sollen) darüber hinaus wachstumsfördernd wirken, indem Investitionen in von der Regierung als prioritär betrachtete Sektoren gelenkt werden[39]. Die von vielen Entwicklungsländern betriebene Importsubstitutionspolitik beispielsweise war typischerweise mit Zinsvergünstigungen für definierte Branchen (und Importrestriktionen) verbunden. Ein weiterer wesentlicher Grund für direkte staatliche Eingriffe dürfte weiterhin budgetärer Natur sein: Die Reglementierung beispielsweise der Kreditzinsen führt dazu, daß sowohl die Refinanzierung von Staatsdefiziten als auch die Finanzierung öffentlicher Unternehmen über Banken verbilligt wird, da im Wettbewerb mit dem privaten Sektor um finanzielle Ressourcen der Preis als Regelungsmechanismus ausgeschaltet wird (vgl. z.B. Fry 1988, S.6)[40]. Zusätzlich ermöglicht die Zinsreglementierung im Falle hoher Inflationsraten und damit negativer Realzinsen die „Entschuldung" des Staates.

---

[39] Staatliche Eingriffe dieser Art sind i.d.R. auch machtpolitisch motiviert. In diesem Sinne ist die ökonomische Rechtfertigung, wie sie von Regierungen vorgebracht wird, zumindest eindimensional.

[40] Banken in Entwicklungsländern sind darüber hinaus teilweise verpflichtet, Anleihen des Staates oder staatlicher Unternehmen in ihr Aktivportfolio zu nehmen und so unmittelbar Defizite des öffentlichen Sektors zu refinanzieren.

48

Mit Blick auf die Stabilität des Bankensystems wird die Regulierung der Kredit- wie der Einlagenzinsen mit der Verhinderung „ruinösen" Wettbewerbs (vgl. z.B. Bröker 1989, S.80, wobei sich die Argumentation auf das Retail-Banking bezieht) und mit moral hazard begründet. Aus dieser Sicht führt Wettbewerb dazu, daß unregulierte Banken zur Ausdehnung ihres Marktanteils höhere Zinsen für Depositen bieten und u.U. gleichzeitig die Kreditzinsen senken. In der damit geringeren Rentabilität der Institute wird ein die Instabilität des Systems verstärkendes Element gesehen. Weiterhin könnten Banken, deren Solvenz bereits gefährdet ist, versuchen, durch eine Anhebung des Depositensatzes zusätzliche Mittel zu mobilisieren und mit diesen Mitteln eine „go-for-broke-Strategie" zu fahren. Folglich sind Zinsbegrenzungen notwendig, um diesen Risiken zu begegnen.

McKinnon (1973) und Shaw (1973) haben dieser Auffassung Modelle der „financially repressed economy" entgegengestellt, in der die staatliche Festlegung von Zinssätzen sowie quantitative und qualitative Kreditlenkung zu Wachstumsverlusten führen, und daraus die Forderung nach Liberalisierung auch der Finanzmärkte abgeleitet[41]. Für die Stabilität des Bankensystems sind mit Zinsbegrenzungen erhebliche Risiken verbunden: Auf der Aktivseite ist Kreditrationierung die Folge, während auf der Passivseite insbesondere das Potential zur Mobilisierung von Einlagen beeinträchtigt wird. Das zieht höhere Solvenz- und Liquiditätsrisiken nach sich. Finanzsysteme, deren Tätigkeit durch unmittelbare Eingriffe des Staates maßgeblich gesteuert wird, bringen weiterhin grundsätzlich die Gefahr allgemein höherer Anfälligkeit für Korruption bei gleichzeitig abnehmender Effizienz mit sich: „Cheap bank credit and tax concessions for „essential" industries are commonplace, as is privileged access to domestic fuel supplies and the outputs of other state-owned industries. The resulting web of privilege, indistinguishable from corruption, and monopoly pricing with its well known drawbacks soon become counter-productive" (McKinnon 1973, S. 24).

Da der Fokus dieser Arbeit auf dem Bankensektor liegt, werden die – erheblichen - wohlfahrtsökonomischen Effekte unmittelbarer staatlicher Eingriffe in die Kredit- und Zinspolitik von Banken auf Kapitalallokation und Wachstum nicht betrachtet. Vielmehr beschränkt sich die nachstehende Diskussion dieser Eingriffe auf ihre Konsequenzen für Banken und deren Geschäftspolitik. Dabei wird zwischen staatlicher Beeinflussung der Kreditvergabe und Reglementierungen, die das Passivgeschäft der Banken betreffen, unterschieden. Einen Sonderfalll stellen

---

[41] Der Begriff der „financial repression" ist nicht ausschließlich auf den Bankensektor bezogen, sondern meint vielmehr einen Zustand, in dem der formelle Finanzsektor als Folge verschiedenster regulativer Eingriffe weder auf Ebene der Kreditvergabe noch bei der Mobilisierung lokaler Ressourcen eine der Volkswirtschaft angemessene Rolle spielt; vgl. McKinnon (1973, S. 68 f.) und Shaw (1973, S. 8).

49

weiterhin direkte Beteiligungen des Staates – seien sie mehrheitlich oder minoritär – an Kreditinstituten dar.

3.2.1 Lenkung der Kreditvergabe

Die Weltbank (1989, S. 68) identifiziert fünf Hauptvarianten staatlicher Eingriffe zur Lenkung der Kreditströme: direkte Vorgaben bei der Kreditgewährung, Refinanzierungssysteme, Zinsvergünstigungen für Kredite an prioritäre Sektoren, Kreditgarantien und schließlich die Kreditgewährung durch (staatliche) Entwicklungsfinanzierungsinstitute (EFI).

In der Regel werden diese Instrumente nicht separat angewendet, weil das aus staatlicher Sicht den Erfolg der verfolgten Politik einschränken würde. Zinsvergünstigungen ohne gleichzeitige Vorgabe von Mindestvolumina führen beispielsweise dazu, daß Banken sich – sofern möglich – auf die Kreditvergabe an nicht reglementierte Sektoren konzentrieren, da die dort erzielbaren Margen bei geringerem Risiko höher sind[42]. Umgekehrt werden Banken das erhöhte Portfoliorisiko, das sich aus der staatlich verordneten Konzentration der Kreditvergabe auf bestimmte Sektoren ergibt, durch erhöhte Zinsforderungen auszugleichen versuchen. Das würde dem Ziel der Förderung eben dieser Sektoren zuwiderlaufen. Die Regierung hat damit ein Motiv, Zinssätze und Kreditvergabe gleichermaßen zu reglementieren.

Analog läßt sich für die Bereitstellung von vergünstigten Refinanzierungsfazilitäten durch die (abhängige) Zentralbank argumentieren. Geschäftsbanken wird in solchen Systemen die Möglichkeit gegeben, Kredite an definierte Sektoren zu vergünstigten Sätzen bei der Zentralbank zu rediskontieren. Die Förderung bestimmter Branchen durch Subventionierung soll zu verstärkter Investitionstätigkeit in diesen Sektoren führen. Das bedeutet implizit, daß Investitionsvorhaben finanziert werden, deren geringe Rentabilität eine Finanzierung zu Marksätzen nicht erlaubt hätte – eine Ausweitung des Investitionsvolumens ist also nur dann zu erwarten, wenn die Reduzierung der Refinanzierungskosten in Form geringerer Zinssätze an die Kreditnehmer weitergegeben wird. Gleichzeitig ist die Rentabilität einer Investition aus Sicht der Banken wesentliche Determinante des Risikos. Sofern Banken das aus ihrer Sicht mit der Finanzierung verbundene höhere Risiko durch eine Steigerung der eigenen Marge zu kompensieren versuchen, werden Refinanzierungsvorteile eben nicht voll weitergegeben. Demgemäß bietet sich aus Sicht des Staates eine zusätzliche Zinsbeschränkung an – besondere Refinanzierungsfazilitäten stellen dann lediglich eine Spielart der direkten

---

[42] Dies gilt dann, wenn das Subventionselement einer Zinsvergünstigung durch die Bank selbst finanziert werden muß, also die Rentabilität beeinträchtigt.

Zinsbeschränkung dar, bei der die Zentralbank das Subventionselement zahlt, sofern die den Banken verbleibende Zinsmarge risikoadäquat ist.

Staatliche Kreditgarantien bringen zunächst moral-hazard-Probleme mit sich: Bei voller Deckung haben Banken – Werthaltigkeit der Staatsgarantie vorausgesetzt – keinerlei Anlaß, die Kreditwürdigkeit eines Darlehensnehmers zu prüfen. Dementsprechend müßte diese Prüfung durch staatliche Behörden erfolgen. Gleichzeitig wird die Administration in diesem Falle die Reglementierung des Kreditzinses für notwendig halten, um sicherzustellen, daß sich die Übernahme des Ausfallrisikos durch die öffentliche Hand tatsächlich in niedrigeren Kosten für den jeweiligen Kreditnehmer niederschlägt. Wenn andererseits die Haftung des Staates begrenzt wird, resultiert daraus aus Sicht der Bank ein Verlustrisiko. Da Garantieschemata i.d.R. auf die Förderung von Sektoren oder Kreditnehmergruppen – beispielsweise (Subsistenz-) Landwirtschaft oder Klein- und Kleinstunternehmen – abzielen, die von den Banken als besonders risikoträchtig betrachtet werden, wird eben dieses Verlustrisiko die Bereitschaft der Banken einschränken, Darlehen zu gewähren, sofern sie nicht dazu verpflichtet sind: „By not guaranteeing 100 per cent of the loan, credit guarantee schemes save themselves from desaster. At the same time, however, this feature ensures that voluntary participation by private commercial banks is insignificant in practice, precisely because the schemes apply specifically to high-risk lending" (Fry 1988, S. 308). Insoweit die Kombination aus Zinsmarge und staatlicher Teilgarantie den Banken eine adäquate Kompensation des (dann begrenzten) Ausfallrisikos erlaubt, sind keine direkten negativen Effekte auf die Solidität des Bankensystems zu befürchten. Sofern Banken diese Bedingung als erfüllt betrachten, werden sie entsprechende Kredite vergeben, andernfalls eben nicht. Falls andererseits eine Verpflichtung zur Kreditgewährung existiert, sind Garantien des Staates nichts anderes als eine Version der direkten Vorgabe von Mindestkreditvolumina, bei der allerdings ein Teil des Ausfallrisikos vom Staat übernommen wird.

Staatliche Entwicklungsfinanzierungsinstitute (EFI) stellen im Kontext dieser Arbeit einen Sonderfall dar, da sie zwar einerseits „vielleicht das geläufigste Instrument der Kreditlenkung" (Weltbank 1989, S. 68) sind und die Wettbewerbsposition der Geschäftsbanken beeinflussen, ihre Tätigkeit aber andererseits keine unmittelbaren Auswirkungen auf Solidität und Stabilität letzterer hat[43]. EFI werden daher hier nicht weiter diskutiert.

Die vorstehend dargestellten Zusammenhänge führen dazu, daß die konkrete Ausprägung des staatlichen Instrumentariums in „financially repressed economies" in der Regel sehr komplex ist: In Kamerun beispielsweise existierten 1986 21

---

[43] Das gilt jedenfalls dann, wenn EFI den Finanzsektor in einer Volkswirtschaft nicht dominieren.

unterschiedliche administrierte Darlehenszinssätze und 49 verschiedene Sätze für Depositen. Gleichzeitig waren die Refinanzierungsfazilitäten bei der Zentralbank (für die wiederum unterschiedliche Zinssätze berechnet wurden) sowohl quantitativen als auch qualitativen Beschränkungen – Sektoren, Fristigkeit eines gewährten Darlehens, Verschuldungsgrad des kreditnehmenden Unternehmens etc. - unterworfen (Weltbank 1986, S. ix u. 49). Komplexe Strukturen staatlicher Intervention wiederum bedeuten, daß im Rahmen einer theoretischen Betrachtung staatlicher Maßnahmen zwar Aussagen allgemeiner Natur über zu erwartende Auswirkungen auf die Stabilität einzelner Banken und des Systems insgesamt möglich sind. Die Anwendung dieser theoretischen Erkenntnisse auf ein Fallbeispiel – in dieser Arbeit Kamerun – setzt andererseits eine detailliertere Betrachtung der konkreten Eingriffe und deren Interdependenzen voraus. An dieser Stelle werden daher lediglich die wesentlichen Auswirkungen staatlicher Kreditlenkung auf die Solidität von Banken dargestellt. Aufgrund der oben erläuterten Zusammenhänge können die Ausführungen auf die beiden „Grundtypen" dirigistischer Eingriffe, nämlich die Reglementierung der Darlehenszinsen in Verbindung mit Mindestkreditvolumina, beschränkt werden:

- Zinsbeschränkungen führen unmittelbar zu Kreditrationierung[44]. Damit werden zunächst Darlehensnehmer begünstigt, die bereits am Markt etabliert sind, während jüngere und kleinere Unternehmen benachteiligt werden. Gleichzeitig dürften Banken insbesondere in Entwicklungsländern politischem Druck bei der Auswahl der Kreditnehmer ausgesetzt sein: „[...] the great excess demand for loans allows allocations to be contingent on political or „establishment" connections" (McKinnon 1973, S. 73).

- Die verstärkte Konzentration auf wenige große Unternehmen bedeutet gleichzeitig eine geringere Diversifikation des Portfolios und damit ein erhöhtes Risiko. Analog führt die Vorgabe von Mindestvolumina je nach staatlicher Zielsetzung zu sektoralen Risikokonzentrationen oder zu einer erhöhten Darlehensvergabe an bestimmte Kreditnehmergruppen. Beides bewirkt ebenfalls eine Zunahme des Portfoliorisikos der Banken.

- Kreditzinsen unterhalb des Marktgleichgewichts führen dazu, daß allgemein kapitalintensivere Investitionen realisiert werden, da der Preis des Produktionsfaktors Kapital verringert wird. Dies birgt die Gefahr, daß Kredite notleidend werden, wenn eine Regierung – sei es freiwillig oder gezwungenermaßen – Schritte zur Liberalisierung einleitet: Komparative Vorteile insbesondere in Entwicklungsländern liegen angesichts der relativen

---

[44] Kreditrationierung ist in diesem Falle nicht mehr Folge der wegen Informationsasymmetrie eingeschränkten Eignung des Zinses als Allokationsparameter, sondern direkte Konsequenz der Zinsreglementierung.

Preise der Produktionsfaktoren eher in arbeitsintensiven Produktionsmethoden. Liberalisierung, beispielsweise die Aufhebung von Importrestriktionen, kann dann bei entsprechend geringerer Wettbewerbsfähigkeit zu wirtschaftlichen Problemen bei Schuldnern führen. Der daraus entstehende Wertberichtigungsbedarf bzw. eventuelle Forderungsausfälle beeinträchtigen Rentabilität und Stabilität des Bankensystems.

- Gleichzeitig ist in dieser Situation der Spielraum der Banken für Zinserhöhungen stark eingeschränkt, da diese möglicherweise zum Konkurs der Darlehensnehmer und damit zum Kreditausfall führen könnten[45]. Bei eingeschränkter Rückzahlungsfähigkeit der Schuldner werden zudem Mittel der Banken dadurch gebunden, daß Kredite prolongiert oder gar zusätzliche Darlehen gewährt werden, um den Totalausfall zu verhindern. Das wiederum beschränkt die Möglichkeiten zur Diversifizierung des Portfolios und damit zur Erschließung neuer Ertragsquellen. Die staatlicherseits erzwungene Vergabe von Krediten an „Schlüsselsektoren" kann die gleichen Effekte haben, wenn in dieses Sektoren kapitalintensive Investitionen finanziert werden.

- Darüber hinaus führen Zinsrestriktionen bzw. die damit verbundene Verzerrung der relativen Preise zu höheren Verschuldungsgraden bei kreditnehmenden Unternehmen. Kreditnehmer werden damit anfälliger, das Portfoliorisiko der Banken steigt.

- Geringe oder gar negative Realzinsen schränken weiterhin die Rückzahlungsbereitschaft der Kreditnehmer ein, insbesondere wenn das Rechtssystem Lücken und Mängel aufweist und die Erfolgsaussichten gerichtlicher Maßnahmen gering sind.

- Die Zinsrestriktion bewirkt eine direkte Reduzierung der Rentabilität der Banken insbesondere dann, wenn sich das Bankensystem zu wesentlichen Teilen über die Mobilisierung lokaler Einlagen refinanziert und die Depositenzinsen nicht ebenfalls reglementiert sind. Das kann wiederum mehrere Folgen haben: Erstens stellt die geringere (Gesamtkapital-)Rentabilität einen Anreiz zur Reduzierung des Kapitals dar, da auf diesem Wege die Eigenkapitalverzinsung erhöht werden kann. Zweitens nimmt die Bildung von Wertberichtigungen für Ausfallrisiken mit niedrigeren Erträgen tendenziell ab. Portfoliorisiken werden dann nicht mehr angemessen berücksichtigt, Liquiditäts- und Solvenzrisiko steigen. Drittens schränkt die Zinsreglementierung auf der Aktivseite die Möglichkeiten der Banken ein, durch eine höhere Guthabenverzinsung

---

[45] Vgl. z.B. Abutalebi (1996), der die so entstandenen Ausfallrisiken als eine wesentliche Ursache für die geringe Rentabilität koreanischer Geschäftsbanken auch nach Beginn der Zinsliberalisierung Anfang der 80er Jahre identifiziert.

zusätzliche Einlagen zu mobilisieren. Das Refinanzierungspotential wird damit geringer.

- Zinsbeschränkungen wie direkte Steuerung der Kreditvergabe verändern die Anreizstrukturen für das Bankmanagement: Rentabilität als Kriterium für positive wie negative Sanktionierung entfällt, die Wettbewerbsintensität im Bankensektor sinkt. Damit ist ein allgemeiner Effizienzverlust verbunden.

3.2.2 Reglementierung des Passivgeschäfts von Banken

In Systemen der „financial repression" sind sowohl Kredit- wie auch Guthabenzinsen Gegenstand staatlicher Kontrolle. Da durch Zinsbeschränkungen auf der Aktivseite die Investitionstätigkeit gefördert werden soll, müssen – ausgehend von der Vorstellung ruinösen Wettbewerbs - die Refinanzierungskosten der Banken, die in diesem Kontext als Instrumente staatlicher Wirtschaftspolitik fungieren, ebenfalls begrenzt werden.

Das zentrale Problem einer Reglementierung der Guthabenzinsen liegt in den negativen Auswirkungen auf die Möglichkeiten und Anreize zur Mobilisierung lokaler Ersparnisse: Anlagen in Finanzaktiva des Finanz- bzw. Bankensektors werden aus Sicht der Sparer unattraktiv. Da mit geringerer Refinanzierungsbasis auch die Kreditvergabemöglichkeiten von Banken abnehmen, sind Systeme der Reglementierung von Depositenzinsen häufig mit einer Ausweitung der Refinanzierungsfazilitäten bei der (abhängigen) Zentralbank verbunden, die dieses Defizit ausgleichen sollen.

Analog zur vorstehenden Darstellung der Effekte einer Reglementierung der Sollzinsen auf Banken sollen auch hier lediglich die wesentlichen Auswirkungen auf Geschäftsbanken erläutert werden; eine differenziertere Analyse des kamerunischen Beispiels erfolgt in Teil II dieser Arbeit:

- Der eingeschränkte Mobilisierung lokaler Ersparnisse führt analog zur Konzentration der Kreditvergabe dazu, daß die Refinanzierung allgemein mit höheren Risiken behaftet ist. Tendenziell nimmt die Anzahl der Einleger ab. Daraus resultiert unmittelbar ein Portfoliorisiko auf der Passivseite der Bankbilanz.

- Weiterhin folgt aus der geringen Motivation zur Ersparnismobilisierung eine regionale Konzentration der Refinanzierung. Insbesondere in Entwicklungsländern sind die Unterschiede in der wirtschaftlichen Entwicklung zwischen ländlichen und städtischen Gebieten besonders groß. Da die Mobilisierung von Ersparnissen im ländlichen Raum mit höheren Kosten verbunden wäre, unterbleibt die Eröffnung von Filialen in diesen Gebieten. Aus der regionalen Konzentration der Refinanzierung entsteht ein Risiko für Banken.

- Bei Restriktion der Einlagenverzinsung werden Banken verstärkt Aufwendungen für die „non-price-competition" – Werbung, mit Einlagen verbundene kostenlose Dienstleistungen etc. – tätigen (vgl. z.B. Dale 1984, S. 56). Bei gleichzeitiger Reglementierung der Kreditzinsen bedeutet das eine geringere Rentabilität des Bankensektors und hat damit tendenziell negative Auswirkungen auf die Stabilität des Systems.

- In Entwicklungsländern ist der Zugang zu Krediten i.d.R. an Mindesteinlagen bei der kreditgewährenden Bank geknüpft. Wegen der geringeren Breite der Einlagenbasis trägt die Reglementierung der Depositenzinsen damit zur Erhöhung des oben bereits erwähnten Portfoliorisikos durch Konzentration der Kreditvergabe auf wenige Großkunden bei.

3.2.3 Der Staat als Anteilseigner von Banken

Unter Allokationsaspekten wird die Verstaatlichung von Unternehmen allgemein mit Effizienzgewinnen begründet, die beispielsweise aus der Existenz natürlicher Monopole oder aus positiven Externalitäten resultieren können. Da private Unternehmen Gewinnmaximierung betreiben, weicht ihre individuelle Nutzenfunktion von der gesamtwirtschaftlichen ab, die Ressourcenallokation ist suboptimal. Der Staat als Eigentümer kann demgegenüber bei seinen Entscheidungen die gesamtwirtschaftliche (soziale) Nutzenfunktion berücksichtigen. Folgt man diesem Argument, führt Verstaatlichung dazu, daß die Ressourcenallokation effizienter wird und damit das Wohlstandsniveau einer Volkswirtschaft steigt. Die nachstehenden Ausführungen zeigen allerdings, daß die Annahme eines den gesamtwirtschaftlichen Nutzen maximierenden Staates aufgrund von Interessenkonflikten und den Eigeninteressen von Politikern als den Staat repräsentierenden Entscheidungsträgern sehr fraglich ist.

Die Verstaatlichung des Bankensektors oder – als abgemilderte Version – staatliche Mindestbeteiligungen in nennenswerter Höhe stellen die stärkste Ausprägung öffentlicher Kontrolle dar. Dabei ist die staatliche Beteiligung nicht in erster Linie auf die oben erläuterten moral-hazard-Probleme, die mit protektiver Regulierung verbunden sind, zurückzuführen. Vielmehr treten neben die Vorstellung, die Stabilität des Finanzsektors sei durch unmittelbare staatliche Kontrolle besser zu sichern, insbesondere die Motive der Steuerung der Kapitalallokation durch die öffentliche Hand und der Vermeidung von „Machtkonzentrationen" im privaten Sektor. Die Beteiligung an Banken bietet darüber hinaus den Vorteil, daß die politische Kontrolle über die Kapitalallokation mit einem geringeren Einsatz an Haushaltsmitteln erreicht werden kann: „The advantage of owning banks – as opposed to regulating banks or owning all projects outright – is that bank ownership gives the government extensive control over the choice of projects being financed while leaving the implementation of these projects to the private sector" (La Porta et al. 2000, S. 5). Das Effizienzargument – die Vorstellung, durch staatliche Lenkung der Kreditvergabe eine gesamtwirtschaftlich effizientere Ressourcenallokation zu erreichen – ist also nur eine von mehreren Begründungen für die Verstaatlichung von Banken.

Mit direktem staatlichen Einfluß auf die Geschäftspolitik von Banken ist eine Vielzahl von Problemen verbunden: Neben eventuellen allokativen Verzerrungen durch politisch motivierte Lenkung von Krediten, wie sie sich auch aus der oben erörterten Reglementierung der Kredit- und Preispolitik ergeben, gilt das vor allem für die Anreizstrukturen sowohl des Managements als auch der Einleger, für die Risikopolitik der Banken und für die Effizienz der Bankenaufsicht:

- Insbesondere in Entwicklungsländern beschränkt sich der Staat als Anteilseigner zunächst nicht auf die Wahrnehmung von Mandaten in Aufsichtsgremien, sondern wählt das Management – zumindest Teile desselben – aus. Insoweit dabei nicht ausschließlich die Fachkompetenz ausschlaggebend ist, sondern beispielsweise Parteizugehörigkeit oder politische Verbindungen[46], ergeben sich daraus unmittelbar negative Effekte auf Effizienz und Stabilität der jeweiligen Banken. Zudem wird sich ein von der Regierung eingesetztes Bankmanagement weitgehend an politischen Zielen – beispielsweise der finanziellen Unterstützung von Interessengruppen - orientieren: „In sum, the bureaucrats controling state firms have at best only an indirect concern about profits [...]" (Shleifer/Vishny 1997, S. 768, vgl. auch Lindgren et al. 1996, S. 109). Arbeits- und ggfs. Aktienmarkt entfallen als Regulative und Bewertungsinstanzen für die Leistung des Managements. Alle genannten Faktoren - Loyalität als Auswahlkriterium, politische statt wirtschaftlicher Zielgrößen und fehlende Beurteilung durch den Markt – tragen dazu bei, daß Leistungsbereitschaft und –fähigkeit des Bankmanagements geringer sind als bei privaten Banken und die Rentabilität öffentlicher Institute tendenziell niedriger ist.

- Sofern der Kapitalverkehr in einer Volkswirtschaft frei ist, stehen staatliche Banken im Wettbewerb mit ausländischen Instituten. Sowohl das Management der Banken als auch der Staat als Anteilseigner haben damit ein Interesse, den nationalen Markt durch Marktzutrittsbeschränkungen, Kapitalverkehrsbeschränkungen etc. zu schützen. Dies führt dazu, daß der

---

[46] Insbesondere in paternalistisch geprägten Gesellschaften – wie beispielsweise Kamerun – tritt persönliche Loyalität als zumindest gleichwertiges Auswahlkriterium neben Fachkompetenz. Die jüngste Krise der Berliner Bankgesellschaft kann als Indiz dafür gelten, daß die mit der politisch motivierten Besetzung von Führungspositionen verbundenen Risiken nicht ausschließlich in Entwicklungsländern relevant sind.

Bankensektor in Ländern, in denen der Staat nennenswerte Beteiligungen an Banken hält, tendenziell höher konzentriert ist als in einem liberalisierten System. Im Ergebnis entsteht ein Oligopol, in dem die Wettbewerbsintensität geringer ist (vgl. z.B. Wied-Nebbeling 1993, S. 183 ff.). Daraus kann einerseits eine verminderte Risikoneigung des Bankmanagements resultieren, andererseits ist ein oligopolistisch strukturierter Bankensektor anfälliger für Bankpaniken (vgl. z.B. Johnston et al. 2000, S. 10). Zudem kann die staatlich verordnete Kreditvergabe dazu führen, daß Banken die Überwachung von Darlehensnehmern nach der Kreditvergabe vernachlässigen, insbesondere wenn die Kredite Staatsunternehmen gewährt werden und/oder der Staat Kredite explizit oder implizit garantiert[47].

- Weiterhin können staatliche Beteiligungen, sofern sie eine nennenswerte Höhe haben, dazu führen, daß Einleger auch bei Abwesenheit formaler Sicherungsinstrumente wie LLR oder Einlagenversicherung von einer impliziten Garantie für ihre Depositen ausgehen. Dementsprechend nimmt die Bereitschaft ab, die Geschäftspolitik von Banken – soweit überhaupt möglich – zu kontrollieren, d.h. die Marktdisziplin wird zusätzlich eingeschränkt. Daraus resultiert analog zur Einlagenversicherung eine höhere Risikoneigung der Banken, da der Zusammenhang zwischen Refinanzierungskosten und Portfoliorisiko aufgehoben wird.

- Schließlich entstehen aus der Aktionärsstellung des Staates Interessenkonflikte, wenn die Bankenaufsicht ebenfalls staatlich kontrolliert wird. Dies kann dazu führen, daß einerseits „Aufsichtsaufgaben häufig mit anderen wirtschaftspolitischen (z.B. regionalpolitischen) Zielvorgaben überlagert [sind], wodurch der eigentliche Aufsichtszweck verwässert wird" (Wolf-Wacker 1987, S. 131). Andererseits können staatliche Banken ihrerseits entweder allgemein auf die Gestaltung des aufsichtsrechtlichen Rahmens stärkeren Einfluß nehmen als private Institute oder aber bei Verstoß gegen bestimmte Reglementierungen Sanktionen zu verhindern versuchen: „Large banks that are state-owned will receive government support" (Gup 1998, S. 66)[48]. Das Wissen um die Unterstützung im Krisenfall kann das Management einer staatlichen Bank wiederum zur Inkaufnahme höherer Risiken veranlassen.

---

[47] Darüber hinaus ist die Vergabe von unbesicherten „Gefälligkeitskrediten" an Politiker, deren Rückzahlung nicht oder nur unvollständig erfolgt, ein häufiges Phänomen. Diese Praxis ist zwar schwer nachzuweisen. Berichten der kamerunischen Presse zufolge haben aber solche Kredite beispielsweise zum Zusammenbruch des Crédit Agricole du Cameroun (CAC) zumindest beigetragen.
[48] Gup nennt als Beispiel die französische Großbank Crédit Lyonnais.

3.3 Die Bedeutung rechtlicher Rahmenbedingungen für die Stabilität des Bankensektors

Vertragsbeziehungen zwischen Banken und Kreditnehmern werfen – ebenso wie die Beziehungen zwischen Anteilseignern und dem Management eines Unternehmens – unmittelbar agency-Probleme auf: Nutzenmaximierendes Verhalten des Kreditnehmers führt, wie oben bereits erläutert, nicht notwendigerweise auch zu einer aus Sicht des Darlehensgebers optimalen Situation (vgl. Jensen/Meckling 1976). Folglich müssen zunächst die Rechtsbeziehungen so gestaltet werden, daß Schuldner sowohl möglichst geringe Anreize als auch Möglichkeiten haben, sich zu Lasten eines Kapitalgebers zu bereichern: „The principal reason that investors provide external financing to a firm is that they receive control rights in exchange" (Shleifer/Vishny 1997, S. 750). Das betrifft sowohl einzelvertragliche als auch gesetzliche Vereinbarungen. Weiterhin müssen Ansprüche finanzieller Art ebenso wie Kontrollrechte des Gläubigers auch faktisch durchsetzbar sein.

Ein marktwirtschaftlich organisiertes Bankensystem setzt damit Vertragsfreiheit und die Möglichkeit voraus, gesetzliche und vertragliche Ansprüche, neben Zahlungsansprüchen beispielsweise die Übereignung von Sicherheiten bei Zahlungsverzug, Informationsrechte, covenants etc., auch gerichtlich durchzusetzen. Darüber hinaus wird der Bankensektor von einer Vielzahl gesetzlicher Regelungen – Handelsrecht, Gesellschaftsrecht, Teile des öffentlichen Rechts etc. - beeinflußt. Die Summe dieser Regeln muß widerspruchsfrei sein und die Verhältnisse zwischen Banken, Kreditnehmern und Einlegern möglichst effizient regeln. Grundvoraussetzungen für einen funktionierenden Bankensektor sind folglich allgemein ein unabhängiges und effizientes Rechtssystem und klare Vorgaben des Gesetzgebers (vgl. dazu auch Hay et al. 1996, zur Effizienz des Rechtssystems vgl. Dakolias 1999).

Empirische Untersuchungen des Zusammenhangs zwischen der Entwicklung des Finanzsektors und dem Rechtssystem haben erstmals La Porta et al. (1997, 1998) vorgelegt. Die Analyse kommt zu dem Ergebnis, daß eine positive Korrelation zwischen geeigneten rechtlichen Rahmenbedingungen und dem Entwicklungsstand des Finanzsektors besteht[49]. Levine (1998) entwickelt den Ansatz von La Porta et al. weiter und stellt fest, daß auch zwischen der Leistungsfähigkeit des Bankensystems und dem juristischen Rahmen ein statistisch signifikanter Zusammenhang besteht.

Für Kreditinstitute sind rechtliche Rahmenbedingungen dabei vor allem in zweierlei Hinsicht relevant. Erstens treten Banken als Kreditgeber und Informationsproduzenten auf, d.h. Kreditinstitute als Gläubiger müssen Rechte gegenüber kreditnehmenden Unternehmen oder Privatpersonen erhalten, um zu vermeiden, daß ein Ressourcentransfer zu ihren Lasten stattfindet. Die mit Forderungen der Banken verbundenen Rechte, beispielsweise auf Verwertung von Sicherungsgütern, determinieren die Rückzahlungsquote und damit die Stabilität und Rentabilität von Banken: "[...] creditors are payed because they have the power to repossess collateral" (La Porta et al. 1998, S. 1114). Hinter diesem Argument steht die Überlegung, daß aus der Informationsasymmetrie zwischen Banken und Kreditnehmern – ex ante und ex post – moral-hazard-Probleme resultieren, die durch den Zugriff auf Sicherungsgüter oder durch die von Banken betriebene Restrukturierung des Darlehensnehmers im Falle des Zahlungsverzugs verringert werden können. Gleichzeitig führt der potentielle Übergang von Zugriffs- und Kontrollrechten dazu, daß die Notwendigkeit einer Verifizierung der Erträge einer Investition – also der Informationsproduktion durch laufende Überwachung des Kreditnehmers – weniger ausgeprägt ist. Damit sinken die mit der Kapitalallokation verbundenen Transaktionskosten. Darüber hinaus beeinflußt das Ausmaß des gesetzlichen Gläubigerschutzes als Determinante des Anlagerisikos aus Sicht der Einleger das Potential zur Mobilisierung von Einlagen. Ausgeprägter Gläubigerschutz trägt damit sowohl indirekt – durch den Schutz der Einleger als Gläubiger der Bank – als auch direkt – durch verringertes Risiko der Bank selbst – zur Stabilisierung des Systems bei.

Mit Blick auf die oben diskutierten Funktionen und Aufgaben des Bankensektors sowie die Wahrung der Stabilität des Systems stehen bei der Beurteilung des Gläubigerschutzes grundsätzlich folgende Erwägungen im Vordergrund (La Porta et. al. 1998, S. 1134 f.):

- Wie oben bereits erwähnt, müssen Banken im Falle des Zahlungsverzugs die Möglichkeit haben, auf Sicherungsgüter zugreifen und diese ggfs. verwerten zu können.

- Banken sollten weiterhin die Möglichkeit haben, aus ihrer Gläubigerposition die Liquidisation eines Kreditnehmers zu betreiben. Im Falle unbesicherter Darlehen

---

[49] Auch Jensen/Meckling (1976, S. 311) weisen bereits auf die Bedeutung der rechtlichen Rahmenbedingungen hin, ohne diese allerdings in ihrem Modell zu berücksichtigen: „Statutory laws set bounds on the kind of contracts into which individuals and organizations may enter without risking criminal prosecution. The police powers of the state are available and used to enforce performance of contracts [...]. The courts adjudicate conflicts between contracting parties [...]. All of these government activities affect both the kinds of contracts executed and the extent to which contracting is relied upon."

wird das aus ex-post-Informationsasymmetrie resultierende moral-hazard-Problem dadurch verringert.

-   Falls Banken die Sanierung eines säumigen Kreditnehmers veranlassen können, sollte die Möglichkeit bestehen, dies mit einer Auswechslung des Managements des betroffenen Unternehmens zu verbinden. Ist das nicht der Fall, hat der (dann nur begrenzte) Verlust der Kontrollrechte keine Verringerung von moral hazard zur Folge. Gleichzeitig sollten die gesetzlichen Bestimmungen vorsehen, daß auf eventuell vorhandene Sicherheiten unabhängig von der Sanierung zugegriffen werden kann. Andernfalls würden besicherte Banken gegenüber unbesicherten benachteiligt.

-   Im Falle der Überschuldung wird die Position der Bank durch Regelungen des Konkursrechts beeinflußt: Sofern unbesicherte Gläubiger, beispielsweise der Staat oder die Belegschaft, vorrangig bedient werden, verringert das die Aussichten auf Rückzahlung von Darlehensforderungen, insbesondere wenn vorhandene Sicherungsgüter in die Konkursmasse fließen. Dementsprechend nehmen Rentabilität und Stabilität von Banken tendenziell ab.

Zweitens haben Vorschriften zur Rechnungslegung Auswirkungen auf Ausfallrisiken, auf die Wirksamkeit der Bankenaufsicht und auf die von informierten Einlegern ausgehende Marktdisziplin:

-   I.d.R. ist eine Bonitätsanalyse auf Basis der Jahresabschlüsse Grundlage der Darlehensvergabe. Darüber hinaus werden die Beziehungen zwischen Bank und Darlehensnehmer zu weiten Teilen durch einzelvertragliche Vereinbarungen geregelt, die auf Bilanz bzw. Gewinn- und Verlustrechnung Bezug nehmen[50]. Das ist nur dann möglich, wenn die notwendigen Informationen verfügbar sind: „For investors to know anything about the companies they invest in, basic accounting standards are needed to render company disclosures interpretable. Even more important, contracts between managers and investors typically rely on the verifiability in court of some measures of firms' income or assets" (La Porta et al. 1998, S. 1140). Eine realitätsnahe Rechnungslegung stellt sicher, daß die mit der Kreditvergabe verbundenen Risiken zum Zeitpunkt der Finanzierungsentscheidung angemessen berücksichtigt werden können und die laufende Überwachung des Darlehensnehmers ebenfalls auf verläßlichen Daten basiert. Das reduziert die Informationsasymmetrie, führt zu sinkenden Ausfallrisiken und stabilisiert so den Bankensektor.

---

[50] Das erfolgt über sog. covenants, die beispielsweise ertragsabhängige Zinssätze oder Nachschußpflichten des Kreditnehmers regeln.

- Jahresabschlüsse und unterjährige Berichte von Banken sind eine wesentliche Grundlage zur Beurteilung der Situation von Banken sowohl durch Anleger als auch durch die Aufsichtsbehörden: „Accounting treatments generally, and loan accounting specifically, can significantly affect the accuracy of financial and supervisory reporting and related capital calculations. Moreover, sound accounting and disclosure practices are essential to ensure the enhanced transparency needed to facilitate the effective supervision and market discipline of financial institutions" (BIS 1998, S. 1). Die Überwachung aufsichtsrechtlicher Normen und die Beurteilung der Werthaltigkeit des Kreditportfolios – und damit der Solvenz eines Institutes – setzen voraus, daß sowohl Banken selbst als auch Kreditnehmer verläßliche Informationen liefern. Die gesetzlichen Vorgaben zur Rechnungslegung beeinflussen damit die Wirksamkeit der Bankenaufsicht und das Ausmaß der Marktdisziplin, die informierte Einleger ausüben können.

Gläubigerschutz bedeutet also in erster Linie eine Stärkung der Bank in ihrer Position als Kreditgeber ex post, während eine realitätsgetreue Rechnungslegung exakte Entscheidungsgrundlagen für die Kreditvergabe ex ante, für die Unternehmenskontrolle ex post und für die Bankenaufsicht gewährleistet. Sowohl die Wirksamkeit des gesetzlichen Gläubigerschutzes als auch die Qualität der Rechnungslegung hängen aber entscheidend von der tatsächlichen Durchsetzbarkeit (enforcement) rechtlicher Ansprüche ab. Wenn Gläubigern die Möglichkeit verwehrt wird, ihre Rechte gegen den Willen des Schuldners zu wahren, tragen auch die besten Regelungen nicht zur Stabilisierung des Bankensektors bei: „Indeed, courts are often unable or unwilling to resolve complicated disputes, and are slow, subject to political pressures, and even corrupt" (La Porta et al. 1999, S. 7).

3.4 Fazit

Die vielfältigen staatlichen Eingriffe, denen Bankensysteme unterworfen sind, können drei Kategorien zugeordnet werden: zunächst Reglementierungen, die sich aus der inhärenten Instabilität des Bankensektors begründen, weiterhin Versuche der Regierung, über verschiedene Instrumente Aktiv- und Passivgeschäft von Banken zu beeinflussen und so die wirtschaftliche Entwicklung zu fördern, und schließlich die rechtlichen Rahmenbedingungen. Letztere sind dabei nicht als Regulierung im engeren Sinne aufzufassen, beeinflussen aber Stabilität und Performance des Bankensystems in erheblichem Umfang.

Staatseingriffe zur Stabilisierung des Systems sind grundsätzlich gerechtfertigt, da Marktversagen insbesondere aufgrund von Informationsasymmetrie und der nur bedingten Liquidität und Solvenz von Kreditinstituten zu bank runs führen kann, die ihrerseits über Ansteckungseffekte die Gefahr systemischer Krisen bergen.

Weiterhin kann Informationsasymmetrie moral hazard bei Banken nach sich ziehen und so ebenfalls die Stabilität des Systems gefährden. Eine protektive Regulierung über LLR-Fazilitäten oder eine Einlagenversicherung stellen den Versuch dar, diese Risiken in erster Linie dadurch zu begrenzen, daß das Vertrauen der Einleger in die jederzeitige Liquidierbarkeit ihrer Depositen gestärkt wird. Mit protektiven Eingriffen sind aber Effekte verbunden, die die Stabilität des Bankensystems ihrerseits gefährden können. Schutzmechanismen verstärken die Tendenz zu moral hazard bei den Geschäftsbanken: Sofern die Liquidität jederzeit gesichert ist, haben Banken ein zusätzliches Motiv, höhere Kreditrisiken einzugehen und gleichzeitig Eigenkapital und Liquiditätsreserven zu reduzieren. Zudem führt die mit der staatlichen „Versicherung" verbundene Schwächung der Marktdisziplin dazu, daß Einleger die Risikopolitik einer Bank nicht mehr berücksichtigen müssen, d.h. die Refinanzierungskosten weitgehend risikounabhängig werden.

Sofern LLR-Fazilitäten und/oder eine Einlagenversicherung existieren, sind staatliche Eingriffe mit Präventivcharakter primär als Reaktion auf diese Effekte zu interpretieren - durch weitergehende Reglementierungen der Banken sollen die o.g. Stabilitätsrisiken zumindest beschränkt werden. Hauptsächlich betrifft das quantitative Normen der Bankenaufsicht: Eigenkapitalvorgaben sowie Vorschriften zur Liquiditätshaltung und zur Diversifikation des Aktivportfolios zielen auf die Bereiche ab, in denen eine protektive Regulierung die Kreditinstitute zu stabilitätsgefährdendem Verhalten veranlassen kann. Darüber hinaus sollen Vorgaben qualitativer Natur – Qualifikation der Geschäftsführung, Rechtsformen, zulässige Geschäftsbereiche, Bedarfsprüfungen etc. – dafür sorgen, daß aus dem Markteintritt neuer Wettbewerber und aus eventuellen Interessenkonflikten keine Gefahren für die Stabilität des Systems ausgehen. Bei Abwesenheit von protektiven Eingriffen zielt eine präventive Regulierung darauf ab, durch quantitative und qualitative Normen die aus Marktunvollkommenheiten resultierenden Risiken für die Stabilität des Systems zu begrenzen.

Der zweiten Gruppe staatlicher Regulierung sind einerseits Kreditlenkung und Zinsbeschränkungen und andererseits die Übernahme von Beteiligungen an Geschäftsbanken durch die öffentliche Hand zuzurechnen. Ziel dieser Eingriffe ist die Beeinflussung der Kapitalallokation. Mit Zinsrestriktionen und direkten Vorgaben bei der Kreditvergabe sind eine Reihe von Risiken für die Stabilität des Bankensystems verbunden. Auf der Aktivseite betrifft dies in erster Linie die tendenziell höhere Konzentration des Kreditportfolios auf Sektoren und/oder einzelne Kreditnehmer, die Förderung kapitalintensiver Investitionen, was bei Auftreten externer Schocks die Werthaltigkeit von Darlehensforderungen beeinträchtigen kann, und den als Folge von Kreditrationierung zunehmenden politischen Druck und/oder Korruption bei der Auswahl der Darlehensnehmer sowie schließlich tendenziell höhere Verschuldungsgrade bei kreditnehmenden Unternehmen. Auf der Passivseite liegt das Hauptproblem der Zinsbegrenzung darin, daß sowohl die Mobilisierung lokaler Ersparnisse als auch die Anzahl der Einleger tendenziell abnehmen. Beides führt zu erhöhten Risiken in der Refinanzierung.

Staatliche Beteiligungen bergen zunächst die gleichen Risiken wie Kreditlenkung und Zinsbeschränkung. Zusätzlich können Beteiligungen der öffentlichen Hand dazu führen, daß das Performance-Kriterium für das Bankmanagement nicht in erster Linie fachliche Kompetenz, sondern politische Loyalität ist. Demgemäß nimmt die Effizienz des Managements der Kreditinstitute ab. Gleichzeitig wird die politische Einflußnahme auf die Geschäftspolitik des Bankensystems intensiver. Beide Faktoren führen tendenziell zu höheren Portfoliorisiken im Kreditgeschäft. Darüber hinaus hat der Staat als Aktionär Interesse daran, die Wettbewerbsintensität im Bankenmarkt durch Marktzutrittsbeschränkungen zu reduzieren, um Monopolrenten abzuschöpfen zu können. Schließlich können aus Staatsbeteiligungen Interessenkonflikte entstehen, die dazu führen, daß die Effektivität der Bankenaufsicht zumindest erheblich eingeschränkt wird.

Die dritte Gruppe staatlicherseits gesetzter Rahmenbedingungen stellen Rechtssystem und Rechtssicherheit dar. Dabei sind einerseits der Gläubigerschutz und andererseits die Vorschriften zur Rechnungslegung von großer Bedeutung. Banken müssen das Recht haben, im Falle des Zahlungsverzugs auf Sicherungsgüter zugreifen oder die Sanierung bzw. Liquidierung des Darlehensnehmers veranlassen zu können, da andernfalls die Verluste beim Ausfall eines Kreditnehmers steigen. Gleichzeitig sind Bilanzen und sonstige Bonitätsunterlagen Grundlage der Darlehensgewährung. Sofern diese Dokumente keine realistische Einschätzung der wirtschaftlichen Lage eines Kreditnehmers erlauben, können Kreditinstitute ihr Portfoliorisiko weder ex ante noch ex post steuern. Mängel in der Rechnungslegung führen zudem dazu, daß die Beurteilung von Solvenz und Liquidität eines Kreditinstitutes zumindest erschwert und die Wirksamkeit der Bankenaufsicht damit eingeschränkt wird. Auch ein theoretisch umfassender Gläubigerschutz begünstigt schließlich die Stabilität des Bankensystems lediglich dann, wenn Rechtsansprüche auch effektiv durchgesetzt werden können. Analog gewährleisten Standards in der Rechnungslegung nur dann eine angemessene Informationsbasis, wenn ihre Anwendung sichergestellt und eine Verletzung der diesbezüglichen Vorschriften entsprechend geahndet wird.

Teil II: Die Krise des kamerunischen Bankensektors

Im zweiten Teil dieser Arbeit wird der Versuch unternommen, auf Basis der Erkenntnisse aus der vorangegangenen theoretischen Betrachtung eventuelle Kausalzusammenhänge zwischen staatlicher Regulierung und der Krise des Bankensystems in Kamerun zu beleuchten. Der Auslöser für diese Krise war exogen: Die ab Mitte der 80er Jahre rapide fallenden Weltmarktpreise für die Hauptexportprodukte des Landes, verbunden mit einer erheblichen nominalen Aufwertung des französischen Franc und damit auch der an den FF gekoppelten lokalen Währung, des Franc de la Coopération Financière en Afrique Centrale (FCFA), gegenüber dem Dollar lösten eine schwere Rezession aus. Diese Rezession hielt bis zur 50%igen Abwertung des FCFA im Januar 1994 an. Im Zuge der Verschlechterung der wirtschaftlichen Entwicklung wurden – wie in der gesamten Franc-Zone - auch die kamerunischen Banken in Mitleidenschaft gezogen[51]. Der kamerunische Bankensektor war aber schon vor Beginn der Wirtschaftskrise technisch insolvent, ohne daß das zu Konkursen oder Liquidationen geführt hätte: Der bilanzielle Ausweis der Aktiva basierte auf unrealistischen Wertansätzen, der Wertberichtigungsbedarf lag nach Schätzungen der Weltbank (1986, S. x) bereits 1984 bei rund 120 Mrd. FCFA. Dem standen Eigenmittel des Bankensystems von insgesamt ca. 30 Mrd. FCFA entgegen. Die Illiquidität des Systems konnte lediglich durch Einlagen des öffentlichen Sektors vermieden werden. Das spricht dafür, daß strukturelle Schwächen, deren Ursachen ihrerseits im regulatorischen Umfeld lagen, die Anfälligkeit des Systems gegen externe Schocks zumindest verstärkt haben.

Der detaillierten Analyse der Entwicklungen im kamerunischen Bankensystem ist – in Form eines Exkurses – eine Darstellung der wirtschaftlichen und politischen Entwicklung des Landes vorangestellt. Der Schwerpunkt liegt dabei auf den Auswirkungen der Rezession ab 1986. Daran schließt sich zunächst eine Beschreibung der institutionellen Veränderungen im Bankensystem an, die sich als Folge von Liquidationen, Restrukturierungen, Fusionen etc. einstellten. Im Anschluß wird die Entwicklung der zentralen Determinanten der Stabilität eines Kreditinstitutes bzw. des Bankensystems insgesamt – nämlich Liquidität, Portfolioqualität und Kapitalisierung – genauer betrachtet. Im Rahmen dieser Analyse werden strukturelle Schwächen in der Refinanzierung und in der Kreditpolitik des kamerunischen Bankensystems herausgearbeitet.

Die Ergebnisse der Untersuchung dieser Stabilitätsdeterminanten werden als Basis für die folgende Analyse der Zusammenhänge zwischen Regulierung und der

---

[51] Bereits 1991 waren von 45 Banken in der zentralafrikanischen Franc-Zone 17 in Liquidation, die insgesamt rund 1/3 des Bilanzvolumens des gesamten Bankensektors auf sich vereinigten (Bida-Kolika/Renamy-Lariot 1991, S. 104).

Krise des Bankensystems verwendet. Folglich werden staatliche Eingriffe im Hinblick auf ihre Konsequenzen für die Liquidität des Systems, für die Eigenkapitalausstattung und für die Qualität des Forderungsportfolios untersucht. Dabei werden zunächst eventuelle Implikationen der Geld- und Kreditpolitik der regionalen Zentralbank und der Zugehörigkeit Kameruns zur zentralafrikanischen FCFA-Zone für die Stabilität des Bankensektors diskutiert. Daran schließt sich die Analyse des regulatorischen Umfelds auf nationaler Ebene an, wobei nach den in Teil I dieser Arbeit identifizierten Arten von Regulierung – protektive und präventive Eingriffe zur Stabilisierung des Systems, finanzielle Repression durch Zinsrestriktionen, Vorgaben hinsichtlich der Kreditvergabe und staatliche Beteiligungen sowie rechtliche Rahmenbedingungen – unterschieden wird.

An dieser Stelle sei darauf hingewiesen, daß – wie auch für andere Entwicklungsländer – statistisches Datenmaterial nur unvollständig verfügbar ist, verschiedene Quellen teils gravierende Differenzen aufweisen und die vorhandenen Daten nur eingeschränkt verläßlich sind. Zumindest Tendenzaussagen sind aber dennoch möglich. Die vermutlich zuverlässigste Datenquelle sind die International Financial Statistics und die Country Reports des Internationalen Währungsfonds (IMF), die auf Angaben lokaler Behörden und Einschätzungen der Länderspezialisten des IMF beruhen. Da die Datenbasis zudem relativ umfangreich ist, stützen sich die Ausführungen weitgehend auf den IMF. Eine weitere wichtige Datenquelle – insbesondere mit Blick auf die Zahlungsbilanz und den Bankensektor - ist die BEAC, deren Daten teilweise auch vom IMF verwendet werden. Soweit möglich werden diese Daten durch Erfahrungen und Kenntnisse des Verfassers aus seiner Tätigkeit für die DEG von 1997 bis 2000 ergänzt.

4. EXKURS: WIRTSCHAFTLICHE UND POLITISCHE ENTWICKLUNG KAMERUNS

4.1 Historische und politische Entwicklung

Kamerun gehört zur zentralafrikanischen Region und liegt am Golf von Guinea knapp oberhalb des Äquators. Nachbarstaaten sind im Norden der Tschad, im Osten die Zentralafrikanische Republik, im Süden Kongo (Brazzaville), Gabun und Äquatorialguinea. Wichtigstes Nachbarland ist Nigeria im Westen. Das Staatsgebiet umfaßt eine Gesamtfläche von rund 475.000 km^2 und läßt sich grob in drei Bereiche gliedern (StBA 1993, S. 29 f.): das niederschlagsreiche und fruchtbare Küstentiefland im Süden, das zu großen Teilen bewaldete Sükameruner Hochland und das Tschadseetiefland im Norden. Das Land gehört zur tropischen Klimazone, wobei die großen Höhenunterschiede innerhalb Kameruns zu unterschiedlichen regionalen Klimaverhältnissen führen – vom tropischen Regenwald, dem das südliche Drittel des Staatsgebietes zuzurechnen ist, bis zum Steppenklima mit geringen Niederschlägen im Norden. Aufgrund der landschaftlichen und ethnischen Vielfalt –

mit über 200 Ethnien - wird Kamerun vielfach als „Afrique en Miniature" bezeichnet. Nach Schätzungen des IMF (2000) hatte Kamerun 1997 rund 14 Mio. Einwohner, die Wachstumsrate der Bevölkerung lag zwischen 1986 und 1997 durchschnittlich bei 2,7% p.a. Das Land ist in 10 Verwaltungseinheiten (Provinces) unterteilt (Äusserster Norden, Nord, Adamaoua, Ost, Süd, Mitte, Küste, West, Nord-West und Süd-West). Die bevölkerungsreichsten Städte – das Wirtschaftszentrum Douala an der Küste und die administrative Hauptstadt Yaoundé – liegen in den Provinzen Küste und Süd.

Mit der Berliner Konferenz von 1884 wurde Kamerun formell deutsche Kolonie. Die deutsche Kolonialherrschaft dauerte bis 1916 an, danach wurde das Land in einen westlichen und einen östlichen Teil getrennt. Westkamerun – etwa 20% des gesamten Staatsgebietes - wurde als Mandatsgebiet des Völkerbundes bzw. später der Vereinten Nationen (UN) Großbritannien als „British Cameroons" unterstellt und verwaltungstechnisch Nigeria angegliedert. Ostkamerun wurde Mandatsgebiet Frankreichs[52]. Englisch und Französisch sind noch heute die offiziellen Amtssprachen Kameruns. Französisch-Kamerun erlangte die Unabhängigkeit am 1. Januar 1960, erster Präsident wurde der bereits seit Februar 1958 amtierende Premierminister Ahmadou Ahidjo. Am 11. Februar 1961 fand unter Aufsicht der UN ein Referendum in Britisch-Kamerun statt, in dem sich die Bevölkerung mehrheitlich für die (Wieder-)Vereinigung mit Ostkamerun und gegen einen Anschluß an Nigeria entschied. Der Beitritt wurde mit Wirkung vom 1. Oktober 1961 vollzogen. Gleichzeitig wurde eine neue Verfassung für das nunmehr vereinigte Land verabschiedet, mit der unter anderem die Gewaltenteilung eingeschränkt und die Direktwahl des Präsidenten eingeführt wurde.

Kamerun gilt als politisch vergleichsweise stabiles Land, zumal es seit der Unabhängigkeit - abgesehen von Unruhen Anfang der 60er Jahre und einem gescheiterten Putschversuch 1984 – im Gegensatz zu den meisten anderen afrikanischen Staaten nicht zu militärischen Auseinandersetzungen innerhalb des Landes gekommen ist. Ahidjo blieb bis 1982 im Amt und übergab die Amtsgeschäfte freiwillig an seinen Nachfolger und damaligen Premierminister Paul Biya, der bis heute Präsident Kameruns ist. Über die Umstände der Amtsübergabe und die Motivation Ahidjos herrscht bis heute keine Klarheit; jedenfalls blieb er auch nach seinem Rücktritt zunächst Vorsitzender der Einheitspartei Union Nationale du Cameroun/Cameroon National Union (UNC). Das spricht möglicherweise dafür, daß Ahidjo nicht bereit war, die Macht tatsächlich abzugeben oder einen anderen Nachfolger als Biya installieren wollte. Ein Grund dafür könnte die ethnische Zugehörigkeit Biyas zu den Beti aus dem Süden das Landes sein – Ahidjo selbst war ein Peulh aus dem Norden Kameruns. Kurz nach der Amtsübernahme kam es zu

---

[52] Formaljuristisch war Kamerun nach 1916 keine Kolonie, nichtsdestotrotz wurde es so verwaltet.

einer Auseinandersetzung zwischen Biya und Ahidjo. Am 22. August 1983 verkündete Biya per Radio die Aufdeckung einer Verschwörung gegen ihn, am 27. August teilte Ahidjo offiziell seinen Rücktritt als Vorsitzender der UNC mit. Im Februar 1984 begannen die Prozesse gegen die Beteiligten an der „Verschwörung". Ahidjo wurde in Abwesenheit zum Tode verurteilt, dieses Urteil wandelte Biya anschließend in lebenslange Haft um. Bereits im September 1983 wurde Biya auf einem außerordentlichen Parteitag der UNC zum Parteivorsitzenden gewählt, im Januar 1984 dann bei vorgezogenen Präsidentschaftswahlen mit annähernd 100% bestätigt. Die Umstände dieser Wahl sind zweifelhaft, jedenfalls war Biya damit öffentlich als Nachfolger Ahidjos bestätigt. Dennoch kam es im April 1984 zu einem Putschversuch der republikanischen Garden. Unter der Ägide des Verteidigungsministers (und späteren Präsidenten des Verwaltungsrates der Bank Crédit Agricole du Cameroun (CAC)) schlugen loyale Truppen den Aufstand nieder. Im März 1985 beschloß ein Sonderkongress der CNU die Umbenennung der Partei in „Rassemblement Démocratique du Peuple Camerounais (RDPC)". Damit hatte Biya seine Position endgültig gesichert. Die politische Stabilität ist allerdings eher vordergründig, zumal das Regime Biyas auch intern keineswegs unangefochten ist. Rettinger spricht davon, daß die Regierung Biya seit Ende der 80er Jahre allenfalls als kontinuierlich, nicht aber als stabil betrachtet werden kann (Rettinger 1998, S. 19).

Kamerun kann heute als durch den Präsidenten straff gesteuerter Zentralverwaltungsstaat charakterisiert werden. Nach Einschätzung Delancey's (1989, S. 51 ff.) wurden große Teile des noch heute gültigen politischen Systems bereits von Ahidjo geprägt. Delancey nennt dabei insbesondere drei Elemente: Zentralisierung, die Bildung von Koalitionen und Repression. Zentralisierung umfaßt unter anderem die Etablierung des Ein-Parteien-Systems (zunächst die 1966 gegründete UNC, später dann die RDPC), die Auflösung der Föderation zugunsten eines Zentralverwaltungsstaates 1972, die Einführung des Mehrheitswahlrechtes, das die Formierung von Oppositionsparteien erschwert sowie die Konzentration politischer Macht in der Hauptstadt Yaoundé zu Lasten regionaler und lokaler Verwaltungseinheiten. Dazu kommt der Ausbau der Befugnisse des Präsidenten selbst im Verhältnis zur Legislative: „The president proposed amendments and the legislature was subordinate to and dependent upon the president: it would always vote as he desired" (Delancey 1989, S. 57). Diese Machtkonzentration leistete dem im Land nach wie vor allgegenwärtigen System der Patronage und der Korruption Vorschub, zumal praktisch alle Positionen auf Partei- und Regierungsebene direkt durch den Präsidenten besetzt werden[53]. Diese Praxis wurde im Zuge der von Biya

---

[53] Auch andere Formen der Honorierung von Loyalität sind bzw. waren üblich, beispielsweise Darlehen von Banken zu Vorzugskonditionen (bis zum Verzicht auf Rückzahlung).

angestrebten Demokratisierung zwar gelockert, blieb aber in wesentlichen Teilen unverändert.

Die Ausbildung autokratischer Strukturen wäre ohne die Unterstützung von Interessengruppen, also die Bildung von Koalitionen, nicht möglich gewesen. Wesentliches Element dieser Koalitionsbildung sind – neben ethnischer Herkunft - finanzielle Ressourcen, also das möglichst unkontrollierte Verfügungsrecht des Präsidenten über staatliche Ausgaben. Da betrifft sowohl öffentliche Investitionen in bestimmten Regionen als auch die Vergabe öffentlicher Aufträge und die Besetzung von (einträglichen) Positionen in der Administration. Delancey nennt als ein Beispiel unter vielen den 1973 gegründeten Fonds National de Développement Rural (FONADER), der eigentlich ein Instrument zur Finanzierung von Kleinbauern sein sollte, dessen Mittel aber faktisch zu großen Teilen Bürokraten, Parteifunktionären und etablierten Geschäftsleuten zugeflossen sind (Delancey 1989, S. 61). Auch die Abführung wesentlicher Teile der Einnahmen aus Ölexporten ab 1978 auf Konten außerhalb des Haushalts (größtenteils in den USA) sicherte dem Präsidenten, der praktisch allein verfügungsberechtigt war, den Zugang zu erheblichen finanziellen Mitteln, die dem Ausbau und der Sicherung seiner Machtposition dienten. Gleichzeitig war – und ist, jedenfalls in eingeschränkter Form, nach wie vor - in diesem Zusammenhang die Unterstützung durch die ehemalige Kolonialmacht Frankreich von Bedeutung. Ahidjo hat sich dieser Unterstützung bereits vor der Unabhängigkeit versichert, indem er Ende 1959 eine Reihe weitreichender Abkommen mit Frankreich abschloß, die eine enge Kooperation auf wirtschaftlichem, kulturellem und militärischem Gebiet vorsahen. Auch Biya hat das Wohlwollen Frankreichs genossen – der Staatsbesuch des französischen Präsidenten Mitterand am 20. September 1983 dürfte seine Position im Machtkampf mit Ahidjo und dessen Koalition gestärkt haben.

Das dritte Element ist Repression: Trotz der vielfältigen „zivilen" Maßnahmen zur Festigung der Machtposition des Präsidenten war die Stabilität des Regimes sowohl unter Ahidjo als auch unter Biya abhängig von der Unterdrückung der Opposition und der Zensur der Presse. Der von Biya bereits 1983 verkündete „New Deal" sah zwar die Lockerung der Zensur und die Demokratisierung sowohl innerhalb der Einheitspartei als auch des Systems insgesamt vor. Das Einparteiensystem sollte aber beibehalten werden, bis die kamerunische Gesellschaft „bereit" für demokratischere Strukturen sei – als Begründung dafür diente v.a. die ethnische Vielfalt des Landes. Tatsächlich unternahm Biya 1986 mit der Zulassung von Gegenkandidaten innerhalb der RDPC erste Schritte in Richtung Demokratisierung. Bei den Parlamentswahlen 1988 konnten sich erstmals mehrere Kandidaten – die allerdings alle Mitglied der RDPC sein mußten - um einen Sitz in der Assemblée Nationale bewerben. Im November 1990 wurden Oppositionsparteien legalisiert. Die ab 1986 einsetzende Wirtschaftskrise hat weitere Schritte aber zumindest behindert, zumal sie von Teilen der Bevölkerung als direkte Folge der Politik Biyas wahrgenommen wurde. Faktisch wird Kamerun nach wie vor von der Exekutive, mit dem Präsidenten an der Spitze, kontrolliert.

Kamerun ist mit rund 50% des gemeinsamen BIP (EIU 1998, S. 9) das wirtschaftlich bedeutendste Mitglied der zentralafrikanischen Franc-Zone sowie der Communauté Economique et Monétaire de l'Afrique Centrale (CEMAC), denen weiterhin Äquatorial-Guinea, Kongo (Brazzaville), der Tschad, die Zentralafrikanische Republik und Gabun angehören.

4.2   Wirtschaftliche Entwicklung bis Mitte der 80er Jahre im Überblick

Kamerun galt bis in die 80er Jahre als afrikanisches Musterland. Das Land konnte als eines der wenigen in Sub-Sahara-Afrika ein dauerhaftes Wirtschaftswachstum vorweisen, die Haushaltspolitik wurde allgemein als außerordentlich vorsichtig betrachtet, die relative politische Stabilität schien eine weitere positive Entwicklung zu begünstigen. Noch 1985, also unmittelbar vor Beginn der Writschaftskrise, erhielt Kamerun von internationalen Banken ein erstklassiges Rating (West Africa 1985).

Das nominale BIP ist zwischen 1964 und 1975 um durchschnittlich 12,4% p.a. gewachsen[54]; die reale Wachstumsrate lag im gleichen Zeitraum bei 2,7% p.a.[55]. Dementsprechend stieg das Pro-Kopf-Einkommen von 144 auf 337 US-$. Mit der Entdeckung von Ölvorkommen und der Aufnahme der Produktion 1977/1978 nahm das Wirtschaftswachstum rapide zu. Die nominale Wachstumsrate des BIP für den Zeitraum 1978 - 1984 lag bei durchschnittlich 22,2% p.a., real wurde – bei nach wie vor moderaten Inflationsraten – ein Wachstum von durchschnittlich 11,2% p.a. erzielt. Das Pro-Kopf-Einkommen erreichte 1984 715 US-$, Kamerun galt nach Klassifikation der Weltbank als „lower-middle-income developing country". Legt man das von der Weltbank auf Basis von Kaufkraftparitäten ermittelte Pro-Kopf-Einkommen in US-$ zugrunde (PPP-Einkommen)[56], stellt sich die Entwicklung noch positiver dar. Bereits 1976 erreichte dieser Wert 720 US-$, bis 1984 stieg das PPP-

---

[54] Einen Überblick über die Entwicklung wichtiger Wirtschaftsindikatoren von 1960 bis 1985 gibt Tab. 1 im statistischen Anhang.
[55] Die Angaben verschiedener Quellen zur Entwicklung des BIP in Kamerun im Laufe der 60er und 70er Jahre weichen stark voneinander ab. Das StBA geht z.B. für den Zeitraum zwischen 1968 und 1976 von einer realen Wachstumsrate von 4,3% p.a. aus.
[56] Zur Ermittlung des PPP-Einkommens wird das BIP in lokaler Währung auf Basis von Kaufkraftparitäten in sog. internationale Dollar umgerechnet, um internationale Differenzen der relativen Preise zu berücksichtigen. Der Faktor, mit dem die lokale Währung konvertiert wird, ergibt sich dabei auf Basis von statistischen Erhebungen der Preise und des Ausgabeverhaltens („spending patterns") in den jeweiligen Ländern. Bezogen auf das lokale BIP hat ein internationaler Dollar die gleiche Kaufkraft wie ein US-$ in den Vereinigten Staaten, vgl. Weltbank (1999).

Einkommen pro Kopf auf 1.850 US-$; das entspricht einer durchschnittlichen Wachstumsrate von 11,9% p.a.

Die positive Entwicklung der kamerunischen Wirtschaft war zunächst in erster Linie auf eine florierende Landwirtschaft zurückzuführen: Die klimatischen Bedingungen im Land erlauben den Anbau verschiedener landwirtschaftlicher Produkte – u.a. Kakao, Kaffee, Baumwolle, Kautschuk und Bananen – für den Export (Cash-Crops). Zudem verfügt Kamerun über große Waldbestände und war hinsichtlich der Nahrungsmittelbedürfnisse der Bevölkerung weitgehend autark. Auch wenn sowohl Ahidjo als auch Biya jedenfalls offiziell den Agrarsektor stets als zentralen „Pfeiler einer gesunden, diversifizierten Wirtschaftsstruktur" (Körner 1988, S. 78) bezeichnet haben, verschoben sich die Relationen auf der Entstehungsseite des BIP mit Beginn der Erdölproduktion erheblich: „Growth in the oil sector allowed for the expansion of investment and domestic demand, which in turn induced the rapid growth of the non-oil sectors, particularly manufacturing, utilities and construction[...]" (Blanford et al. 1994, S. 134). Lag der Anteil des primären Sektors am nominalen BIP Anfang der 70er Jahre noch bei 36%, so erreichte er 1980 noch 28% und sank bis 1985 auf 22% (Bekolo-Ebe 1986, S. 18, und StBA 1993, S. 57). Demgegenüber hat sich der Beitrag des sekundären Sektors bis Mitte der 70er Jahre nur geringfügig erhöht (von 23% 1971 auf 24% 1975), mit Beginn der Ölförderung aber deutlich zugenommen: 1980 entfielen 26% des BIP auf diesen Sektor, 1985 waren es bereits 33%. Innerhalb des sekundären Sektors stieg der Anteil des verarbeitenden Gewerbes am BIP zwischen 1980 und 1985 von 8% auf 13% (StBA 1993, S. 57). Die wirtschaftliche Entwicklung wurde zudem durch relative hohe Investitionen begünstigt. Zwischen 1963 und 1975 lag die durchschnittliche Investitionsquote (Bruttoanlageinvestitionen/BIP) bei 15%, von 1978 bis 1985 stieg die Quote – unter anderem wegen der vergleichsweise hohen Investitionen, die für die Erdölproduktion erforderlich sind – auf durchschnittlich 23% (IMF 1992).

Die kamerunische Handelsbilanz wies mit Ausnahme der Jahre 1972 und 1975 für den gesamten Zeitraum zwischen 1970 und 1985 einen Überschuß aus, der allerdings großen Schwankungen unterlag – 1980 beispielsweise 37,2 Mio. US-$, 1984 524,2 Mio. US-$. Diese Angaben sind allerdings mit erheblichen Unsicherheiten behaftet, da Ölexporte nur unvollständig erfaßt wurden. Im Gegensatz dazu war die Leistungsbilanz im gesamten Betrachtungszeitraum negativ, was auf negative Salden der Dienstleistungsbilanz zurückzuführen ist. Angesichts der bis Mitte der 70er Jahre relativ geringen Staatsverschuldung betraf dies in erster Linie die Zahlung von Zinsen und Dividenden an ausländische Unternehmen bzw. Banken.

Zur Finanzierung des Defizits der Leistungsbilanz importierte Kamerun in erheblichem Umfang ausländisches Kapital, wobei die Kapitalimporte wegen der

Investitionen in die Ölförderung ab Ende der 70er/Anfang der 80er Jahre deutlich zunahmen. Bemerkenswert ist insbesondere die Entwicklung der ausländischen Direktinvestitionen: Flossen zwischen 1970 und 1975 noch durchschnittlich 12,6 Mio. US-$ p.a. ins Land, stieg dieser Wert für den Zeitraum 1978-1985 auf 128,4 Mio. US-$ - ein Beleg dafür, daß Kamerun für ausländische Investoren ein attraktiver Standort war.

Kamerun galt auch wegen der vergleichsweise umsichtigen Haushaltspolitik allgemein als mustergültiges afrikanisches Land (so z.b. International Currency Review 1986, S.17), wenn auch die Datenlage in dieser Hinsicht besonders unzulänglich ist. Nach Defiziten zwischen 2,4% und 0,4% des BIP von 1975 bis 1977 gibt der IMF für die Jahre 1978 - 1980 geringfügige Haushaltsüberschüsse an, während für 1981 und 1982 erneut ein Defizit i.h.v. 3,3% bzw. 2,5% des BIP ausgewiesen wird. Auch hier gilt die Einschränkung, daß die Einnahmen der Regierung aus der Ölförderung – deren Höhe nicht eindeutig feststeht – zur Finanzierung besonderer Ausgaben herangezogen wurden und somit die Angaben sowohl zum Einnahmen- als auch zum Ausgabenvolumen insgesamt bestenfalls unvollständig sind. Zudem erschwert die relativ große Bedeutung öffentlicher Unternehmen für die kamerunische Wirtschaft eine realistische Einschätzung der Haushaltsentwicklung: „ [...] auch durch die vielfältigen Verflechtungen mit der Privatwirtschaft sowohl des Staates direkt als auch der parastaatlichen Gesellschaften [...], deren Bilanzen nicht vollständig offengelegt wurden, ist es praktisch unmöglich geworden, Einnahmen, Ausgaben und Vermögen des Staates zu bestimmen" (Rettinger 1998, S. 66). Die Entwicklung der staatlichen Verschuldung im Ausland erschien jedenfalls bis Mitte der 80er Jahre noch nicht besorgniserregend: Nachdem bis 1975 die Relation zwischen Schuldenstand und BIP unter 15,0% lag, stieg diese Quote anschließend bis 1980 deutlich auf 32,3% an. Bei nahezu unverändertem Schuldenstand nahm dieser Wert aufgrund des Wachstums und höherer Inflationsraten bis 1984 aber wieder auf 25,6% ab. Auch das Verhältnis zwischen Schuldendienst und Exporterlösen (15,2% 1980 und 22,7% 1986) war moderat (Rettinger 1998, S. 72).

Mit dem Preisverfall an den internationalen Rohstoffmärkten und der gleichzeitigen Aufwertung des FCFA gegenüber dem Dollar geriet die kamerunische Wirtschaft ab 1986 in eine Rezession, die bis zur nominalen Abwertung des FCFA 1994 andauerte. Die Auswirkungen dieser Entwicklung werden im folgenden Abschnitt detaillierter dargestellt. Die Tabellen, auf die im Text verwiesen wird, finden sich im statistischen Anhang.

4.3 Struktur und Entwicklung der kamerunischen Wirtschaft von Mitte der achtziger Jahre bis 1997

4.3.1 Struktur und Entwicklung des BIP

Das Ausmaß der Rezession, die von 1986 bis zur nominalen Abwertung des FCFA um 50% am 12. Januar 1994 anhielt, macht ein Blick auf die Entwicklung des BIP deutlich (Tab. 2): Nach Angaben des IMF (2000)[57] ist das reale BIP zwischen 1986 und 1994 in jedem Jahr durchgehend gesunken; 1994 lag es um 27,4% unter dem Wert von 1986. Mit der Abwertung des FCFA Anfang 1994 hat sich die Entwicklung wieder ins Positive gewendet, die reale Wachstumsrate erreichte 1996 und 1997 jeweils 5,0%. Das reale BIP lag 1997 bei 3,4 Bill. FCFA, das entsprach einem Pro-Kopf-Wert von rund 243.000 FCFA[58]. Zwischen 1986 (392.000 FCFA) und 1997 hat das reale Pro-Kopf-Einkommen damit um 38,0% abgenommen. Das von der Weltbank auf Basis von Kaufkraftparitäten ermittelte Pro-Kopf-Einkommen zeigt eine ähnliche Entwicklung: Zwischen 1986 und 1994 nahm diese Größe von 2.300 US-$ auf 1.750 US-$ ab. Das entspricht einem Rückgang von 23,9%. Ab 1994 sind wieder steigende Werte festzustellen, 1997 lag das PPP-Einkommen mit 1.890 US-$ aber nach wie vor um 17,8% unter dem Niveau von 1986.

4.3.1.1 Entstehung des Bruttoinlandsproduktes

Betrachtet man die Entstehung des nominalen BIP nach Sektoren[59], fallen bis 1993 – also dem Jahr vor der Abwertung des FCFA - Strukturveränderungen ins Auge (Tab. 3): Der Anteil des primären Sektors (Landwirtschaft, Viehzucht, Forstwirtschaft und Fischerei) hat zwischen 1985 und 1986 von 21,6% auf 24,0% zugenommen und sich dann bis 1991 zwischen 24,8% und 26,5% bewegt. Bis 1993 war eine erneute Zunahme auf 27,3% zu verzeichnen. Der Beitrag des sekundären Sektors (Bergbau incl. Ölproduktion, verarbeitendes Gewerbe, Energie- und Wasserwirtschaft sowie Baugewerbe) hat demgegenüber allein zwischen 1985 und 1986 von 32,5% auf 29,1% abgenommen – im gleichen Zeitraum ist der

---

[57] Praktisch alle Statistiken beziehen sich auf das kamerunische Fiskaljahr (01.07.-30.06.). Der Einfachheit halber werden im Folgenden einfache Jahreszahlen verwendet; die Werte beziehen sich dann jeweils auf den 30.06. des betreffenden Jahres.
[58] Die Angaben des IMF zur Bevölkerungsentwicklung sind v.a. für die Jahre 1988-90 (mit Wachstumsraten von –0,5% bis 6%) nicht konsistent, dürften aber ab 1991 weitgehend zutreffend sein. Die Zahlen von UN und Weltbank (UN Monthly Statistic Bulletin und Weltbank-Atlas) stimmen ab 1991 mit den IMF-Angaben annähernd überein.
[59] Vgl. IMF (1998a und 1995) und UN (2000) für 1985-1988 – Die Vergleichbarkeit der Daten ist dadurch eingeschränkt, daß die UN die Anteile der Sektoren an der Bruttowertschöpfung angeben, während sich der IMF auf das BIP bezieht. Die Differenz – v.a. nicht abzugsfähige Umsatzsteuer und Importabgaben - dürfte allerdings nicht entscheidend ins Gewicht fallen. Weiterhin geben die UN für 1987 keine Daten an; die entsprechenden Werte wurden durch lineare Extrapolation aus Vor- und Folgejahr ermittelt.

Weltmarktpreis für Rohöl um rund 48% eingebrochen, was den größten Teil dieses Rückgangs erklären dürfte. Nach einer relativ konstanten Entwicklung bis 1991 sank der Beitrag des sekundären Sektors 1992 erneut auf 25,8% des nominalen BIP. Der Anteil des tertiären Sektors (Handel, Transport, Kommunikation und sonstige Dienstleistungen), auf den in afrikanischen Entwicklungsländern in der Regel der größte Anteil des BIP entfällt, war zwischen 1985 und 1993 keinen größeren Schwankungen unterworfen und trug im Mittel 46,1% zur Entstehung des BIP bei. Mit der nominalen Abwertung des FCFA Anfang 1994 verschoben sich die Relationen erheblich: Der Anteil des primären Sektors stieg allein 1994 auf 38,7% und erreichte 1997 40,9%. Darin spiegelte sich insbesondere die mit der Abwertung des FCFA verbundene Steigerung der Exporterlöse (in FCFA) für Agrarprodukte[60]. Im sekundären Sektor war demgegenüber eine solche Steigerung nicht zu beobachten. Trotz der höheren Preise für exportiertes Erdöl nahm die relative Bedeutung dieses Sektors bei fallenden Produktionsmengen bis 1997 (21,5%) weiter ab. Die Abwertung führte schließlich zu einer erheblichen Reduzierung des Beitrags des tertiären Sektors zur Entstehung des nominalen BIP auf 36,1% 1994 und 34,8% bis 1997.

Ein Blick auf die Anteile der jeweiligen Sektoren am realen BIP (Tab. 4) zeigt zunächst, daß die Verschiebungen zugunsten des primären Sektors deutlich moderater ausgefallen sind: Der reale Beitrag dieses Bereichs zum BIP hat zwischen 1989 und 1997 lediglich von 23,2% auf 31,9% zugenommen. Der Bedeutungsverlust des sekundären Sektors, der bereits bei Betrachtung des nominalen BIP aufgefallen ist, fällt demgegenüber in Relation zum realen BIP ebenfalls erheblich aus. Nachdem der Anteil dieses Sektors 1989 real noch 28,8% betragen hatte, fiel er bis 1997 auf 21,6%. Diese Abnahme erklärt sich zunächst dadurch, daß der Anstieg des Weltmarktpreises für Öl von 1989 auf 1990 durch die Aufwertung des FCFA gegenüber dem Dollar überkompensiert wurde – also die Preise in FCFA weiter gefallen sind. Gleichzeitig sind die Fördermengen ebenfalls zurückgegangen. Weiterhin haben das verarbeitende Gewerbe als wichtigster Bestandteil des sekundären Sektors und die Bauwirtschaft unter der Wirtschaftskrise gelitten (Tab. 5): Bis 1992 nahm der Beitrag dieser Wirtschaftszweige zum realen BIP auf 16,1% ab, die nachfolgende Erholung wurde durch die Abwertung des FCFA 1994 und den damit einhergehenden Kaufkraftverlust unterbrochen. Die relative Bedeutung des tertiären Sektors stieg dagegen real 1994 zunächst sogar, erreichte 1997 mit 43,8% aber praktisch den gleichen Wert wie 1993 (43,9%).

---

[60] Mengeneffekte haben ebenfalls eine Rolle gespielt: Zwischen 1992/1993 und 1993/1994 stieg die Produktion von Kaffee um 52,7% und die von Bananen um 50,4% (CNC 1997, S. 57).

4.3.1.2 Verwendung des Bruttoinlandsproduktes

Die Analyse der Verwendungsseite des nominalen BIP zeigt, daß der private Konsum auf die ab 1986 einsetzende Wirtschaftskrise zunächst nicht reagiert hat: Die privaten Konsumausgaben stiegen zwischen 1985 und 1987 von 2,5 Bill. FCFA auf 2,7 Bill. FCFA. Im Anschluß daran war bis 1991 eine kontinuierliche Abnahme bis auf 2,0 Bill. FCFA zu verzeichnen, der bis 1996 wieder eine Zunahme bis auf 3,4 Bill. FCFA folgte. Die Betrachtung der prozentualen Anteile am nominalen BIP (Tab. 6) verdeutlicht allerdings, daß der Anteil des privaten Konsums von 1985 bis 1989 sogar durchgängig gestiegen ist – von 64,2% auf 69,1% – und nach einem temporären Rückgang 1992 72,2% des BIP erreichte. Dementsprechend hat die Bevölkerung auf die Wirtschaftskrise eher mit einer Reduzierung der Ersparnis als mit einer Einschränkung der Konsumausgaben reagiert. Bis 1996 stieg der Konsum weiter auf 73,7% des BIP, erst 1997 war ein leichter Rückgang (70,5%) zu verzeichnen.

Der Staatsverbrauch zeigt in absoluten Zahlen eine ähnliche Entwicklung: Zwischen 1985 und 1987 stiegen die Konsumausgaben der öffentlichen Hand von 345 Mrd. auf 429 Mrd. FCFA, nach einer temporären Reduzierung 1988 sogar bis auf 434 Mrd. FCFA. Ernsthafte Bemühungen zur Senkung der (konsumtiven) Staatsausgaben waren erst ab 1991 festzustellen: Bis 1994 wurden die Konsumausgaben von 412 Mrd. auf 258 Mrd. FCFA gedrückt, stiegen bis 1996 aber wieder auf 305 Mrd. FCFA. Zwischen 1985 und 1990 nahm der Staatsverbrauch von 9,0% auf 12,8% des nominalen BIP zu. Danach hat dieser Wert dann kontinuierlich bis auf 6,6% des BIP 1997 abgenommen. Das dürfte zumindest teilweise mit den Auflagen zusammenhängen, die die kamerunische Regierung in Zusammenhang mit Strukturanpassungsdarlehen des IMF und der Weltbank zu erfüllen hatte.

Mit insgesamt zunehmendem Konsum sind demgemäß die Bruttoinvestitionen erheblich zurückgegangen: Nachdem 1986 ein Höchststand von rund 1,0 Bill. FCFA erreicht wurde, fielen die Investitionen bis 1992 auf einen Tiefstand 457 Mrd. FCFA. Das entspricht einer Reduzierung von 54,3%. Gemessen am nominalen BIP sank die Investitionsquote zwischen 1986 und 1989 durchgehend von 25,5% auf 17,1%. Nach einer kurzfristigen Steigerung 1990 und 1991 setzte sich diese Entwicklung auch 1992 fort. Bis 1997 (17,0%) hat sich die Quote nicht entscheidend verbessert.

4.3.2 Zahlungsbilanz und Außenhandel

Die vorliegenden Daten über den kamerunischen Außenhandel sind insbesondere aus zwei Gründen mit besonderer Vorsicht zu interpretieren: Zum einen hat die kamerunische Regierung die Einnahmen aus der Ölförderung nicht bekanntgegeben und zu großen Teilen auf Sonderkonten außerhalb des Budgets verbucht, den sogenannten Comptes Hors Budget (CHB): „[...] oil production began effectively in 1978. But granting the secrecy in which this production is shrouded, it is almost impossible to determine with any certainty Cameroon's production" (Jua 1993, S. 132). Diese Zahlungsströme sind nicht oder nur unvollständig in die offizielle Außenhandelsstatistik eingeflossen. Daraus ergeben sich erhebliche Verzerrungen. Inoffiziellen Schätzungen zufolge beliefen sich die nicht erfaßten Zahlungen an die Regierung beispielsweise 1984 auf rund 750 Mio. US-$ (Delancey 1989, S. 141)[61], während der von der Zentralbank ausgewiesene Handelsbilanzüberschuß gem. Zahlungsbilanzstatistik im gleichen Jahr lediglich bei 524 Mio. US-$ lag (BEAC 1994).

Zum anderen weisen die kamerunische Handelsstatistik und die Daten von IMF und BEAC (Zahlungsbilanzstatistik) erhebliche Differenzen auf. Nach Angaben des kamerunischen Zolls war die Handelsbilanz für die Jahre 1985-1988 defizitär, während die Zahlungsbilanzstatistik für den Warenverkehr durchgängig Überschüsse ausweist – bezogen auf den Überschuß gem. Zahlungsbilanzstatistik erreicht die Differenz zwischen den Handelsbilanzüberschüssen nach BEAC bzw. IMF und den Angaben des kamerunischen Zolls bis zu 464% (BEAC 1998 und IMF 2000). Die Unterschiede können zwar neben dem oben bereits angesprochenen Problem der Erfassung der Ölexporte zum Teil durch Differenzen in der statistischen Erhebung erklärt werden (vgl. IMF 1992, S. xvii). Import- und Exportsteuern stellen aber unter Umständen einen Anreiz dar, die Ein- und Ausfuhr möglichst kostensparend zu deklarieren[62]. Die Angaben der Zahlungsbilanzstatistik dürften daher verläßlicher sein als die des kamerunischen Zolls[63]. Die von der Notenbank aufgeführte Position „Erreurs et Omissions" nimmt allerdings teilweise erhebliche Dimensionen an – 1995 beispielsweise 123 Mrd. FCFA, was 14% der ausgewiesenen Güterexporte entspricht[64].

Darüber hinaus dürfte insbesondere der Güterhandel mit Nigeria erheblich größere Ausmaße haben, als die offiziellen Statistiken ausweisen, zumal der FCFA gegenüber dem Naira chronisch überbewertet und im Gegensatz zur nigerianischen Währung zumindest bis 1993 voll konvertibel war. Daraus resultiert sowohl für nigerianische Händler als auch für kamerunische Abnehmer ein erheblicher Anreiz, Waren nach Kamerun zu schmuggeln bzw. nigerianische Produkte zu kaufen. Die

---

[61] Das CHB hat auch mit Blick auf den Staatshaushalt erhebliche Bedeutung: An gleicher Stelle erwähnt Delancey, daß das Staatsbudget für 1985 bei 740 Mrd. FCFA lag und von Biya durch Zahlung aus dem CHB um 180 Mrd. FCFA, also rund 24%, erhöht wurde.
[62] Die EIU (1998, S.11) schreibt dazu: „One of the worst-performing sectors of the country's financial administration has been the customs service, where corruption reached staggering degrees from 1992 onwards."
[63] Die von der BEAC veröffentlichten Zahlungsbilanzen, die den folgenden Ausführungen zugrunde liegen, sind teilweise mit Rechenfehlern behaftet, die vom Verfasser dieser Arbeit korrigiert wurden.
[64] Dazu MTM (1992, S. 3298): „[...] il n'existent pas de statistiques fiables concernant la balance de paiements depuis 1985/86."

Fachzeitschrift Marchés Tropicaux et Méditerranéens (MTM 1992, S. 3330) schätzt, daß Schmuggelware 1992 beispielsweise 80% des gesamten Textilmarktes und 40%-60% des Marktes für Benzin abdeckte. Im Ergebnis wird man davon ausgehen können, daß die Daten der BEAC keine realitätsgetreue Abbildung der kamerunischen Außenwirtschaft darstellen; Aussagen über Tendenzen sind nichtsdestotrotz möglich.

4.3.2.1 Zahlungsbilanz

Nach der offiziellen Zahlungsbilanzstatistik der BEAC (Tab. 7) weist die Handelsbilanz für den Zeitraum zwischen 1985 und 1996 durchgehend Überschüsse auf, die allerdings erheblichen Schwankungen unterworfen sind: Infolge sinkender Weltmarktpreise für die von Kamerun exportierten Rohstoffe und der gleichzeitigen Aufwertung des FCFA gegenüber dem Dollar haben die (wertmäßigen) Güterexporte zwischen 1985 und 1987 um 30,5% und zwischen 1988 und 1989 erneut um 10,8% auf dann noch 489 Mrd. FCFA abgenommen. Insgesamt sind die Exporte zwischen 1985 und 1992 um 57,4% eingebrochen. 1993 sind die Preise für kamerunische Exportgüter wieder deutlich gestiegen, dementsprechend hat der Wert der Exporte um 42,7% zugenommen. Mit der Abwertung des FCFA von 1994 war eine weitere Steigerung um 40,3% auf 623 Mrd. FCFA verbunden, bis 1996 stieg das Exportvolumen auf 838 Mrd. FCFA.

Da der Rückgang der Importe prozentual geringer ausfiel als der der Exporte, hat sich der kamerunische Handelsbilanzsaldo im Betrachtungszeitraum verschlechtert. Nachdem 1985 noch ein Überschuß von 220 Mrd. FCFA ausgewiesen wurde, sank dieser bis 1992 auf 57 Mrd. FCFA. Das entspricht einem Rückgang von 74,1%. Erst ab 1994 wurden wieder Überschüsse erreicht, die nominal das Niveau von 1985 erreichten. Die Dienstleistungsbilanz war demgegenüber im gesamten Betrachtungszeitraum negativ, wobei die Schwankungen erheblich moderater ausfielen als die des Handelsbilanzsaldos. Nach einem Rückgang von 464 Mrd. FCFA auf 312 Mrd. FCFA zwischen 1985 und 1986 schwankte der Saldo bis 1995 um 300 Mrd. FCFA, 1996 war ein erneuter Anstieg um 27,6% auf 365 Mrd. FCFA zu verzeichnen. Wichtigster Posten waren durchgehend Zins- und Dividendenzahlungen an das Ausland, die von 1985 bis 1996 zwischen 38,3% (1987) und 83,6% (1996) der Dienstleistungsimporte ausmachten. Die Übertragungsbilanz war mit Ausnahme der Jahre 1992, 1994 und 1995 ebenfalls durchgehend negativ, wobei 1986 mit 32 Mrd. FCFA das höchste Defizit registriert wurde. Der öffentliche Sektor war mit Ausnahme des Jahres 1996 durchgängig Empfänger von Übertragungen, während der private Sektor in jedem Jahr Nettoübertragungen ans Ausland geleistet hat.

Die vergleichsweise konstante Entwicklung der Dienstleistungsbilanz und die relativ geringe Bedeutung der Übertragungen haben dazu geführt, daß Schwankungen des Leistungsbilanzsaldos weitgehend von der Handelsbilanz determiniert werden. Das Defizit erreichte sein Maximum 1987 mit 268 Mrd. FCFA. Nach einer temporären Reduzierung bis 1991 stieg das Defizit 1992 auf 251 Mrd. FCFA. Bis 1995 sank das Defizit deutlich auf dann noch 40 Mrd. FCFA. 1996 war allerdings eine erneute Zunahme auf 172 Mrd. FCFA zu konstatieren, die auf deutlich von 143 Mrd. auf 305 Mrd. FCFA gestiegene Zins- und Dividendenzahlungen ans Ausland zurückzuführen ist.

Die Bilanz des kurzfristigen Kapitalverkehrs war im Zeitraum zwischen 1985 und 1996 starken Schwankungen unterworfen. Einem Überschuß von 139 Mrd. FCFA 1986 steht ein Defizit von 98 Mrd FCFA 1991 gegenüber. Zwischen 1987 und 1995 war Kamerun nur in einem Jahr, nämlich 1989, Netto-Importeur kurzfristigen Kapitals. Nachdem im privaten Sektor 1985 noch langfristige Kapitalimporte i.H.v. 168 Mrd. FCFA verzeichnet wurden – davon 142 Mrd. Direktinvestitionen von Ausländern in Kamerun – hat sich die Situation ab 1986 deutlich verändert. Der private Sektor wurde zum Kapitalexporteur, die Direktinvestitionen sanken auf 4 Mrd. FCFA 1987[65]. Mit Ausnahme der Jahre 1987 und 1988 blieb der private Sektor Kapitalexporteur; von 1989 bis 1993 nahmen die Direktinvestitionen negative Werte an – angesichts der Wirtschaftskrise und vor dem Hintergrund möglicher Vermögensverluste bei einer Abwertung des FCFA zogen sich ausländische Investoren aus Kamerun zurück. Demgegenüber nahmen die Importe langfristigen Kapitals aus öffentlichen Quellen – also von bi- und multilateralen Organisationen - zur Deckung des Defizits der Leistungsbilanz zunächst sprunghaft zu: von 42 Mrd. FCFA 1985 auf 121 Mrd. FCFA 1987. Die BEAC weist zudem eine nicht näher erläuterte Position „außerordentliche Zuflüsse" aus, die sich hauptsächlich aus Veränderungen der Auslandsverschuldung (Kreditaufnahme, Umschuldungen und Tilgungen) sowie Subventionen der EU und des IMF zusammensetzt. Diese Position umfaßt zumindest teilweise ebenfalls öffentliche Mittel[66], so daß der gesamte Kapitalimport aus diesen Quellen im Betrachtungszeitraum noch höher ist. Trotz der erheblichen Kapitalimporte hat sich die Reserveposition Kameruns zwischen 1985 und 1996 um 362 Mrd. FCFA verschlechtert.

---

[65] Erhebliche Schwankungen der ausländischen Direktinvestitionen sind allerdings in einer kleinen und vergleichsweise wenig entwickelten Volkswirtschaft nicht ungewöhnlich, da einzelne Investitionsvorhaben – die nicht in jedem Jahr realisiert werden - relativ große Finanzvolumina umfassen können.

[66] Vor 1988, also dem Jahr, in dem der IMF das erste „Structural Adjustment Loan" gewährte, sind unter dieser Position keine Zuflüsse ausgewiesen. Weiterhin hat Kamerun ab Anfang der 90er Jahre verschiedene Umschuldungsvereinbarungen mit dem Pariser Club getroffen, die als Zuflüsse aus öffentlichen Quellen zu werten sind.

4.3.2.2 Exportstruktur

Kameruns Außenhandel war zunächst im wesentlichen auf den Export agrarischer Rohstoffe – insbesondere Kakao, Kaffee, Holz und Baumwolle - ausgerichtet. 1977 wurden im Rio del Rey-Becken, nahe der Grenze zu Nigeria, Ölvorkommen entdeckt. Im November 1977 nahm Elf-Serepca, die lokale Tochter der französischen Elf Aquitaine, die Produktion auf. Die Bedeutung des Ölsektors für die kamerunische Wirtschaft allgemein nahm mit der Entdeckung und Ausbeutung des Lokele-Felds durch die amerikanische Pecten Oil Company weiter zu. Gleichzeitig entwickelten sich Öl- und Ölprodukte zu den wichtigsten Exportprodukten für Kamerun. Die Rohölproduktion erreichte ihren Höhepunkt mit 9,2 Mio. Tonnen aber bereits 1985/86; bis 1996/97 sank die Produktion auf 5,2 Mio. Tonnen (EIU 1998, S. 15).

1987 belief sich der Anteil von Öl- und Ölprodukten an den Gesamtexporten Kameruns auf 50,2% (Tab. 8); auf die bedeutendsten Agrarprodukte (Kakao, Kaffee, Baumwolle und Holz) entfielen 35,5%. Bereits 1985 setzte ein drastischer Verfall der Weltmarktpreise für die wichtigsten Exportprodukte Kameruns ein (Tab. 9[67]). Der Preis für Kakao sank bis 1994 um 38,1%, für Kaffe wurde der Tiefstand 1992 mit 43,6 US-cents pro Pfund erreicht – das entspricht einem Rückgang um 64,0% gegenüber dem Niveau von 1985. Der Rohölpreis fiel unter starken Schwankungen von 27,4 US-$ pro Barrel 1985 auf 16,0 US-$ 1994 (-41,6%). Mit dem Verfall der Weltmarktpreise, der sinkenden Ölproduktion und der gleichzeitigen Aufwertung des FCFA gegenüber dem Dollar – alle genannten Exportprodukte werden am Weltmarkt in US-$ fakturiert - verschob sich die Exportstruktur erheblich: Die wertmäßigen Ölexporte fielen deutlich und trugen schon 1988 nur noch 38,1% zum Exportvolumen bei. Gleiches galt für die bis dahin wichtigsten Agrarprodukte, Kaffee (nach 16,2% 1987 noch 10,2% Anteil am Export 1989) und Kakao (Rückgang von 14,2% auf 9,4% im gleichen Zeitraum).

Die Auswirkungen der Kombination aus Aufwertung des FCFA und Preisverfall am Weltmarkt werden besonders deutlich, wenn man die Entwicklung des Weltmarktpreises für Öl in Dollar einerseits und in FCFA andererseits betrachtet (Tab. 10): Der Preissturz von 1985 auf 1986 fiel in FCFA gerechnet mit 24,0% zwar weniger drastisch aus als in US-$ (48,2%), gleichzeitig wurden aber die Preissteigerungen 1987 und insbesondere 1989/90 durch die Aufwertung des FCFA (über-)kompensiert. Bis zur Abwertung 1994 lag der Preis in FCFA durchgehend unter dem Niveau von 1985.

---

[67] Angaben des IMF für folgende Produkte: Kakaobohnen, Preis in New York/London; Kaffee aus Uganda, Preis New York; amerikanische Baumwolle, Durchschnittspreis an 10 Handelsplätzen in den USA; Durchschnittspreis für Rohöl am Spotmarkt.

4.3.2.3 Importstruktur

Der größte Anteil der wertmäßigen Importe (Tab. 11) entfiel zwischen 1988 und 1997 mit durchschnittlich 21,9% auf von Unternehmen eingeführte Verbrauchsgüter[68], gefolgt von Halbfertigerzeugnissen (16,3%) sowie Nahrungsmitteln und Tabak (13,2%). Auffällig ist der kontinuierliche Bedeutungsverlust der Importe industrieller Ausrüstungsgüter bis 1994, in dem sich der bereits erwähnte Rückgang der gesamtwirtschaftlichen Investitionsquote spiegelt. Erst mit der Verbesserung der Wettbewerbsposition Kameruns durch die Abwertung ist die Investitionsbereitschaft wieder gestiegen, dementsprechend haben die Importe dieser Gütergruppe zugenommen. Trotz der Wirtschaftskrise hat der Anteil der Konsumgüterimporte privater Haushalte bis 1993 nicht nennenswert abgenommen. Die mit der Abwertung verbundene Verteuerung der Importe dürfte dagegen zu dem Rückgang 1994 geführt haben.

Wichtigstes Lieferland Kameruns ist Frankreich: 1996 entfielen 36,7% der gesamten Importe auf Einfuhren aus der ehemaligen Kolonialmacht. Im gleichen Jahr waren Frankreich, Italien und Spanien zu etwa gleichen Teilen (15,8%, 17,7% bzw. 15,5%) wichtigste Abnehmer kamerunischer Produkte (EIU 1998)[69]. Insgesamt ist der kamerunische Außenhandel traditionell stark auf die EU ausgerichtet (mit rund 70% sowohl der Aus- als auch der Einfuhren), während sowohl der innerafrikanische Handel[70] als auch die USA eine untergeordnete Rolle spielen. Die Aufwertung des FCFA gegenüber dem Dollar ab 1985/86 hat damit dazu geführt, daß der relativen Verteuerung der Exporte keine entsprechende Verbilligung der Importe gegenüberstand.

4.3.3 Staatshaushalt und Staatsverschuldung

Kamerun verfolgte sowohl unter der Regierung Ahidjo als auch - anfänglich – unter Biya eine konservative Haushaltspolitik. Umfängliche und verläßliche Zahlen für den Zeitraum vor 1989 liegen nicht vor. Verschiedene Quellen stimmen aber darin überein, daß – wie auch in anderen afrikanischen Entwicklungsländern, beispielsweise Nigeria - erst die Entdeckung der Ölvorkommen steigende Staatsausgaben nach sich zog. Da sich Ausgabensenkungen politisch nur schwer durchsetzen lassen, führten der Rückgang der Öleinnahmen ab 1986 und eine durch

---

[68] Die vom IMF angegebenen Zahlen enthalten eine Schätzung für den offiziell nicht erfaßten Handel, die zwischen 1993 auf 1994 von 0,7 Mrd. auf 130 Mrd. FCFA steigt. Dies erklärt den Rückgang des Anteils aller in der Tabelle ausgewiesenen Importprodukte. Weiterhin führt diese Schätzung dazu, daß die Zahlen des IMF von den Angaben der BEAC (Zahlungsbilanzstatistik) abweichen.
[69] Die Zahlen sind mit erheblichen Unsicherheiten behaftet, da – wie bereits erwähnt - Ölexporte nur unvollständig erfaßt wurden.
[70] Der statistisch nicht erfaßte Warenverkehr insbesondere mit Nigeria dürfte erheblich sein, so daß offizielle Angaben die relative Bedeutung des innerafrikanischen Handels unterschätzen.

die Wirtschaftskrise verringerte Steuerbasis zu Einnahmenausfällen und in der Folge zu erheblichen Defiziten.

Die kamerunische Regierung hat weiterhin hinsichtlich des staatlichen Budgets eine sehr zurückhaltende Informationspolitik verfolgt. Insbesondere die Einrichtung der CHB, auf denen große Teile der Erlöse aus dem Erdölexport verbucht wurden und die in großem Umfang zur Finanzierung von Investitionsvorhaben genutzt wurde, erschwert die Beurteilung der Entwicklung des Staatshaushaltes. Angesichts der Vielfalt der Finanzierungsquellen - bi- und multilaterale Geberorganisationen, in- und ausländische Geschäftsbanken, Zahlungsrückstände sowohl gegenüber Geberorganisationen und Banken als auch bei privaten und staatlichen Unternehmen im Inland, offiziell nicht erfaßte Verbindlichkeiten aus Investitionen im Ölsektor etc. - ist die Beurteilung der Staatsverschuldung im In- und Ausland ähnlich problematisch (so z.B. auch Vallée 1993, S. 175). Auch hier dürften die vorliegenden Angaben kein exaktes Bild der tatsächlichen Situation geben, aber zumindest Tendenzaussagen über die Entwicklung zulassen.

Die folgenden Ausführungen zur Haushaltsentwicklung basieren auf den Länderberichten und den Government Finance Statistics Yearbooks (GFSY) des IMF (1995, 1997, 1998, 1998c). Die BEAC weist in ihren Berichten regelmäßig lediglich Budgetansätze aus, die sowohl auf der Einnahmen- als auch auf der Ausgabenseite erheblich von den tatsächlich realisierten Werten abweichen und daher nur sehr begrenzt aussagefähig sind. Zwischen den den Ausführungen in Abschnitt 4.3.1.2 zugrundeliegenden Daten aus den International Financial Statistics (IFS) des IMF und den Country Reports treten ebenso Differenzen auf wie zwischen den GFSY und den Länderberichten. Da die Daten der Country Reports umfassender sind – insbesondere hinsichtlich der Aufschlüsselung von Einnahmen und Ausgaben und der Bedeutung der Öleinnahmen – erhalten diese, soweit vorhanden, den Vorzug. Die Angaben zur Staatsverschuldung und ihren Quellen sind den Country Reports des IMF einerseits und den „Etudes et Statistiques" der BEAC entnommen.

4.3.3.1 Entwicklung des Haushalts

Die Entwicklung der Staatseinnahmen ab 1986 (Tab. 12) zeigt deutlich das Ausmaß, in dem der Staat von der Wirtschaftskrise getroffen wurde: Bis 1990 sanken die Einnahmen von 924 Mrd. auf 478 Mrd. FCFA, das entspricht einem Rückgang von 48,3%. In den Jahren 1991 und 1992 konnten die Einnahmen stabilisiert werden, sanken danach bis 1994 aber erneut auf 344 Mrd. FCFA. Erst nach der Abwertung des FCFA stiegen die staatlichen Einnahmen wieder deutlich, 1997 wurden 768 Mrd. FCFA erreicht. Sogar nominal lagen die Einnahmen damit nach wie vor unter dem Wert von 1986. Für die Ausgabenseite liegen Zahlen erst ab 1989 vor. Danach ist es der Regierung trotz der geringeren Einnahmenbasis zunächst nicht gelungen, die Staatsausgaben zu senken. Zwischen 1989 und 1991 stiegen die Ausgaben um 8,4% von 722 Mrd. auf 783 Mrd. FCFA. Erst 1992 und 1993 erfolgten nachhaltige Kürzungen, seit 1994 sind erneut steigende Staatsausgaben festzustellen.

Mit sinkenden Einnahmen und gleichzeitig steigenden Ausgaben nahm das laufende Defizit der öffentlichen Haushalte – also ohne Berücksichtigung von Tilgungszahlungen auf die öffentliche Verschuldung - sprunghaft zu: Von 1989 bis 1991 stieg der Fehlbetrag um 74,2% von 159 Mrd. auf 277 Mrd. FCFA. Nachdem 1992 und 1993 leichte Verringerungen erreicht werden konnten, stieg das Defizit 1994 erneut auf 315 Mrd. FCFA. Die von der Regierung (auf Druck von IMF und Weltbank) nach 1994 erreichten Erfolge bei der Reduzierung des Defizits sind beachtlich. 1997 lagen die Ausgaben lediglich um 25 Mrd. FCFA über den Einnahmen. Zwischen 1989 und 1991 stieg das Defizit der öffentlichen Haushalte in Relation zum BIP von 4,6% auf 8,5%. Nach einem temporären Rückgang 1992 und 1993 lag der Fehlbetrag 1994 erneut bei 8,3% im Verhältnis zum BIP. Erst ab 1995 ist eine deutliche Reduzierung festzustellen; 1997 erreichte das Defizit lediglich 0,5% des BIP.

Wenn man die Veränderungen des Schuldenstandes der öffentlichen Hand einbezieht, ergibt sich ein ähnliches Bild: Kamerun war ab Ende der 80er Jahre nicht mehr in der Lage, seine Auslandsverbindlichkeiten fristgemäß zu bedienen. Der IMF ermittelt ein Haushaltsdefizit auf Cash-Basis als Summe des laufenden Defizits und der Veränderungen der Zahlungsrückstände, die ihrerseits durch Umschuldungen, Neuverschuldung und (1994 und 1995) Schuldenerlaß finanziert werden. Aufgrund der Veränderungen im Schuldenstand ist dieser Wert zwar deutlich größeren Schwankungen unterworfen als das laufende Defizit, war aber mit Ausnahme des Jahres 1993 immer negativ. Die Summe der Defizite auf Cash-Basis zwischen 1989 und 1997 lag bei 2,3 Bill. FCFA; die Finanzierung erfolgte zu 72% im Ausland.

Bei der Betrachtung der Veränderung der Zahlungsrückstände wird deutlich, daß die kamerunische Regierung zwischen 1989 und 1997 regelmäßig in- und ausländische Verbindlichkeiten nicht bedient, d.h. zunehmende Rückstände – 1993 beispielsweise um 203 Mrd. FCFA - in Kauf genommen hat. Weiterhin fällt auf, daß zwischen 1990 und 1996 Defizite in erster Linie vom Ausland finanziert wurden (allein 1994 mit 699 Mrd. FCFA), während das Verhältnis zwischen interner und externer Finanzierung 1989 noch ausgeglichen war. Gründe dafür sind – neben der geringen Ergiebigkeit des lokalen Kapitalmarktes – zum einen die große Bedeutung von Umschuldungen, also die zeitliche Streckung bereits bestehender Auslandsverbindlichkeiten, und zum anderen die angesichts der aus Sicht privater Investoren fehlenden Kreditwürdigkeit des Staates zunehmende Abhängigkeit von bi- und multilateralen Geberorganisationen.

4.3.3.2 Struktur der Staatseinnahmen

Die Betrachtung der relativen Anteile verschiedener Einnahmenquellen an den gesamten Staatseinnahmen (Tab. 13) zeigt zunächst die große Bedeutung des Ölsektors für den Haushalt. Zwischen 1989 und 1992 entfiel jeweils rund 1/3 der gesamten Einnahmen auf diesen Bereich, 1991 waren es gar 37,1%. Absolut schwankten die Öleinnahmen in diesem Zeitraum zwischen 188 und 145 Mrd. FCFA. Die Abnahme der Fördermengen und der gleichzeitige Rückgang des Preises (in FCFA) führten dazu, daß der Anteil dieser Einnahmen am Budget bis 1994 auf 21,5% (74 Mrd. FCFA) sank. Nach der Abwertung konnten die Einnahmen aus der Ölförderung bei gleichzeitig wieder steigendem Rohölpreis in US-$ deutlich bis auf 26,7% der Gesamteinnahmen (204 Mrd. FCFA) 1997 gesteigert werden.

Mit der Wirtschaftskrise haben zwischen 1986 und 1994 auch die gesamten Steuereinnahmen deutlich von 674 Mrd. FCFA auf 244 Mrd. FCFA abgenommen. Erst mit der Abwertung des FCFA bzw. der damit verbundenen Zunahme der Bemessungsgrundlagen und der wirtschaftlichen Erholung nahmen auch die Steuereinnahmen wieder zu, lagen aber 1997 mit 487 Mrd. FCFA noch um 27,7% unter dem Niveau von 1986. Dabei sind bis 1995 Verschiebungen insbesondere zugunsten der Verbrauchssteuern zu beobachten, deren Anteil an den Gesamteinnahmen zwischen 1989 und 1995 von 23,6% auf 36,1% stieg. Die Anteile der Abgaben auf Im- und Exporte sowie der Einkommensteuern waren im gleichen Zeitraum dagegen vergleichsweise geringen Schwankungen unterworfen.

4.3.3.3 Struktur der Staatsausgaben

Zwischen 1989 und 1991 lag der Anteil der konsumtiven Ausgaben bei rund 75% des gesamten Ausgabevolumens (Tab. 13). 1992 stieg dieser Anteil auf 84,8% (604 Mrd. FCFA), 1997 entfielen 90,6% (719 Mrd. FCFA) der gesamten Ausgaben auf konsumtive Zwecke.

Eine Ursache für diesen Anstieg ist der große Verwaltungsapparat des Landes[71]. Entlassungen oder Gehaltskürzungen sind politisch schwer durchzusetzen. Der Regierung gelang es daher bis 1992 nicht, den absoluten Aufwand für Lohn- und Gehaltszahlungen zu reduzieren: Dieser Ausgabenposten blieb zwischen 1989 und 1992 mit rund 300 Mrd. FCFA weitgehend konstant. Der Anteil der Lohn- und Gehaltszahlungen an den gesamten Staatsausgaben lag im gleichen Zeitraum bei rund 40%. Gleichzeitig stiegen mit wachsender Staatsverschuldung aber die Zinszahlungen von 59 Mrd. FCFA 1989 auf 173 Mrd. FCFA 1992 (von 8,2% auf

---

[71] Darüber hinaus haben parastaatliche Unternehmen in erheblichem Umfang Verluste ausgewiesen, die teilweise aus dem Haushalt (und aus den CHB) gedeckt wurden. Verläßliche Daten über die Höhe dieser Transfers liegen nicht vor.

24,3% der Gesamtausgaben). Beide Effekte trugen dazu bei, daß bei gleichzeitig sinkenden Staatseinnahmen die konsumtiven Ausgaben von 550 auf 604 Mrd. FCFA zunahmen und folglich der Anteil dieser Ausgaben an den gesamten Staatsausgaben von 76,2% 1989 auf 84,8% 1992 stieg.

Erst 1993 wurde der Druck so groß, daß erhebliche Reduzierungen der Gehälter (um 30% im Januar und weitere 50% im November 1993) realisiert wurden[72]. Mit diesen Gehaltskürzungen und der zusätzlichen Streichung von 4.000 sogenannter „Phantombeschäftigter" von den Gehaltslisten (MTM 1994, S. 755) konnte der Personalaufwand allein zwischen 1993 und 1994 um 24,7% auf 207 Mrd. FCFA gesenkt werden. Insgesamt nahmen die Lohn- und Gehaltszahlungen zwischen 1993 und 1996 von 275 Mrd. auf 188 Mrd. FCFA ab, der Anteil an den gesamten Staatsausgaben sank von 43,6% auf 25,7%. Die Zinszahlungen dagegen stiegen infolge der nominalen Abwertung des FCFA ab 1994 erheblich (von 152 Mrd. FCFA 1993 auf 302 Mrd. FCFA 1996, entsprechend 24,1% bzw. 37,8% der Gesamtausgaben) und wurden damit zum quantitativ bedeutendsten Ausgabenposten. In Kombination mit einer Zunahme des staatlichen Verbrauchs an Gütern und Dienstleistungen von 68 Mrd. FCFA auf 123 Mrd. FCFA (von 10,8% auf 16,8% der Staatsausgaben) hat das zu einer weiteren Erhöhung des Anteils der Konsumausgaben von 86,2% 1993 auf 94,1% 1996 geführt.

Die Investitionen des Staates konnten sowohl in Relation zu den Gesamtausgaben als auch absolut zwischen 1989 und 1991 in etwa konstant gehalten werden (1989: 172 Mrd. FCFA, entsprechend 23,8% der Gesamtausgaben; 1991: 182 Mrd. FCFA, entsprechend 23,2%). 1992 war die Regierung dann erstmals gezwungen, die Ausgaben deutlich – um 9,1% von 783 Mrd. auf 712 Mrd. FCFA – zu kürzen. Diese Kürzung ging voll zu Lasten des Investitionsbudgets, dessen Anteil an den Gesamtausgaben von 23,2% auf 15,2% (108 Mrd. FCFA) fiel. Das Folgejahr war von weiteren Sparmaßnahmen geprägt, die Ausgaben sanken erneut um 11,5% auf 630 Mrd. FCFA. Ein Teil des Sparpakets betraf erneut staatliche Investitionen, deren Anteil an den Staatsausgaben weiter auf 13,8% (87 Mrd. FCFA) sank. Die Steigerung der Investitionsausgaben auf 114 Mrd. FCFA 1994 (17,3% der Staatsausgaben) dürfte in erster Linie aus vor der Abwertung abgeschlossenen und in Fremdwährung denominierten Importverträgen resultieren, zumal diese Position in den Folgejahren erheblich reduziert wurde und mit 44 Mrd. FCFA (5,9% der Gesamtausgaben) 1996 ihren Tiefstand erreichte.

Der finanzpolitische Handlungsspielraum der Regierung war und ist damit erheblich eingeschränkt: Einerseits scheinen weitere Kürzungen im öffentlichen

---

[72] Da das kamerunische Fiskaljahr am 30.06. endet, ist nur die Gehaltskürzung um 30% vom Januar 1993 dem gleichen Jahr zugeordnet, während die erneute Kürzung im November dem Jahr 1994 zugerechnet wird.

Dienst politisch nicht durchsetzbar, andererseits ist die Zinsbelastung dauerhaft zum wichtigsten Ausgabenposten geworden – der Anteil beider Positionen zusammen sank bis 1997 nicht unter 64,7% der Staatsausgaben.

4.3.3.4 Staatsverschuldung

Angesichts der Einnahmenausfälle ab 1986 bei gleichzeitig konstanten bzw. steigenden Staatsausgaben hat die Verschuldung der öffentlichen Hand im Betrachtungszeitraum deutlich zugenommen (Tab. 14): Zwischen 1985 und 1993 stiegen die Verbindlichkeiten von 901 Mrd. auf 2,7 Bill. FCFA und haben sich damit verdreifacht. Abwertungsbedingt nahm der FCFA-Gegenwert der Auslandsverschuldung 1994 erheblich zu, die Gesamtverschuldung stieg allein in diesem Jahr um 1,9 Bill. FCFA. Der absolute Schuldenstand konnte bis 1997 (4,5 Bill. FCFA) nicht reduziert werden, aufgrund der Zunahme des nominalen BIP infolge der Abwertung und positiver Wachstumsraten sank aber die Relation zwischen Gesamtverschuldung und BIP – die 1985 erst bei 23,1% gelegen hatte - von 121,3% (1994) auf 85,1% (1997).

Der bei weitem größere Anteil staatlicher Verschuldung – im gesamten Betrachtungszeitraum in keinem Jahr weniger als knapp 80% - entfällt auf die Inanspruchnahme ausländischer Finanzquellen[73]. Die Verschuldung im Ausland (überwiegend langfristig) stieg bis 1993 von 901 Mrd. auf 2,2 Bill. FCFA. Mit der Abwertung 1994 hat der Schuldenstand in FCFA naturgemäß zugenommen, bis 1997 (4,1 Bill. FCFA) konnte keine nennenswerte Reduzierung erreicht werden. In Relation zum BIP wird die Ausweitung der Kreditaufnahme im Ausland noch augenfälliger – der Schuldenstand stieg von 23,1% des BIP 1985 auf 68,3% 1993. Die Steigerung auf 110,7% 1994 konnte bis 1997 (78,4%) zumindest teilweise wieder zurückgeführt werden, was angesichts des praktisch unveränderten Schuldenstandes in erster Linie auf die mit der Abwertung verbundene Zunahme des nominalen BIP zurückzuführen ist.

Die Verschuldung im Inland hat im Betrachtungszeitraum zwar ebenfalls erheblich zugenommen, war in Relation zur Auslandsverschuldung aber von untergeordneter Bedeutung. Bis 1988 hat sich der Staat (ohne öff. Unternehmen, für die bis 1988 keine Daten vorliegen) im Inland praktisch nicht verschuldet. 1989 lag die Inlandsverschuldung (incl. öff. Unternehmen) bereits bei 139 Mrd. FCFA (4,0%

---

[73] Die Angaben zur Verschuldung stehen nicht mit den in Tab. 12 enthaltenen Zahlen zur Finanzierung der laufenden Haushaltsdefizite in Einklang. Grund dafür dürften in erster Linie unterschiedliche Abgrenzungen sein: Die Zahlen des IMF beziehen sich auf die Zentralregierung, während öff. Unternehmen, Gebietskörperschaften und sonstige öffentliche Einrichtungen – beispielsweise die staatliche Sozialversicherung – nicht berücksichtigt werden.

des BIP), bis 1993 stieg sie sogar auf 431 Mrd. FCFA (13,2% des BIP)[74]. Erst mit der Abwertung des FCFA 1994 konnte die Relation zwischen interner Verschuldung und BIP wieder reduziert werden, was – analog zur Auslandsverschuldung - weniger auf einen Schuldenabbau als vielmehr auf die abwertungsbedingte Zunahme des nominalen BIP zurückzuführen ist.

In Zusammenhang mit der Analyse des kamerunischen Bankensektors ist insbesondere der Rückgriff des Staates auf lokale Finanzquellen von Bedeutung (Tab. 15). Ab 1989 hat die Regierung zunächst in zunehmendem Maße auf die Kreditaufnahme bei der Zentralbank zurückgegriffen – von 1990 auf 1991 stiegen die Verbindlichkeiten gegenüber der BEAC von 48 Mrd. auf 246 Mrd. FCFA, bis 1997 bewegte sich diese Position dann zwischen 250 Mrd. und 300 Mrd. FCFA[75]. Weiterhin fällt auf, daß die Regierung vom Gläubiger zum Schuldner des Bankensystems geworden ist: Nachdem der Staat 1988 noch Forderungen (netto, d.h. nach Verrechnung mit Verbindlichkeiten) von 133 Mrd. FCFA hielt, sind ab 1991 durchgehend Nettoverbindlichkeiten zu verzeichnen, in der Spitze 94 Mrd. FCFA (1995).

Das Ausmaß der Beanspruchung des lokalen Bankensektors durch den Staat wird noch deutlicher, wenn die Verschuldung öffentlicher Unternehmen[76] mit berücksichtigt wird. Zwischen 1989 und 1997 schwankten die Netto-Forderungen des Bankensektors gegen Regierung und öffentliche Unternehmen zwischen 87 Mrd. und 132 Mrd. FCFA. Da das Kreditvolumen insgesamt im gleichen Zeitraum um 60% gesunken ist, haben Regierung und öffentliche Unternehmen nach Angaben der BEAC zusammen bis 1994 einen durchgehend zunehmenden Anteil auf sich vereinigt: Bereits 1989 entfielen rund 26% der Kreditforderungen des

---

[74] Die Angaben verschiedener Quellen zur internen Verschuldung weichen erheblich voneinander ab: MTM (1992, S. 3329) schätzt beispielsweise die gesamte interne Verschuldung des öffentlichen Sektors Ende 1992 auf 960 Mrd. FCFA, davon 570 Mrd. Zahlungsrückstände, und sieht darin einen wesentlichen Grund für die ökonomische Stagnation.
[75] Das stellte einen Verstoß gegen die Statuten der BEAC dar, nach denen die Kreditaufnahme von Mitgliedsstaaten und öffentlichen Unternehmen bei der Zentralbank auf maximal 20% der ordentlichen Steuereinnahmen des jeweiligen Vorjahres begrenzt ist. Dazu König (2001, S. 195): „Erst die im September 1992 in beiden Subzonen (*der zentral- und der westafrikanischen Franc-Zone, Anm. d. Verf.*) geschaffenen und gemeinsam vom französischen Schatzamt und der jeweiligen supranationalen Zentralbank geleiteten *Conseils de Convergence* bekundeten schließlich die Einsicht, daß die traditionellen Vertragswerke zur Währungskooperation – trotz festgeschriebener Limitierung der direkten Kreditaufnahme bei den Zentralbanken – übermäßige Haushaltsdefizite und unangemessene Ausgabenstrukturen in den einzelnen Mitgliedsstaaten nicht zu vermeiden vermochten."
[76] Nach Definition der BEAC gilt ein Unternehmen dann als öffentlich, wenn der Staat mindestens 30% des Kapitals hält.

Bankensystems auf den (so definierten) öffentlichen Sektor, bis 1994 stieg dieser Wert auf 40%[77].

4.3.4 Preis- und Wechselkursentwicklung

Kamerun ist Mitglied der zentralafrikanischen Franc-Zone, d.h. die lokale Währung ist an den FF bzw. seit 1999 an den EURO gekoppelt. Gemäß der Kaufkraftparitätentheorie kann ein fester Wechselkurs nur dann auf Dauer aufrechterhalten werden, wenn die Preisentwicklung in den am Wechselkursregime teilnehmenden Ländern parallel verläuft. Für die Franc-Zone bedeutet das, daß die Inflationsrate in Frankreich als Leitwährungsland bzw. seit 1999 dem EURO-Raum „von entscheidender Bedeutung für die glaubwürdige Aufrechterhaltung der offiziellen Parität zum nominalen Anker" (König 2001, S. 175) ist. König nennt an gleicher Stelle für den Zeitraum zwischen 1970 und 1985 eine jährliche durchschnittliche Steigerung der Verbraucherpreise in Frankreich von 9,4%, während der gleiche Wert für die FCFA-Zone insgesamt bei 9,9% lag. Die expansive Ausrichtung der Geldpolitik in Frankreich erlaubte folglich eine monetäre Expansion auch in den Ländern der FCFA-Zone, ohne daß dadurch Druck auf die fixe Parität entstanden wäre.

Einen Wendepunkt stellte aus Sicht der afrikanischen FCFA-Länder die von Frankreich ab Mitte der 80er Jahre verfolgte „Politik des starken Franc" dar, die zu einer deutlichen nominalen Aufwertung des FF und damit auch des FCFA gegenüber dem US-$ führte (dazu s.u.)[78]. Das bewirkte eine Verschlechterung der internationalen Wettbewerbsfähigkeit der FCFA-Staaten und zog - in Verbindung mit gleichzeitig sinkenden Rohstoffpreisen - deutlich geringere Exporterlöse nach sich. Da das Instrument der nominalen Abwertung zunächst nicht zur Verfügung stand, versuchten die Mitgliedsstaaten der FCFA-Zone, den negativen Auswirkungen der Aufwertung und der Verschlechterung der weltwirtschaftlichen Rahmenbedingungen durch geld-, fiskal-, und handelspolitische Maßnahmen im Rahmen des Konzepts der „realen Anpassung" zu begegnen[79].

Im Gegensatz zu den Jahren vor 1985 verfolgte die BEAC dementsprechend ab 1986 eine deutlich restriktivere Geldpolitik. Der Zeitraum zwischen 1988 und 1993

---

[77] Die Angaben des IMF und der BEAC zur Inanspruchnahme des Bankensektors durch den Staat weichen erheblich voneinander ab.

[78] Diese Politik Frankreichs kann wiederum als Reaktion auf die zunehmende Integration des europäischen Währungsraumes betrachtet werden: Frankreich war seit 1979 Mitglied im Europäischen Währungssystem, zwischen 1981 und 1983 mußte der Wechselkurs des FF dreimal angepaßt werden (Patat/Lutfalla 1990, S. 234 f.). Ab 1983 bemühte sich Frankreich, durch eine restriktive Fiskalpolitik und die Orientierung der nationalen Geldpolitik an der Deutschen Bundesbank die Inflation in Frankreich und damit den Druck auf die Parität des FF zu reduzieren.

[79] Zur Darstellung des Konzepts der realen Anpassung und der Maßnahmen im einzelnen vgl. König (2001, S. 183 ff.).

war von weitgehender Preisstabilität gekennzeichnet (Tab. 16.). Nachdem die Inflationsrate in Kamerun – gemessen an der Veränderung des Konsumentenpreisindex - 1987 noch 13,1% erreichte, sank dieser Wert bereits 1988 auf 1,7%. 1989 und 1993 wurden sogar leicht negative Veränderungen des Konsumentenpreisindex ausgewiesen. Aufgrund der höheren Importpreise und der Repatriierung von zuvor ins Ausland transferierten Kapitals ist es mit der nominalen Abwertung des FCFA um 50% Anfang 1994 zu einem deutlichen Anstieg der Inflationsrate (auf 35,1%) gekommen; bis 1997 konnte die jährliche Preissteigerung aber wieder auf 1,5% reduziert werden. Der Vergleich mit der Entwicklung der Verbraucherpreise in Frankreich zeigt, daß die Preissteigerung 1986 und 1987 noch deutlich über der des Leitwährungslandes lag, während für den Zeitraum bis 1993 durchgängig niedrigere Werte ausgewiesen werden. Im jährlichen Durchschnitt lag die Zunahme der Konsumentenpreise zwischen 1986 und 1993 mit 2,4% in Kamerun leicht unter derjenigen in Frankreich (2,9%). Der mit der Abwertung verbundene Inflationsschub war ein Einmaleffekt; 1997 waren die Inflationsraten wieder annähernd gleich groß. Die Betrachtung der Entwicklung des BIP-Deflators[80] als breiterer Basis zur Beurteilung inflationärer Tendenzen ergibt das gleiche Bild: Bis 1994 geringe, teils leicht negative Inflationsraten, nach der Abwertung zunächst eine Zunahme bis auf 17,0% 1995 und anschließend ein erneuter Rückgang der Preissteigerung auf 2,7% 1997.

Der nominale Wechselkurs zwischen FCFA und FF war seit Gründung der Franc-Zone lediglich einer Änderung unterworfen, nämlich der 50%igen Abwertung im Januar 1994 (von 0,02 FF/FCFA auf 0,01 FF/FCFA). Den Wechselkurs der eigenen Währung gegenüber Drittwährungen muß Kamerun als exogen bestimmtes Datum hinnehmen – die afrikanische FCFA-Zone ist insgesamt zu klein, um den Außenwert des französischen Franc bzw. des EURO zu beeinflussen. Für die internationale Wettbewerbsfähigkeit Kameruns ist dabei insbesondere die Parität zwischen FF bzw. EURO und dem Dollar entscheidend, da der überwiegende Teil kamerunischer Exportprodukte in Dollar fakturiert wird. Der nominale Wechselkurs zwischen FCFA und US-$ unterlag im Betrachtungszeitraum starken Schwankungen, insgesamt ist aber zwischen 1985 und 1992 eine deutliche Aufwertung des FCFA von 41,1% zu erkennen (Tab. 16). Dabei legte der FCFA insbesondere in den Jahren 1986 (22,9%) und 1990 (14,6%) gegenüber dem Dollar an Wert zu. Die Aufwertung war Folge der bereits erwähnten Änderung der geldpolitischen Ausrichtung in Frankreich ab Mitte der 80er Jahre, die wiederum zu nominalen Aufwertungen des FF – und damit des FCFA - gegenüber dem US-$ führte. Erst die Abwertung des

---

[80] Der BIP-Deflator ergibt sich implizit als Quotient aus dem nominalen und dem realen BIP und spiegelt damit Preisveränderungen aller Komponenten des BIP wider, während der Konsumentenpreisindex auf Basis eines Warenkorbes ermittelt wird.

FCFA Anfang 1994 brachte das nominale Austauschverhältnis wieder auf Werte, die über denen des Jahres 1985 lagen.

Der nominale Wechselkurs des FCFA zum US-$ ist für die Beurteilung der internationalen Wettbewerbsfähigkeit allerdings nur von eingeschränkter Aussagekraft, da die Struktur des Außenhandels – also die relative Bedeutung internationaler Handels- bzw. Konkurrenzbeziehungen - nicht berücksichtigt wird. Dem trägt der IMF durch die Ermittlung eines Index für den nominalen effektiven Wechselkurs (NEER) Rechnung, der sich als Quotient aus offiziellem Wechselkurs und dem gewichteten geometrischen Mittel der Wechselkurse wichtiger Handelspartner bzw. Konkurrenten ergibt (Tab. 16). Die Gewichtung basiert dabei auf den anteiligen Exporten Kameruns sowohl von Fertigerzeugnissen als auch von Rohstoffen in die jeweiligen Länder im Zeitraum von 1988 – 1990 (IMF 1999). Ein Anstieg des Index bedeutet eine Aufwertung der inländischen Währung, während umgekehrt ein niedrigerer Index eine Abwertung widerspiegelt. Im Gegensatz zum offiziellen Wechselkurs zeigt der Index des NEER für den Zeitraum zwischen 1985 und 1993 eine durchgängige Aufwertung des FCFA. Bis 1993 nahm der Index von 83,8 auf 164,6 zu, das entspricht annähernd einer Verdoppelung. Diese Entwicklung deutet auf eine kontinuierlich zunehmende Überbewertung des FCFA hin. Erst mit der nominalen Abwertung 1994 war naturgemäß ein Rückgang des Index (von 164,6 auf 91,9, entsprechend 44,2%) verbunden.

Der NEER berücksichtigt zwar die Struktur der Handelsbeziehungen, nicht aber Differenzen in der Entwicklung der Preise. Höhere Preissteigerungen im importierenden Land führen aber dazu, daß handelbare Güter relativ billiger werden und verbessern folglich tendenziell die Wettbewerbsfähigkeit des Exporteurs. Für die Beurteilung der internationalen Wettbewerbsfähigkeit eines Landes ist daher der Index des realen effektiven Wechselkurses (REER) ausschlaggebend, in den zusätzlich zur unterschiedlichen Bedeutung der einzelnen Handelspartner bzw. Konkurrenten auch Differenzen in der Preisentwicklung eingehen. Der IMF legt dabei die Entwicklung der Konsumentenpreise zugrunde (IMF 1999). Die Betrachtung des REER zeigt eine deutlich andere Entwicklung als bei Zugrundelegung des nominalen Wechselkurses oder des NEER (Tab. 16): Zwar wertete der FCFA zwischen 1985 und 1987 noch um 23,4% auf, bis 1993 waren jedoch mit Ausnahme der Jahre 1990 und 1992 Abwertungen zu konstatieren. Gemessen am REER hat der FCFA zwischen 1986 und 1993 – also dem Jahr vor der nominalen Abwertung – insgesamt um 7,0% abgewertet. Das zeigt, daß die im Rahmen des Konzepts der realen Anpassung ergriffenen Maßnahmen – insbesondere der restriktiven Geldpolitik - Wirkung gezeigt haben (so auch König 2001, S. 204). Die internationale Wettbewerbsfähigkeit Kameruns hatte sich damit im Vergleich zur Situation in der zweiten Hälfte der 80er Jahre bereits vor der nominalen Abwertung des FCFA deutlich verbessert.

4.4   Wirtschaftspolitik, staatliche Lenkung und Strukturanpassung

Die Wirtschaftspolitik der kamerunischen Regierung war seit der Unabhängigkeit zwei Prinzipien verpflichtet, dem „développement endogène" und dem „liberalisme communautaire" (Gankou 1991, S. 6)[81]. Endogene Entwicklung meint dabei nicht die Abschottung vom internationalen Wirtschaftsverkehr, sondern lediglich die Vermeidung von einseitigen Abhängigkeiten, während „gemeinschaftlicher Liberalismus" sowohl die Betonung der Marktwirtschaft als ordnungspolitisches Leitmotiv als auch die Sicherung gesellschaftlicher Solidarität durch staatliche Eingriffe in Marktprozesse ausdrücken soll. Insbesondere der Versuch der Verbindung eines marktwirtschaftlichen Systems mit ausgeprägter staatlicher Lenkung – „The goverment attempts to link an essentially free-market society to a strong central government's economic planning." (Delancey 1989, S. 110) – hat zur Ausbildung großer Parafisci und staatlicher Intervention in praktisch allen Wirtschaftsbereichen geführt, ohne jedoch die Attraktivität Kameruns für ausländische Investoren bis zum Beginn der Wirtschaftskrise 1986 zu schmälern.

Das offizielle Bekenntnis zum marktwirtschaftlichen System hat sich in der Realität nur sehr eingeschränkt ausgewirkt. Vielmehr dominierte das Bemühen, durch dirigistische Eingriffe die Wirtschaftsentwicklung nach politisch determinierten Prioritäten (v.a. Importsubstitution und Förderung der Industrialisierung) zu steuern. Das hat sich in einer Vielzahl von Eingriffen in das Marktgeschehen niedergeschlagen. Neben der Monopolisierung der Vermarktung der Cash-Crops über das Office Nationale de Commercialisation de Produits de Base (ONCPB) beispielsweise betraf das administrierte Preise in nahezu allen Wirtschaftssektoren[82], Exportverbote, Importkontingentierung etc.

Neben unmittelbaren Eingriffen in das Marktgeschehen waren zentrale Instrumente staatlicher Lenkung die jährlichen Haushalte einerseits und – nach französischem Vorbild – Fünf-Jahres-Pläne (FJP) andererseits. Die kamerunische Verfassung verpflichtet die Regierung, stets einen ausgeglichenen Haushalt vorzulegen. Die vom Parlament verabschiedeten Budgets, die nach Angaben der BEAC im gesamten Betrachtungszeitraum keine Defizite auswiesen, sind dementsprechend seit Mitte der 80er Jahre, insbesondere aufgrund des Rückgangs der Staatseinnahmen mit Beginn der Wirtschaftskrise, lediglich „simple Kataloge politischer Ambitionen" (Monga 1993, S. 85), die weder auf Ebene der Einnahmen noch hinsichtlich der Ausgaben mit den tatsächlichen Finanzströmen

---

[81] Unter Ahidjo stand noch der sog. „liberalisme planifié" im Zentrum der Wirtschaftspolitik. Die Unterschiede zwischen beiden Leitmotiven sind lediglich semantischer Natur.
[82] Im Juni 1989 waren die Preise von 122 Produkten staatlicher Reglementierung unterworfen, vgl. MTM (1992, S. 3289).

übereinstimmen. Rückschlüsse auf von der Regierung verfolgte wirtschaftspolitische Ziele sind daher auf Basis der offiziellen Angaben nicht möglich.

In den FJP wurden mittelfristige staatliche Entwicklungsprioritäten definiert und Ressourcen zugeteilt. Das geplante Volumen dieser FJP nahm insbesondere nach Entdeckung der Ölvorkommen drastisch zu. Umfaßte der 1. FJP (1961-66) noch ein Volumen von 100 Mrd. FCFA, so stiegen die Ausgaben bis zum 4. FJP (1976-1981) auf 725 Mrd. FCFA, um im 5. FJP (1981-86) bereits 2,3 Bill. FCFA zu erreichen. Der 6. FJP (1986-91) sah dann ein Ausgabevolumen von 7,4 Bill. FCFA vor, wurde aber mit der sich rapide verschlechternden wirtschaftlichen Entwicklung obsolet und durch Strukturanpassungsprogramme ersetzt (StBA 1993, S. 231 f.).

In sektoraler Hinsicht konzentrierte sich die kamerunische Regierung im Rahmen der FJP zunächst auf die Verbesserung der Infrastruktur und die Förderung der Landwirtschaft. Der Anteil der Agrarförderung nahm ab 1971 aber erheblich ab, da der rasche Ausbau des Ölsektors als Priorität betrachtet wurde (Ndongko 1981)[83]. Auch hinsichtlich der FJP gilt allerdings, daß Rückschlüsse auf die tatsächlichen Investitionen nur sehr eingeschränkt möglich sind - einerseits, weil Investitionsvorhaben nicht wie geplant realisiert wurden, und andererseits, weil aus den Öleinnahmen in großem Umfang Projekte finanziert wurden, die in den FJP nicht oder nur unvollständig berücksichtigt wurden.

Besondere Erläuterung verdient die Politik der kamerunischen Regierung im Hinblick auf die Einnahmen aus der Ölförderung ab 1978: Öleinnahmen wurden nur zu einem Bruchteil - nämlich in Höhe der von den Lizenznehmern zu entrichtenden Gebühren und der Ertragssteuern der Fördergesellschaften – im offiziellen Haushalt ausgewiesen. Die Einnahmen aus der Vermarktung des Teils der Produktion, den die staatliche Société Nationale des Hydrocarbures (SNH) aus „Production Sharing Agreements" direkt erhielt, wurden auf Konten außerhalb des Haushalts verbucht[84]. Unter Ahidjo wurde diese Politik primär mit der Befürchtung begründet, daß die Offenlegung dieser Einnahmen zu einer Vernachlässigung der landwirtschaftlichen Entwicklung führen könne[85]. Zudem wollte die Regierung einen „spending boom" vermeiden, der über die Verschiebung der relativen Preise handelbarer und nicht handelbarer Güter u.U. zu einer realen Aufwertung und damit einer Verschlechterung der internationalen Wettbewerbsfähigkeit Kameruns hätte führen können (Fielding

---

[83] Ndongkos Zahlen zum absoluten Volumen der FJP weichen von den Angaben des StBA erheblich ab.
[84] Schätzungen gehen davon aus, daß auf dieses Weise 75% der gesamten Einnahmen am Haushalt vorbeigeschleust wurden, vgl. Fielding (1995, S. 30).
[85] Vgl. z.B. die Zeitschrift West Africa (1985, S. 679), die Ahidjo mit den mahnenden Worten „Before oil was agriculture and after oil will be agriculture" zitiert.

1995, S. 29)[86]. Mit der Machtübernahme Biyas änderte sich die Haltung der Regierung. Die Existenz der CHB wurde erstmals offiziell bestätigt, zudem begann die Administration, zur Finanzierung öffentlicher Ausgaben in erheblichem Umfang auf die Öleinnahmen zurückzugreifen (Jua 1993, S. 139). Trotz andauernder Aufforderungen multilateraler Organisationen, die Öleinnahmen offenzulegen und in die offizielle Haushaltsplanung zu integrieren, änderte sich allerdings an der Verfahrensweise bis Mitte der 90er Jahre zunächst nichts: Die Mittel wurden auf ad-hoc-Basis zugeteilt, über die Verteilung entschied der Präsident. Angesichts der relativen Bedeutung dieses Finanzvolumens – in der ersten Hälfte der 80er Jahre etwa 25% der gesamten Staatseinnahmen (Weltbank 1987, S. iii) - erschwert diese Praxis die Beurteilung der staatlichen Ausgabenpolitik erheblich.

Etwa seit Mitte der 70er Jahre hatte die kamerunische Regierung ihren Einfluß auf die Wirtschaftstätigkeit erheblich ausgeweitet. Diese Entwicklung beschleunigte sich in der zweiten Hälfte der 70er Jahre und gewann mit dem Zufluß der Öleinnahmen ab Beginn der 80er Jahre zusätzliche Dynamik. Als Begründung dafür wurden in erster Linie die zu geringe private Investitionstätigkeit sowie die aus „historischen Gründen" entscheidende Bedeutung des Staates für die Kapitalakkumulation genannt (Bekolo-Ebe 1986, S. 8 f.). Ein Ausdruck dieses zunehmenden Einflusses ist (analog zu den FJP) das sowohl absolut als auch in Relation zum BIP steigende Haushaltsvolumen (Plangrößen) – zwischen 1974 und 1980 nahmen die Ausgaben um durchschnittlich 7,3% p.a. zu, während das BIP lediglich um 6,4% p.a. wuchs (Bekolo-Ebe 1986, S. 13). Das Wachstum der im Haushalt ausgewiesenen Staatsausgaben erreichte seinen Höhepunkt im Fiskaljahr 1985/86, in dem diese mit rund 1 Bill. FCFA knapp 25% des BIP ausmachten.

Die verfügbaren Mittel wurden zumindest teilweise für investive Ausgaben verwendet[87]. Die relative Bedeutung des öffentlichen Sektors für die kamerunische Wirtschaft nahm deutlich zu: Der Anteil des Staates an den gesamten Anlageinvestitionen stieg von rund 20% 1980 auf über 30% 1985, öffentliche Unternehmen trugen weitere 12,5% bei – annähernd die Hälfte des Investitionsvolumens entfiel damit 1985 mittelbar oder unmittelbar auf den öffentlichen Sektor (Fielding 1995, S. 143). Gleichzeitig stockte die Regierung Beteiligungen an privaten Unternehmen auf. Diese sollten als Mittel zur Mobilisierung privaten Kapitals dienen, indem der Staat einen Teil des unternehmerischen Risikos

---

[86] Steigende Inlandsnachfrage kann dazu führen, daß die inländischen Preise nicht handelbarer Güter relativ zu den inländischen Preisen handelbarer Güter steigen, d.h. Importe relativ billiger werden. Bei festem nominalen Wechselkurs entspricht das einer realen Aufwertung der lokalen Währung.
[87] Allerdings auch für konsumtive Zwecke mittels Arbeitsbeschaffungsmaßnahmen im öffentlichen Sektor: Die Anzahl der Beschäftigten im öffentlichen Dienst hat sich zwischen 1982 und 1987 auf 160.000 verdoppelt, was sich später als großes Hindernis für die erforderliche Senkung der Staatsausgaben erweisen sollte, vgl. Jua (1991, S. 164).

übernahm und so das privater Investoren minderte. Im Ergebnis hat diese Politik nach Bekolo-Ebe (1986, S. 14) dazu geführt, daß die durchschnittliche Beteiligung der öffentlichen Hand an den 100 größten Unternehmen des Landes zwischen 1974 und 1980 von 39% auf 52% gestiegen ist. Von einer Privatwirtschaft konnte also nur noch eingeschränkt die Rede sein.

Zentrales Instrument staatlicher Intervention war und ist die staatliche Holding Société Nationale d' Investissement (SNI), die 1988 Beteiligungen an rund 150 Unternehmen hielt (Jua 1991, S. 166)[88]. Daneben beteiligte sich der Staat direkt durch Ministerien sowie indirekt durch andere öffentliche Gesellschaften und Körperschaften - zum Beispiel die SNH - an Unternehmen. Im Ergebnis entstand ein „kaum mehr überschaubares Geflecht von Staatsbeteiligungen" (Rettinger 1998, S. 58). Neben den teilweise staatlichen (Sociétés d'économie mixte) und den vollständig in staatlichem Besitz befindlichen Unternehmen (Sociétés à capital public) nahm die Regierung weiterhin über verschiedene öffentliche Körperschaften (Etablissements publics administratifs) Einfluß auf die wirtschaftliche Entwicklung. Zu den letzteren zählten insbesondere das ONCPB, der FONADER, der der Finanzierung der Agrarentwicklung dienen sollte, und der Fonds de Garantie aux Petites et Moyennes Entreprises (FOGAPE), der als staatliches Instrument zur Förderung kleiner und mittlerer Unternehmen gegründet wurde. Diese Wirtschaftspolitik führte dazu, daß die kamerunische Wirtschaft praktisch auf allen Ebenen massivem staatlichen Einfluß unterlag.

Verläßliche Statistiken über die Entwicklung der öffentlichen Unternehmen liegen nicht vor. Rettinger (1998, S. 58) verweist aber auf Schätzungen, nach denen diese Unternehmen bereits vor Ausbruch der Wirtschaftskrise erhebliche Verluste auswiesen, die vom Staat übernommen wurden – zwischen 1982 und 1986 jährlich rund 100 Mrd. FCFA. Die Weltbank (1987, S. iv) wiederum schätzt die Subventionen, die an lediglich 60 Beteiligungsunternehmen geflossen sind, bereits für 1984 auf 150 Mrd. FCFA, entsprechend 50% der Öleinnahmen bzw. 18% der gesamten Staatsausgaben dieses Jahres. Jua (1991, S. 166) schätzt das Defizit für 1988 auf 150 Mrd. FCFA und damit rund 24% der gesamten Staatsausgaben dieses Jahres. Mit dem Verfall der Weltmarktpreise für Kameruns Exportprodukte ab 1986 nahmen diese Defizite weiter zu und wurden für den Staat zunehmend zu einer nicht mehr tragbaren Bürde. Nach Schätzungen der Weltbank waren die Netto-Öleinnahmen (zwischen 1980 und 1985 ca. 4 Mrd. US-$) 1986 bereits zu 86% verbraucht, d.h. die

---

[88] In einer (unvollständigen) Liste per 30.06.1986 nennt Gankou (1991, S. 49) beispielsweise Beteiligungen des Staates zwischen 35% und 82% an sechs von insgesamt zehn in Kamerun operierenden Geschäftsbanken.

92

Verluste mußten aus den – spärlicher fließenden – laufenden Einnahmen gedeckt werden (Weltbank 1987, S. v)[89].

Mit Beginn der Wirtschaftskrise 1985/86 wurde das Scheitern dieser Politik offenbar, von der Regierung aber zunächst nicht eingestanden. Im Juni 1986 wurde als Reaktion auf die Verluste der öffentlichen Unternehmen zunächst eine „Mission de réhabilitation des entreprises publiques" ins Leben gerufen. Nachdem deren Tätigkeit ohne nennenswerte Ergebnisse blieb, beschloß die Biya-Administration 1988 – vor dem Hintergrund ansteigender Haushaltsdefizite und zunehmender Staatsverschuldung sowie ohne Abstimmung mit multi- und bilateralen Organisationen – ein Austeritätsprogramm, das drastische Kürzungen der Ausgaben vorsah, die dann allerdings nicht realisiert wurden. Nachdem die Staatsfinanzen nicht stabilisiert werden konnten, sah sich Kamerun Ende 1988 gezwungen, erstmals ein Strukturanpassungsprogramm (SAP) des IMF zu akzeptieren.

Das erste SAP wurde im September 1988 vereinbart und verfolgte mehrere Ziele: Neben der kurzfristigen Beseitigung des Haushaltsdefizites durch Senkung der konsumtiven Staatsausgaben bei gleichzeitiger Verbreiterung der Einnahmenbasis waren insbesondere die Liberalisierung der Preise und die Restrukturierung der öffentlichen Unternehmen (Rehabilitierung, Privatisierung oder Liquidation) sowie des faktisch insolventen Bankensektors vorgesehen. Der IMF verlangte insgesamt eine Abkehr von der bis dahin verfolgten Wirtschaftspolitik, die zu staatlicher Lenkung in nahezu allen Wirtschaftsbereichen geführt hatte. Das Programm sah einen Kredit des IMF von 116 Mio. SZR über einen Zeitraum von 18 Monaten vor. Diese Vereinbarung wurde im Juni 1989 durch ein in drei Tranchen auszahlbares Darlehen der Weltbank über 150 Mio. US-$ ergänzt (MTM 1992, S. 3287 f.). Zu Beginn des Fiskaljahres 1989/90 wurde deutlich, daß die von der Regierung eingeleiteten Maßnahmen – insbesondere mit Blick auf die öffentlichen Unternehmen - zu zögerlich waren. Im Juni 1990 wurde demgemäß das erste SAP durch den FMI negativ beurteilt. Da sich die finanzielle Situation des öffentlichen Sektors nach wie vor nicht besserte, sah sich Kamerun im November 1991 erneut gezwungen, um Unterstützung durch den IMF nachzusuchen.

Das zweite SAP wurde im Dezember 1991 durch den IMF formell bestätigt. Angesichts der schlechten Performance unter dem ersten SAP fiel die Vereinbarung weitreichender aus, ohne daß die grundsätzliche Zielrichtung geändert worden wäre: Die Regierung mußte sich u.a. verpflichten, die laufenden Ausgaben – teilweise durch die politisch sensible Beschneidung der Besoldung der Staatsbediensteten - drastisch zu senken, die SNI bzw. ihre Beteiligungsgesellschaften zu restrukturieren

---

[89] Die restlichen 14% verteilten sich auf Einlagen bei ausländischen (10%) und inländischen Banken (4%).

und das ONCPB aufzulösen, d.h. de facto das Vermarktungsmonopol des Staates für Agrarprodukte aufzugeben. Im Gegenzug wurde Kamerun ein weiteres Darlehen von 28 Mio. SZR gewährt, zudem sagte die Caisse Francaise de Développement (CFD) ihre Unterstützung bei der Restrukturierung des Bankensektors zu. Weiterhin wurden Umschuldungen mit dem Pariser und dem Londoner Club über insgesamt 450 Mrd. FCFA vereinbart (MTM 1992, S. 3287 f.). Das Programm lief 1992 aus, „beim Abbau des Budgetdefizits, der Privatisierung und der Entwicklung des privaten Sektors wurden so gut wie keine Ergebnisse realisiert" (Rettinger 1998, S. 62). Die Lage der Staatsfinanzen spitzte sich dagegen weiter zu. Im Januar 1993 konnte nur ein kurzfristig gewährtes Darlehen der CFD verhindern, daß Kamerun seinen Verpflichtungen gegenüber der Weltbank nicht nachkam (Monga 1993, S. 84). Die Regierung sah sich im November 1993 erstmals zu massiven Gehaltskürzungen im öffentlichen Dienst gezwungen.

Trotz dieser Situation kam es erst nach der Abwertung des FCFA im Januar 1994 zu einem erneuten – dem nunmehr dritten – Abkommen mit dem IMF, das sich über 18 Monate erstrecken sollte und Kamerun Zugang zu weiteren Krediten i.H.v. 81 Mio. SZR gewährte. Hauptmotiv des IMF für die Darlehensvergabe waren weniger die bescheidenen Erfolge, die die Regierung im Verlaufe der bisherigen Anpassungspolitik erzielt hatte, sondern vielmehr die auf der Abwertung beruhenden Hoffnungen für die weitere wirtschaftliche Entwicklung (EIU 1998, S. 10). Die Zielrichtung des SAP änderte sich, verglichen mit den vorhergehenden Programmen, nur graduell: Im Mittelpunkt standen die weitere Liberalisierung der Preise, der Abbau administrativer Hemmnisse für die private Wirtschaft und die Sanierung der Staatsfinanzen durch Verringerung der Beschäftigten im öffentlichen Dienst (MTM 1994, S. 757). Da die kamerunische Regierung allerdings nicht willens war, die vom IMF geforderten Reformen ernsthaft anzugehen, wurde das SAP bereits im Mai 1994 – also nur zwei Monate nach Zusage – wieder suspendiert.

Im Juli 1994 berief Präsident Biya mit Justin Ndioro einen neuen Wirtschafts- und Finanzminister ins Amt. Diese Berufung wurde auf Seiten der multilateralen Organisationen als (erstes) Zeichen ernsthaften Reformwillens interpretiert. Vor diesem Hintergrund und aufgrund der sich gleichzeitig nach der Abwertung und mit steigenden Rohstoffpreisen verbessernden Wirtschaftslage fand sich der IMF schließlich bereit, im September 1995 eine weitere - die vierte - Vereinbarung zur Strukturanpassung zu treffen. Das Programm war auf 12 Monate angelegt und verpflichtete die Regierung u.a. erneut zur Senkung der Ausgaben – teils durch Reduzierung der Anzahl der Angestellten im öffentlichen Dienst -, zur Fortsetzung des Privatisierungsprogramms und zur (ebenfalls erneuten) Restrukturierung des Finanzsektors (MTM 1995, S. 2707).

Tatsächlich hat die Regierung bis 1997 das laufende Haushaltsdefizit stark verringert, die Preise weitgehend liberalisiert und Fortschritte bei der Restrukturierung der öffentlichen Unternehmen erreicht. Gleichzeitig entwickelte sich die Wirtschaft mit einer Wachstumsrate von 5% 1997 positiv. Nachdem zudem die Konten der SNH im gleichen Jahr offengelegt wurden (Afrika-Jahrbuch 1997, S. 195), fand sich der IMF im August 1997 schließlich zum Abschluß eines auf drei Jahre angelegten Abkommens über eine erweiterte Strukturanpassungsfazilität (ESAF) i.H.v. 219 Mio. US-$ bereit. Nachdem die Regierungspolitik durch den IMF sowohl auf Ebene der Haushaltsentwicklung als auch mit Blick auf strukturelle Reformen – insbesondere Privatisierung und weitere Preisliberalisierung - positiv beurteilt wurde, erhielt Kamerun im September 1998 ein zweites ESAF-Darlehen über 74 Mio. US-$ (IMF 1998b).

5. INSTITUTIONELLE ENTWICKLUNG DES KAMERUNISCHEN GESCHÄFTSBANKENSYSTEMS UND DIE KRISE AB 1986

Im folgenden wird zunächst die institutionelle Entwicklung des Bankensektors in Kamerun zwischen Mitte der 80er Jahre und 1997 beschrieben. Als Folge der oben dargestellten Verschlechterung des wirtschaftlichen Umfelds ab 1986 stellten sich innerhalb dieses Zeitraumes auch im Bankensystem erhebliche Veränderungen ein. Insolvenzen und Liquiditätsengpässe führten dazu, daß zwischen 1989/90 und 1995 insgesamt zehn Banken liquidiert oder mit anderen Instituten fusioniert und diverse Rekapitalisierungen durchgeführt werden mußten.

An die Darstellung der institutionellen Veränderungen schließt sich eine detailliertere Untersuchung der Entwicklung von Liquidität und Solvenz des kamerunischen Bankensektors zwischen 1985 und 1997 an. Ziel dieser Betrachtung ist die Identifikation struktureller Schwächen des Systems, die die Auswirkungen der Rezession verstärkt und damit die Bankenkrise letztlich verursacht haben. Dabei wird zunächst die Frage geklärt, ob ein bank run Auslöser der Krise war. Anschließend werden die Komponenten, die die Liquiditätsposition des Bankensystems beeinflussen – insbesondere Zentralbankkredite, private Einlagen und Guthaben der öffentlichen Hand, die Kreditaufnahme inländischer Banken im Ausland und das Ausmaß der Fristentransformation – genauer betrachtet. Mit Blick auf die Solvenz des Systems werden anschließend Faktoren, die die Werthaltigkeit des Darlehensportfolios einer Bank bestimmen – im einzelnen die sektorale Darlehensverteilung, Kredite an den Staat und öffentliche Unternehmen, der Anteil der notleidenden Forderungen und der dafür gebildeten Wertberichtigungen sowie die Verschuldung inländischer Nichtbanken (NFI) im Ausland – analysiert. Abschließend wird die Kapitalisierung des Bankensystems diskutiert. Die Ergebnisse dieser Untersuchung bilden die Basis für den in Kapitel 6 dieser Arbeit folgenden Versuch, die Zusammenhänge zwischen staatlicher Regulierung und der Systemkrise zu beurteilen.

5.1   Institutionelle Entwicklung des Geschäftsbankensystems

Die Grundlagen des kamerunischen Bankensystems gehen auf die Zeit zurück, in der das Land französisches bzw. englisches Mandatsgebiet war. Während der deutschen Kolonialherrrschaft haben Banken als Finanzintermediäre keine nennenswerte Rolle gespielt. Da weiterhin der französisch verwaltete Teil Kameruns deutlich größer als die „British Cameroons" und zudem der französische Einfluß auf die Wirtschaftspolitik auch nach der Unabhängigkeit bedeutend war, ist das Bankensystem weitestgehend nach französischen Muster organisiert und wird von französischen Banken dominiert[90]. Nach der Bank of British Africa war die Banque de l'Afrique Occidentale (BAO) das erste Institut, das 1921 in Douala eine Niederlassung eröffnete (Ossie 1996, S. 60)[91]. Nach Ende des zweiten Weltkrieges gingen auch andere französische Banken dazu über, Niederlassungen in Kamerun zu eröffnen. Ende der 50er Jahre waren neben der BAO die französischen Großbanken (Banque National pour le Commerce et l'Industrie – BNCI; Crédit Lyonnais – CL; Société Générale – SG) sämtlich direkt in Kamerun vertreten.

Die Unabhängigkeit Kameruns 1960 hat zunächst nicht zu nennenswerten Veränderungen im Bankensystem geführt. Die Wirtschaftspolitik der Regierung richtete sich auf die Förderung der (Export-)Landwirtschaft und auf importsubstituierende Industrialisierung. Der Finanzsektorentwicklung galt keine Priorität. Ab 1962 wurden die Filialen der ausländischen Banken zunächst in Tochtergesellschaften kamerunischen Rechts umgewandelt: Die BNCI und die ebenfalls in Kamerun vertretene Barclays Bank fusionierten ihr Filialnetz zur Banque Internationale pour le Commerce et l'Industrie au Cameroun (BICIC), die Niederlassungen des CL wurden auf die Société Camerounaise de Banque (SCB) übertragen; die SG gründete die Société Générale de Banques au Cameroun (SGBC) (Monga 1997, S. 74). Gleichzeitig bemühten sich die französischen Großbanken um neue Mitgesellschafter. Vertretungen in Kamerun erschienen ausländischen Banken zum damaligen Zeitpunkt vielversprechend, daher waren diese Bemühungen erfolgreich: Neben der Deutschen Bank und der Bayrischen Vereinsbank beteiligten sich u.a. der Crédit Suisse und die Morgan Stanley International Banking Corporation an den ausgegründeten Niederlassungen (Ossie 1996, S. 61). 1965 wurden zudem die Aktiva der BAO auf die neu gegründete Banque Internationale pour l'Afrique Occidentale Cameroun (BIAOC) übertragen, an der neben den Alteigentümern der BAO die First National City Bank of New York beteiligt war.

Die Bemühungen um die internationale Diversifizierung der Gesellschafterstruktur endeten mit der Reform des Bankenrechts in Frankreich 1966/67. Die französische Regierung hoffte, durch die Aufgabe der Unterscheidung zwischen Depositenbanken und Investmentbanken (und die Fusionierung der BNCI mit dem Comptoir d'Escompte de Paris zur Banque Nationale de Paris (BNP)) das Wachstum einzelner Banken und die internationale Wettbewerbsfähigkeit des Bankensystems insgesamt verbessern zu können. Das Streben nach Größe führte auch im frankophonen Afrika zu einem Konzentrationsprozeß: Die französischen

---

[90] Das erfolgt durch Beteiligungen, Managementverträge und Vereinbarungen über technische Kooperation. Auch wenn lediglich Minderheitsbeteiligungen vorliegen, werden kamerunische Banken meistenteils faktisch von französischen Instituten kontrolliert.

Großbanken (BNP, CL und SG) verstärkten die dominierende Position, die sie bereits seit Ende der 50er Jahre innehatten (Ossie 1996, S. 64)[92]. Ab Anfang der 70er Jahre versuchte der Staat, durch Beteiligungen an Geschäftsbanken die Kapitalallokation zu beeinflussen und auf diesem Wege die wirtschaftliche Entwicklung zu fördern. Ein Präsidialdekret legte 1973 eine Mindestbeteiligung der öffentlichen Hand von 1/3 des Kapitals fest. Faktisch wurde diese Mindestquote bei vielen Instituten deutlich überschritten, so daß kamerunische Geschäftsbanken einer weitgehenden Kontrolle des Staates unterlagen.

In der ersten Hälfte der 80er Jahre war die Entwicklung des Bankensektors noch zufriedenstellend. Das inländische Kreditvolumen hatte sich zwischen 1980 und 1985 annähernd verdoppelt, mit Ausnahme des Geschäftsjahres 1983/84 wurden in jedem Jahr positive Ergebnisse ausgewiesen (BEAC 1987a, S. 60 u. 72). Mit Beginn der Wirtschaftskrise ab 1986 verschlechterte sich auch die Ertragslage der kamerunischen Banken erheblich. Zudem war das Bankensystem trotz der bilanziellen Gewinne bereits vor 1986 technisch insolvent (Weltbank 1986): Einem Wertberichtigungsbedarf von rund 120 Mrd. FCFA standen Eigenmittel von ca. 30 Mrd. FCFA entgegen. Die Insolvenz konnte bis 1986 durch erhöhte Einlagen des öffentlichen Sektors, also Zufuhr von Liquidität, verdeckt werden. Mit sinkenden Staatseinnahmen entfiel diese Möglichkeit. Der Liquiditätsverlust führte in Verbindung mit der unzureichenden Eigenkapitalausstattung dazu, daß die Solvenzkrise offenbar wurde. Entlassungen, Schließungen von Niederlassungen, Liquidationen und andere Restrukturierungsmaßnahmen wurden unvermeidlich. Die Folge waren erhebliche Veränderungen der institutionellen Struktur des Bankensektors. Tabelle 1 gibt eine Übersicht über die Entwicklung des Filialnetzes der in Kamerun vertretenen Banken zwischen 1986 und 1996.

Trotz der sich ab 1986/87 rapide verschlechternden Situation des Bankensystems beschloß die Regierung in Kooperation mit Weltbank und IMF erst 1988 ein erstes Maßnahmenpaket, das die Sanierung des Bankensektors über einen Zeitraum von fünf Jahren vorsah. Gegenstand dieses Programms waren zum einen Sofortmaßnahmen, die in erster Linie die akuten Liquiditäts- und Solvenzprobleme der Banken lösen sollten, und zum anderen mittel- und langfristig orientierte Maßnahmen, die auf die dauerhafte Sicherung von Effizienz und Solidität des Bankensektors abzielten.

---

[91] An der BAO waren wiederum verschiedene französische Institute beteiligt, u.a. die Vorläuferin der späteren Banque Nationale de Paris (BNP) und der Crédit Commercial de France (CCF).
[92] 1980 waren die Deutsche Bank, Morgan Stanley und die Banca Nationale Commerciale Italiano noch mit lediglich jeweils 5% am Kapital der SCB beteiligt, weiterhin die Banca Nazionale del Lavaro, die Bayrische Vereinsbank und der Crédit Suisse mit 7,2% bzw. jeweils 5% am Kapital der SGBC (BEAC 1987b, S. 261).

98

Tabelle 1: Geschäftsbanken und Filialnetz in Kamerun, 1986-1996

Jahr	BICIC*	SGBC	BIAOC	SCB	SCB-CL	CAMBANK	CHASE	PARIBAS	STANDARD	IBAC	BCCC	CCEI	AMITY	MERIDIEN	CAC	FIB	BMBC	Summe
1986	32	30	42	30		10	2	2	2	1	3							154
1987	35	30	42	30		10	2	2	2	1	3							157
1988	35	30	42	30		10	3	2	2	1	3	1						159
1989	35	30	42	30		10	5	2	2	1	3	2						162
1990	35	30	42		13		6		2	1	3	3	2					137
1991	29	30	42		13		6		2	1	3	3	2	2	2	1		136
1992	29	23			13				2	1		4	2		5	1	23	103
1993	29	20			13				2	1		4	2		5		18	94
1994	29	20			13				3			8	2		5		18	98
1995	29	20			13				3			8	2		8			83
1996	29	14			13				3			8	2		8			77

*Quelle: Monga (1997, S. 84) und MTM (1994, S. 775) - * Ab 1997 Banque Internationale du Cameroun pour l'Epargne et le Crédit (BICEC)*

Die Sofortmaßnahmen führten zur Bereinigung der institutionellen Struktur des Bankensektors (Monga 1997, S. 238 f.): Über die BIAOC, die Cameroon Bank (CAMBANK), PARIBAS und die BCD wurde Mitte 1989 das Liquidationsverfahren eröffnet. Die zum französischen Crédit Lyonnais gehörende SCB wurde nach Liquidierung der Gesellschaft von der neu gegründeten Société Commerciale de Banques – Crédit Lyonnais (SCB-CL, staatliche Beteiligung 35%) übernommen. Die verbleibenden Aktiva der liquidierten Banken wurden auf die staatliche Société de Recouvrement de Créances (SCR) übertragen, die mit der Beitreibung der Forderungen und der anschließenden Auszahlung der Einleger beauftragt wurde. 1991 fusionierten BIAOC (in Liquidation) und MERIDIEN zur Banque Méridien BIAO Cameroun (BMBC). Die Aktiva der Chase Bank und der Bank of Credit and Commerce Cameroon (BCCC) – einer Tochter der seinerzeit in Konkurs gegangenen BCCI - wurden von der Standard Chartered Bank übernommen. Gleichzeitig veräußerte die Regierung ihre Beteiligung an der Standard Chartered Bank (34%) an die englische Muttergesellschaft des Unternehmens, die Standard Bank Ltd. Für BICIC und SGBC wurden Restrukturierungspläne ausgearbeitet, die neben Kostensenkungen insbesondere die Bildung von zusätzlichen Wertberichtigungen auf zweifelhafte Forderungen vorsahen.

Darüber hinaus verpflichtete sich die Regierung, ihre Zahlungsrückstände gegenüber privaten und öffentlichen Unternehmen, die ihrerseits Schuldner des Bankensystems waren, zu reduzieren. Weiterhin sollten die Einlagen der öffentlichen

Hand im Bankensektor belassen werden, um die Liquiditätssituation zu entspannen. Darüber hinaus sah das Programm eine schrittweise Erhöhung der administrierten Margen der Geschäftsbanken vor, um so deren Rentabilität zu erhöhen. Schließlich bemühte sich die Regierung, durch unmittelbares Engagement den Bankensektor zu stärken: 1990 wurden sowohl der Crédit Agricole du Cameroun (CAC – zu 82,5% in öffentlichem Besitz, mit Minderheitsbeteiligung der DEG) als auch die First Investment Bank (FIB – Hauptaktionär war die staatliche Caisse de Stabilisation des Hydrocarbures) gegründet[93].

Langfristig zielte das Programm insbesondere auf Liberalisierung des Bankensektors und eine Verbesserung der Aufsichtsstrukturen ab. Neben der Freigabe der Zinssätze und der Aufgabe der quantitativen und qualitativen Kreditlenkung[94] betraf das vor allem den Rückzug des Staates aus den Geschäftsbanken durch Veräußerung der Anteile an Private sowie die personelle Verstärkung der Bankenaufsicht. Die Zentralbank erklärte sich darüber hinaus bereit, Forderungen gegen die Geschäftsbanken in Höhe von rd. 200 Mrd. FCFA zu stunden. Zudem war eine stärkere Orientierung der Zinspolitik der BEAC an der Entwicklung insbesondere in Frankreich vorgesehen, um Kapitalexporte zu verringern und damit die Liquiditätsversorgung des Bankensystems zu verbessern.

Die Maßnahmen des ersten Sanierungsprogramms wurden mit der weitgehenden Freigabe der Zinsen ab 1990 und mit der Rekapitalisierung von BICIC und SGBC im März 1992 weitgehend umgesetzt, ohne daß der Bankensektor dauerhaft stabilisiert worden wäre. Bereits Mitte 1992 standen die Banken erneut vor erheblichen Liquiditätsproblemen, gleichzeitig nahm das Volumen der zweifelhaften Forderungen wieder zu. Hauptursachen dafür waren neben der nach wie vor prekären gesamtwirtschaftlichen Situation einerseits von Abwertungsbefürchtungen motivierte Kapitalexporte und andererseits Schwierigkeiten der Regierung, ihren Zahlungsverpflichtungen gegenüber lokalen Unternehmen nachzukommen (CNC 1994, S. 43). Nach Einschätzung des kamerunischen Finanzministers wiesen 1995 lediglich drei von insgesamt acht Geschäftsbanken in Kamerun befriedigende Bilanzrelationen auf (JAE 1997, S. 140).

1995 legte die Regierung ein zweites Sanierungsprogramm vor (JAE 1997, S. 141 f.). Die SGBC wurde, ebenso wie die Standard Chartered Bank, Ende 1995 erneut rekapitalisiert; die FIB – die ihre Geschäftätigkeit wegen verlustträchtiger

---

[93] Der CAC war die Nachfolgeorganisation des ebenfalls liquidierten FONADER. Sowohl die theoretischen Überlegungen als auch die Ergebnisse der Untersuchung des Zusammenhangs zwischen Staatsbeteiligungen und Stabilität des Bankensystems in Kamerun (Abschnitt 6.2.3.3) legen nahe, daß eine Stärkung des Bankensektors durch Gründung neuer staatlicher Institute kaum zu erwarten war.

[94]Die Methoden der Zinsreglementierung und der Kreditlenkung werden in Abschnitt 6.2.3 dieser Arbeit beschrieben.

Engagements bereits 1992 wieder eingestellt hatte - 1995 endgültig liquidiert. Nachdem die Muttergesellschaft der BMBC, die Meridien International Bank (MIB) Ltd., zusammengebrochen war und Forderungen der BMBC gegen die MIB unbedient blieben, wurde die Bank unter Zwangsverwaltung gestellt und schließlich im September 1996 ebenfalls liquidiert. Der CAC mußte wegen erheblicher Verluste und fehlender Liquidität im Juni 1997 ebenfalls geschlossen werden. Gleichzeitig verpflichtete sich die Regierung im Rahmen dieses zweiten Sanierungsplans erneut, die Verbindlichkeiten gegenüber lokalen Unternehmen (zu diesem Zeitpunkt rd. 180 Mrd. FCFA) zurückzuführen, um diese in die Lage zu versetzen, ihren Verpflichtungen gegenüber den Geschäftsbanken nachzukommen. Zudem wurde die Höhe staatlicher Beteiligungen an Banken per Dekret auf maximal 20% begrenzt (République du Cameroun 1996)[95].

Abbildung 3: Bilanzsumme des kamerunischen Bankensystems in % des BIP, 1985-1997

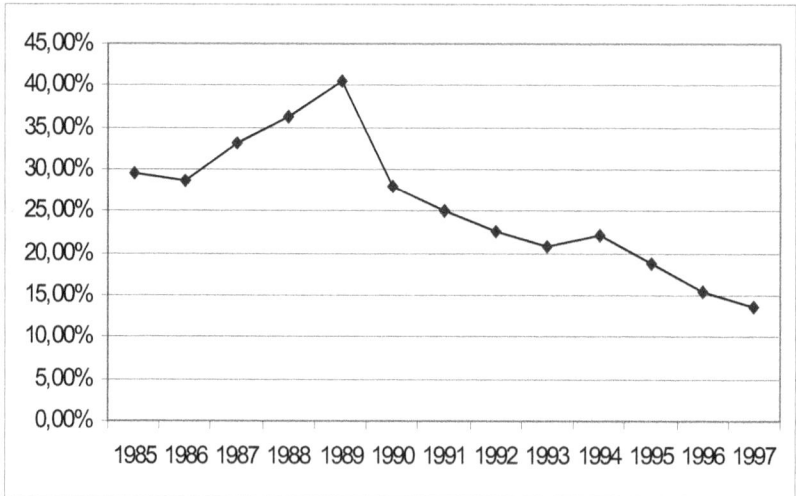

Quelle: BEAC (1994,1998)

Bis 1996 hatte die Anzahl der in Kamerun vertretenen Banken damit auf 7 abgenommen (BICIC, SGBC, SCB, Standard, Caisse Commune de l'Epargne et de l'Investissement – CCEI, Amity Bank und CAC). Im gleichen Zeitraum wurde das Filialnetz von 154 auf 77 Niederlassungen halbiert, die Anzahl der Einwohner pro Filiale stieg von rund 71.000 auf 181.000 (Monga 1997, S. 84 f.). Das Bilanzvolumen des Bankensektors in Relation zum BIP hatte sich bis 1997 von 29,6% auf 13,7%

---

[95] Das gesetzliche Erfordernis einer Mindestbeteiligung wurde bereits 1990 aufgegeben.

sogar mehr als halbiert (Abbildung 3). Erst ab 1997 waren Zeichen der Entspannung wahrzunehmen: Die BMBC wurde Ende 1997 von der privaten Commercial Bank of Cameroon (CBC) übernommen (an deren Gründungskapital wiederum die DEG mit 15% beteiligt war); im November 1997 erhielt die Citibank eine Zulassung und eröffnete eine Niederlassung in Douala (JAE 1998, S. 188).

5.2 Liquidität, Kreditportfolio und Eigenkapital

Auslöser der Bankenkrise war mit dem Verfall der Rohstoffpreise an den Weltmärkten und der realen Aufwertung des FCFA gegenüber dem Dollar ein externer Schock, der zu Illiquidität und Insolvenz zahlreicher Kreditinstitute führte. In folgenden wird die Liquiditäts- und Solvenzentwicklung des kamerunischen Bankensektors ab 1986 genauer beleuchtet.

Ausgangspunkt der Betrachtung sind dabei die zentralen Risiken, denen Banken ausgesetzt sind, nämlich Liquiditäts- und Kreditrisiko (vgl. z.B. Lindgren et al. 1996, S. 98). Banken gehen auf beiden Seiten ihrer Bilanz Liquiditätsrisiken ein: Ein dauerhafter Rückgang des Einlagevolumens beispielsweise muß durch eine entsprechende Reduzierung des Darlehensgeschäfts kompensiert werden. Die Zahlungsunfähigkeit von Schuldnern führt zu geringeren Liquiditätszuflüssen aus Zins- und Tilgungsleistungen. Kredit- bzw. Ausfallrisiken betreffen die Qualität des Forderungsportfolios – sektorale Konzentrationen in der Kreditvergabe beispielsweise können dazu führen, daß Forderungen uneinbringlich werden, wenn der betreffende Sektor exogenen Schocks ausgesetzt ist. Darüber hinaus wird die Stabilität des Bankensystems von der Eigenkapitalausstattung beeinflußt: Das Eigenkapital dient als Puffer gegen Verluste und Liquiditätsabflüsse, d.h. eine höhere Eigenkapitalquote steigert die Widerstandsfähigkeit des Bankensektors gegen Liquiditäts- und Ausfallrisiken.

5.2.1 Liquiditätsentwicklung

5.2.1.1 Bank run und bilanzielle Liquidität des Bankensystems

Kreditinstitute benötigen auf zwei Ebenen Liquidität: zum einen zur Deckung ihres Bedarfs an ZBG, zum anderen, um Zahlungsverpflichtungen durch den Transfer von Giralgeld zu erfüllen. Demgemäß kann es auch auf beiden Ebenen zu Liquiditätskrisen kommen.

Ursache eines Liquiditätsengpasses kann dementsprechend zunächst ein bank run sein, der – ausgelöst durch schwindendes Vertrauen der Einleger in die Stabilität des Systems - zu einem Abzug von Bankguthaben führt (vgl. z.B. Issing 1993, S. 72). Insbesondere wenn alternative Anlageformen nicht existieren, ist damit gleichzeitig ein höherer Bargeldumlauf und damit auch ein höherer ZBG-Bedarf des

102

Bankensystems verbunden. Die Deckung des erhöhten Bargeldbedarfs setzt entsprechende Zentralbankguthaben oder freie Rediskontkontingente voraus. Sofern diese Reserven zur Deckung des Bargeldabflusses nicht ausreichen, wird die Bank unabhängig von der bilanziellen Situation illiquide. Umgekehrt führt z.b. ein einkommensinduzierter Rückgang der Einlagenbasis nicht notwendigerweise zu einem Abfluß von ZBG bzw. Bargeld, kann aber dennoch die Illiquidität eines Kreditinstitutes zur Folge haben. Sowohl zur Deckung ihrer Aufwendungen – Personalkosten, Zinsaufwand etc. – als auch für die Kreditvergabe benötigen Banken Liquidität in Form von Buchgeld. Wenn der mit dem reduzierten Einlagevolumen verbundene Liquiditätsverlust nicht durch Zuflüsse, beispielsweise aus empfangenen Zins- und Tilgungszahlungen, Inanspruchnahme von Notenbankkrediten (die zugleich ZBG darstellen) oder durch Reduzierung des Aktivgeschäfts kompensiert werden kann, wird eine Bank ebenfalls illiquide (bilanzielle Illiquidität).

Der Finanzsektor in Kamerun ist wenig diversifiziert. Da alternative Anlagemöglichkeiten im formellen Sektor praktisch nicht existieren und Transaktionen im informellen Sektor in bar erfolgen, wird im Falle eines bank runs der Bargeldumlauf steigen. Dementsprechend kann ein Anstieg der Bargeldquote c, definiert als Relation zwischen Bargeldumlauf und M1 (Bargeld + Sichtguthaben der Nichtbanken), als Indikator für das Auftreten eines bank runs Verwendung finden[96]. Die Bargeldquote in Kamerun ist zwischen 1985 und 1987 deutlich von 34,8% auf 44,2% gestiegen, hat bis 1989 wieder auf 37,2% abgenommen und 1991 ein Maximum von 49,0% erreicht. Bis 1996 war dann durchgehend ein Rückgang der Quote bis auf 30,9% zu beobachten, 1997 nahm die Bargeldquote erneut auf 37,9% zu (Abbildung 4). Diese Entwicklung zeigt zunächst, daß es innerhalb des Betrachtungszeitraumes zweimal – zwischen 1985 und 1987 und von 1989 bis 1991 – deutliche Zunahmen der Bargeldhaltung gegeben hat, die auf einen Vertrauensverlust des formellen Finanzsektors hindeuten (so auch CNC 1991, S. 35).

Falls der mit Erhöhungen der Bargeldquote verbundene Abfluß von Liquidität aus dem System allerdings ein wesentlicher Auslöser der Bankenkrise gewesen sein sollte, müßte sich dies in einem entsprechend hohen Rückgang der Bankeinlagen widerspiegeln. Sofern der Rückgang des Einlagenvolumens deutlich über dem zusätzlichen Bargeldumlauf liegt, hatte der Liquiditätsengpaß andere Gründe. Dabei werden sowohl Sicht- als auch Termin- und Sparguthaben betrachtet, weil ein eventueller Vertrauensverlust sich auf alle Einlagenarten auswirkt. Weiterhin sind lediglich die Einlagen privater Wirtschaftssubjekte maßgeblich, da die Höhe der

---

[96] Ossie (1994, S. 181) gibt für den Zeitraum zwischen 1973 und 1989 eine weitgehend konstante Umlaufgeschwindigkeit des Geldes an. Im folgenden wird angenommen, daß das auch für die Folgejahre gilt.

Depositen der öffentlichen Hand in erster Linie von der Einnahmenentwicklung abhängt und zudem kaum angenommen werden kann, daß eine Regierung sich einem bank run anschließt. Die kamerunische Regierung hat im Gegenteil durch Erhöhung der öffentlichen Einlagen versucht, das Bankensystem zu stabilisieren (dazu s.u.).

Abbildung 4: Bargeldquote, 1985-1997

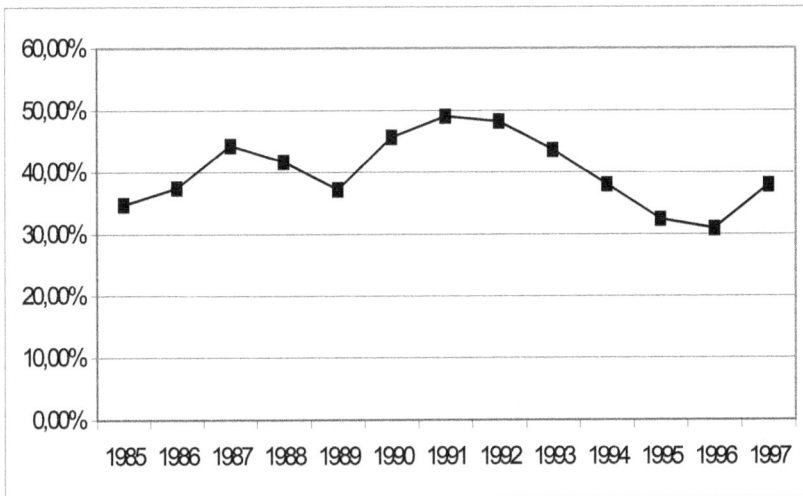

Quelle: BEAC (1994, 1998), IMF (2000)

Abbildung 5 zeigt, daß zwischen der Entwicklung der privaten Bankguthaben und des Bargeldumlaufs erhebliche Differenzen aufgetreten sind: Die Liquiditätsverluste im Bankensystem 1986 und 1987 waren deutlich größer als der Abfluß, der aus dem erhöhten Bargeldumlauf resultierte. Umgekehrt lag 1988 die Zunahme der Einlagenbasis deutlich über der Verringerung des Bargeldumlaufs, während sich 1989 und 1990 Bargeldumlauf und Einlagevolumen in die gleiche Richtung verändert haben. Die Entwicklung zwischen 1992 und 1993 – abnehmende Einlagen und sinkender Bargeldumlauf – dürfte auf Abwertungserwartungen bzw. damit verbundene Transfers von Barmitteln und Bankguthaben ins Ausland zurückzuführen sein. 1994 – nach der Abwertung – nahm das Volumen der Bankeinlagen mit der Repatriierung von Auslandskapital erheblich zu (EIU 1996, S. 28), während gleichzeitig auch der Bargeldumlauf stieg. Insgesamt deutet diese Entwicklung darauf hin, daß ein bank run nicht Ursache der Krise des Bankensystems in Kamerun war. Der Rückgang des Einlagevolumens ist folglich auf andere Faktoren zurückzuführen, insbesondere die Entwicklung des Einkommens.

Abbildung 5: Veränderungen der privaten Bankeinlagen und des Bargeldumlaufs, 1986-1997

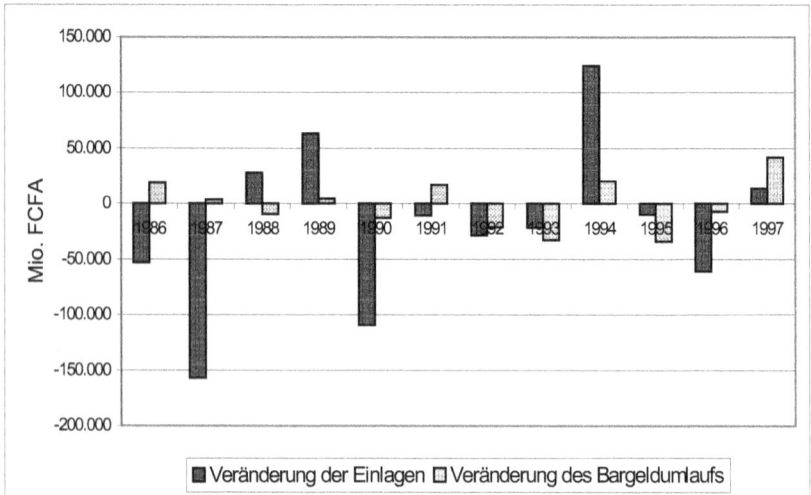

Veränderung der Einlagen ☐ Veränderung des Bargeldumlaufs

Quelle: BEAC (1994,1998)

Die bilanzielle Liquidität des Bankensystems ist dann gefährdet, wenn der Liquiditätsverlust, der mit einem Rückgang des Einlagenvolumens verbunden ist, nicht kompensiert werden kann. Diese Kompensation kann prinzipiell auf fünf Wegen erfolgen:

1. durch Erhöhung des Eigenkapitals, d.h. Zufuhr „frischer" Gelder;

2. durch zusätzliche Verschuldung im Ausland;

3. durch Reduzierung eventuell vorhandener Überschußreserven;

4. durch Inanspruchnahme von Zentralbankkrediten und schließlich

5. durch entsprechende Reduzierung des Kreditvolumens, nötigenfalls über die vorzeitige Liquidierung von Forderungen[97].

Eine Erhöhung der Eigenmittel durch die Anteilseigner eines Kreditinstitutes verringert die Rendite des eingesetzten Kapitals und wird damit nur begrenzt erfolgen. Zudem impliziert Finanzintermediation, daß Banken geringe Eigenkapitalquoten aufweisen und eventuelle Kapitalerhöhungen in Relation zum

Liquiditätsbedarf von geringer Bedeutung sind. Die Möglichkeiten der Kreditaufnahme im Ausland sind durch die Bonität des Bankensystems begrenzt – im Falle eines hinreichend großen Liquiditätsengpasses dürfte damit die Bereitschaft ausländischer Kapitalgeber, Kredite zu gewähren und entsprechende Ausfallrisiken einzugehen, begrenzt sein.

Zentralbankkredite sind nur bis zur Höhe der Rediskontkontingente verfügbar[98]. Zudem sehen die Vereinbarungen zur monetären Kooperation zwischen Frankreich und den zentralafrikanischen Mitgliedern der Franc-Zone vor, daß die Rediskontplafonds gekürzt werden, wenn die Devisenguthaben der Zentralbank eine definierte Höhe unterschreiten[99]. Das war infolge der Wirtschaftskrise ab 1987 der Fall. Gleichzeitig haben aber mit der Krise auch das Einkommen und die Einlagen bei lokalen Banken abgenommen. Der damit verbundene Liquiditätsverlust im Bankensystem konnte folglich nicht (dauerhaft) durch höhere Verschuldung bei der Notenbank kompensiert werden. Die Refinanzierung durch die BEAC setzte zudem bis 1994 voraus, daß die betreffenden Forderungen von der Zentralbank als rediskontfähig eingestuft wurden. Die Rediskontfähigkeit hing wiederum unter anderem davon ab, in welchem Sektor das kreditnehmende Unternehmen tätig war und ob von der BEAC festgelegte individuelle Refinanzierungslimits für einzelne Kreditnehmer überschritten wurden. Zwischen 1986 und 1990 wurden die Rediskontplafonds nicht ausgenutzt, was unter anderem darauf zurückzuführen ist, daß die von kamerunischen Banken vergebenen Kredite eben nicht bzw. nur teilweise rediskontfähig waren. Die in Form von Zentralbankkrediten verfügbare Liquidität lag damit faktisch noch unterhalb der Rediskontplafonds.

Überschußreserven schließlich werden – zumal wenn sie, wie in Kamerun, nicht verzinslich sind - aus Rentabilitätsgründen möglichst niedrig gehalten und dürften daher zur Kompensation eines deutlichen Rückgangs des Depositenvolumens nicht ausreichen. Letztlich ist daher bei einer dauerhaften Reduzierung der Einlagenbasis die Rückführung des Kreditvolumens unvermeidlich.

Abbildung 6 zeigt die Entwicklung der verschiedenen Liquiditätsquellen des Bankensystems. Dabei wird zunächst deutlich, daß Eigenmittel, Überschußreserven und die Nettoauslandsposition von untergeordneter Bedeutung sind. Die Verschuldung bei der Notenbank nahm dagegen zwischen 1985 und 1987 stark zu,

---

[97] Die Liquidierung anderer Aktiva, beispielsweise Wertpapiere oder Immobilien, bleibt dabei außer Betracht. Für erstere bestand in Kamerun kein Markt, letztere sind in Relation zum Bilanzvolumen i.d.R. von untergeordneter Bedeutung. Analog gilt für Kostensenkungsprogramme, daß damit zwar der Liquiditätsbedarf reduziert wird, diese Reduzierung aber erstens nicht kurzfristig erfolgen kann und zweitens in Relation zu den Liquiditätsverlusten, die aus dem Verlust von Einlagen resultieren, gering ist.
[98] Von LLR-Fazilitäten der Zentralbank wird dabei abgesehen.
[99] Die Refinanzierungspolitik der BEAC wird in Abschnitt 6.1.3 detailliert erläutert.

106

sank mit Beginn der Sanierung des Bankensektors 1989/90 aber wieder und hatte ab 1991 quantitativ nur noch geringe Bedeutung[100].

Abbildung 6: Liquidität des Bankensystems, 1985-1997

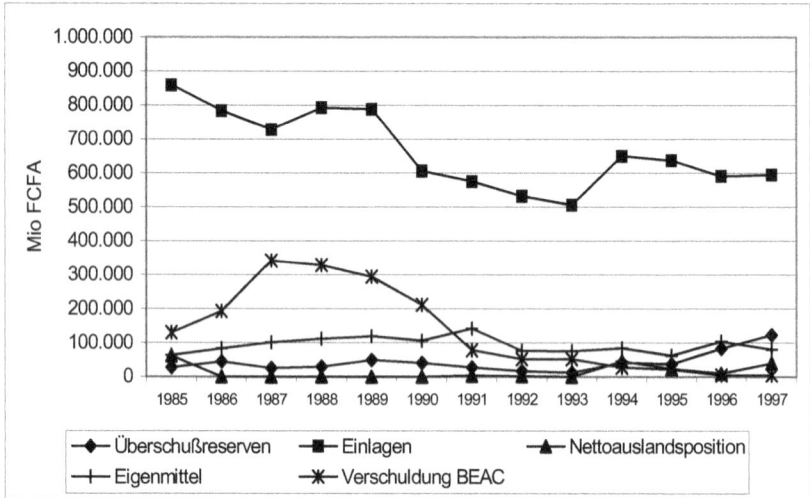

Quelle: BEAC (1994, 1998)

Zentrale Refinanzierungsquelle des kamerunischen Bankensystems sind Einlagen, deren Volumen zwischen 1985 und 1993 um 41,2% von 861 Mrd. FCFA auf 506 Mrd. FCFA abgenommen hat. Ein Vergleich der Liquidität des Bankensystems ohne Berücksichtigung der Verschuldung bei der Zentralbank – also Eigenmittel, Überschußreserven, Einlagen und Nettoauslandsposition - mit der Kreditvergabe an inländische Nichfinanzinstitute (NFI) verdeutlicht, daß sich die Liquiditätssituation des Bankensektors ab 1986 deutlich verschlechterte (Abbildung 7): Die Kreditvergabe wurde zunächst ausgedehnt, wobei der Anstieg des Darlehensvolumens ab 1985 zumindest teilweise darauf zurückzuführen sein dürfte, daß Banken die Kreditvergabe an bereits zahlungsunfähige Schuldner noch ausgeweitet haben, um deren Konkurs und damit erhebliche eigene Verluste zu vermeiden („distress borrowing", vgl. z.B. de Juan 1991)[101].

---

[100] Verbindlichkeiten von Banken, die liquidiert wurden, hat die staatliche Société de Recouvrement (SCR) übernommen. Diese Kredite werden ab 1990 in der Bilanz der BEAC daher als Forderungen gegen den Staat – nicht gegen das Bankensystem - ausgewiesen.
[101] Durch neue Darlehen oder durch Kapitalisierung von nicht beglichenen Zinsforderungen. Dazu Monga (1997, S. 134 f.): „[...] les dirigeants des grandes entreprises débitrices pratiquent un véritable chantage à l'augmentation du concours, arguant du poids des crédits déjà reçus pour en demander de nouveaux... Certaines banques se trouvent pratiquement sous la contrainte de devoir prêter à nouveau pour espérer un jour se faire rembourser".

Abbildung 7: Kreditvergabe an inländische NFI und Liquidität des Bankensystems, 1985-1997

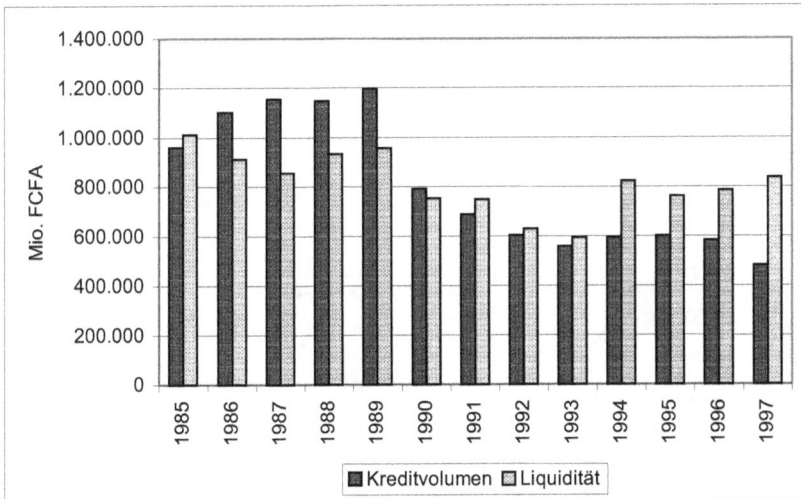

Quelle: BEAC (1994, 1998)

Bei gleichzeitig sinkendem Einlagevolumen stieg die Liquiditätslücke infolgedessen bis 1987 auf 301 Mrd. FCFA. Die Illiquidität des Systems konnte zunächst durch steigende Verschuldung bei der Notenbank vermieden werden. Aufgrund der stark eingeschränkten Werthaltigkeit des Aktivportfolios der Banken (dazu s.u.) bzw. dem damit reduzierten Liquidationswert konnte aber die weitere Abnahme der Einlagenbasis ab 1988/89 nicht durch (vorzeitige) Rückführung von Forderungen kompensiert werden. Damit wurde die Liquidierung bzw. Rekapitalisierung von Kreditinstituten unumgänglich. Erst ab 1991 lag die so definierte Liquidität des Bankensystems wieder über dem Kreditvolumen; der oben bereits angesprochene Rücktransfer von Kapital aus dem Ausland nach der Abwertung führte ab 1994 zu deutlich ansteigender Liquidität innerhalb des Systems.

5.2.1.2   Einlagen inländischer Nichtbanken bei Banken im Ausland

Der Transfer von Bankguthaben inländischer NFI ins Ausland verringert das Einlagevolumen, das inländischen Banken zur Verfügung steht. Sofern diese Guthaben nennenswerte Dimensionen annehmen, behindert das grundsätzlich das Wachstum und damit die Entwicklung des inländischen Bankensystems. Risiken für die Stabilität des System können zunächst dann entstehen, wenn unerwartet große Volumina ins Ausland transferiert werden und damit die Liquidität im Inland abnimmt. Sofern dieser Liquiditätsverlust nicht durch eine entsprechende Reduzierung des Aktivgeschäfts kompensiert werden kann, führt das zu einem Liquiditätsengpaß bei inländischen Kreditinstituten. Weiterhin kann eine Liquiditätsverknappung, die aus Einkommensverlusten resultiert, dann verstärkt werden, wenn inländische Bankguthaben in stärkerem Maße abnehmen als Einlagen bei Banken im Ausland.

Abbildung 8: Absolute Höhe der Einlagen inländischer NFI bei Banken im Ausland und Relation der Auslandsguthaben zum gesamten Depositenvolumen, 1985-1994

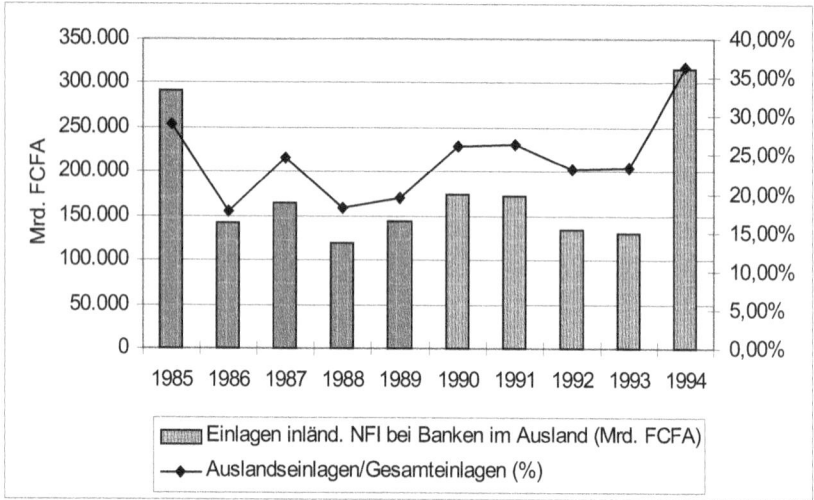

Quelle: BEAC (1994, 1998), IMF (1995)

Abbildung 8 zeigt die Entwicklung der absoluten Höhe der Guthaben inländischer NFI und des Anteils der Auslandseinlagen am gesamten Depositenvolumen (Inland + Ausland) zwischen 1985 und 1994[102]. Sowohl absolut als auch relativ hatten Auslandsguthaben kamerunischer NFI erhebliche Ausmaße: Nach einem starken Rückgang von knapp 300 Mrd. FCFA auf 150 Mrd. FCFA zwischen 1985 und 1986 schwankten die Guthaben bis 1993 zwischen 120 Mrd. und 175 Mrd. FCFA. Der Anstieg 1994 ist in erster Linie auf die Abwertung des FCFA zurückzuführen, mit der eine Verdopplung des nominalen FCFA-Wertes der Auslandsguthaben verbunden war. Die Bedeutung der Auslandseinlagen wird noch augenfälliger, wenn sie in Relation zum Einlagenvolumen gesetzt werden. 1985 lag diese Relation bei 29,0%; bis 1993 schwankte sie in der Folge zwischen rund 17,6% und 26,4%, bevor 1994 ein abwertungsbedingter Höchststand von 36,4% erreicht wurde.

---

[102] Der IMF hat Daten zu Bankguthaben inländischer NFI im Ausland lediglich bis 1994 veröffentlicht, andere Quellen lagen nicht vor.

109

Aus der obigen Darstellung der Entwicklung von Kreditvergabe und Liquidität ging hervor, daß das Bankensystem zwischen 1986 und 1990 einem Liquiditätsengpaß ausgesetzt war. Das Anlageverhalten inländischer NFI hat diese Liquiditätskrise verschärft: Von 1986 bis 1990 hat der Anteil der Auslandsguthaben von 17,6% auf 26,6% zugenommen, wobei der Anstieg zwischen 1986 und 1987 besonders ausgeprägt war. Inländische Anleger haben auf den Einkommensverlust in stärkerem Ausmaß mit einer Rückführung inländischer Einlagen als mit der Repatriierung von Kapital aus dem Ausland reagiert.

5.2.1.3   Einlagen des öffentlichen Sektors

Der Liquiditätsengpaß kann weiterhin dadurch verschärft worden sein, daß ein relativ großer Anteil des Depositenvolumens von der Zentralregierung oder öffentlichen Institutionen stammte. Ein hoher Anteil öffentlicher Einlagen an den Bankguthaben insgesamt führt dazu, daß Banken ihre Bemühungen um Mobilisierung privater Ressourcen beschränken. Gleichzeitig stellt die Konzentration auf die öffentliche Hand ein „Klumpenrisiko" auf der Passivseite dar: Mit geringerer Diversifikation der Refinanzierungsquellen steigt das Risiko, daß das Bankensystem bei einem unerwarteten Rückgang der Einlagen aus einer Quelle in eine Liquiditätskrise gerät, da Kompensationsmöglichkeiten durch kurzfristige Ausweitung der Refinanzierung aus anderer Quelle fehlen.

Die kamerunische Regierung hatte bereits seit Ende der 70er Jahre versucht, die Liquiditätsprobleme der Banken durch die dauerhafte Belassung von Einlagen im Bankensystem zu lindern (Vallée 1993, S. 168) – schon zwischen 1976 und 1978 entfielen durchschnittlich 28,2% der Bankguthaben auf die Zentralregierung (Bulletin de l'Afrique noire 1979, S. 384). Nach einem Rückgang stieg der Anteil der Einlagen der Regierung zwischen 1985 und 1988 von 16,7% erneut auf 32,6%, erreichte aber 1997 praktisch den gleichen Wert wie 1985 (Abbildung 9). Da die BEAC auf der Passivseite des Bankensystems nicht nach Einlagen von privaten und öffentlichen Unternehmen unterscheidet, war der Anteil des öffentlichen Sektors insgesamt de facto noch größer: Die Weltbank (1986, S. x) schätzt, daß unter Berücksichtigung der Einlagen öffentlicher Unternehmen zwischen 1979 und 1984 durchschnittlich rund 50% des gesamten Einlagevolumens vom öffentlichen Sektor stammten. Der Anteil öffentlicher Unternehmen am Einlagevolumen dürfte aber danach deutlich zurückgegangen sein, zumal bei diesen Unternehmen bereits bis 1986 kumulierte Verluste von 33 Mrd. FCFA und eine Verschuldung von rund einer Bill. FCFA aufgelaufen waren (IMF 1996, S. 16). Die Entwicklung der Einlagen der öffentlichen Hand zeigt weiterhin, daß sich die Regierung bis 1988 – wie auch schon ein Jahrzehnt zuvor - bemühte, die Liquiditätskrise im Bankensektor durch Erhöhung der Guthaben zu mildern. Da die Staatseinnahmen rapide abnahmen und gleichzeitig die Mittel aus dem CHB bereits 1986 weitgehend erschöpft waren, stieß diese Politik aber schon 1989 an ihre Grenzen. Gleichzeitig wurde durch diese Maßnahmen die grundlegende Sanierung des Systems verzögert.

Abbildung 9: Herkunft der Einlagen im Bankensystem, 1985-1997

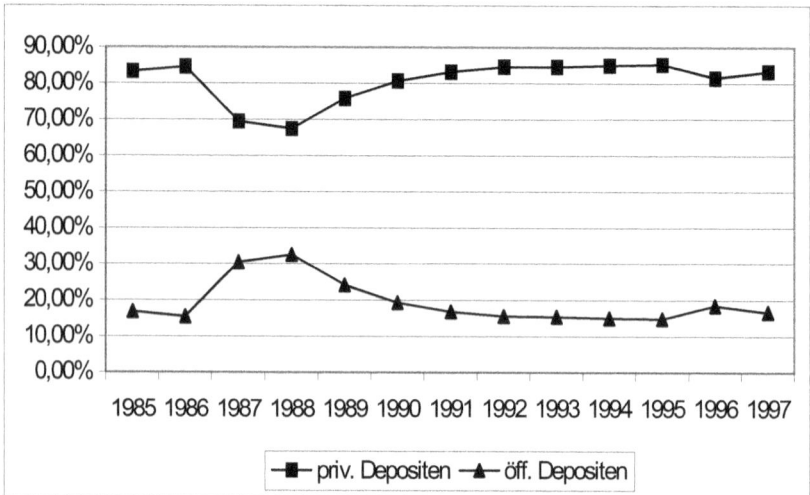

Quelle: BEAC (1994, 1998) – Einlagen von öffentlichen Unternehmen sind nicht berücksichtigt.

Die Liquiditätsversorgung des Bankensystems durch öffentliche Einlagen führte dazu, daß die Mobilisierung privater Ressourcen – die insbesondere in ländlichen Regionen relativ kostspielig ist - für kamerunische Banken wenig attraktiv war. Ergebnis war ein zunehmendes Risiko auf der Passivseite der Bilanz durch die große Bedeutung des öffentlichen Sektors in der Refinanzierung: Öffentliche Unternehmen erwirtschafteten überwiegend Verluste und waren damit unmittelbar von Transfers der Zentralregierung abhängig. Die Verfügbarkeit der Einlagen der Regierung selbst hing ebenfalls von der Entwicklung der Staatseinnahmen ab. Mit dem Rückgang der Staatseinnahmen ab 1986 wurde dieses Risiko virulent, d.h. die Banken sahen sich einem Liquiditätsengpaß ausgesetzt. Bei einer stärkeren Diversifizierung der Refinanzierungsquellen wäre der Rückgang des Einlagevolumens insgesamt und damit der Liquiditätsabfluß schwächer ausgefallen.

5.2.1.4 Verschuldung inländischer Banken im Ausland

Banken haben die Möglichkeit, ihren Liquiditätsbedarf durch Kreditaufnahme im Ausland zu decken. Aus der Verschuldung im Ausland entstehen neben Liquiditäts- auch Solvenzrisiken: Im Falle einer Abwertung der lokalen Währung belasten höhere Zins- und Tilgungszahlungen die Liquiditätsposition der Institute.

Gleichzeitig führt die Abwertung zu einer nominal höheren Verschuldung in inländischer Währung, d.h. die Summe der Verbindlichkeiten, die durch den Liquidationswert der Aktiva (zzgl. des Eigenkapitals) gedeckt werden muß, nimmt zu[103].

Abbildung 10:Nettoauslandsverbindlichkeiten kamerunischer Banken in % der Forderungen gegen inländische NFI, 1985-1997

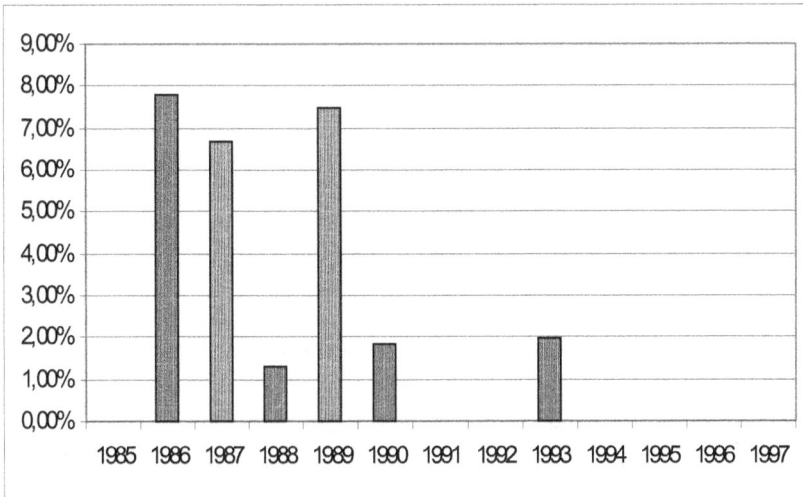

Quelle: BEAC (1994, 1998)

Für die Beurteilung des Risikopotentials ist nicht die absolute Höhe der Auslandsverbindlichkeiten, sondern die Relation zwischen der Nettoauslandsverschuldung des Bankensystems einerseits und dem inländischen Forderungsbestand (ohne Interbankenforderungen) andererseits maßgeblich. Abbildung 10 zeigt, daß diese Relation für das kamerunische Bankensystem durchgehend unter 8% lag und nach 1990 lediglich in einem Jahr (1993) überhaupt noch Nettoauslandsverbindlichkeiten bestanden. Der Liquidationswert der Forderungen gegen inländische NFI war allerdings deutlich eingeschränkt. Unter Berücksichtigung des von der BEAC (1987a, S. 62) für 1986 geschätzten Wertberichtigungsbedarfs von 120 Mrd. FCFA ergibt sich ein bereinigtes Portfoliovolumen von 982 Mrd. FCFA. Die Relation zwischen Nettoauslandsposition und Inlandsforderungen steigt aber auch nach Berücksichtigung der Wertminderung lediglich geringfügig von 7,8% auf 8,8%.

---

[103] Ein zusätzliches Risiko liegt in einer gegenläufigen Entwicklung in- und ausländischer Zinssätze. Einer Erhöhung der Refinanzierungskosten stehen dann keine höheren Erträge gegenüber.

Angesichts der relativ geringen Quoten hätten weder die mit einer Abwertung verbundenen höheren Zins- und Tilgungsleistungen noch der höhere Schuldenstand die Liquidität (und die Solvenz) des Systems gefährden können. Weiterhin wirken sich die mit der Auslandsverschuldung verbundenen Risiken erst dann aus, wenn eine Abwertung auch tatsächlich eintritt. Da der FCFA erst im Januar 1994 abgewertet wurde, können Auslandsverbindlichkeiten des Bankensystems keine Ursache für die Systemkrise gewesen sein[104].

5.2.1.5   Liquiditätsrisiken aus Fristentransformation

Kreditinstitute betreiben i.d.R. positive Fristentransformation, d.h. es „stellt sich das Problem, für Kredite, die im Durchschnitt eine längere Laufzeit als die Einlagen aufweisen, eine entsprechende Refinanzierung zu finden" (Büschgen 1998, S. 898). Folglich entsteht in dynamischer Betrachtung ein Liquiditätsrisiko aus der Fristentransformation: Wenn Einlagen bei Fälligkeit nicht prolongiert und Darlehen nicht gleichzeitig zurückgeführt werden, bedeutet das einen Netto-Liquiditätsabfluß. Das Liquiditätsrisiko aus Fristentransformation könnte dann eine Ursache für die Systemkrise in Kamerun gewesen sein, wenn Banken in größerem Umfang mittel- oder langfristige Kredite vergeben und diese überwiegend mit kurzfristigen Einlagen refinanziert hätten.

Detaillierte Daten über die Fristigkeitsstruktur von Einlagen und Darlehen kamerunischer Banken waren nicht verfügbar. Die BEAC unterscheidet lediglich zwischen kurz-, mittel, und langfristigen Forderungen. Als kurzfristig gelten dabei Kredite mit einer Laufzeit von bis zu einem Jahr, während mittelfristige Darlehen Laufzeiten zwischen einem und fünf Jahren aufweisen. Alle anderen Forderungen gelten als langfristig. Auf Ebene der Einlagen weist die Notenbank Sichteinlagen einerseits und die Summe aus Termin- und Spareinlagen andererseits aus, wobei Termineinlagen eine Mindestlaufzeit von lediglich 3 Monaten aufweisen. Die exakte Beurteilung der Risiken aus Fristentransformation wird zusätzlich dadurch erschwert, daß nur für Forderungen der Kreditinstitute gegen private Kreditnehmer und öffentliche Unternehmen, nicht aber bei Darlehen an die Regierung nach Fristigkeiten differenziert wird.

---

[104] Dem liegt die Annahme zugrunde, daß die Auslandsverbindlichkeiten kamerunischer Banken jedenfalls überwiegend in FF denominiert waren. Angesichts der bei fester Parität entfallenden Wechselkursrisiken – die bei flexiblem Kurs abgesichert und folglich zu höheren Kosten der Kapitalbeschaffung führen würden – und des dominierenden Einflusses französischer Institute erscheint diese Annahme plausibel.

Abbildung 11: Termin- und Spareinlagen und lang- und mittelfristige Forderungen, 1985-1997

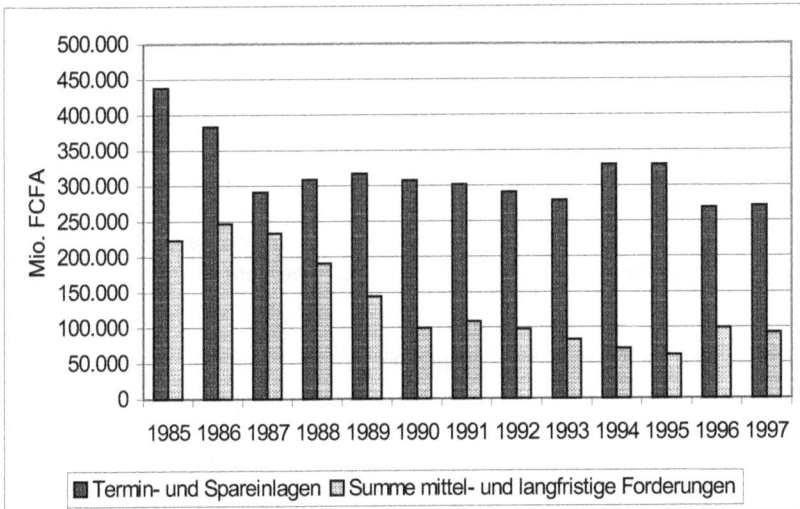

Quelle: BEAC (1994, 1998)

Als Indikator für das Ausmaß des Liquiditätsrisikos aus Fristentransformation kann die Entwicklung der mittel- bzw. langfristigen Forderungen einerseits und der längerfristig verfügbaren Einlagen andererseits herangezogen werden (Abbildung 11). Der Vergleich dieser Größen deutet darauf hin, daß Risiken aus Fristentransformation im kamerunischen Kontext von untergeordneter Bedeutung waren. 1985 lagen die Einlagen um rund 215 Mrd. über den mittel- und langfristigen Krediten und waren damit annähernd doppelt so hoch wie letztere. Mit Beginn der Wirtschaftskrise nahm der Überschuß zwar ab, da die Kreditinstitute die Darlehensvergabe noch ausweiteten (bzw. ausweiten mußten), während Termin- und Spareinlagen gleichzeitig sanken. Die Differenz blieb aber positiv und erreichte 1987 ein Minimum von 57 Mrd. FCFA. Eine weitere Verschlechterung der Relation konnte in den Folgejahren vermieden werden: Von 1989 bis 1992 bewegte sich der Einlagenüberschuß um 200 Mrd. FCFA. 1994 und 1995 stieg mit der Rückführung von Auslandsguthaben nach der Abwertung das Einlagevolumen an, folglich nahm der Überschuß bis auf 268 Mrd. FCFA zu. Danach wurden Werte um 170 Mrd. FCFA erreicht.

Die Einschätzung, daß Risiken aus Fristentransformation keine Ursache für die Systemkrise waren, wird auch durch die vergleichsweise geringe Bedeutung der lang- und mittelfristigen Darlehensvergabe bestätigt. Das Kreditgeschäft kamerunischer Banken ist traditionell kurzfristig orientiert: Der Anteil kurzfristiger

Forderungen am Darlehensbestand (ohne Forderungen gegen die Regierung) lag 1985 bei 74,6% und stieg vor dem Hintergrund der Wirtschaftskrise bis 1990 auf 86,9%. 1997 wurde mit 73,5% wieder das Ausgangsniveau erreicht (BEAC 1994, 1998). Langfristige Kredite wurden praktisch nicht gewährt; der Anteil dieser Forderungen lag im gesamten Betrachtungszeitraum lediglich 1985 und 1991 über 1%. Gleichzeitig entfielen aber auf Termin- und Spareinlagen im gesamten Betrachtungszeitraum durchschnittlich 59,4% des Einlagevolumens. Selbst unter Berücksichtigung der Tatsache, daß nach Klassifikation der BEAC Termineinlagen lediglich Mindestlaufzeiten von drei Monaten aufweisen müssen, während Darlehen erst dann als mittelfristig gelten, wenn sie für länger als ein Jahr gewährt werden, scheinen damit Risiken aus Fristentransformation weitgehend ausgeschlossen zu sein.

5.2.2 Struktur und Qualität des Kreditportfolios

Theoretisch sind Kreditinstitute dann solvent, wenn die Summe aus Eigenkapital und dem Liquidationswert der Aktiva zur Deckung der Verbindlichkeiten ausreicht. Praktisch läßt sich ein Liquidationswert für Darlehensforderungen kaum ermitteln, da für diese Forderungen kein Sekundärmarkt existiert, die Werthaltigkeit im Zeitablauf stark schwanken kann und darüber hinaus quantitativ nicht meßbare Faktoren wie z.B. die Qualität des Managements eines kreditnehmenden Unternehmens das Ausfallrisiko beeinflussen.

Rückschlüsse auf den Forderungswert und das Ausmaß der Ausfallrisiken lassen sich daher lediglich indirekt aus der Struktur des Kreditportfolios ziehen. Dabei können vier Kriterien herangezogen werden:

1. die sektorale Kreditkonzentration;

2. der Anteil des Staates und öffentlicher Unternehmen an der Kreditvergabe;

3. der Anteil der notleidenden Forderungen am Darlehensbestand und die Höhe der dafür gebildeten Wertberichtigungen sowie

4. das Ausmaß der Kreditvergabe an einzelne Darlehensnehmer.

Da über die relative Bedeutung einzelner Kreditnehmer bzw. Kreditnehmergruppen keine Informationen verfügbar waren, beschränkt sich die Analyse auf die ersten drei der genannten Kriterien.

Darüber hinaus hat die Verschuldung inländischer Nichtbanken im Ausland Auswirkungen auf die Portfolioqualität. Eine Abwertung der lokalen Währung führt sowohl zu nominal höheren Zins- und Tilgungszahlungen als auch zu einem höheren Verschuldungsgrad. Das kann die Fähigkeit zur Bedienung von Darlehen beeinträchtigen. Sofern die betreffenden Kreditnehmer gleichzeitig Verbindlichkeiten gegenüber lokalen Banken eingegangen sind, können daraus höhere Ausfallrisiken mit entsprechenden Auswirkungen auf die Solvenz (und die Liquidität) lokaler Institute resultieren.

5.2.2.1   Sektorale Kreditverteilung

Das Darlehensgeschäft kamerunischer Banken hat sich nach Angaben des IMF (1995, 1998) im Betrachtungszeitraum primär auf sechs Sektoren konzentriert, auf die insgesamt rund 80% des Darlehensvolumens entfielen (Abbildung 12). Größte Kreditnehmer waren dabei mit rund 30% des Volumens Handelsunternehmen, gefolgt vom verarbeitenden Gewerbe (zwischen 15% und 19%) und der Land- und Forstwirtschaft, dem Baugewerbe, dem Exporthandel und den sonstigen Dienstleistungen mit Anteilen zwischen 5% und 10%[105].

Abbildung 12: Anteile einzelner Sektoren an der Kreditvergabe, 1988-1997

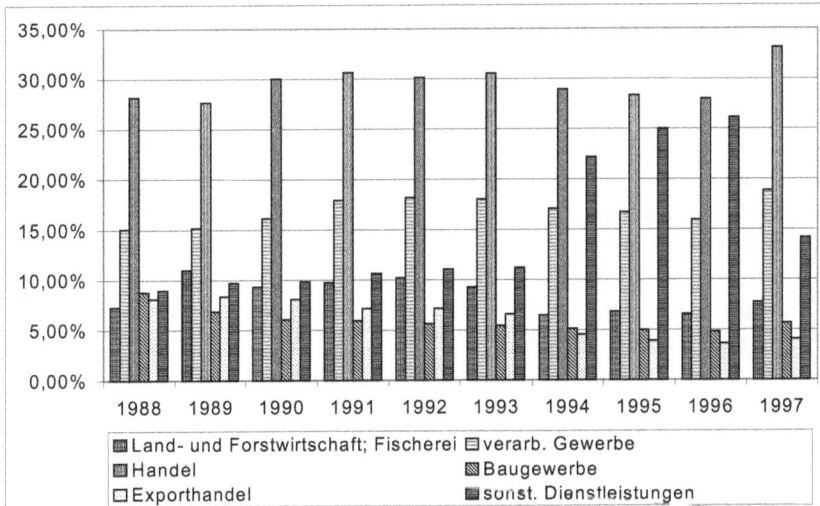

Quelle: IMF (1995, 1998)

Aus der sektoralen Verteilung der Darlehen läßt sich keine Konzentration erkennen, die eine deutliche Zunahme des Portfoliorisikos zur Folge gehabt hätte; vielmehr waren alle Branchen von der ab 1986 einsetzenden Wirtschaftskrise betroffen. Die Bonität der landwirtschaftlichen Betriebe, der Unternehmen des Exporthandels und der Bauunternehmen nahm deutlich ab, zumal die Exportpreise für landwirtschaftliche Produkte drastisch fielen und die Bauwirtschaft in erster Linie von Staatsaufträgen abhängig war, deren Volumen mit sinkenden Staatseinnahmen abnahm (IMF 1993, S. 4). Gleichzeitig ist die Nachfrage nach Produkten des verarbeitenden Gewerbes mit sinkendem BIP zurückgegangen, so daß auch hier eine Verschlechterung der Risikoposition eingetreten ist. Analoges gilt für den Handel[106], der mit sinkendem Inlandsprodukt ebenfalls Ertragseinbußen erlitten haben dürfte. Die Tatsache, daß das kamerunische Bankensystem bereits 1986 technisch insolvent war, ist teilweise auf uneinbringliche Forderungen gegen Händler aus dem Norden des Landes zurückzuführen. Die Kreditvergabe war nach Einschätzung der Weltbank (1986, S. 19) jedoch politisch motiviert, so daß die Ursache der Verluste nicht in einer Konzentration auf diesen Wirtschaftssektor, sondern eher in den Darlehensnehmern selbst zu suchen ist.

5.2.2.2 Kreditvergabe an den Staat und öffentliche Unternehmen

Mit Blick auf Solvenz und Stabilität des Bankensektors in Kamerun ist die Kreditvergabe an den öffentlichen Sektor (Zentralregierung, sonstige öffentliche Einrichtungen und öffentliche Unternehmen) aus zwei Gründen von großer Bedeutung: Erstens führt ein hoher Anteil der öffentlichen Hand am Kreditvolumen dazu, daß Banken Informationsproduktion und Unternehmenskontrolle nur noch eingeschränkt gewährleisten und die Qualität des Risikomanagements abnimmt (King/Levine 1993, S. 721)[107]. Daraus resultiert tendenziell ein Anstieg des Portfoliorisikos. Zweitens haben öffentliche Unternehmen in Kamerun, wie oben bereits erwähnt, überwiegend Verluste ausgewiesen, die ihrerseits vom Staat gedeckt wurden. Mit sinkenden Staatseinnahmen gestaltete sich die Verlustübernahme zunehmend schwierig, dementsprechend wurden die Gesellschaften zahlungsunfähig (CNC 1990, S. 32). Die Darlehensvergabe an den Staat hat damit die Solvenz des kamerunischen Bankensystems auch unmittelbar beeinträchtigt.

Bis 1988 lag der Anteil des öffentlichen Sektors an der Kreditvergabe an inländische NFI bei rund 10%. Ab 1989 ist ein erheblicher Anstieg der Inanspruchnahme des Bankensystems durch die öffentliche Hand zu verzeichnen, die 1995 mit 37,9% einen Höhepunkt erreichte und bis 1997 nicht wesentlich

---

[105] Die relative Zunahme der Kreditvergabe an die „sonstigen Dienstleistungen" von 1994 bis 1996 ist darauf zurückzuführen, daß zuvor nicht in der Bilanz ausgewiesene Forderungen gegen das Finanzministerium berücksichtigt wurden und insofern als einmalige Entwicklung zu werten.
[106] Der IMF gibt nicht an, wie sich die Kreditvergabe innerhalb dieses Sektors verteilt. Der Handelssektor umfaßt aber sämtliche Distributionsaktivitäten und folglich viele Branchen.
[107] King/Levine (1993) verwenden den Anteil der öffentlichen Hand an der Kreditvergabe als einen Indikator für die Effizienz der Intermediation. Dem liegt die Überlegung zugrunde, daß Banken ihre gesamtwirtschaftlichen Funktionen – insbesondere Informationsproduktion und Unternehmenskontrolle – dann nur eingeschränkt erfüllen, wenn der Staat Schuldner ist, da Ausfallrisiken davon (weitgehend) unbeeinflußt bleiben.

gesunken ist (Abbildung 13). Die relative Zunahme ist in erster Linie auf den starken Rückgang der Kreditvergabe an private NFI und erst in zweiter Linie auf eine Ausweitung der Kreditvergabe an den öffentlichen Sektor zurückzuführen: Von 1988 bis 1989 sank der Bestand an Forderungen gegenüber privaten NFI von 887 Mrd. auf 579 Mrd. FCFA; 1993 wurde ein vorläufiger Tiefstand von 351 Mrd. FCFA erreicht. Parallel dazu nahm die Kreditvergabe an den öffentlichen Sektor absolut zunächst zu (von 125 Mrd. auf 311 Mrd. FCFA zwischen 1988 und 1989), sank aber bis 1993 wieder auf 207 Mrd. FCFA. Angesichts des Liquiditätsengpasses, dem der kamerunische Bankensektor gleichzeitig ausgesetzt war, dürfte die Steigerung der Kreditvergabe an den öffentlichen Sektor auf distress borrowing zurückzuführen sein: Um den Totalausfall und damit Verluste zu vermeiden, haben Kreditinstitute auch Forderungen gegen öffentliche Unternehmen prolongiert, offene Zinsforderungen kapitalisiert oder neue Kredite gewährt.

Abbildung 13: Kreditvergabe an den öffentlichen Sektor und Anteil öffentlicher NFI am inländischen Kreditvolumen, 1985-1997

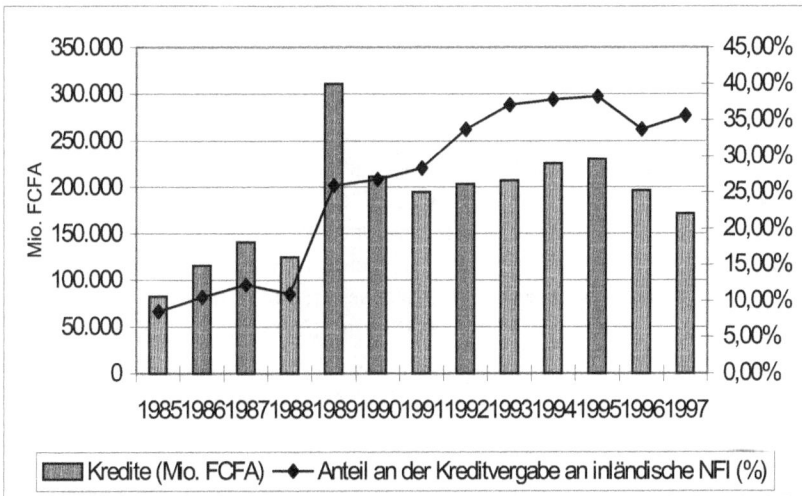

Mio. FCFA

350.000 — 45,00%
300.000 — 40,00%
250.000 — 35,00% / 30,00%
200.000 — 25,00%
150.000 — 20,00%
100.000 — 15,00% / 10,00%
50.000 — 5,00%
0 — 0,00%

1985 1986 1987 1988 1989 1990 1991 1992 1993 1994 1995 1996 1997

▓ Kredite (Mio. FCFA) ◆ Anteil an der Kreditvergabe an inländische NFI (%)

Quelle: BEAC (1994,1998)

Trotzt der relativ betrachtet niedrigen Anteile an der Kreditvergabe bis 1988 kann die Verschuldung des öffentlichen Sektors als eine der Ursachen der Bankenkrise gesehen werden. Die bilanziell angemessene Minderung des Liquidationswertes der Forderungen gegen den öffentlichen Sektor kann zwar nicht beurteilt werden. Wenn aber aufgrund der Zahlungsschwierigkeiten beispielsweise eine Wertminderung von 50% angemessen gewesen wäre[108], hätte das bereits 1985 dazu geführt, daß 4,3% des gesamten Forderungsvolumens oder rund 41,2 Mrd. FCFA hätten abgeschrieben werden müssen[109]. Das entspricht 1/3 des von der Weltbank für 1984 (1986, S. iii) geschätzten Wertberichtigungsbedarfes. Weiterhin bedeutet der deutlich höhere Anteil öffentlicher Kreditnehmer am Darlehensvolumen ab 1989 eine zunehmende Konzentration auf einen Schuldner, dessen Zahlungsfähigkeit zudem erheblich eingeschränkt war. Das wiederum führte zu höheren Portfolio- bzw. Solvenzrisiken.

5.2.2.3   Notleidende Forderungen und Wertberichtigungen

Einen weiteren Anhaltspunkt zur Beurteilung des Solvenzrisikos stellt der Anteil der notleidenden Forderungen am gesamten Kreditvolumen in Verbindung mit der Höhe der gebildeten Wertberichtigungen dar. Wertberichtigungen sind vorweggenommene Forderungsausfälle, die erfolgswirksam verbucht werden. Sofern Forderungen wertberichtigt sind, ist damit der geringere Liquidationswert bereits berücksichtigt und hat keine Auswirkungen auf die Solvenz eines Kreditinstitutes mehr.

Daten für den gesamten Betrachtungszeitraum waren weder für die Höhe der zweifelhaften bzw. uneinbringlichen Forderungen noch zu Wertberichtigungsquoten verfügbar. Nach Angaben der Notenbank hatten die kamerunischen Geschäftsbanken aber 1985 Wertberichtigungen lediglich in Höhe von 2,9% des Kreditvolumens gebildet, während BEAC (1987a, S.62) und Weltbank (1986, S. iii) das tatsächliche Volumen zweifelhafter bzw. uneinbringlicher Forderungen 1986 auf rund 120 Mrd. FCFA schätzten (entsprechend 10,8% der Forderungen gegen inländische Darlehensnehmer). Tchatchouang (1990) gibt den Anteil der zweifelhaften Forderungen für 1987 und 1988 mit 12,0% bzw. 16,6% des gesamten Forderungsbestandes an. Die 1988 gebildeten Wertberichtigungen entsprachen mit 50,6 Mrd. FCFA lediglich 26,7% des gefährdeten Volumens. Nach Angaben des nationalen Kreditrates schließlich lag der Anteil der zweifelhaften bzw. uneinbringlichen Forderungen zwischen 1992 und 1996 nicht unter 23,7%, ohne daß dafür in ausreichendem Umfang Wertberichtigungen gebildet worden wären (CNC 1993, 1994, 1996). Abbildung 14 stellt die Entwicklung des Anteils der risikobehafteten Forderungen am Darlehensportfolio dar.

---

[108] JAE veröffentlicht regelmäßig Kurswerte für die Schuldverschreibungen afrikanischer Staaten. Danach wurden kamerunische Papiere im Zeitraum von 1998 bis Ende 2000 mit Abschlägen zwischen 80% und 90% auf den Nominalwert gehandelt.
[109] Die ausbleibenden Zahlungen auf Forderungen gegen den öffentlichen Sektor führten darüber hinaus zu einer weiteren Verknappung der Liquidität der Geschäftsbanken.

Die bilanziellen Eigenmittel des kamerunischen Bankensystems erreichten 1985 rd. 55,6 Mrd. FCFA – unter Berücksichtigung des zusätzlichen Wertberichtigungsbedarfs wiesen damit alle Banken bereits zu diesem Zeitpunkt negative Nettowerte auf (BEAC 1987a, S. 62 u. 65). Bereits vor 1986 waren große Teile des Bankensektors damit technisch insolvent. Die deutliche Verschlechterung der Portfolioqualität insbesondere ab 1988 – mit realistischeren Wertansätzen - läßt erstens den Schluß zu, daß die Risikobewertung bereits bei der Entscheidung über die Darlehensvergabe unzureichend war. Zweitens entsprach die laufende Bewertung von Forderungen und Sicherheiten nicht dem tatsächlichen Risikogehalt. Die Bildung von Wertberichtigungen – und damit der bilanzielle Ausweis von Verlusten - konnte so vermieden werden.

Abbildung 14: Zweifelhafte bzw. uneinbringliche Forderungen in % des Kreditvolumens, 1985-1996

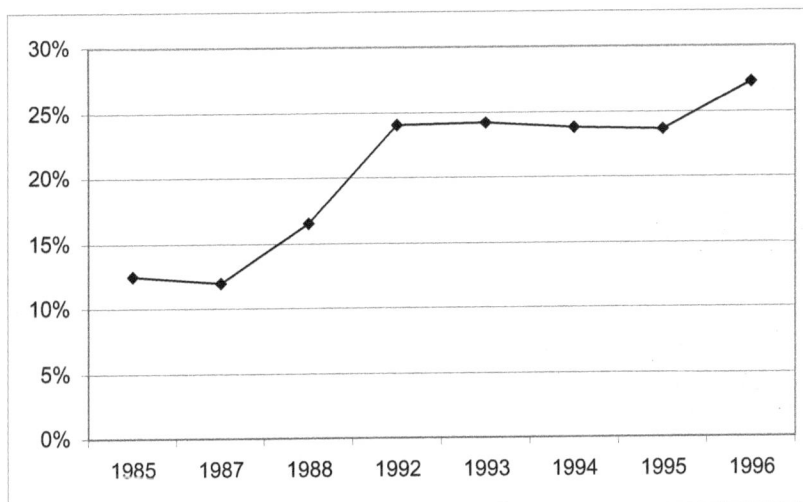

Quelle: BEAC (1994, 1998), CNC (1993, 1994, 1996), Tchatchouang (1990)

Lediglich durch Kapitalisierung offener Zinsforderungen, Prolongierung fälliger Kredite, unrealistische Bewertung von Sicherheiten und ähnliche Maßnahmen konnte die Insolvenz bilanziell verdeckt werden (Bida-Kolika/Renamy-Lariot 1991, S. 104 f.)[110]. Die Illiquidität wurde gleichzeitig durch die Zufuhr öffentlicher Einlagen vermieden. Erst nachdem die Liquidität des Bankensystems ab 1986 deutlich abnahm, wurde die Insolvenz offenkundig. Die Diskrepanz zwischen Liquidations-

---

[110] Im afrikanischen Kontext war dieses Verhalten von Banken typisch – vg. z.B. Popiel (1995, S. 52), dessen Untersuchung sich u.a. auf die Krise des Finanzsektors in den Ländern der westafrikanischen Franc-Zone bezieht.

und Buchwerten der Darlehensforderungen bzw. fehlende Wertberichtigungen sind damit eine zentrale Ursache der Bankenkrise.

5.2.2.4   Verschuldung inländischer NFI im Ausland

Wie oben erläutert, entstehen aus der Kreditaufnahme von Nichtbanken im Ausland dann Risiken für den Bankensektor, wenn die betreffenden Unternehmen gleichzeitig bei lokalen Banken verschuldet sind und im Falle einer Abwertung zahlungsunfähig werden. Das betrifft einerseits die Liquidität - wegen geringerer Zuflüsse aus Zins- und Tilgungsleistungen – und andererseits - wegen des geringeren Liquidationswertes der Forderungen - die Solvenz des Bankensystems.

Abbildung 15: Nettoauslandsverbindlichkeiten inländischer NFI bei Banken im Ausland in % der Gesamtverschuldung, 1985-1994

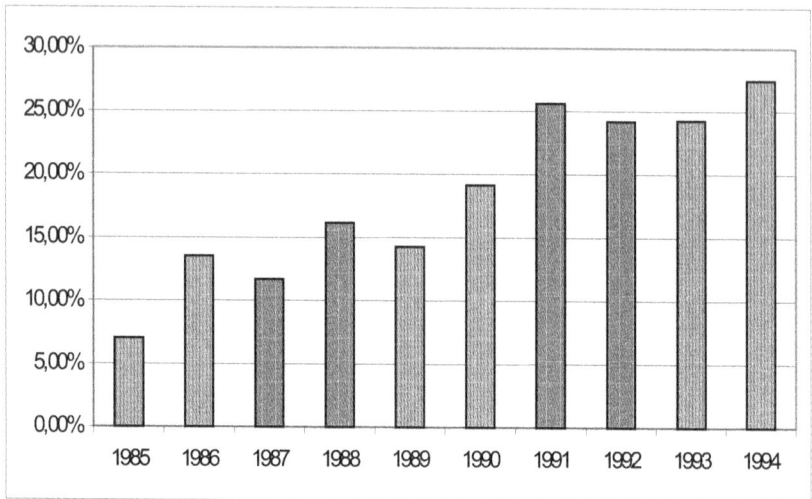

Quelle: BEAC (1994, 1998), IMF (1995b, 2000)

Für die Beurteilung eventueller Stabilitätsrisiken ist die Nettoauslandsposition inländischer NFI maßgeblich. Weiterhin hängt das Ausmaß dieser Risiken davon ab, welchen Anteil die Nettoauslandsverschuldung an der Gesamtverschuldung der NFI hat, also der Summe aus inländischen und ausländischen Verbindlichkeiten. Abbildung 15 zeigt die Entwicklung der Relation zwischen Nettoverbindlichkeiten inländischer privater NFI bei Banken im Ausland und Gesamtverschuldung zwischen 1985 und 1994[111]. Die Betrachtung zeigt, daß die Kreditaufnahme im Ausland

---

[111] Die Verschuldung inländischer NFI wird hier durch die Verbindlichkeiten gegenüber ausländischen Banken approximiert. Der IMF hat die Daten zu Auslandsverbindlichkeiten kamerunischer Nichtbanken lediglich für den Zeitraum bis 1994 publiziert; andere Quellen waren nicht verfügbar.

zugenommen hat: Von 1985 bis 1990 stieg die Quote von 7,0% auf 19,2%, im Folgejahr auf 25,6% und erreichte 1994 ein Maximum von 27,4%. In der Auslandsverschuldung inländischer Nichtbanken lagen demgemäß erhebliche Risiken für den kamerunischen Bankensektor.

Allerdings kann in der Auslandsverschuldung inländischer NFI kein auslösender Faktor für die Bankenkrise ab 1986 gesehen werden, weil die damit verbundenen Risiken erst dann wirksam werden, wenn tatsächlich abgewertet wird – das war aber erst 1994 der Fall[112]. Andererseits wurde 1995 ein zweites Sanierungsprogramm für den Bankensektor erforderlich. Die hohen Auslandsverbindlichkeiten haben demgemäß zumindest dazu beigetragen, die Krise zu verlängern.

5.2.3 Kapitalisierung

Maßstab für die Kapitalisierung von Banken sind in Kamerun die sog. Eigenmittel (fonds propres), die sich im wesentlichen aus dem Eigenkapital, Reserven, dem Gewinn- bzw. Verlustvortrag, Neubewertungsrücklagen und Pauschalwertberichtigungen zusammensetzen (COBAC 1993a). Der prozentuale Anteil der so definierten Eigenmittel an der Bilanzsumme des Bankensystems zeigt eine uneinheitliche Entwicklung (Abbildung 16): Nachdem der Wert 1985 bei 5,6% gelegen hat, erfolgte bis 1988 ein Anstieg bis auf 8,6%. Mit den ab 1989 eingeleiteten Maßnahmen zur Sanierung des Bankensystems – insbesondere durch Liquidationen und Rekapitalisierungen - stieg die Eigenmittelquote im Anschluß bis auf 17,4% 1991, sank aber bis 1995 wieder auf 7,6%. Nachdem im gleichen Jahr erneut ein Sanierungsprogramm aufgelegt wurde, stieg der Eigenmittelanteil 1996 auf 13,8%, nahm aber schon im Folgejahr auf 10,8% ab.

Eigenkapital bzw. Eigenmittel dienen in erster Linie als Puffer gegen eventuelle Verluste bzw. damit verbundene Liquiditätsabflüsse und beeinflussen damit die Solvenz des Bankensystems. Gleichzeitig soll das Risiko des Verlustes eigener Mittel die Tendenz des Managements bzw. der Anteilseigner zur Inkaufnahme höherer Risiken begrenzen. Eine objektiv „richtige" Höhe der Ausstattung mit Eigenmitteln läßt sich nicht bestimmen; ebenso steht ein theoretischer Nachweis des Zusammenhangs zwischen Eigenmittelquote und Insolvenzrisiko aus.

---

[112] Diese Argumentation impliziert die Annahme, daß Auslandsverbindlichkeiten jedenfalls überwiegend in FF denominiert waren. Diese Annahme erscheint aus zwei Gründen plausibel: Erstens entfallen mit festem Wechselkurs Währungsrisiken, die andernfalls abgesichert werden müßten. Das senkt die Kosten der Kapitalbeschaffung. Zweitens haben nur große kamerunische Unternehmen Zugang zu ausländischen Kapitalmärkten. Diese werden ihrerseits i.d.R. von französischen Gesellschaften kontrolliert.

Abbildung 16: Eigenmittel in % der Bilanzsumme, 1985-1997

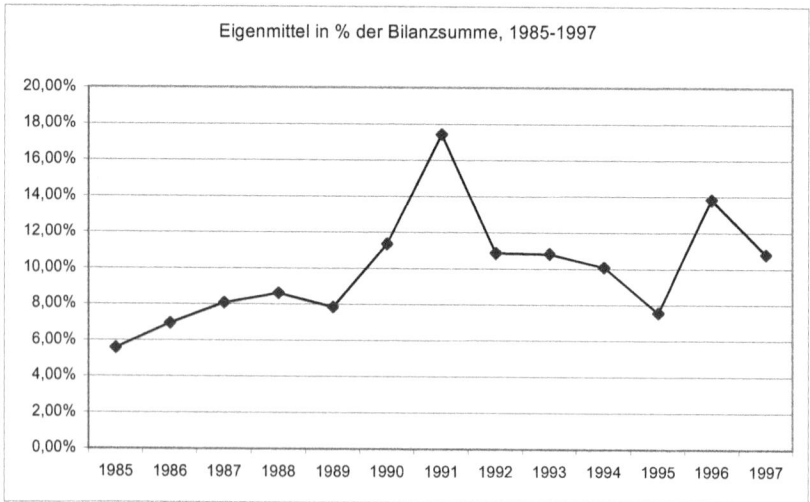

Eigenmittel in % der Bilanzsumme, 1985-1997

Quelle: BEAC (1994, 1998)

Festhalten läßt sich zunächst, daß nach Berücksichtigung an sich erforderlicher Wertberichtigungen das kamerunische Bankensystem bereits 1985 technisch insolvent und die Eigenmittelausstattung damit unzureichend war. Ob die relativ geringe Eigenmittelquote eine höhere Risikoneigung der Banken zur Folge gehabt hat und damit eine Ursache für den hohen Wertberichtigungsbedarf und die Insolvenz gewesen ist, läßt sich dagegen nicht eindeutig beurteilen. In den Jahren nach 1989 ist die Entwicklung der gesamten Eigenmittelausstattung des Bankensystems durch die verschiedenen Maßnahmen zur Sanierung des Bankensystems geprägt, so daß sich auch daraus keine gesicherten Aussagen über eventuelle Risikopotentiale, beispielsweise Tendenzen zur Substitution von Eigenmitteln durch Einlagen oder zur Inkaufnahme höherer Risiken, ableiten lassen.

5.3 Fazit

Das kamerunische Bankensystem war ab 1986 mit Liquiditäts- und Solvenzschwierigkeiten konfrontiert, die zu erheblichen Veränderungen der institutionellen Struktur geführt haben. Insgesamt wurden zwischen 1989 und 1997 zehn Banken liquidiert oder fusionierten mit anderen Instituten. Die Anzahl der in Kamerun vertretenen Institute sank im gleichen Zeitraum von zehn auf sieben.

Auslöser dieser Entwicklung waren in erster Linie der einkommensinduzierte Rückgang sowohl öffentlicher als auch privater Einlagen im Bankensystem, die mit sinkenden Staatseinnahmen eingeschränkte Zahlungsfähigkeit öffentlicher

Unternehmen und schließlich die zunehmenden Zahlungsrückstände des Staates gegenüber privaten Unternehmen, die ihrerseits nicht mehr in der Lage waren, Forderungen der Banken zu bedienen (so auch Bida-Kolika/Renamy-Lariot 1991, S. 109). Die Verknappung der Liquidität hat wiederum die bis dahin verdeckte Insolvenz großer Teile des Bankensektors zu Tage treten lassen. Ursächlich für die Systemkrise waren damit zu hohe Risiken, die die Kreditinstitute im Zuge der Darlehensvergabe bereits vor 1986 übernommen haben. Gleichzeitig hat sich die Qualität des Forderungsportfolios mit Beginn der Wirtschaftskrise weiter verschlechtert. Die grundlegende Sanierung des Bankensektors wurde damit unumgänglich.

Die genauere Betrachtung der wesentlichen Determinanten der Stabilität einzelner Banken bzw. des Bankensektors insgesamt – Liquidität, Qualität des Kreditportfolios und Eigenmittelausstattung – hat einige strukturelle Schwächen des kamerunischen Bankensystems aufgezeigt:

1. Das kamerunische Bankensystem war zwischen 1986 und 1990 einer Liquiditätskrise ausgesetzt. Ursache dafür war in erster Linie der Rückgang des Einkommens als wesentliche Determinante der Ersparnisbildung. Der höhere Bargeldumlauf als Ausdruck eines geringeren Vertrauens in den formellen Finanzsektor war demgegenüber von geringer Bedeutung, d.h. ein bank run hat nicht stattgefunden. Die Geschäftsbanken haben aber bis 1989 trotz der geringeren Depositenbasis ihr Aktivgeschäft nicht reduziert, sondern im Gegenteil noch ausweiten müssen, um zusätzliche Verluste zu vermeiden (distress borrowing). Die dadurch vergrößerte Liquiditätslücke hat die Stabilität des System zusätzlich beeinträchtigt.

2. Kamerunische Anleger haben in großem Umfang Guthaben bei ausländischen Banken gehalten. Gleichzeitig haben sich die mit der Wirtschaftskrise verbundenen Einkommensverluste nach 1986 stärker auf das Volumen inländischer Einlagen als auf Guthaben bei Banken im Ausland ausgewirkt. Der Anteil der Auslandsguthaben am gesamten Einlagevolumen nahm zu, d.h. daß das Refinanzierungspotential inländischer Banken geringer wurde. Das hat die Liquiditätskrise verstärkt.

3. Ein relativ großer Anteil der Einlagen entfiel auf den Staat bzw. öffentliche Unternehmen. Die Konzentration auf die öffentliche Hand als Refinanzierungsquelle führte einerseits zu einer Vernachlässigung der Mobilisierung privater Ressourcen und andererseits zu einem „Klumpenrisiko" auf der Passivseite, das mit sinkenden Staatseinnahmen und damit reduzierten Einlagen virulent wurde. Dadurch wurde die Liquiditätskrise ebenfalls verstärkt.

4. Aus der sektoralen Verteilung der Kreditvergabe läßt sich keine strukturelle Gefährdung der Stabilität des Systems ableiten. Die Kreditvergabe an den

öffentlichen Sektor war andererseits eine Ursache der Krise, da öffentliche Unternahmen überwiegend Verluste erwirtschaftet haben, die mit sinkenden Staatseinnahmen nicht mehr gedeckt werden konnten. Dementsprechend wurden diese Unternehmen zahlungsunfähig. Gleichzeitig hat die Zentralregierung selbst ebenfalls zunehmend Zahlungsrückstände aufgebaut. Darüber hinaus führen höhere Anteile des Staates am Darlehensvolumen dazu, daß die Qualität des Risikomanagements der Banken sinkt. Daraus entstanden zusätzliche Portfoliorisiken.

5. Die Kreditinstitute haben bereits vor 1986 versäumt, in ausreichendem Umfang Wertberichtigungen auf zweifelhafte bzw. uneinbringliche Forderungen zu bilden. Der hohe Anteil risikobehafteter Forderungen läßt den Schluß zu, daß die Risikobewertung bei der Kreditvergabe unzureichend war. Durch unrealistische Bilanzierungspraktiken konnten bilanzielle Verluste und die technische Insolvenz zudem verborgen werden. Erst mit der Kontraktion der Bankenliquidität wurde die deutlich eingeschränkte Werthaltigkeit des Forderungsportfolios offenbar.

6. Angesichts der hohen Ausfallrisiken war die Eigenmittelausstattung des Systems bereits vor 1986 unzureichend. Ob das Folge von moral hazard und möglicherweise eine Ursache für höhere Risikoneigung und die damit verbundene Verschlechterung der Qualität des Aktivportfolios war, läßt sich anhand der Entwicklung der Eigenmittelquote nicht eindeutig beurteilen. Darüber hinaus ist die Entwicklung der Eigenmittel in den Folgejahren von den vielfältigen Maßnahmen zur Sanierung des Bankensystems geprägt, so daß auch hier Rückschlüsse auf Risikopotentiale nicht möglich sind.

6. **REGULIERUNGSPRAXIS, RECHTLICHE RAHMENBEDINGUNGEN UND STABILITÄT DES BANKENSYSTEMS IN KAMERUN**

Im folgenden werden die Zusammenhänge zwischen Regulierungspraxis einerseits und der Stabilität des Bankensystems in Kamerun andererseits untersucht. Ausgangspunkt der Betrachtung sind dabei die im vorangehenden Abschnitt identifizierten Ursachen der Bankenkrise. Demgemäß werden die Auswirkungen staatlicher Regulierung auf Liquidität, Kapitalisierung, Qualität des Forderungsportfolios und Wertberichtigungspraxis analysiert. Dabei wird nach den in Teil I dieser Arbeit genannten Gruppen staatlicher Eingriffe unterschieden: Reglementierung, die die Stabilisierung des Bankensystems zum Gegenstand hat, staatliche Versuche der Beeinflussung der Kapitalallokation zur Förderung der wirtschaftlichen Entwicklung und schließlich die rechtlichen Rahmenbedingungen, die als Regulierung in weiterem Sinne aufzufassen sind. Da Kamerun der Franc-Zone angehört, ist die Regierung nicht in der Lage, die Regulierung des Bankensektors autonom zu gestalten. Vielmehr verfügt die gemeinsame Notenbank über eine Reihe von Entscheidungsbefugnissen, die ihrerseits Auswirkungen auf Stabilität und Effizienz des Bankensektors haben. Bevor auf staatliche Eingriffe auf nationaler Ebene eingegangen wird, sollen daher zunächst die Funktionsweise der Franc-Zone und eventuelle Implikationen für die Stabilität des Bankwesens diskutiert werden.

Ab 1990 haben BEAC und die kamerunische Regierung Reformen der Bankenaufsicht, der Regulierung der Geschäftstätigkeit von Kreditinstituten und der monetären Steuerung vorgenommen, die u.a. Ausdruck der Erkenntnis waren, daß die Ursachen für die Bankenkrise jedenfalls zu großen Teilen nicht konjunktureller, sondern struktureller Natur waren. Nach anfänglichem Zögern wurde auch von offizieller Seite eingestanden, „[...] daß die Ineffizienz der Überwachung, die Einflußnahme durch den Staat, Verzögerungen bei der Rückführung von Forderungen im Wege rechtlicher Maßnahmen und erhebliche Probleme im Management Ursachen der Bankenkrise sind [...]" (CNC 1994, S. 43, Übers. d. Verf.). Mit Blick auf den Bankensektor betrafen die Reformen sechs zentrale Bereiche:

1. die stärkere Ausrichtung der Geldmengenpolitik der BEAC an makroökonomischen Variablen ab 1991;

2. die Aufgabe der selektiven Kreditlenkung über nach Sektoren gestaffelte Diskontsätze ab 1990;

3. die (weitgehende) Liberalisierung der Zinsen auf nationaler Ebene ab 1990;

4. den Verzicht auf Mindestbeteiligungen des Staates an Banken ab 1990;

5.   die   Übertragung   der   Zuständigkeit   für   die   Bankenaufsicht   auf   ein supranationales Gremium, die „Commission Bancaire de l'Afrique Centrale" (COBAC) ab 1992 sowie

6.   die Neuformulierung und Erweiterung der aufsichtsrechtlichen Normen 1993.

Strukturelle Ursachen für die Krise des kamerunischen Bankensektors sind in der vor 1990 geltenden Regulierungspraxis zu suchen. Die folgende Untersuchung soll die Schwächen des regulatorischen Umfelds vor 1990 aufzeigen und die danach unternommenen Veränderungen im Hinblick auf ihren Beitrag zur Förderung der Stabilität des Bankensystems kritisch hinterfragen.

Die   Herstellung   kausaler   Zusammenhänge   zwischen   der   Krise   des Bankensektors in Kamerun und staatlicher Regulierung wird dadurch erschwert, daß Bilanzen der einzelnen Institute, die Aussagen über die Eigenkapitalsituation, eventuelle Risikokonzentrationen etc. zulassen würden, nicht verfügbar sind. Theoretisch sind Banken zwar gehalten, diese Unterlagen beim Handelsregister zu hinterlegen, praktisch wurde diese Anforderung aber zumindest teilweise ignoriert. Zudem sind Bilanzen, so sie denn beim Handelsregister oder der BEAC deponiert wurden, für die Öffentlichkeit nicht zugänglich. Der auch in Kamerun bestehenden Publizitätspflicht kommen Kreditinstitute zwar durch Veröffentlichung einer Bilanz in der   regierungseigenen   Zeitung   „Cameroon   Tribune"   nach.   Diese   Angaben beschränken sich aber auf eine Übersicht über wesentliche Positionen der Bilanz und der Gewinn- und Verlustrechnung (GuV) und sind daher als Grundlage für eine detaillierte Beurteilung der Entwicklung einzelner Banken ungeeignet. Demgemäß basiert die folgende Analyse auf aggregierten Daten aus verschiedenen Quellen, insbesondere auf Angaben der BEAC. Soweit möglich, wird die Untersuchung durch Kenntnisse des Verfassers aus seiner Tätigkeit für die DEG untermauert, in deren Rahmen er von 1997 bis 2000 regelmäßig an Verwaltungsratssitzungen zweier kamerunischer Geschäftsbanken teilgenommen hat.

6.1   Implikationen der Zugehörigkeit zur Franc-Zone für die Stabilität des Bankensystems in Kamerun

Die Zugehörigkeit zur Franc-Zone hat in zweierlei Hinsicht Auswirkungen auf die   Stabilität   des   Bankensystems: Erstens   beeinflußt   die   Geldpolitik   der gemeinsamen Zentralbank die Kreditvergabe im Inland, die Auslandsverschuldung inländischer NFI und Banken sowie die Mobilisierung von Einlagen. Im Hinblick auf die oben erläuterten Ursachen der Krise des Bankensystems könnte diese Politik dann   als   destabilisierend   betrachtet   werden,   wenn   sie   entweder   eine Verschlechterung der Qualität des Forderungsportfolios bewirkt und/oder den Liquiditätsengpaß im Bankensystem ab 1986 begünstigt hätte. Zweitens können aus dem Wechselkursregime unabhängig von der Geldpolitik der BEAC destabilisierende Effekte entstehen.

Im folgenden wird daher zunächst auf die Funktionsweise der Franc-Zone, die geldpolitischen Instrumente der BEAC und eventuelle Auswirkungen der Geldpolitik auf die Stabilität des kamerunischen Bankensektors eingegangen. Dabei werden sowohl die bis 1990 geübte geldpolitische Praxis als auch die Veränderungen dargestellt, die mit den oben bereits angesprochenen Reformen verbunden waren. Anschließend werden potentielle Risiken des festen Wechselkurses für das Bankensystem im Hinblick auf die Krise ab 1986 diskutiert[113].

6.1.1 Konstitutive Elemente der zentralafrikanischen FCFA-Zone

Neben Kamerun sind Gabun, Kongo-Brazzaville, der Tschad, Niger und Äquatorial-Guinea Mitglied der zentralafrikanischen Franc-Zone. Basis für die monetäre Kooperation, deren Anfänge auf die Zeit des französischen Mandats zurückgehen, sind Verträge der afrikanischen Mitgliedsstaaten untereinander einerseits (22.11.1972) und eine gemeinsame Vereinbarung mit Frankreich andererseits (23.11.1972)[114].

Die monetäre Kooperation beruht auf vier zentralen Elementen (Gérardin 1994; Ngogang 1982; Titre II der Convention de coopération monétaire entre les Etats membres de la banque des Etats de l'Afrique centrale (BEAC) et la République Française vom 23.11.1972):

1. der fixen Parität des FCFA zum französischen Franc (FF) bzw. seit 1999 zum Euro;

2. der vollen Konvertibilität des FCFA gegenüber dem FF bzw. dem Euro;

3. der gemeinsamen Verwaltung eines Großteils der Devisenreserven aller afrikanischen Mitgliedsländer durch den französischen Trésor (also nicht die Banque de France (BdF)) und

4. der Freiheit des Kapitalverkehrs innerhalb des Währungsraumes.

Der Wechselkurs zwischen FF und FCFA wird zwischen Frankreich und den Mitgliedsländern der Franc-Zone vertraglich festgelegt. Veränderungen der Parität setzen entsprechende Verträge zwischen den Mitgliedsstaaten voraus, wobei die Entscheidung letztlich der französischen Regierung obliegt (Art. 12). Der nominale Wechselkurs war zwischen 1948 und 1994 unverändert (0,02 FF = 1 FCFA), bevor

---

[113] In einem Festkurssystem steigen generell die Anforderungen an die nationale Wirtschafts- und Finanzpolitik, da der Wechselkurs nicht als Korrektiv fungieren kann. Die Untersuchung beschränkt sich hier auf die unmittelbaren Auswirkungen der festen Parität auf die Stabilität des Systems.

im Januar 1994 angesichts der anhaltenden Wirtschaftskrise in den afrikanischen Mitgliedsländern eine 50%ige Abwertung (0,01 FF = 1 FCFA) unumgänglich wurde.

Die volle Konvertibilität des FCFA gegenüber dem FF – und damit auch gegenüber anderen Währungen[115] - wird durch den französischen Trésor garantiert. Zentraler Mechanismus zur Sicherstellung der Konvertibilität ist das sog. „compte d'opérations" der BEAC beim Trésor. Sämtliche Mitgliedsstaaten sind verpflichtet, mindestens 65% ihrer Devisenreserven auf diesem Konto zu deponieren. Im Gegenzug übernimmt die französische Regierung die unbegrenzte Garantie für alle Verbindlichkeiten der BEAC. Im Prinzip räumt das französische Finanzministerium der BEAC damit die Möglichkeit zur unbegrenzten Überziehung des compte d'opérations ein (Engberg 1977, S.202). Falls also die Guthaben der BEAC auf dem compte d'opérations nicht ausreichen, um fällige Devisenverbindlichkeiten zu begleichen, ist das französische Finanzministerium verpflichtet, die Deckungslücke zu schließen. Voraussetzung dafür ist wiederum, daß

a)   sämtliche außerhalb der Franc-Zone gehaltenen Devisenreserven vorher zur Deckung herangezogen wurden und

b)   sich die BEAC gegen Hergabe von FCFA die Devisenguthaben der in der Emissionszone der BEAC ansässigen Kreditinstitute ebenfalls angeeignet und zur Deckung des compte d'opérations herangezogen hat (Ngogang 1982, S. 35).

Lediglich dann noch verbleibende Zahlungsverpflichtungen übernimmt der französische Trésor, wobei die BEAC für Überziehungen des compte d'opérations nach der Höhe des Defizits gestaffelte Zinssätze zu zahlen hat.

De facto war die Konvertibilität des FCFA allerdings Einschränkungen unterworfen: Zwischen 1987 und 1993 beispielsweise legte die Banque de France Obergrenzen für den Betrag an FCFA fest, den ein Unternehmen oder eine Einzelperson pro Tag in FF tauschen konnte[116]. Seit 1993 verweigert die BEAC zudem den Ankauf von im Ausland gehaltenen FCFA-Barbeständen gegen FF. Offizielle Begründung dafür ist die Verhinderung der Kapitalflucht durch den Transfer von Barmitteln, die bereits seit Anfang 1990 aufgrund von Abwertungserwartungen erhebliche Ausmaße angenommen hatte (Monga 1997, S. 100).

---

[114] Eine detaillierte Darstellung der historischen Entwicklung und der Funktionsprinzipien sowohl der west- als auch der zentralafrikanischen FCFA-Zone findet sich bei König (2001).

[115] Der FCFA wird auf den internationalen Devisenmärkten nicht gehandelt. Jede internationale Transaktion zwischen den Ländern der FCFA-Zone und Drittländern wird damit über den FF abgewickelt.

[116] Laut Monga (1997, S. 100) waren zudem Abschläge von 5% bis 20% die Regel – die Parität zwischen FF und FCFA war damit nicht mehr fix.

Um weiterhin aus der Konvertibilitätsgarantie eventuell resultierende Belastungen für den französischen Haushalt zu vermeiden, ist die BEAC insbesondere zwei Beschränkungen unterworfen: Erstens dürfen Kredite der Notenbank an den öffentlichen Sektor in Mitgliedsländern 20% der inländischen Steuereinnahmen des Vorjahres nicht überschreiten, um inflationäre Impulse und damit Druck auf die Parität des FCFA zu vermeiden (Art. 21 und 22 der BEAC-Statuten). Zweitens müssen geeignete Maßnahmen – das betrifft insbesondere die Kürzung der Rediskontplafonds - ergriffen werden, wenn der Saldo des compte d'opérations der BEAC 20% ihrer Sichtverbindlichkeiten unterschreitet.

6.1.2 Organe der monetären Kooperation

Bis zur Gründung der zentralafrikanischen Wirtschafts- und Währungsunion CEMAC im Jahre 1994 war das „Comité monétaire mixte" oberstes Organ der monetären Kooperation, das sich aus den Finanzministern aller Mitgliedsländer – also der afrikanischen Staaten und Frankreichs - zusammensetzte (Art. 3 und 4 der Convention vom 23.11.1972). Dieses Gremium diente der Abstimmung der nationalen Wirtschafts- und Kreditpolitiken und allgemein der Überwachung der korrekten Umsetzung der Vertragsvereinbarungen. Darüber hinaus waren dem Komitee alle Verträge mit ausländischen Regierungen oder Zentralbanken zur Billigung vorzulegen, die „die Verpflichtungen der gemeinsamen Zentralbank BEAC" tangieren (Ndeffo Fongue 1997, S. 22). Die Vertragstexte der CEMAC sehen nunmehr einen Ministerausschuß als Gemeinschaftsorgan für die monetäre Kooperation vor, in den jedes Mitgliedsland den Finanz- und einen weiteren Minister entsendet und der „in den einzelnen Mitgliedsstaaten die jeweilige Ausrichtung der Wirtschaftspolitik" untersucht und kontrolliert sowie „deren Konsistenz mit der gemeinschaftlichen Geldpolitik" sichert (König 2001, S. 68).

Neben dem Währungskomitee bzw. dem Ministerausschuß ist die BEAC Organ der monetären Kooperation zwischen Frankreich und den Mitgliedern der Franc-Zone (Art. 3 der Convention vom 23.11.1972), indem sie einerseits als Emissionsinstitut für alle afrikanischen Mitgliedsländer fungiert und andererseits über das o.a. compte d'opérations beim französischen Trésor verfügt. Die BEAC wird von einem 13-köpfigen Verwaltungsrat geleitet, wobei Kamerun über vier Sitze und Frankreich über drei Sitze verfügen. Der Verwaltungsrat ernennt seinerseits einstimmig den Gouverneur, der gemeinsam mit seinem Stellvertreter ein Exekutivkomitee bildet, das mit der Abwicklung des Tagesgeschäfts betraut ist. Die BEAC bestimmt auf Basis der Vorschläge der nationalen Währungskomitees bzw. der nationalen Krediträte (s.u.) das Refinanzierungsvolumen für die gesamte Emissionszone und teilt den einzelnen Mitgliedsländern, einzelnen Banken und (bis 1994) auch Unternehmen als Endkreditnehmern entsprechende Quoten zu.

Für die Geld- und Kreditpolitik waren daneben bis 1994 die „Comités monétaires nationaux" von zentraler Bedeutung. Diese Gremien setzten sich aus den nationalen Vertretern im Verwaltungsrat der BEAC sowie drei weiteren, von der jeweiligen Regierung ernannten Mitgliedern zusammen. Wesentliche Funktion der nationalen Währungskomitees war bis zu den Reformen der Geldpolitik ab 1990 die Schätzung des nationalen Kreditbedarfs sowie die Festlegung von Refinanzierungskontingenten für einzelne Banken und Unternehmen. Diese Refinanzierungsplafonds wurden dem Verwaltungsrat der BEAC von den nationalen Währungskomitees vorgeschlagen und dann von ersterem verabschiedet (Gérardin 1994, S. 339). Mit Gründung der CEMAC 1994 sind die verbleibenden Aufgaben des nationalen Währungskomitees – primär ein Vorschlagsrecht für den maximalen Refinanzierungsspielraum des jeweiligen Landes bei der BEAC gegenüber dem Verwaltungsrat der BEAC - auf die „Conseils Nationaux du Crédit" übertragen worden.

Die Geschäftstätigkeit der BEAC wird vom dreiköpfigen „Collège de censeurs" kontrolliert, dessen Mitglieder von Kamerun, Gabun und Frankreich benannt werden. Das „Collège de censeurs" nimmt ohne Stimmrecht an den Sitzungen des Verwaltungsrates der BEAC teil. Seit 1991 ist schließlich die COBAC ebenfalls Organ der monetären Kooperation. Aufgabe der COBAC, die ihre Tätigkeit 1992 aufgenommen hat, ist die Bankenaufsicht auf supranationaler Ebene.

6.1.3 Geldpolitik in der Franc-Zone

In einem System fester Wechselkurse und voller Konvertibilität hat die Zentralbank grundsätzlich keine Kontrolle über die inländische Geldmenge, da Ungleichgewichte in der Zahlungsbilanz unmittelbar zu Veränderungen der verschiedenen Komponenten dieser Größe führen - im Falle von Devisenüberschüssen nimmt die inländische Geldmenge zu, andernfalls ab[117]. Zudem haben die Mitgliedsstaaten der zentralafrikanischen FCFA-Zone die Möglichkeit, sich - in begrenztem Umfang - bei der BEAC zu verschulden. Auch dadurch wird die Kontrolle der Geldmengenentwicklung durch die Notenbank erschwert. Schließlich ist die BEAC zwar formal von Frankreich unabhängig, unterliegt aber aufgrund der Vereinbarungen zur monetären Kooperation faktisch

---

[117] Die Notenbank hätte theoretisch die Möglichkeit, die durch Devisenan- oder –verkäufe induzierte Veränderung der monetären Basis zu neutralisieren. Das ist aber allenfalls kurzfristig möglich, weil restriktive Maßnahmen als Reaktion auf Devisenüberschüsse – Anhebung des Diskontsatzes, Ankauf von Offenmarktpapieren etc. – Zinserhöhungen zur Folge haben, die ihrerseits weitere Kapitalzuflüsse motivieren können. Im Falle von Devisendefiziten müßte die Notenbank expansive Maßnahmen ergreifen, die aber ihrerseits die Tendenz zu Zinssenkungen im Inland verstärken und weitere Kapitalabflüsse bewirken können (vgl. z.B. Issing 1992, S. 221).

„dem Devisen-, Zins- und Geldmengendiktat der Banque de France" (Winter 1994, S. 174) bzw. der EZB.

Die Länder der BEAC-Zone wiesen zwischen Ende der 70er Jahre und 1983 durchgehend Zahlungsbilanzüberschüsse auf, so daß die Reserveposition der BEAC auf dem compte d'opérations positiv war und erheblich über der vertraglich fixierten Mindestgrenze von 20% der Sichtverbindlichkeiten der Notenbank lag (vgl. z.B. Nkodia 1987, S. 23 f.). Gleichzeitig waren die Wachstumsraten positiv und die Inflationsraten verglichen mit dem Leitwährungsland Frankreich moderat, daher entstand auch aus der mit Zahlungsbilanzüberschüssen einhergehenden Expansion der Geldmenge kein Druck auf die Parität zum FF. Die Geldpolitik der BEAC war dementsprechend bis Mitte der 80er Jahre nicht Ausdruck aktiver monetärer Steuerung, sondern beschränkte sich auf die Deckung der von den nationalen Währungskomitees angemeldeten Liquiditätsbedürfnisse.

Darüber hinaus sollte die BEAC - wie auch andere afrikanischen Zentralbanken vor allem seit Beginn der 70er Jahre – eine aktive Rolle bei der Förderung der wirtschaftlichen Entwicklung in den Mitgliedsstaaten spielen: „The central banks are expected to play a large and decisive part in national development not only by using their reserve-creating powers [...], but also by performing specific functions such as setting interest rates [...]. The new central banks have thus been structured to perform many of the functions which in financially more-developed countries are normally performed by money and capital markets [...]" (Engberg 1977, S. 199 f.). Dieser „Entwicklungsauftrag" führte dazu, daß die BEAC bis Mitte der 80er Jahre eine Niedrigzinspolititk betrieb, die die Investitionstätigkeit stimulieren und damit zu höheren Wachstumsraten führen sollte (Bida-Kolika/Renamy-Lariot 1991, S. 101). Zusätzlich hat die Notenbank durch Differenzierung der Zinssätze (bis 1990) und der Rediskontkontingente (bis 1994) nach qualitativen Kriterien eine selektive Kreditpolitik betrieben, um die Entwicklung prioritärer Sektoren - v.a. Landwirtschaft, Wohnungsbau, Kleingewerbe und Kooperativen - gezielt zu fördern. In Verbindung mit den im Rahmen der monetären Kooperation vertraglich vereinbarten Beschränkungen der Handlungsfreiheit der Zentralbank bewirkte die Ausrichtung der Geldpolitik auf Wirtschaftsförderung, daß die Geldmengenentwicklung aus Sicht der Notenbank von untergeordneter Bedeutung war. Bis 1990 hat die BEAC keine Geldmengenziele bekanntgegeben; die Geldpolitik beschränkte sich darauf, „den im Vorfeld (nach prioritären Sektoren, Anm. d. Verf.) bestimmten Kreditbedarf zu decken" (Ossie 1994, S. 176, Übers. d. Verf.) und hatte damit akkomodierenden Charakter[118]. Das Secrétariat du Comité Monétaire de la Zone Franc (SCM 1985, S. 96) konstatiert, daß „die gewöhnlichen Instrumente der Geldpolitik, mit Ausnahme

---

[118] Anders Bekolo-Ebe (1986b), der die unter den Bedingungen der Franc-Zone nur sehr eingeschränkt autonome Geldpolitik der BEAC als wachstumshemmend betrachtet.

derer, die auf eine quantitative und selektive Kreditlenkung abzielen, im allgemeinen wenig genutzt wurden" (Übers. d. Verf.).

Aus den obigen Ausführungen zu den Organen der monetären Kooperation ergibt sich weiterhin, daß die Kompetenzen bei der geldpolitischen Steuerung nicht allein bei der BEAC liegen, sondern nationale Gremien – insbesondere die bis 1994 existierenden nationalen Währungskomitees - erheblichen Einfluß auf die Entscheidungen der Zentralbank hatten. Zudem verfügten die nationalen Krediträte über Kompetenzen beispielsweise bei der Begrenzung der Soll- und Habenzinssätze und der Zinsmargen der Geschäftsbanken, so daß der Einfluß der Geldpolitik auf die nationalen Zinsniveaus zumindest bis zu den Reformen von 1990 eingeschränkt war[119]. Da die BEAC als regionale Zentralbank nicht der Kontrolle einer einzelnen Regierung unterliegt und somit die Geldpolitik zur Verfolgung nationaler Entwicklungsziele nur eingeschränkt eingesetzt werden konnte, war die Übertragung von Kompetenzen auf nationale Gremien zwar in diesem Sinne folgerichtig. Die Beschränkung des Einflusses der Notenbank und die Forderung nach Wachstumsförderung durch geldpolitische Maßnahmen hat aber die Effektivität der Geldpolitik im Hinblick auf ihre eigentlichen Aufgabe – nämlich Sicherung eines stabilen Preisniveaus - eingeschränkt. Zudem sind aus dem Nebeneinander von regionalen und nationalen Zuständigkeiten relativ komplexe Regulierungsstrukturen im Bankensektor entstanden.

Die BEAC verfügt über zwei zentrale geldpolitische Instrumente: einerseits die Zinspolitik, andererseits die quantitative und qualitative Kreditkontrolle über globale und individuelle Rediskontkontingente (Bida-Kolika/Renamy-Lariot 1991, S. 100). Auf die nach den Statuten mögliche Erhebung von Mindestreserven hat die Notenbank – mit einer Ausnahme in Gabun zwischen 1977 und 1979 – verzichtet; Offenmarktpolitik ist bei Abwesenheit entsprechender Märkte nicht möglich. Die Refinanzierung der Geschäftsbanken erfolgt über Rediskontierung von Kreditforderungen[120]. Die Höhe der Rediskontplafonds, die von der BEAC eingeräumte „Ziehungsrechte" der Banken darstellen, richtete sich bis 1990 nicht nach den makroökonomischen Rahmenbedingungen in der Emissionszone, sondern letztlich nach dem von den Banken in den Mitgliedsländern angemeldeten Finanzierungsbedarf. Die Vorschläge der jeweiligen nationalen Währungskomitees wurden vom Verwaltungsrat der BEAC in aller Regel unverändert verabschiedet. Gleichzeitig versuchte die BEAC – wie oben bereits erwähnt -, der Forderung nach aktiver Unterstützung der wirtschaftlichen Entwicklung in den Mitgliedsländern durch

---

[119] Die nationalen Krediträte haben mit Gründung der CEMAC 1994 die Aufgaben der nationalen Währungskomitees übernommen, waren als Institutionen aber schon vorher existent.
[120] Die BEAC selbst spricht von „Mobilisierung" der Forderungen.

qualitative und quantitative Differenzierung der Rediskontsätze und –kontingente nachzukommen.

Mit dem ab 1986 einsetzenden Verfall der Weltmarktpreise für die Hauptexportprodukte der zentralafrikanischen FCFA-Länder und der nominalen Aufwertung des FCFA gegenüber dem Dollar verschlechterte sich die Reserveposition der BEAC erheblich. 1987 und 1988 wurde die im Rahmen der monetären Kooperation mit Frankreich vorgesehene Mindestrelation zwischen Devisenreserven und Sichtverbindlichkeiten der Zentralbank unterschritten. Die BEAC war damit gezwungen, die Prioritäten ihrer Politik neu zu definieren: Mit den Reformen von 1990 trat die Wiederherstellung und dauerhafte Sicherung der sog. „couverture monétaire extérieure", also die Einhaltung des o.g. Reservekoeffizienten, auch offiziell als monetäre Zielvariable in den Vordergrund, während der Unterstützung des Wirtschaftswachstums nur noch nachrangige Bedeutung eingeräumt wurde (Ossie 1994, S. 179).

Zentrales geldpolitisches Instrument blieben auch nach 1990 die Rediskont- bzw. Refinanzierungskontingente, die ihrerseits die Kreditschöpfungskapazität des Bankensektors determinieren sollen, und die Diskontsatzpolitik. Die Ermittlung der Kontingente erfolgt nunmehr auf Basis der sogenannten „programmation monétaire" - die BEAC leitet dabei aus Prognosen über die Entwicklung des BIP, der Zahlungsbilanz und der Staatshaushalte ein Wachstumsziel für das inländische Kreditvolumen ab (Gérardin 1994, S. 343)[121]. Da weiterhin die Entwicklung sowohl der Devisenreserven direkt (über Kapitalexporte bzw. –importe) als auch des inländischen Kreditvolumens (über die Anreize für Banken, sich in Frankreich zu verschulden und die Mittel zur Ausdehnung der inländischen Kreditvergabe zu verwenden) maßgeblich von der Relation zwischen den inländischen und französischen Zinssätzen abhängt, orientiert die BEAC ihre eigene Zinspolitik seit 1990 einerseits primär an der Entwicklung in Frankreich und empfahl andererseits den nationalen Kreditkomitees, die Zinsen zu liberalisieren. Dieser Empfehlung wurde teilweise Folge geleistet; seit Ende 1990 sind in Kamerun lediglich Unter- bzw. Obergrenzen für die Verzinsung von Einlagen und Krediten vorgegeben.

Mit der Einführung eines Geldmarktes (marché monétaire) 1994 hat sich die Rediskontpraxis erneut geändert. Die bis dahin strikt einzuhaltenden Plafonds wurden durch ein „Refinanzierungsziel" ersetzt (SCM 1995, S. 98). Dadurch soll die Geldpolitik insgesamt flexibler werden. Gleichzeitig wurde den Banken die Möglichkeit eingeräumt, verzinsliche Guthaben bei der Notenbank zu halten und ihre

---

[121] Seit 1991 veröffentlicht die BEAC zudem eine Zielgröße für die Geldmenge M2 (König 2001, S. 75).

ZBG-Guthaben untereinander zu handeln. Die BEAC finanziert damit nur noch den Netto-Liquiditätsbedarf des Systems.

6.1.3.1 Quantitative und qualitative Kreditlenkung durch Rediskontkontingente

Die Ermittlung der Refinanzierungskontingente erfolgt in zwei Schritten: Zunächst werden die jedem Mitgliedsland zuzuteilenden globalen Plafonds auf Vorschlag der nationalen Währungskomitees bzw. seit 1994 der nationalen Krediträte vom Verwaltungsrat der BEAC beschlossen. Diese werden in einem zweiten Schritt - wiederum auf Vorschlag des nationalen Kreditrates - auf einzelne Banken, die öffentliche Hand und (bis 1994) einzelne Unternehmen verteilt (SCM 1985, S. 96).

Kredite der BEAC an Mitgliedsstaaten können kurz- oder mittelfristige Laufzeiten aufweisen, wobei kurzfristige Forderungen entweder direkt oder aus der Rediskontierung staatlicher Schuldverschreibungen, die ihrerseits von Banken gehalten werden, entstehen. Die mittelfristige Kreditvergabe an die öffentliche Hand betrifft dagegen ausschließlich Schuldverschreibungen, die zuvor vom Staat zur Finanzierung von Investitionsvorhaben begeben und von Banken erworben wurden. Forderungen der BEAC gegen einzelne Mitgliedsstaaten dürfen nach den Statuten der Zentralbank 20% der ordentlichen Steuereinnahmen des Vorjahres nicht überschreiten (Art. 21 und 22 der BEAC-Statuten).

Voraussetzungen für die Rediskontierung von Forderungen gegen private Kreditnehmer sind ein von der BEAC vor der Kreditgewährung akzeptierter Darlehensnehmer und die Mitverpflichtung der Gläubigerbank gegenüber der Notenbank. Im Ergebnis entspricht das der Rediskontierung von Wechseln mit „zwei erstklassigen Unterschriften" (Ngogang 1982, S.79). Im Falle der Rediskontierung von Forderungen der Banken gegen die öffentliche Hand muß die BEAC vorher ihre Zustimmung zur Kreditgewährung gegeben haben (Art. 19 der BEAC-Statuten). Sowohl bei der Kreditvergabe an Unternehmen bzw. Privatpersonen als auch bei der Finanzierung des Staates beinhaltet damit die quantitative Steuerung über Refinanzierungskontingente über die Genehmigungspflicht bereits ein qualitatives Element: Die Zentralbank entscheidet darüber, ob einzelne Kredite gesamtwirtschaftlich sinnvoll und damit refinanzierungswürdig sind.

Neben der quantitativen Kontrolle mittels globaler Refinanzierungskontingente hat die BEAC bis 1994 weiterhin eine Politik der qualitativen Kreditlenkung verfolgt. Dabei kamen drei Methoden zur Anwendung (SCM 1993, S. 85 f.):

1. Für einzelne Unternehmen wurden individuelle Refinanzierungslimits festgelegt, die sich nach dem Sektor, in dem das betreffende Unternehmen tätig war, und nach den bilanziellen Verhältnissen richteten.

2. Je nach Sektor wurde der refinanzierungsfähige Anteil von Darlehensforderungen begrenzt. Von Banken beispielsweise für den Immobilienerwerb gewährte Kredite wurden nur teilweise von der Notenbank refinanziert.

3. Kurzfristige Kredite für die Landwirtschaft (crédits de campagne), die der Vorfinanzierung von Saatgut, Düngemitteln etc. dienen, wurden nicht auf die den Banken eingeräumten individuellen Refinanzierungsplafonds angerechnet.

Durch die Refinanzierungsbeschränkung bzw. -begünstigungen sollte die Entwicklung prioritärer Wirtschaftszweige gefördert werden (Bida-Kolika/Renamy-Lariot 1991, S. 102). Um sicherzustellen, daß dieses Ziel auch erreicht wurde, hat die BEAC einen sogenannten „coefficient d'emploi des dépôts en crédits non réescomptables" festgelegt, also eine Relation zwischen Einlagen und nicht rediskontfähigen Darlehensforderungen. Danach durfte die Summe dieser Forderungen 25% der Sichteinlagen und 50% der Termineinlagen nicht überschreiten[122]. Bis 1990 galt diese Relation als verbindliche Vorgabe, seit 1991 hat sie nur noch nachrichtlichen Charakter.

Mit den Reformen von 1990 (in Kamerun effektiv seit September 1991) hat sich die quantitative Steuerung durch die BEAC erheblich verändert: Zwar werden nach wie vor globale Refinanzierungsplafonds festgelegt – seit 1994 nur noch als Zielgrößen -, jedoch nunmehr auf der Basis von Schätzungen der Entwicklung makroökonomischer Größen (SCM 1991, S. 77 f.). Die Geldpolitik der Zentralbank ist damit „aktiver" geworden, nachdem die Planung des Kreditvolumens zuvor lediglich auf den von den Währungskomitees angemeldeten Refinanzierungsbedürfnissen basierte und damit passiven Charakter hatte. Weiterhin reduzierte der Verzicht auf die Relation zwischen Einlagen und nicht rediskontfähigen Forderungen als bindende Vorgabe für Banken zwar das Ausmaß der Kreditlenkung. Dennoch führten die Versuche der BEAC, die Ressourcenverwendung über die qualitative Differenzierung der Rediskontplafonds zu beeinflussen, zu allokativen Verzerrungen. Erst 1994 hat die BEAC diese Politik der selektiven Kreditlenkung endgültig aufgegeben.

Die Entwicklung der Verbindlichkeiten des Bankensystems gegenüber der BEAC zeigt, daß der Einfluß der Refinanzierungsplafonds auf die Kreditvergabe relativ gering war. Abbildung 17 stellt zunächst die Entwicklung der Relation zwischen Verbindlichkeiten gegenüber der Zentralbank und Kreditvergabe an inländische NFI dar. Eine Verringerung diese Quote bedeutet einen reduzierten Rückgriff auf die Rediskontierung von Forderungen bei der Notenbank. Der Anteil der von der BEAC refinanzierten Kredite am gesamten Darlehensvolumen stieg zwischen 1985 und 1987 zunächst von 13,5% auf 29,6% - Ausdruck des Liquiditätsengpasses im Bankensektor ab 1986. Zwischen 1987 und 1989 konnte der Liquiditätsabfluß teilweise durch höhere Einlagen der öffentliche Hand und zunehmende Verschuldung des Bankensystems im Ausland kompensiert werden, die Quote nahm dementsprechend wieder auf 24,6% ab. Der Rückgang auf 11,3% 1991 resultiert aus den Maßnahmen zur Sanierung des Bankensektors; danach sank die Quote durchgehend und erreichte 1997 0,94%.

Abbildung 17: Verbindlichkeiten gegenüber der BEAC in % der Kreditvergabe an inländische NFI, 1985-1997

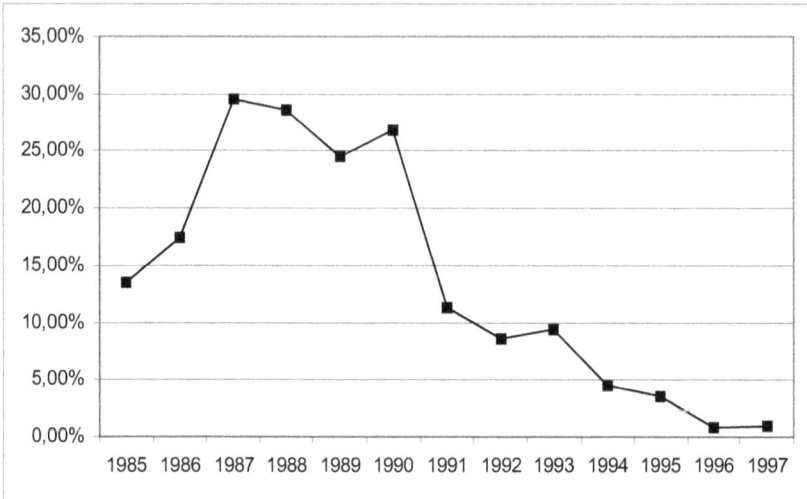

Quelle: BEAC (1994,1998)

Abbildung 18 zeigt die Entwicklung der Refinanzierungsplafonds einerseits und der Inanspruchnahme von Notenbankkrediten durch das Bankensystems

---

[122] Der Koeffizient wurde de facto regelmäßig von den Banken überschritten, ohne daß damit Sanktionen verbunden waren (Gérardin 1994, S. 340 f.). Das dürfte als Indiz dafür zu werten sein, daß sich die Kreditgewährung der Geschäftsbanken auf ausgewählte Unternehmen und Sektoren konzentrierte, die aus Sicht der Banken „gute" Risiken darstellten. Gleichzeitig deutet dieser Sachverhalt darauf hin, daß die mit der Darlehensvergabe an andere Unternehmen – insbesondere in den risikoträchtigen privilegierten Sektoren - verbundenen Risiken nicht durch die von den nationalen Kreditträten vorgegebenen Margen kompensiert wurden.

andererseits[123]. 1985 waren die Plafonds lediglich zu 33,6% ausgenutzt. Ab 1986 führte die Liquiditätskrise zu einem erhöhten Rückgriff auf Kredite der Zentralbank, bis 1988 stieg der Ausnutzungsgrad auf 75,2%. Die Entwicklung ab 1990 ist von der Bemühungen um die Sanierung des Bankensystems gekennzeichnet: Die Notenbank reduzierte die Plafonds, während die Verbindlichkeiten liquidierter Institute zunächst noch berücksichtigt wurden. Daraus erklärt sich die deutliche Überschreitung der Plafonds 1992. Gleichzeitig lag die Liquidität des Bankensystems (definiert als Summe aus Eigenmitteln, Einlagen, Nettoauslandsguthaben und Reserven bei der Notenbank) ab 1990 wieder über der Kreditvergabe. Dementsprechend konnten die Geschäftsbanken die Inanspruchnahme des Notenbankkredits zurückführen. Seit der Einführung eines Geldmarktes 1994 schließlich finanziert die Notenbank lediglich den Netto-Liquiditätsbedarf des Systems. Gleichzeitig waren Banken insbesondere nach der Abwertung des FCFA Anfang 1994 überliquide, dementsprechend wurden sowohl die Plafonds als auch deren Ausnutzung weiter reduziert.

Abbildung 18: Refinanzierungsplafonds bei der BEAC und deren Ausnutzung, 1985-1997

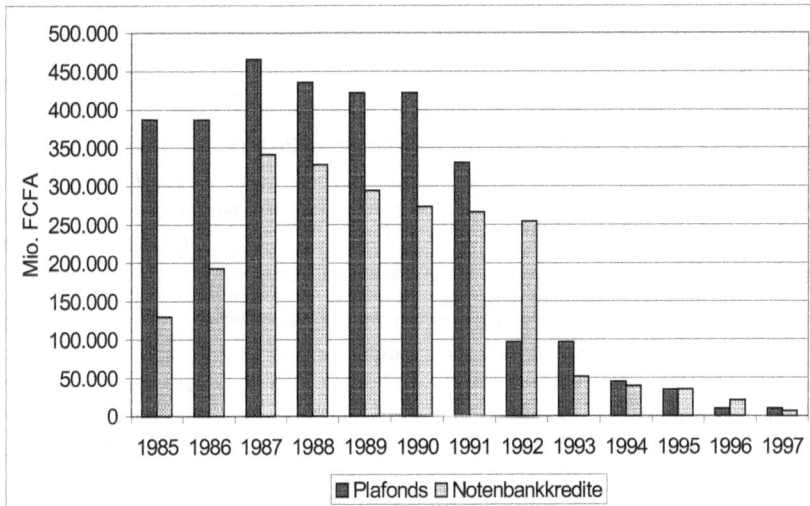

Quelle: SCM (1989-1998)

Die Entwicklung der Plafonds bzw. der Ausnutzungsgrade zeigt, daß der Liquiditätsbedarf des Bankensystems deutlich geringer war als von der BEAC

---

[123] Zwischen den Angaben der BEAC und des SCM bestehen für die Jahre 1990-1992 Differenzen, die aus der unterschiedlichen Behandlung der Verbindlichkeiten liquidierter Kreditinstitute resultieren. Ab 1994 weichen die Ausweise ebenfalls voneinander ab, da die BEAC Stichtagswerte veröffentlicht, während das SCM mit Jahresdurchschnittswerten operiert.

angenommen. Auch die Weltbank (1986, S. 52) weist auf die Diskrepanz zwischen Refinanzierungsbedarf und Höhe der Rediskontkontingente hin: „[...] aggregate rediscount ceilings are far in excess of levels required by the Cameroonian financial system [...]".

Die geringe Ausnutzung der Plafonds hat verschiedene Gründe: Sowohl Soll- als auch Habenzinssätze sind in Kamerun administriert, wobei die minimale Einlagenverzinsung mit Ausnahme des Jahres 1994 durchgängig unter dem Diskontsatz lag. Bei ausreichender Versorgung des Systems mit ZBG und gleichzeitiger Verfügbarkeit von Einlagen wäre damit die Inanspruchnahme des Zentralbankkredites zur Deckung eines Liquiditätsbedarfs unter Rentabilitätsaspekten nicht rational[124]. Der Anstieg der Verschuldung bei der Zentralbank zwischen 1986 und 1989 ist dementsprechend darauf zurückzuführen, daß der Liquiditätsbedarf eben nicht anderweitig gedeckt werden konnte. Mit Beginn der Sanierung des Bankensektors und der Verringerung der Liquiditätslücke ist die Inanspruchnahme des Notenbankkredites folglich wieder zurückgegangen.

Die geringe Ausnutzung der Kontingente ist weiterhin darauf zurückzuführen, daß die bis 1994 praktizierte Politik der individuellen Festlegung von Plafonds für Endkreditnehmer und für Sektoren nicht mit der Risikobeurteilung durch die Geschäftsbanken in Einklang standen. Trotz der vergünstigten Refinanzierung der Kredite an prioritäre Sektoren (der prioritäre Diskontsatz lag durchgehend unter der Einlagenverzinsung) war offensichtlich aus Sicht der Kreditinstitute die administrierte Zinsmarge nicht risikoadäquat. Demgemäß haben Banken es vorgezogen, Darlehen an andere Kreditnehmer zu vergeben und auf die Rediskontierung der Forderungen durch die BEAC zu verzichten. 1989 beispielsweise lag der Anteil der Kreditvergabe an prioritäre Sektoren lediglich bei 15% (Bida-Kolika/Renamy-Lariot 1991, S. 108).

Darüber hinaus wird der ZBG-Bedarf des Bankensystems bei Abwesenheit einer Mindestreserveverpflichtung von der Bargeldhaltung der Nichtbanken determiniert. Die Untersuchung der Entwicklung des Bargeldumlaufs und der Überschußreserven des Bankensystems bei der Notenbank in Kapitel 5 zeigte bereits, daß die Banken über ausreichende ZBG-Bestände verfügt haben. Eine verstärkte Inanspruchnahme der Refinanzierungsplafonds war also nicht notwendig.

Die Kreditvergabe und damit das Wachstum der Banken wurden nicht durch die Höhe der Rediskontplafonds, sondern in erster Linie durch das Einlagevolumen und – im Wege einer aufsichtsrechtlichen Vorgabe - durch die maximal zulässige Höhe der nicht rediskontfähigen Darlehensforderungen (die ihrerseits vom

Depositenvolumen abhing) begrenzt. Gleichzeitig wurden Überschreitungen dieses bis 1990 geltenden Koeffizienten nicht sanktioniert (so auch Weltbank 1986, S. 53: „[...] tacit understanding that the instruments of monetary policy (of which the restrictions on non-rediscountable credit are an important element) in fact tend to overregulate the system."). Mit der Aufgabe der selektiven Kreditlenkung 1994 entfiel auch diese praktisch wenig bedeutsame Beschränkung.

6.1.3.2 Zinspolitik

Bis Mitte der 80er Jahre versuchte die BEAC, durch niedrige Zinssätze die wirtschaftliche Entwicklung der Mitgliedsstaaten zu fördern (vgl. z.B. Winter 1994, S. 174 f.). Zwischen 1970 und 1985 gab es lediglich vier Zinsänderungen, zudem wurden die Diskontsätze jeweils jährlich vom Verwaltungsrat der BEAC festgelegt, ohne daß der Gouverneur der Notenbank die Kompetenz gehabt hätte, die Zinssätze unterjährig zu ändern. Internationalen Entwicklungen wurde damit ebensowenig Rechnung getragen wie Veränderungen der wirtschaftlichen Situation innerhalb der Franc-Zone. Mit dem starken Rückgang der Exporterlöse ab 1986 und der daraus resultierenden Verschlechterung der Reserveposition sah sich die Notenbank gezwungen, diese Politik zu ändern: Allein von 1986 bis 1989 wurde der Diskontsatz viermal angehoben (also so oft wie in den 15 Jahren zuvor insgesamt). Die Zinspolitik der BEAC zielte ab 1986 in erster Linie darauf ab, einerseits die lokale Ersparnisbildung zu fördern und andererseits die Kapitalflucht möglichst zu verringern (Bida-Kolika/Renamy-Lariot 1991, S. 101). Unter den Bedingungen der FCFA-Zone bedeutete letzteres, daß die Notenbank ihre Diskontsatzpolitik an der Zinsentwicklung in Frankreich ausrichten mußte. Als Referenzsatz dafür kann wegen der überwiegend kurzen Laufzeiten sowohl von Krediten als auch von Einlagen der Satz für 3-Monats-Geld am französischen Interbankenmarkt (3-Monats-PIBOR) herangezogen werden (so auch IMF 1995, S. 35).

Mit den Reformen von 1990 wurde weiterhin die selektive Zinspolitik aufgegeben. Bis zu diesen Reformen hat die BEAC insgesamt fünf verschiedene Diskontsätze festgelegt:

1. den regulären Satz (taux d'escompte normal), der die Refinanzierung von Kreditoperationen außerhalb der prioritäten Sektoren betraf;

2. den „privilegierten" Satz (taux d'escompte préférentiel);

3. den Zinssatz, der sowohl für die direkte Kreditvergabe an Mitgliedsstaaten als auch für die Rediskontierung der Forderungen von Geschäftsbanken gegen die

---

[124] Das gilt auch für entwickelte Finanzsysteme ohne administrierte Zinssätze: Der Rediskontsatz stellt die Obergrenze für den Geldmarktzins dar, die allenfalls kurzfristig überschritten werden kann. Da in Kamerun ein Geld- bzw. Interbankenmarkt nicht existierte, wäre der Rediskontsatz auch ohne *(Forts. nächste Seite)*

öffentliche Hand zugrunde gelegt wurde (taux d'avances aux trésors) und schließlich die Strafzinssätze sowohl für

4. Regierungen als auch für

5. Geschäftsbanken, die ihr Verschuldungspotential überschritten hatten (taux de pénalité). Der Strafzins für Geschäftsbanken fand zusätzlich dann Anwendung, wenn Forderungen gegen aus Sicht der BEAC nicht akzeptable Kreditnehmer rediskontiert wurden (IMF 1995, S. 73).

Abbildung 19: Diskontsätze der BEAC und 3-Monats-Geld in Frankreich, 1985-1997

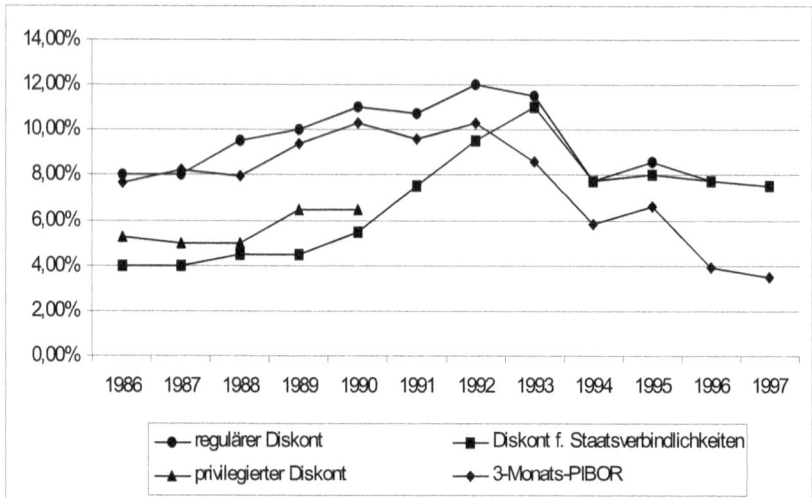

Quelle: BEAC (1998), IMF (1998, 2000c), BdF (1995,1997) - Jahresdurchschnittswerte, für Kamerun ab 1994 Geldmarktsätze

Ab 1990 wurde auf die Differenzierung zwischen regulärem und privilegiertem Diskontsatz verzichtet. Abbildung 19 zeigt die Entwicklung der wesentlichen Diskontsätze der BEAC und des 3-Monats-PIBOR. Die Betrachtung verdeutlicht zunächst, daß der Diskontsatz erst ab 1988 durchgängig über dem französischen Referenzzins lag – darin spiegeln sich die Bemühungen der Notenbank, die Anreize für Kapitalexporte zu verringern und die Reserveposition zu verbessern. Demgemäß nahm der Spread zwischen den beiden Sätzen ab 1990, nachdem erste Abwertungsgerüchte auftauchten und Auslandsanlagen damit attraktiver wurden, noch zu (IMF 1995, S. 34) und erreichte 1993 mit 2,9 Prozentpunkten ein erstes Maximum. Weiterhin zeigt die Entwicklung des Zinssatzes für die Rediskontierung

---

Zinsreglementierungen gleichzeitig Obergrenze für die Depositenverzinsung gewesen.

von Forderungen gegen Mitgliedsstaaten, daß dieser Satz ab 1988 dem regulären Diskontsatz angeglichen wurde. Die BEAC hat damit der Tatsache Rechnung getragen, daß sich die Möglichkeiten zur vergünstigten Refinanzierung von Defiziten negativ auf die Haushaltsdisziplin ausgewirkt haben (Bida-Kolika/Renamy-Lariot 1991, S. 108).

Ein wesentliches Element der Reformen betraf weiterhin die Einrichtung eines Geldmarktes im Juli 1994, der den Banken einerseits den Handel mit Guthaben bei der Zentralbank erlaubt und andererseits die Möglichkeit zur Anlage von Liquiditätsüberschüssen bei der Notenbank bietet. Damit finanziert die BEAC nunmehr lediglich den Netto-Liquiditätsbedarf des Bankensystems. Darüber hinaus stellt die Anlage von Liquiditätsüberschüssen eine zusätzliche Ertragsquelle dar, zumal Einlagen bei der BEAC zuvor lediglich dann verzinst wurden, wenn die betreffende Bank nicht gleichzeitig Kredite der Notenbank in Anspruch nahm[125]. Die daraus resultierende Steigerung der Rentabilität des Bankensystems und die Möglichkeit zur kurzfristigen Deckung eines temporären Liquiditätsbedarfs wirken tendenziell stabilitätsfördernd.

6.1.4 Geldpolitik, fester Wechselkurs und Stabilität des Bankensystems

Risiken für die Stabilität des Bankensystems könnten sich grundsätzlich auf zwei Ebenen ergeben: einerseits aus der Geldpolitik der gemeinsamen Zentralbank, andererseits aus der Zugehörigkeit Kameruns zu einem System fester Wechselkurse und voller Konvertibilität.

Bei festen Wechselkursen ist die Geldpolitik der Notenbank nicht autonom, sofern die eigene Währung nicht gleichzeitig Leitwährung ist. Die BEAC hat daher bei ihren geldpolitischen Entscheidungen nur einen geringen Freiheitsgrad. Durch die Vereinbarungen über das compte d'opérations bzw. die Verpflichtung, bei Unterschreitungen der minimalen Reservequote geldpolitische Gegenmaßnahmen zu ergreifen, wird die Handlungsfreiheit zusätzlich begrenzt. Dementsprechend könnte die Geldpolitik der BEAC ggfs. lediglich insoweit als Ursache für die Bankenkrise in Kamerun interpretiert werden, als es der Notenbank möglich war, eigenständig zu handeln. Das betrifft zunächst die selektive Kreditpolitik über nach qualitativen Kriterien differenzierte Refinanzierungsplafonds und Diskontsätze. Darüber hinaus sind Auslandstransaktionen mit zusätzlichen Kosten verbunden, gleichzeitig ist der FCFA – wie oben erwähnt – de facto nicht vollständig konvertibel.

---

[125] Erträge hätten Banken auch mit der Anlage in öffentlichen Schuldverschreibungen oder der Vergabe kurzfristiger Interbankenkredite erzielen können. Staatspapiere waren aber aufgrund der Entwicklung der Staatsfinanzen ab Beginn der Wirtschaftskrise mit hohen Risiken behaftet und demgemäß für Banken wenig attraktiv. Analog waren Interbankenkredite wegen der Liquiditäts- und Solvenzprobleme vieler Institute risikoträchtig (CNC 1996, S. 24).

Die Zentralbank verfügt daher auch in der Zinspolitik über eingeschränkte Steuerungsmöglichkeiten. Dementsprechend können daraus Stabilitätsrisiken entstanden sein.

Weiterhin liegen in einem System fester Wechselkurse Risiken für die Stabilität des Bankensystems, die von der Notenbank nur eingeschränkt beeinflußbar sind: Die fixe Parität kann von Banken und Unternehmen als Garantie gegen Währungsrisiken aufgefaßt werden und so internationale Kapitaltransfers oder eine sektorale Konzentration der Kreditvergabe auf den Exportsektor motivieren. Darüber hinaus sind die Möglichkeiten der Notenbank, das System durch die Übernahme der Funktionen eines LLR zu stabilisieren, bei festem Wechselkurs stark eingeschränkt.

6.1.4.1 Selektive Kreditpolitik und Qualität des Forderungsportfolios

Nach Sektoren und Kreditnehmern differenzierte Rediskontmöglichkeiten können zu Konzentrationen der Kreditvergabe sowohl auf privilegierte Sektoren als auch auf einzelne Kreditnehmer führen. Das gleiche gilt für nach qualitativen Kriterien differenzierten Diskontsätze. Dieser Effekt wird dann noch verstärkt, wenn Wirtschaftssektoren oder Kreditnehmergruppen begünstigt werden, die tendenziell mit höheren Ausfallrisiken behaftet sind, beispielsweise Klein- und Kleinstunternehmen. Beides führt zu einer Verschlechterung der Qualität des Forderungsportfolios und beeinträchtigt damit die Solvenz der Kreditinstitute.

Eine Gefährdung der Stabilität des Bankensystems setzt aber voraus, daß Geschäftsbanken diese Kredite tatsächlich vergeben und bei der Zentralbank zur Rediskontierung vorlegen, um in den Genuß der vergünstigten Refinanzierung zu kommen. Die begrenzte Ausnutzung der Refinanzierungsplafonds und der geringe Anteil der prioritären Sektoren an der Kreditvergabe deuten darauf hin, daß das in Kamerun nicht der Fall war – das Ziel der Kreditlenkung wurde damit faktisch nicht erreicht. Die Untersuchung der sektoralen Zusammensetzung des Kreditportfolios kamerunischer Banken in Kapitel 5 hat zudem gezeigt, daß Risikokonzentrationen nicht aufgetreten sind. Schließlich wurden Überschreitungen der aufsichtsrechtlich vorgegebenen Maximalrelation zwischen Einlagen und nicht rediskontfähigen Krediten nicht sanktioniert, d.h. Wachstum und Portfoliodiversifikation der Banken wurden auch auf dieser Ebene nicht beeinträchtigt.

Die Differenzierung der Rediskontkontingente und der Diskontsätze nach qualitativen Kriterien kann daher nicht als Ursache für die krisenhafte Entwicklung des kamerunischen Bankensystem ab 1986 betrachtet werden. Mit Aufgabe der selektiven Kreditpolitik sowohl auf supranationaler als auch auf nationaler Ebene ab 1994 bzw. 1990 sind eventuelle Risikopotentiale darüber hinaus entfallen.

6.1.4.2 Zinspolitik und Liquidität des Bankensystems

Die Beurteilung der Auswirkungen der von der BEAC verfolgten Zinspolitik auf die Stabilität des kamerunischen Bankensystems wird dadurch erschwert, daß die Zinsmargen sowohl für Einlagen als auch für Darlehen bis zur Teilliberalisierung von 1989 durch die nationalen Krediträte festgelegt wurden. Daraus resultierende allokative Verzerrungen und Stabilitätsrisiken sind dementsprechend nicht als unmittelbare Folge der Geldpolitik, sondern der nationalen Regulierungspraxis zu betrachten. Andererseits können Diskontsatz bzw. –sätze und nationale Zinsen nicht isoliert betrachtet werden, da die zulässigen Margen im Aktivgeschäft der Geschäftsbanken bis 1990 auf Basis der von der Zentralbank vorgegebenen Diskontsätze determiniert wurden.

Von der Zinspolitik können auf zwei Ebenen Risiken für die Stabilität des Bankensystems ausgegangen sein. Erstens bestimmt die BEAC über den Diskontsatz die maximale Verzinsung von Bankguthaben: Da bis 1994 weder ein Geld- noch ein Interbankenmarkt existierten, konnten sich Banken lokal entweder über Einlagen oder Kredite der Notenbank refinanzieren. Gleichzeitig waren die Refinanzierungsplafonds nur teilweise ausgenutzt. Dementsprechend hätten Banken in dem Moment verstärkt auf Zentralbankkredite zurückgegriffen, in dem die (administrierte) Einlagenverzinsung über dem Diskontsatz gelegen hätte[126]. Folglich stellte der Diskontsatz die Obergrenze für die Guthabenzinsen dar. Falls der Zins wiederum eine wesentliche Determinante der Ersparnisbildung in Form von Bankeinlagen ist, hätte die Zinspolitik der BEAC damit Einfluß auf das Potential zur Mobilisierung von Depositen und die Liquidität des Bankensektors.

Zweitens beeinflussen die Relationen zwischen Diskontsatz und dem Zinssatz am Pariser Markt unter den Bedingungen der Franc-Zone das Verhalten von Banken und Nichtbanken: Fester Wechselkurs und Konvertibilität führen dazu, daß bei entsprechend großen Zinsdifferenzen entweder Kapitalexporte oder eine höhere Auslandsverschuldung begünstigt werden. Eine höhere Verschuldung im Ausland kann die Stabilität des Bankensektors dann gefährden, wenn aufgrund einer Abwertung der lokalen Währung die Zahlungsfähigkeit von Kreditnehmern oder der Banken selbst beeinträchtigt wird. Kapitalexporte führen zu einer Verringerung der lokal verfügbaren Einlagenbasis und damit zu einer Beeinträchtigung der Liquidität des Bankensystems.

---

[126] Dabei wird vorausgesetzt, daß rediskontfähige Forderungen vorhanden waren.

Abbildung 20: Regulärer Diskontsatz und durchschnittliche Zinssätze, 1985-1997

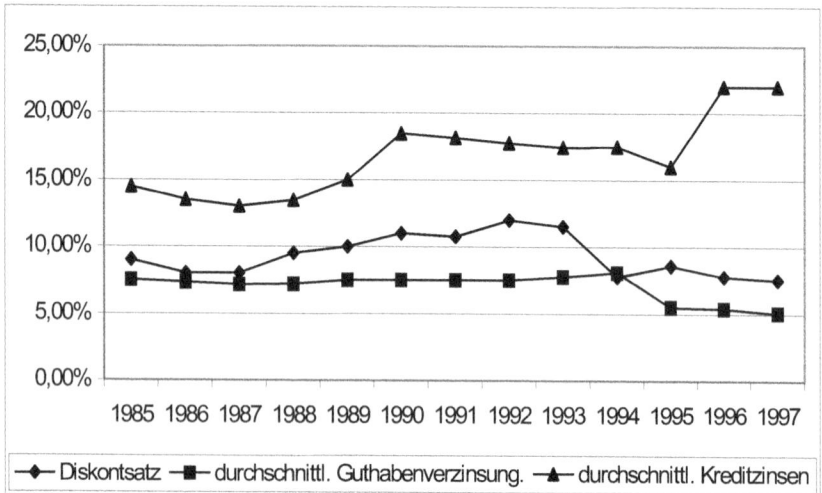

Quelle: BEAC (1994, 1998), IMF (1999, 2000) – Durchschnittssätze, ab 1990 maximaler Darlehenszins bzw. minimale Guthabenverzinsung

Sowohl die Mobilisierung lokaler Einlagen als auch Kapitalexporte bzw. die Kreditaufnahme inländischer NFI im Ausland werden aber nicht unmittelbar vom Diskontsatz, sondern von der inländischen Einlagenverzinsung bzw. den Kreditzinsen beeinflußt. Analog werden sich inländische Banken dann im Ausland verschulden, wenn die inländische Einlagenverzinsung über dem ausländischen Vergleichssatz liegt. Eventuelle Stabilitätsrisiken wären daher lediglich dann der von der Zentralbank verfolgten Zinspolitik zuzurechnen, wenn tatsächlich ein enger Zusammenhang zwischen Diskontsatz und den Zinsen am kamerunischen Markt bestanden hätte. Abbildung 20 zeigt aber, daß die Differenzen zwischen Einlagen- und Darlehensverzinsung in Kamerun und dem regulären Diskontsatz der Notenbank erheblich und zudem insbesondere nach 1989 Schwankungen unterworfen waren. Bis 1989 lag der Abstand zwischen Darlehenszins und Diskont bei etwa 5 Prozentpunkten. Danach nahm der Abstand auf 8,5 Prozentpunkte zu, sank bis 1992 aber wieder auf 5,8 Prozentpunkte. Nach der Abwertung des FCFA hat die kamerunische Regierung durch Erhöhung der zulässigen Darlehensverzinsung versucht, eine inflationäre Ausdehnung des Kreditvolumens zu verhindern, während die Zentralbank der Zinsentwicklung in Paris gefolgt ist, um Belastungen des compte d'opérations zu vermeiden. Die Zinsdifferenz stieg dementsprechend bis auf 14,5 Prozentpunkte 1997. Die minimale Guthabenverzinsung ist demgegenüber bis 1994 weitgehend unverändert geblieben. Insbesondere in den Jahren 1985 – 1987 war der

Abstand zwischen Diskont und Einlagenverzinsung gering (zwischen 1,5 und 0,85 Prozentpunkten), während die infolge der Verschlechterung der Devisenposition ab 1988 vorgenommenen Diskontsatzerhöhungen nicht zu einer Anhebung der administrierten Guthabenverzinsung auf nationaler Ebene führten. Der Spread stieg demgemäß bis 1992 auf 4,5 Prozentpunkte, nahm anschließend aber wieder ab.

Die Entwicklung der Zinsdifferenzen verdeutlicht insgesamt, daß der Einfluß der Notenbank auf die lokalen Zinssätze im Betrachtungszeitraum beschränkt war. Die Zinssätze in Kamerun sind bzw. waren vielmehr in erster Linie Ergebnis der Regulierung auf nationaler Ebene. Eine eventuelle Destabilisierung des Bankensystems durch Zinsreglementierungen wäre damit als Folge finanzieller Repression durch die kamerunische Regierung zu werten, nicht aber als Konsequenz der von der Notenbank verfolgten Zinspolitik.

6.1.4.3 Fester Wechselkurs und Stabilität des Bankensektors

6.1.4.3.1 Die fixe Parität als implizite Garantie gegen Wechselkursrisiken

Aus Sicht sowohl von Geschäftsbanken als auch von NFI stellt die fixe Parität eine implizite Garantie des Staates gegen Währungsrisiken und damit einen Anreiz zur Deckung von Liquiditätsbedürfnissen durch Verschuldung in fremder Währung – im Falle Kameruns in FF – dar. Bei einer Abwertung steigt dann der Gegenwert der Auslandsverbindlichkeiten in lokaler Währung, daraus können Risiken für die Solvenz des Bankensektors entstehen. Darüber hinaus wird der Exportsektor, sofern Erlöse in FF erzielt werden, aus Sicht des Bankensektors als Kreditnehmer attraktiver, weil Risiken aus Wechselkursschwankungen entfallen (Domac/Martinez Peria 2000, S. 5, 19). Aus der daraus resultierenden sektoralen Kreditkonzentration kann ein höheres Portfoliorisiko resultieren, das ebenfalls die Solvenz beeinträchtigt. Schließlich stellt der feste Wechselkurs auch aus Sicht von Anlegern eine Garantie gegen Kursverluste dar. Damit wird der Transfer von Geldvermögen ins Ausland attraktiver. Kapitalexporte führen zu einer Verringerung des lokal verfügbaren Einlagenvolumens und beeinträchtigen damit die Liquiditätsposition des inländischen Bankensektors.

Im Falle Kameruns könnte der feste Wechselkurs dann als eine der Ursachen der Systemkrise betrachtet werden, wenn der mit dem einkommensbedingten Rückgang der Bankeinlagen verbundene Liquiditätsengpaß durch Auslandseinlagen inländischer NFI verstärkt worden ist. Die Untersuchung in Kapitel 5 dieser Arbeit hat gezeigt, daß weder die Verschuldung inländischer NFI noch inländischer Banken im Ausland Ursachen der Bankenkrise waren. Die Nettoauslandsverschuldung inländischer Banken war quantitativ unbedeutend. Die Nettoverschuldung inländischer NFI im Ausland hat zwar zugenommen, die damit verbundenen Risiken sind aber erst mit der Abwertung des FCFA 1994 wirksam geworden. Damit haben

Auslandsverbindlichkeiten der NFI zwar die Bankenkrise nach 1994 tendenziell verlängert, die fixe Parität kann aber nicht als Ursache der krisenhaften Entwicklung ab 1986 betrachtet werden.

Eine eventuelle Konzentration der Kreditvergabe durch Geschäftsbanken auf den Exportsektor läßt sich nur dann mit der Fixierung des Wechselkurses erklären, wenn letztere die Parität zwischen lokaler Währung und der Währung betrifft, in der die Exporterlöse erzielt werden. Die Darstellung des kamerunischen Außenhandels in Kapitel 4 dieser Arbeit hat aber gezeigt, daß Kamerun überwiegend Produkte exportiert, die auf dem Weltmarkt in US-Dollar fakturiert werden. Dementsprechend ist die Exportindustrie dem Risiko von Änderungen der Parität zwischen US-Dollar und FF ausgesetzt; die Aufwertung des FF gegenüber dem Dollar war eine der Ursachen für die Wirtschaftskrise ab 1986. Die Analyse der sektoralen Verteilung des Forderungsportfolios der Banken in Kapitel 5 hat darüber hinaus deutlich gemacht, daß eine Konzentration der Kreditvergabe nicht festzustellen war. Dementsprechend hat die fixe Parität nicht zu höheren Risiken im Kreditgeschäft geführt.

Im Gegensatz dazu hat die Entwicklung der Auslandsguthaben inländischer NFI die Liquiditätskrise zwischen 1986 und 1990 verstärkt, indem der Anteil der Auslandseinlagen am gesamten Depositenvolumen im gleichen Zeitraum von 17,6% auf 26,3% gestiegen ist. Das hat die Refinanzierungsbasis lokaler Banken zusätzlich eingeschränkt. Die mit dem festen Wechselkurs verbundene implizite Absicherung gegen Währungsrisiken hat folglich die Liquiditätskrise tendenziell verstärkt. Für das Anlageverhalten inländischer NFI kann aber angenommen werden, daß der feste Wechselkurs den Transfer von Geldvermögen ins Ausland zwar begünstigt, nicht aber dessen Ursache ist. Vielmehr sind insbesondere Zinsdifferenzen zwischen Frankreich und Kamerun sowie andere Faktoren, beispielsweise das Vertrauen in die Stabilität lokaler Kreditinstitute, maßgeblich für die Bildung von Bankguthaben im Ausland. Folglich sind hohe Auslandsguthaben nicht in erster Linie Konsequenz der Währungsgarantie, sondern der Regulierung des Bankensystems auf nationaler Ebene.

6.1.4.3.2 Der Lender of Last Resort bei festem Wechselkurs

Aufgabe des LLR ist einerseits die Verringerung der Wahrscheinlichkeit eines Abzugs von Depositen aus dem System bei veränderten Erwartungen der Einleger und andererseits die Verhinderung von Ansteckungseffekten, die aus dem Zusammenbruch einer einzelnen Bank resultieren können. Der stabilisierende Effekt liegt in erster Linie in dem höheren Vertrauen in die Liquidität des Bankensystems.

Glaubwürdigkeit des LLR setzt daher voraus, daß die Notenbank auch tatsächlich in der Lage ist, dem System die benötigte Liquidität zuzuführen. In einem System fester Wechselkurse, voller Konvertibilität und freiem Kapitalverkehr hat eine

Zentralbank aber grundsätzlich keine Möglichkeit, als LLR aufzutreten, ohne die Währungsparität zu gefährden - die mit einer Liquiditätszufuhr verbundene Ausdehnung der Geldmenge führt zu Abwertungsdruck (Domac/Martinez Peria 2000, S. 8). Bank runs könnten damit durch den LLR lediglich auf Kosten der Gefährdung des Währungsregimes verhindert werden: „[...] the lender of last resort policy determines only wether a crisis materializes as a bank run or a currency regime collapse" (Chang/Velasco 1998, S. 3). Falls also Ziel der Notenbank in erster Linie die Sicherung des Wechselkurses ist, scheidet die Verhinderung von bank runs durch einen LLR aus. Die in Teil I dieser Arbeit erläuterten stabilisierenden Effekte von LLR-Fazilitäten entfallen damit ebenso wie die mit der Existenz eines LLR verbundenen moral-hazard-Probleme und die Schwierigkeiten der Unterscheidung zwischen Insolvenz und Illiquidität eines Kreditinstitutes bei der Entscheidung über die Gewährung von Liquiditätshilfen.

Die Vereinbarungen zur monetären Kooperation zwischen Frankreich und der BEAC lassen den Schluß zu, daß das Augenmerk der Notenbank in erster Linie auf der Sicherung der nominalen Parität zwischen FF und FCFA liegt. Die BEAC ist vertraglich verpflichtet, Devisenreserven in Höhe von mindestens 20% ihrer Sichtverbindlichkeiten auf dem compte d'opérations zu halten. Eine Ausdehnung der inländischen Geldmenge durch Gewährung von Krediten der Notenbank als LLR kann aber zu steigender Nachfrage nach nicht handelbaren Gütern und damit – sofern die Produktion nicht kurzfristig gesteigert werden kann – zu steigenden Preisen führen. Handelbare Güter werden damit relativ billiger, d.h. die lokale Währung wertet real auf und die Nachfrage nach Importen steigt. Daraus resultiert wiederum eine Verschlechterung der Reserveposition. Sofern die o.g. Mindestreservehöhe unterschritten wird, verletzt die Zentralbank ihre vertraglichen Verpflichtungen. Darüber hinaus sehen die mit Frankreich geschlossenen Vereinbarungen vor, daß die BEAC (neben anderen Maßnahmen) die Refinanzierungsplafonds der Banken reduziert, sobald die Reservequote unterschritten wird. Wenn ein Liquiditätsengpaß einzelner Kreditinstitute bzw. des Bankensystems insgesamt – wie in Kamerun der Fall - durch eine Verschlechterung der gesamtwirtschaftlichen Entwicklung ausgelöst wird, die ihrerseits eine Unterschreitung der Reservequote zur Folge hat, führt das dazu, daß die Notenbank die Versorgung des Bankensystems mit Liquidität de facto noch reduzieren muß. Primäre Orientierung der BEAC ist damit der Schutz des Währungsregimes; die Stabilisierung des Bankensystems im Sinne der Vermeidung von bank runs gehört nicht zu ihren Aufgaben[127].

---

[127] Auch die kurzfristige Erhöhung der Refinanzierungsplafonds 1986 und 1987 widerspricht dem nicht: Ab 1987 unterschritt Kamerun die Mindestreservehöhe auf dem compte d'opérations, 1988 wurden folglich die Plafonds reduziert, obwohl die Liquiditätskrise nach wie vor andauerte.

Die Tatsache, daß die BEAC nicht als LLR fungiert, könnte lediglich dann als Ursache für die Krise des kamerunischen Bankensektors interpretiert werden, wenn ein bank run diese ausgelöst hätte. Die Analyse der Entwicklung der Liquiditätsposition des Bankensystems in Kapitel 5 dieser Arbeit hat aber gezeigt, daß das nicht der Fall war. Folglich kann eine Gefährdung der Stabilität des Systems durch fehlende LLR-Fazilitäten zwar nicht ausgeschlossen werden, scheidet aber als Ursache der Krise ab 1986 aus.

6.1.5 Fazit

In Kapitel 5 wurden die wesentlichen Ursachen der Krise des kamerunischen Bankensektors ab 1986 untersucht. Aus der Betrachtung ergab sich, daß ein Rückgang des Einlagevolumens bis dahin verborgene Solvenzprobleme zu Tage treten ließ und die Restrukturierung des Bankensektors unumgänglich wurde. Als Risikoquellen wurden im einzelnen der hohe Anteil des öffentlichen Sektors am Depositenvolumen und an der Kreditvergabe, hohe Auslandsguthaben inländischer NFI, die eingeschränkte Werthaltigkeit des Forderungsportfolios bei gleichzeitig unzureichenden Wertberichtigungen und die Unterkapitalisierung des Systems identifiziert.

Aus der Geldpolitik der gemeinsamen Zentralbank könnten negative Auswirkungen einerseits auf die Entwicklung der Einlagen und andererseits auf Struktur und Qualität des Forderungsbestandes ausgegangen sein. Die Untersuchung dieser Zusammenhänge hatte im einzelnen folgende Ergebnisse:

1. Die von der Notenbank bis 1994 betriebene qualitative Kreditlenkung über nach Sektoren gestaffelte Refinanzierungsplafonds und Diskontsätze (bis 1990) kann als Risikoquelle ausgeschlossen werden. Das Bankensystem war in ausreichendem Umfang mit ZBG versorgt, so daß die zusätzliche Inanspruchnahme von Notenbankkrediten nur begrenzt erforderlich war. Darüber hinaus wurden Überschreitungen der aufsichtsrechtlichen Quote für die Kreditvergabe an nicht-prioritäre Sektoren nicht sanktioniert. Das Ausmaß der Kreditvergabe an mit höheren Ausfallrisiken behaftete prioritäre Sektoren war dementsprechend gering. Die selektive Kreditpolitik hat damit keine Auswirkungen auf die Qualität des Forderungsbestandes gehabt.

2. Die Zinssätze waren in wesentlich stärkerem Maße auf nationaler Ebene reglementiert als die Rediskontplafonds. Zudem haben Variationen des Diskontsatzes nicht zu entsprechenden Anpassungen der nationalen Zinsen geführt. Eventuelle Auswirkungen der Zinsreglementierung auf Liquidität und Solvenz des Bankensystems können daher nicht als Folge der von der Notenbank verfolgten Zinspolitik betrachtet werden.

Unabhängig von der Geldpolitik können weiterhin in der Zugehörigkeit zu einem System fester Wechselkurse Risiken für die Stabilität des Bankensystems liegen. Das betrifft die Konzentration der Kreditvergabe auf exportierende Unternehmen, die tendenzielle Begünstigung der Kreditaufnahme inländischer Banken und NFI im Ausland, die Bildung von Guthaben inländischer NFI im Ausland und die eingeschränkten Möglichkeiten der Zentralbank, glaubwürdig als LLR aufzutreten. Die Analyse hat ergeben, daß auch diese Stabilitätsrisiken nur sehr begrenzt wirksam geworden sind:

3. Kameruns Exporte werden auf den Weltmärkten größtenteils in Dollar fakturiert. Folglich ist der Exportsektor unabhängig von der Anbindung an den FF bzw. den Euro Wechselkursrisiken ausgesetzt. Zudem hat die Untersuchung der Entwicklung des Kreditportfolios kamerunischer Banken in Kapitel 5 dieser Arbeit gezeigt, daß eine sektorale Konzentration nicht festzustellen war.

4. Die Nettoauslandsverbindlichkeiten im Bankensektor waren quantitativ von untergeordneter Bedeutung. Ein Stabilitätsrisiko entstand demgemäß nicht. Im Gegensatz dazu haben sich inländische NFI in großem Umfang im Ausland verschuldet. Die mit höherer Auslandsverschuldung – primär denominiert in FF - verbundenen Risiken wirken sich aber erst dann aus, wenn die lokale Währung abwertet. Das war erst 1994 der Fall. Folglich können Verbindlichkeiten inländischer NFI im Ausland nicht als Ursache der Bankenkrise betrachtet werden, haben aber nach 1994 zu deren Verlängerung beigetragen.

5. Die Entwicklung der Auslandsguthaben inländischer NFI hat die Liquiditätskrise zwischen 1986 und 1990 verstärkt. Ursache dafür ist aber nicht primär der feste Wechselkurs. Vielmehr kann angenommen werden, daß Zinsdifferenzen – die von der Regulierung auf nationaler Ebene determiniert wurden - und das Ausmaß des Vertrauens in lokale Finanzinstitutionen großen Einfluß auf das Verhalten der Anleger haben. Dementsprechend hat die fixe Parität lediglich die negativen Auswirkungen der Eingriffe auf nationaler Ebene verstärkt.

6. Schließlich hat die Untersuchung in Kapitel 5 ergeben, daß die Liquiditätskrise des kamerunischen Bankensystems nicht Folge eines bank runs war. Demgemäß kann zwar grundsätzlich nicht ausgeschlossen werden, daß die Abwesenheit eines LLR in einem System fester Wechselkurse und voller Konvertibilität die Wahrscheinlichkeit eines bank runs in Kamerun erhöht. Das hat aber nicht ursächlich zu der krisenhaften Entwicklung beigetragen.

Insgesamt hat sich gezeigt, daß weder die Geldpolitik der gemeinsamen Zentralbank noch die feste Parität zwischen FF und FCFA als ursächlich für die Krise des kamerunischen Bankensektors betrachtet werden können.

6.2 Reglementierung des Bankensystems und rechtliche Rahmenbedingungen auf nationaler Ebene

Nachdem im vorangegangenen Abschnitt die Implikationen der Zugehörigkeit Kameruns zur Franc-Zone für die Stabilität des Bankensystems untersucht wurden, werden nunmehr eventuelle Zusammenhänge zwischen Regulierung auf nationaler Ebene und der Systemkrise beleuchtet. Ausgangspunkt der Betrachtung sind dabei erneut die in Kapital 5 identifizierten Ursachen der Bankenkrise: Staatliche Eingriffe werden im Hinblick darauf analysiert, ob sie den Rückgang der Einlagenbasis begünstigt bzw. die Mobilisierung zusätzlicher Guthaben tendenziell verhindert haben, ob aus diesen Eingriffen negative Auswirkungen auf die Qualität des Forderungsportfolios ausgegangen sind und inwieweit die unzureichende Bildung von Wertberichtigungen und die Unterkapitalisierung des Bankensystems möglicherweise Folge der Regulierung waren. Dabei werden die bereits angesprochenen Ausprägungen von Reglementierung unterschieden: staatliche Eingriffe in Form von protektiver und präventiver Regulierung, Dirigismus durch unmittelbare Eingriffe ins Aktiv- und Passivgeschäft des Bankensektors und schließlich die rechtlichen Rahmenbedingungen als Regulierung im weiteren Sinne.

Die Betrachtung der Komponenten der Reglementierung, die auf die Stabilisierung des Bankensektors ausgerichtet sind, setzt auf zwei Ebenen an: Einerseits werden organisatorische Ausgestaltung und Kompetenzen der Bankenaufsicht untersucht, andererseits die aufsichtsrechtlichen Normen selbst. Hintergrund dieser Differenzierung ist die Überlegung, daß insbesondere in Entwicklungsländern zwischen theoretisch zu erfüllenden Vorgaben und aufsichtsrechtlicher Realität unterschieden werden muß. Selbst wenn qualitative und quantitative Normen der Bankenaufsicht geeignet wären, das System zu stabilisieren, können vergleichsweise wenig entwickelte Mechanismen zur Durchsetzung von Sanktionen bei gleichzeitig ausgeprägten Möglichkeiten zur Einflußnahme auf Entscheidungsträger dazu führen, daß diese Normen eben nicht erfüllt werden und damit Stabilitätsrisiken entstehen.

Daran schließt sich eine Untersuchung der dirigistischen Eingriffe des Staates in das Aktiv- und Passivgeschäft kamerunischer Geschäftsbanken an. Im Gegensatz zu aufsichtsrechtlichen Vorgaben sind solche Eingriffe nicht von dem Wunsch nach Stabilisierung des Bankensystems motiviert, sondern stellen vielmehr den Versuch dar, das Wirtschaftswachstum allgemein und staatlicherseits definierte Sektoren im Besonderen zu fördern. Aus der Betrachtung der theoretischen Aspekte staatlichen Dirigismus' in Teil I dieser Arbeit ging hervor, daß mit finanzieller Repression erhebliche Risiken für die Stabilität des Bankensektors verbunden sein können.

Eine Untersuchung der rechtlichen Rahmenbedingungen in Kamerun beschließt die Analyse der Reglementierung auf nationaler Ebene. Gesetze und sonstige rechtliche Vorgaben haben erhebliche Auswirkungen auf Stabilität und Performance von Geschäftsbanken. Analog zur Betrachtung der bankenaufsichtsrechtlichen Normen ist auch bei der Beurteilung eventueller Stabilitätsrisiken, die aus den rechtlichen Rahmenbedingungen resultieren könnten, die Unterscheidung zwischen normativen Vorgaben und rechtlicher Realität von großer Bedeutung. In diesem Zusammenhang spielt Korruption – die sich nur schwer messen und nachweisen läßt – eine große Rolle.

6.2.1 Rechtliche Grundlagen der Regulierung des Bankensektors

Die Regulierung des kamerunischen Bankensektors auf nationaler Ebene basiert im wesentlichen auf drei Rechtsakten, nämlich dem Präsidialdekret von 1962 und den Verordnungen („Ordonnances") von 1973 und 1985. Alle Texte enthalten sowohl konkrete Vorgaben hinsichtlich der Rechtsform, der Kategorisierung verschiedener Arten von Finanzierungsinstituten, der Mindestanforderungen an die Qualifikation des Managements etc. als auch die Grundlagen für eine präventive Regulierung in Form von Kapital-, Liquiditäts- und Risikokoeffizienten, deren Richtwerte ihrerseits bis zu den Reformen von 1990 bzw. der Übertragung der Aufsichtskompetenz auf die COBAC 1992 vom nationalen Kreditrat festgelegt wurden[128].

Mit dem Dekret vom 24. März 1962 wurde nach der Unabhängigkeit Kameruns 1960 erstmals ein nationalstaatlicher Rechtsrahmen für den Finanzsektor definiert. Danach wurden zunächst Banken von spezialisierten Finanzierungsinstituten (beispielsweise der Société Camerounaise d'Automobile, deren Kredite ausschließlich zur Finanzierung von Fahrzeugen dienen) einerseits und öffentlichen Einrichtungen (SNI, Crédit Foncier du Cameroun (CFC) etc.) andererseits unterschieden. Banken zeichneten sich demnach dadurch aus, daß sie Einlagen annehmen und auf eigene Rechnung für Kreditoperationen und sonstige Finanzierungsgeschäfte einsetzen.

Das Dekret unterschied drei Typen von Banken, nämlich:

1. Depositenbanken (banques de dépôts), die Einlagen bis zu einer Laufzeit von zwei Jahren entgegennehmen durften, deren Kreditvergabe auf Laufzeiten bis zu zwei Jahren begrenzt war und die gleichzeitig Beschränkungen bei der Übernahme von Beteiligungen und Immobiliengeschäften unterlagen;

---

[128] Zur detaillierten Darstellung der kamerunischen Bankengesetzgebung vgl. Monga 1997, S. 71ff.

2. Investitionsbanken (banques d'affaires), deren wesentliche Geschäftstätigkeit in der Übernahme von Beteiligungen bestand und deren Einlagen Laufzeiten von mindestens zwei Jahren aufweisen mußten, während gleichzeitig die Kreditvergabe an Unternehmen, an denen keine Beteiligung bestand, weitgehenden Beschränkungen unterlag; und schließlich

3. Kreditbanken (banques de crédit à moyen et long terme), deren wesentliche Funktion die Vergabe mittel- und langfristiger Kredite (mit Laufzeiten von über zwei Jahren) war und die hinsichtlich eventueller Beteiligungen den gleichen Beschränkungen unterlagen wie die Depositenbanken.

Darüber hinaus wurden die für Banken zulässigen Rechtsformen (vergleichbar mit oHG, KG, KGaA und AG im deutschen Handelsrecht) und Mindestanforderungen an die Eigenkapitalausstattung definiert. Die Kompetenz zur Festlegung zulässiger Zinssätze, Gebühren etc. wurde mit dem Dekret ebenso staatlichen Stellen übertragen wie die Formulierung von Vorgaben hinsichtlich der Liquiditätshaltung, der Beschränkung des Wettbewerbs etc. Weiterhin wurde die kamerunische Staatsangehörigkeit als Voraussetzung für die Berufung an die Spitze eines Kreditinstitutes bestimmt[129].

Die Verordnung vom 30. August 1973 war in erster Linie Ausdruck des Willens, den Bankensektor stärker zu kontrollieren und unmittelbar zur Förderung des Wirtschaftswachstum nutzbar zu machen. Wesentliche Neuerung war die an anderer Stelle bereits erwähnte Mindestbeteiligung des Staates von 1/3 des Kapitals an allen Banken, die gleichzeitig mit dem Recht verbunden war, den Posten des Generaldirektors eines Kreditinstitutes zu besetzen. Nachdem Zinssätze, Gebühren etc. trotz der anderslautenden Vorgaben des Dekrets von 1962 bis dahin im Rahmen von Vereinbarungen zwischen den Kreditinstituten festgelegt wurden, sah die Verordnung weiterhin vor, daß nunmehr die einheitlich von allen Banken anzuwendenden Konditionen durch Erlasse des Finanzministeriums bzw. des nationalen Kreditrates, dessen Vorsitzender der Finanzminister ist, bestimmt wurden (die sog. „conditions de banque"). Darüber hinaus wurde die Anzahl der zulässigen Rechtsformen auf AG und die KGaA begrenzt, die Mindesteigenkapitalausstattung angehoben und (erstmalig) Eigenkapital- und Liquiditätsquoten per Gesetz – d.h. nicht durch ministeriellen Erlaß wie zuvor – für alle Banken bestimmt.

Die Verordnung vom 31. August 1985 schließlich „hat einige Innovationen des französischen Bankengesetzes (von 1984, Anm. d. Verf.) übernommen und in den kamerunischen Kontext übertragen" (Monga 1997, S. 77, Übers. d. Verf.). Die Verordnung brachte die folgenden wesentlichen Neuerungen für den Bankensektor:

---

[129] Bis Mitte der 70er Jahre wurde diese Vorgabe allerdings nicht erfüllt, ohne daß dieser Verstoß von den Aufsichtsbehörden sanktioniert worden wäre.

- die Zusammenfassung der Geschäftsbereiche von Investmentbanken und der Kreditbanken in einer neuen Kategorie „Spezialbanken";

- die Zulassung der eG als dritter Rechtsform neben AG und KGaA;

- die positive Beurteilung der Geschäftspläne, des Managements etc. eines antragstellenden Instituts und eine Bedarfsprüfung als Voraussetzungen für die Erteilung einer Banklizenz durch die zuständige Behörde;

- die Einführung einer aufsichtsrechtlichen Vorgabe zur Risikostreuung im Aktivgeschäft (ratio de couverture et division de risques) zusätzlich zu den bereits bestehenden Eigenkapital- und Liquiditätsquoten.

Die rechtliche Unterscheidung zwischen Depositen- und Spezialbanken ist dabei in der Praxis weitgehend irrelevant, da alle in Kamerun tätigen Kreditinstitute in beiden Bereichen aktiv sind.

Die Verordnung von 1985 ist auch heute noch in wesentlichen Teilen Grundlage für die Regulierung des Bankensektors in Kamerun. Allerdings wurde das Erfordernis einer staatlichen Mindestbeteiligung 1990 aufgegeben. 1996 wurde zudem die Beteiligung der öffentlichen Hand auf maximal 20% begrenzt. Weiterhin wurden mit den bereits mehrfach angesprochenen Reformen der Bankenaufsicht von 1990 die Zuständigkeit sowohl für die Formulierung aufsichtsrechtlicher Normen als auch für deren Durchsetzung auf die COBAC als supranationales Gremium übertragen. Gleichzeitig hat die Regierung die selektive Kreditpolitik über Zinsreglementierungen weitgehend aufgegeben.

Der knappe Überblick über die rechtlichen Grundlagen der Regulierung des Bankensystems auf nationaler Ebene zeigt, daß Kreditinstitute seit der Unabhängigkeit massiven staatlichen Eingriffen ausgesetzt waren. Die dabei angewandten Mittel gingen weit über das in Teil I dieser Arbeit erörterte Instrumentarium zur Stabilisierung des Systems hinaus. Im folgenden werden zunächst die Elemente der Regulierung im Hinblick auf Zusammenhänge mit der Systemkrise beleuchtet, die in Teil I als stabilisierende Eingriffe klassifiziert wurden.

6.2.2 Protektive und präventive Regulierung

6.2.2.1 Protektive Regulierung: Implizite Einlagenversicherung

In Kamerun existiert keine explizite Einlagenversicherung. Da die Zentralbank weiterhin aus den oben genannten Gründen nicht als LLR auftreten kann und den Regierungen der Mitgliedsstaaten die zur glaubwürdigen Übernahme dieser Funktion erforderlichen Mittel jedenfalls während der Bankenkrise ab 1986 nicht zur Verfügung standen, spielte explizite protektive Regulierung des Bankensektors in Kamerun als potentielle Ursache der Systemkrise keine Rolle.

Nichtsdestotrotz sprechen das Ausmaß der Beteiligungen der öffentlichen Hand, die Zinsreglementierung und die Kreditlenkung, die Position der Regierung als großer Gläubiger des Bankensystems (bis 1990) wie auch die politische Klassifizierung des Finanzsektors als Instrument zur Förderung der wirtschaftlichen Entwicklung dafür, daß Banken von großen Teilen der Bevölkerung als „öffentliche Institute" und Bankguthaben damit als implizit versichert betrachtet wurden (so z.b. Monga 1997, S. 176). Analog kann für die Banken selbst argumentiert werden: Öffentliche Beteiligungen mit Sperrminorität, die Besetzungen leitender Positionen mit Beamten und die Reglementierung der Geschäftätigkeit dürften dazu geführt haben, daß auch das Management von einer – möglicherweise begrenzten – Garantie des Staates im Falle von Verlusten ausgegangen ist. Die Bereitschaft der BEAC, trotz der technischen Insolvenz des Bankensystems bereits vor 1986 weiterhin Refinanzierungskredite zu gewähren, hat die Banken in dieser Annahme vermutlich noch bestärkt. Die Annahme einer impliziten Staatsgarantie wäre im übrigen kein afrikanisches oder kamerunisches Spezifikum. Bonte et al. (1999, S. 57) merken an, daß implizite Garantien und moral hazard nach allgemeiner Einschätzung beispielsweise auch für die Asien-Krise 1997/98 eine Rolle gespielt haben: „Almost all observers agree that East Asian financial institutions, prior to the crisis, took on what turned out after the event to be excessive risk, in part due to implicit government guarantees given to or perceived by investors".

Dementsprechend dürften sowohl Einleger als auch Banken von der Existenz einer impliziten Einlagenversicherung bzw. einer staatlichen (Teil-) Garantie gegen Verluste ausgegangen sein. Unabhängig davon, ob der Staat im Krisenfalle tatsächlich bereit und in der Lage gewesen wäre, Verluste einzelner Institute zu übernehmen und/oder Einlagen zu garantieren, unterscheiden sich die potentiellen Auswirkungen der impliziten Versicherung nicht von denen der expliziten: „Incentive problems relating to implicit or explicit promises of bailouts from the public sector are recognized, pointing to the need for arrangements that minimize moral hazard and outright looting[130]" (Bossone/Promisel 1998, S.14). Banken haben damit Anreize, höhere Risiken in Kauf zu nehmen und Eigenkapital durch Einlagen zu substituieren, während gleichzeitig die Marktdisziplin dadurch eingeschränkt wird, daß das Risikoprofil einer Bank aus Sicht der Einleger für Anlageentscheidungen weitgehend irrelevant wird. Die Tendenz zu höherer Risikoneigung dürfte im Falle Kameruns noch dadurch verstärkt worden sein, daß der Staat als Großaktionär mit

---

[130] „Looting" meint in diesem Zusammenhang die Finanzierung von Projekten, deren wirtschaftlicher Mißerfolg bereits zum Zeitpunkt der Kreditgewährung sicher ist, die aber dem Bankmanagement persönliche Vermögenszuwächse verschaffen. Demirgüc-Kunt/Detragiache (1998) verweisen auf eine Studie von Akerlof und Romer aus dem Jahre 1993, die zu dem Ergebnis kommt, daß „looting" eine Ursache der Savings & Loans-Krise in den USA und der Bankenkrise in Chile in den 70er Jahren war.

entsprechendem Einfluß auf die Kreditvergabe Finanzierungsentscheidungen jedenfalls nicht in erster Linie auf Basis wirtschaftlicher Kriterien getroffen hat.

Die aus impliziten oder expliziten Garantien entstehenden Stabilitätsrisiken können nur dann wirksam begrenzt werden, wenn präventive Vorgaben der Bankenaufsicht formuliert und deren Durchsetzung sichergestellt wird. Besondere Bedeutung kommt der Unabhängigkeit der Aufsichtsorgane von politischen Einflüssen und ihrer Kompetenzausstattung dann zu, wenn – wie in Kamerun – der Staat nennenswerte Beteiligungen an Banken hält. Die Untersuchung im folgenden Abschnitt macht deutlich, daß zumindest bis zu den Reformen 1990 von Unabhängigkeit der Bankenaufsicht keine Rede sein konnte und darüber hinaus aufsichtsrechtliche Normen nicht respektiert wurden, ohne daß das Sanktionen für die Kreditinstitute zur Folge gehabt hätte. Zudem waren die Normen selbst nicht uneingeschränkt geeignet, die Stabilität des Systems zu sichern. Folglich erscheint es plausibel, daß moral hazard zur Inkaufnahme höherer Risiken und damit zur Verschlechterung der Portfolioqualität beigetragen hat. Gleichzeitig begünstigt die Annahme einer impliziten Garantie gegen Verluste die unzureichende Bildung von Wertberichtigungen: Der überhöhte Ausweis bilanzieller Gewinne erlaubt die Ausschüttung höherer Dividenden an alle Anteilseigner einer Bank. Falls der kumulierte Wertberichtigungsbedarf in der Folge zu bilanziellen Verlusten führt, fallen diese im wesentlichen beim Staat an. Zusätzlich kann durch Reduzierung des Eigenkapitals die Rendite der eingesetzten Mittel gesteigert werden. In der impliziten Einlagenversicherung liegt damit eine der strukturellen Ursachen der Solvenzkrise des kamerunischen Bankensystems.

Mit der Aufgabe des gesetzlichen Erfordernisses einer staatlichen Mindestbeteiligung 1990, dem Verzicht auf selektive Kreditlenkung auf nationaler Ebene und der weitgehenden Liberalisierung der Zinsen 1989 hat der Staatseinfluß soweit abgenommen, daß Banken kaum noch als Teil des öffentlichen Sektors wahrgenommen werden können. Zudem haben Einleger im Zuge der Liquidation diverser Institute Verluste erlitten. Auch das spricht dafür, daß eine implizite Einlagenversicherung nicht mehr unterstellt wird. Dementsprechend sind die mit Sicherungsmechanismen verbundenen Stabilitätsrisiken für den Zeitraum nach 1989/90 nicht mehr relevant.

6.2.2.2   Präventive Regulierung: Bankenaufsicht

Die Beurteilung der Qualität der Bankenaufsicht in Kamerun setzt auf zwei Ebenen an: einerseits der organisatorischen Ausgestaltung und Kompetenzausstattung der Aufsichtsbehörde, andererseits den qualitativen und quantitativen Normen selbst. Im folgenden wird zunächst der Versuch unternommen, die Organisation der Bankenaufsicht in Kamerun anhand allgemein akzeptierter

Standards zu beurteilen. Maßstab dafür sind die von der Bank für Internationalen Zahlungsausgleich (BIS) festgelegten Kernprinzipien für eine effektive Bankenaufsicht.

Daran schließt sich eine Darstellung der qualitativen und quantitativen Normen und eine Analyse der Auswirkungen dieser Normen auf die Stabilität des Bankensystems an. Die Betrachtung beschränkt sich auf die wesentlichen Vorgaben, d.h. die Regulierung des Eigenkapitals, der Liquidität und der Kreditvergabe- und Wertberichtigungspraxis kamerunischer Banken. Maßstab für die Beurteilung der Normen sind ebenfalls allgemeine Standards. Für das Eigenkapital wird die BIS-Richtlinie von 1988 herangezogen; mangels einer international einheitlichen Regelung wird die Regulierung der Bankenliquidität in Kamerun mit dem in Deutschland seit Juli 2000 verbindlichen Grundsatz II verglichen. Sowohl die Betrachtung der organisatorischen Ausgestaltung der Bankenaufsicht als auch die Analyse der aufsichtsrechtlichen Normen selbst unterscheiden jeweils zwischen der Situation vor den Reformen von 1990 bzw. deren nachfolgender Umsetzung und den neuen Rahmenbedingungen.

6.2.2.2.1   Organisatorische Ausgestaltung und Kompetenzen der Aufsichtsorgane

Die BIS hat 1997 Grundprinzipien für Ausgestaltung und Kompetenzen der Bankenaufsicht entwickelt, deren Beachtung für die effektive Wahrnehmung der Aufsichtsfunktion durch die zuständigen Behörden notwendig ist. Diese Prinzipien sind Grundlage der Beurteilung von Qualität und Effizienz der Bankenaufsicht in einzelnen Ländern beispielsweise durch den IMF. Die von der BIS formulierten Anforderungen betreffen im einzelnen sieben Bereiche:

1. die organisatorischen Voraussetzungen für effektive Bankenaufsicht, d.h. in erster Linie klare Verantwortlichkeiten und Ziele der Aufsicht, Unabhängigkeit und adäquate Ausstattung mit personellen und finanziellen Ressourcen sowie ausreichende Kompetenzen zur Durchsetzung aufsichtsrechtlicher Normen;

2. die Erteilung von Banklizenzen und die Beschränkung der zulässigen Geschäftsbereiche, wobei die Aufsichtsbehörde einerseits eindeutige Kriterien für die Zulassung neuer Institute festlegen und selbst entscheidungsberechtigt sein sollte sowie andererseits die Kompetenz haben sollte, bestimmte Geschäftsvorfälle – beispielsweise die Veräußerung größerer Beteiligungen an Banken – zu untersagen;

3. die präventive Regulierung in Form von qualitativen und quantitativen Normen, wobei dies sowohl die Festlegung von Eigenkapitalanforderungen, Liquiditätsquoten und Beschränkungen der Kreditvergabe (z.B. Großkredite und „connected lending") sowie deren Kontrolle durch die Behörde als auch

geeignete Informationssysteme und interne Kontrollen innerhalb der Banken selbst betrifft;

4. die Methoden der laufenden Überwachung von Banken, und zwar sowohl auf Basis regelmäßiger Berichte als auch durch Vor-Ort-Inspektionen;

5. die Informationsanforderungen, insbesondere die Anwendung geeigneter Buchführungspraktiken, die sicherstellen, daß Bilanzen ein realistisches Bild der wirtschaftlichen Situation der Kreditinstitute geben (und damit die Marktdisziplin durch Verringerung von Informationsasymmetrie gestärkt wird);

6. die formellen Kompetenzen der Aufsichtsbehörde, wobei sichergestellt sein muß, daß bei Verstößen gegen qualitative oder quantitative Normen Gegenmaßnahmen – über die Abberufung des Managements bis hin zum Entzug der Lizenz – eingeleitet werden können; und schließlich

7. besondere Anforderungen an die Überwachung von grenzüberschreitend aktiven Kreditinstituten.

In der Konvention vom 23.11.1972 haben sich die Mitgliedsländer der Franc-Zone vertraglich verpflichtet, ihre Politik im Hinblick auf die Bankenaufsicht zu „harmonisieren". Damit war aber bis 1990 keine Übertragung nennenswerter Kompetenzen auf die BEAC oder eine andere supranationale Aufsichtsbehörde verbunden. Artikel 26 der Statuten der Notenbank sieht lediglich vor, daß die BEAC die Einhaltung sowohl qualitativer als auch quantitativer Normen der Bankenaufsicht überwacht, die ihrerseits auf nationaler Ebene definiert wurden (Monga 1997, S. 169). Zudem hatte die Notenbank kein Überwachungsmonopol, vielmehr waren nationale Gremien zusätzlich mit der Bankenaufsicht beauftragt.

Die Dekrete, die den rechtlichen Rahmen für das Bankwesen in Kamerun bilden, sehen zwei prinzipielle Organe der Bankenkontrolle vor: einerseits den nationalen Kreditrat (CNC), andererseits die „Commission de Contrôle des Etablissements de Crédit" (CCEC). Letztere wurde mit der Übertragung der Kompetenzen für die Bankenaufsicht auf die COBAC 1992 aufgelöst. Der CNC untersteht dem Finanzministerium und ist ein Konsultativorgan, das Vorschläge zur allgemeinen Ausrichtung der Geld- und Kreditpolitik macht. Weiterhin oblag dem CNC die Überwachung der Geschäftstätigkeit der Kreditinstitute mit Blick auf die makroökonomische Entwicklung[131]. Mitglieder des CNC sind der Finanzminister – gleichzeitig Vorsitzender -, der Gouverneur der BEAC und der Präsident des Bankenverbandes. Die CCEC war demgegenüber mit der Überwachung der Geschäftstätigkeit im engeren Sinne sowie mit der Festlegung von

---

[131] Trotz des konsultativen Charakters dieses Gremiums haben Banken Anforderungen des CNC als verbindlich aufgefaßt (Monga 1997, S. 171).

aufsichtsrechtlichen Solvenz- und Liquiditätsregeln beauftragt. Im Falle von Verstößen konnte die CCEC dem Finanzministerium Vorschläge für die Sanktionierung unterbreiten. Die Mitglieder der CCEC waren zugleich Mitglieder des CNC; faktisch war auch dieses Gremium damit abhängig vom Finanzministerium. Der Einfluß des Finanzministers wurde zudem noch dadurch ausgeweitet, daß dem Ministerium die Kontrolle der Zielerfüllung im Rahmen der Politik der Kreditlenkung oblag.

Innerhalb der BEAC war bis zur Gründung der COBAC die (erst 1981 gegründete) „Direction de la Réglementation et du Contrôle des Banques" für die Bankenaufsicht zuständig. Die Kompetenzen der Notenbank waren aber – unter Mißachtung der statutarischen Vorgaben - deutlich eingeschränkt: Vor-Ort-Kontrollen von Kreditinstituten durften nur mit vorheriger Genehmigung des Finanzministers durchgeführt werden, Prüfberichte mußten in Kopie dem Finanzministerium übermittelt werden. Sanktionen bei Verstößen gegen bankenaufsichtsrechtliche Normen wurden von den nationalen Kontrollkommissionen (ebenfalls nach Genehmigung durch den Finanzminister) beschlossen. Bankenaufsicht hat damit bis 1990 auf supranationaler Ebene weder im Sinne der Formulierung von Normen noch mit Blick auf deren Durchsetzung stattgefunden; die Rolle der BEAC beschränkte sich auf „technische Unterstützung" der nationalen Aufsichtsinstitutionen (Bida-Kolika/Renamy-Lariot 1991, S. 103).

Insgesamt war die Bankenaufsicht in Kamerun damit bis zu den Reformen von 1990 erheblichen politischen Einflüssen ausgesetzt und mit organisatorischen Mängeln behaftet. Vor dem Hintergrund der oben erläuterten Grundprinzipien der BIS für eine effektive Bankenaufsicht betrifft das insbesondere die folgenden Bereiche:

1. Die Verantwortlichkeiten der Bankenaufsicht waren nicht klar definiert. Die Vielfalt der Aufsichtsorgane, deren Aufgaben und Kompetenzen nicht eindeutig abgegrenzt waren, hat zu erheblichen Effizienzverlusten geführt (so z.B. auch Monga 1997, S. 175). Zudem konnte von Unabhängigkeit keine Rede sein. Bis zu den Reformen von 1990 war das Finanzministerium für praktisch alle Bereiche der Bankenaufsicht zuständig. Vor dem Hintergrund der massiven Beteiligungen des öffentlichen Sektors sind daraus erhebliche Interessenkonflikte entstanden, die die Effizienz der Aufsicht zusätzlich eingeschränkt haben. Ein Beispiel dafür ist die oben bereits erwähnte regelmäßige Überschreitung der Maximalrelation zwischen nicht rediskontfähigen Krediten und Einlagen: Im Sinne der Förderung prioritärer Sektoren hätte das Finanzministerium auf die Einhaltung der Aufsichtsnorm drängen müssen, gleichzeitig wäre damit – wegen der niedrigeren Zinssätze und höheren Ausfallrisiken - die Rentabilität der Institute belastet worden. Das

wiederum hätte nicht im Interesse des Staates als Anteilseigner gelegen. Da die Aufsichtsbehörden weiterhin Sanktionen nur nach Genehmigung durch das Finanzministerium verhängen konnten, war auch die Kompetenzausstattung unzureichend.

2. Die Erteilung von Banklizenzen erfolgte ebenfalls durch das Finanzministerium. Ob und in welchem Umfang dabei Kriterien zugrunde gelegt wurden, die mit einer effektiven Bankenaufsicht in Einklang standen, ist unklar. Grundsätzlich birgt die aber Übertragung der Zuständigkeit für Zulassungen auf Regierungsstellen erhebliche Risiken für die Stabilität des Systems: „[...] in many developing countries licenses are granted by agencies of the government [...]. Often the granting of licenses is politically motivated and is a form of patronage [...]. Where this has occurred, problems and banking insolvency have often followed" (Polizatto 1991, S. 176). Zudem waren die Überprüfung von Geschäftsplänen, die Beurteilung der Qualität des Managements etc. erst ab 1985 offiziell Bestandteil des administrativen Verfahrens.

3. Quantitative und qualitative Normen konnten theoretisch von der CCEC lediglich vorgeschlagen werden, bedurften aber der Genehmigung des Finanzministeriums. Gleiches galt, wie oben bereits erwähnt, für die Durchsetzung der Einhaltung dieser Normen. Zudem war die CCEC als wesentliches Instrument der Bankenaufsicht auf nationaler Ebene zu keinem Zeitpunkt funktionsfähig (Bida-Kolika/Renamy-Lariot 1991, S.103), d.h. daß die eigentlich zuständige Behörde faktisch nicht existierte.

4. Vor-Ort-Inspektionen setzten ebenfalls die vorherige Genehmigung des Finanzministeriums voraus.

5. Ob und in welchem Ausmaß die der Bankenaufsicht von den Kreditinstituten übermittelten Berichte ein realistisches Bild der wirtschaftlichen Lage gegeben haben, läßt sich nicht eindeutig beurteilen. Andererseits war das System auch schon vor 1986 technisch insolvent, ohne daß sich das bilanziell ausgewirkt hätte. Folglich haben die Behörden die Anwendung geeigneter Buchführungspraktiken nicht durchgesetzt.

6. Analog zur Erteilung der Banklizenz lag auch die Entscheidung über den Entzug der Zulassung im Ermessen des Finanzministeriums. Zudem war bis 1985 gesetzlich der Entzug der Zulassung auch für insolvente Institute nicht vorgesehen (Monga 1997, S. 77).

In der Summe lassen diese Mängel den Schluß zu, daß – unabhängig von der Qualität der Normen selbst, die weiter unten diskutiert wird – sowohl die Überwachung von deren Einhaltung als auch die Sanktionierung bei Verstößen nur eingeschränkt erfolgt sind. Die Weltbank (1986, S. 51) weist beispielsweise darauf hin, daß Eigenkapitalquoten weitgehend ignoriert wurden und das Darlehensvolumen 1984 um rund 45% über der aufsichtsrechtlich zulässigen Grenze lag. Die Bankenaufsicht hat destabilisierenden Tendenzen damit nicht entgegengewirkt: Weder Kreditrisiken noch die Wertberichtigungspraxis wurden effizient überwacht. Dementsprechend liegen in der mangelhaften Organisation und der unzureichenden Kompetenzausstattung strukturelle Ursachen der Systemkrise ab 1986.

Nachdem mit Beginn der krisenhaften Entwicklung der Geschäftsbanken in der BEAC-Zone die oben erläuterten Schwächen der Aufsicht offenbar wurden, beschlossen die Mitgliedstaaten 1990 die Gründung der COBAC als supranationale Aufsichtsinstitution unter dem Vorsitz des Gouverneurs der BEAC. Bis 1992 wurde die Vereinbarung von allen Länderparlamenten ratifiziert, im gleichen Jahr hat die COBAC ihre Tätigkeit aufgenommen. Die COBAC ist sowohl zur Formulierung bankenaufsichtsrechtlicher Normen berechtigt als auch mit der Überwachung und Sanktionierung eventueller Verstöße beauftragt (Art. 1 der Convention portant création d'une Commission bancaire de l'Afrique Centrale vom 16.10.1990). Der IMF (2000b) kommt zu dem Ergebnis, daß sich die Qualität der Bankenaufsicht mit Gründung der COBAC verbessert hat. Mit Blick auf die oben erläuterten Grundprinzipien der BIS sieht der IMF u.a. noch Schwächen in den folgenden Bereichen:

1. Die COBAC war jedenfalls zum Zeitpunkt der Beurteilung durch den IMF nur unzureichend mit personellen Ressourcen ausgestattet.

2. Die Erteilung von Banklizenzen erfolgt nunmehr gemeinsam durch das Finanzministerium und die COBAC, wobei die Zustimmung letzterer zwingend erforderlich ist. Aus der Tatsache, daß das Zulassungsprozedere auf zwei Ebenen stattfindet, könnten unnötige Verzögerungen und rechtliche Schwierigkeiten entstehen. Trotz der rechtlich eindeutigen Vorrangstellung der COBAC sieht der IMF zudem die Möglichkeit von Friktionen und politischer Einflußnahme.

3. Kapitalanforderungen und Vorschriften zur Begrenzung des Risikos aus der Kreditvergabe an Aktionäre oder verbundene Unternehmen (connected lending) sind unzureichend. Das gleiche gilt für die Kriterien zur Beurteilung der bankinternen Kontrollen bei der Kreditvergabe durch die Aufsichtsbehörde.

4. Die COBAC hat keine Möglichkeiten, das Ausmaß und die Qualität der in den Jahresberichten der Banken enthaltenen Informationen zu beeinflussen. Um die Marktdisziplin dennoch zu fördern, ist die Behörde dazu übergegangen, alle Entscheidungen über Sanktionen bei Verstößen gegen Aufsichtsnormen zu veröffentlichen.

5. Die COBAC ist zwar formell autorisiert, bei Verstößen gegen Normen Maßnahmen einzuleiten, der IMF sieht aber dennoch die Gefahr der politischen Einflußnahme. Zudem ist die Kommission nicht berechtigt, die Abberufung von Vorstandsmitgliedern der Kreditinstitute zu verlangen.

Trotz dieser Mängel ist die Bankenaufsicht in Kamerun relativ konsequent: Die Bildung seitens der COBAC geforderter zusätzlicher Wertberichtigungen auf den Darlehensbestand hat beispielsweise bei einer kamerunischen Geschäftsbank, an der die DEG beteiligt war, wiederholt zu erheblichen Verlusten und einer dadurch erzwungenen Kapitalerhöhung geführt. Weiterhin drohte der Versuch der Veräußerung einer Beteiligung der DEG an diesem Institut daran zu scheitern, daß die COBAC zunächst ihre Zustimmung verweigerte. Banken haben monatlich Berichte an die Kommission zu übermitteln, in denen die Einhaltung sämtlicher Normen detailliert nachgewiesen werden muß. Vor-Ort-Inspektionen werden regelmäßig durchgeführt – teilweise mehrmals jährlich -, die COBAC erstellt umfangreiche Prüfberichte, die vorhandene Mängel aufzeigen. Die Behebung dieser Mängel durch die Banken wird ebenfalls überprüft. Das deutet darauf hin, daß die COBAC trotz der vorstehend erläuterten Schwächen ihren Aufsichtspflichten nachkommt. Stabilitätsrisiken, die aus organisatorischen Mängeln bei der Aufsicht entstehen können, sind daher im Vergleich zu der Situation vor 1992 deutlich begrenzt.

6.2.2.2.2 Quantitative und qualitative Normen der Bankenaufsicht

Zulassungsverfahren und Beschränkungen des Marktzutritts

Die Erteilung einer Banklizenz durch das Finanzministerium bzw. – seit 1992 – durch Ministerium und COBAC ist an eine Vielzahl von Auflagen gebunden. Das betrifft in erster Linie die zulässigen Rechtsformen, Anforderungen an die Qualifikation der Geschäftsleitung und des Personals, eine Mindestausstattung mit Eigenkapital und (seit 1985) eine Bedarfsprüfung. Grundsätzlich dienen diese Auflagen dazu, die Stabilität des Systems dadurch zu sichern, daß der Eintritt unsolider Institute vermieden wird.

Wie oben bereits erläutert sind seit 1985 die Rechtsformen der AG, der KGaA und der eG (bzw. deren französische Pendants: société anonyme, société en commandite par actions, société coopérative) zulässig, wobei die Zulassung der Genossenschaft einen Versuch darstellte, Organisationsformen innerhalb des informellen Sektors in den formellen zu integrieren (Monga 1997, S. 78). Da die genannten Rechtsformen erweiterte Publizitätspflichten und Kontrollmöglichkeiten (über den Verwaltungsrat) mit sich bringen, dürfte die Beschränkung primär der Verringerung von Informationsasymmetrie und des moral-hazard-Risikos dienen. Die Zulassung von Gesellschaftsformen, die eine nur begrenzte Haftung der

162

Anteilseigner vorsehen, läuft diesem Ziel zwar zuwider, ist aber angesichts der mit dem Bankgeschäft verbundenen Risiken unvermeidlich. Weiterhin ist die Erteilung der Lizenz von einer Mindestausstattung mit Eigenkapital abhängig (300 Mio. FCFA für Aktiengesellschaften und 75 Mio. FCFA für KGaA). Mit dieser Anforderung soll ebenfalls sichergestellt werden, daß vom Markteintritt neuer Institute keine Gefahren für Solidität und Stabilität des Systems ausgehen.

Die Zulassung eines neuen Instituts war bis zu den Reformen von 1990 bzw. der Übertragung der Bankenaufsicht auf die COBAC 1992 eine weitgehend arbiträre Entscheidung des Finanzministeriums: Neben der Prüfung der Geschäftspläne, der Reputation und Qualifikation des Managements, der finanziellen Kapazität der Aktionäre etc. oblag es dem Ministerium insbesondere, darüber zu befinden, ob „das antragstellende Unternehmen in der Lage ist, seine wirtschaftlichen Ziele unter Bedingungen zu erreichen, die mit der Funktionsfähigkeit des Bankensystems vereinbar sind" (Art. 5 der Verordnung vom 31.08.1985, zitiert nach Monga 1997, S. 78, Übers. d. Verf.). Hinter dieser Formulierung verbirgt sich eine Bedarfsprüfung durch das Finanzministerium, die ihrerseits nicht auf Basis eindeutiger Kriterien erfolgte, sondern der Behörde erheblichen Entscheidungsspielraum ließ. Das wiederum führte dazu, daß Interessengruppen die Möglichkeit hatten, Entscheidungen des Ministeriums zu beeinflussen.

Bereits seit 1962 war darüber hinaus die kamerunische Staatsangehörigkeit für den Generaldirektor einer Bank verbindlich vorgeschrieben. Bis 1973 wurde diese Vorgabe ignoriert, danach behielt sich die Regierung das Recht vor, leitende Stellen mit Beamten zu besetzen. Das hat tendenziell zu Effizienzverlusten im Management und höheren Kreditrisiken geführt, da nicht in erster Linie Kompetenz, sondern Loyalität sowohl Auswahl- als auch Performance-Kriterium waren[132]. Diese Praxis widersprach folglich dem Ziel der Stabilisierung des Bankensystems durch Regulierung: „There is also a need to shield banks from giving politically motivated loans [...]. Some authorities control this by preventing active polticians (oder Beamte, Anm. d. Verf.) from serving on the boards of banks" (Sheng 1991, S. 268). Die Kombination aus Staatsbeteiligungen, Konzentration der Kompetenzen für die Bankenaufsicht beim Finanzministerium und Einflußnahme über das Führungspersonal hat insgesamt zu erheblichen Möglichkeiten der Einflußnahme auf die Kreditvergabe und damit zu Stabilitätsrisiken geführt – in Kapitel 5 wurde bereits

---

[132] Ein Beispiel dafür ist die Ernennung eines ehemaligen Verteidigungsministers zum Verwaltungsratsvorsitzenden des CAC – der 1990 gegründet und schon 1997 wieder liquidiert werden mußte. Im Gegensatz zum deutschen Aufsichtsrat obliegt dem Verwaltungsrat (Conseil d'Administration) im französischen Recht die Führung der Geschäfte. Diese Aufgabe wird auf einen gewählten Directeur Général übertragen, der dem Verwaltungsrat regelmäßig Bericht erstatten muß. Der Einfluß des Präsidenten des Conseil d'Administration auf das Tagesgeschäft ist wesentlich größer als der des deutschen Aufsichtsratsvorsitzenden.

darauf hingewiesen, daß nach Einschätzung der Weltbank (1986, S. 19) die technische Insolvenz des Bankensystems bereits vor 1986 teilweise auf die politisch motivierte Vergabe von Darlehen an Händler aus dem Norden des Landes zurückzuführen war.

Wie in Teil I erläutert, sollen Beschränkungen des Marktzutritts weiterhin auch die Wettbewerbsintensität im Bankensektor begrenzen. Daraus entsteht für etablierte Institute der Anreiz, ihren Einfluß auf die für die Zulassung zuständigen Stellen dahingehend zu nutzen, daß die Zulassung neuer Wettbewerber möglichst nicht erfolgt (vgl. z.b. Claessens/Klingebiel 1999, S. 13). Wenn der Staat gleichzeitig an (allen) Banken beteiligt ist und somit an der Abschöpfung von Monopolrenten partizipiert, nimmt die Tendenz zur Abschottung des Marktes noch zu. Unabhängig von Zulassungsbeschränkungen bewirkt schließlich die relativ geringe Größe des Marktes für Finanzdienstleistungen in Kamerun, daß nur eine begrenzte Anzahl von Instituten die für einen rentablen Geschäftsbetrieb erforderliche Mindestgröße erreichen kann. Die Kombination dieser Faktoren hat dazu geführt, daß das Geschäftsbankensystem stark konzentriert ist: 1985 entfielen auf vier von insgesamt zehn aktiven Banken 85% der Kreditvergabe im formellen Sektor (Weltbank 1986, S. iii). An der dominierenden Position dieser Institute bzw. ihrer Nachfolger hat sich auch in den Folgejahren nichts geändert. Abbildung 21 zeigt die Entwicklung der Marktanteile der vier größten Banken zwischen 1988 und 1996. Ab 1992 ist tendenziell eine Abnahme der Konzentration zu erkennen, wenn auch die vier größten Banken mit insgesamt rund 80% Marktanteil 1996 nach wie vor eine marktbeherrschende Position innehatten. Daraus resultiert eine Tendenz zu oligopolistischem Verhalten der Banken. Die Weltbank (1986, S. iii) kommt dementsprechend zu dem Schluß, daß insbesondere mit Blick auf die Determinierung von Zinssätzen, die bis 1990 ohnehin reglementiert waren, nicht mit wirksamem Wettbewerb zu rechnen ist. Folglich waren auch die mit Wettbewerb eventuell verbundenen Risiken – Reduzierung der Eigenkapitalquote, höhere Risikoneigung und Destabilisierung durch „ruinösen" Wettbewerb – für die Krise des kamerunischen Bankensystems nicht relevant.

Mit der Aufgabe der Mindestbeteiligungen der öffentlichen Hand und der Übertragung der Kompetenz für die Zulassung neuer Institute auf die COBAC ist die Gefahr politischer Einflußnahme im Zulassungsverfahren deutlich verringert. Dementsprechend kann man davon ausgehen, daß seit 1992 weder im Zulassungsverfahren selbst noch in den Anforderungen, die von antragstellenden Unternehmen zu erfüllen sind, Risiken für die Stabilität des Systems liegen. Die wettbewerbsbeschränkende Wirkung von Marktzutrittsbegrenzungen bleibt dagegen von diesen Änderungen in der Zuständigkeit unberührt. Die COBAC als supranationales Institut dürfte allerdings Einflüssen von dritter Seite – sei es von der Regierung oder von Interessengruppen -, die auf den Schutz eigener

Marktpositionen abzielen, weniger zugänglich sein als es das kamerunische Finanzministerium war.

Abbildung 21: Marktanteile der vier größten Banken im Einlagen- und Kreditgeschäft, 1988-1996

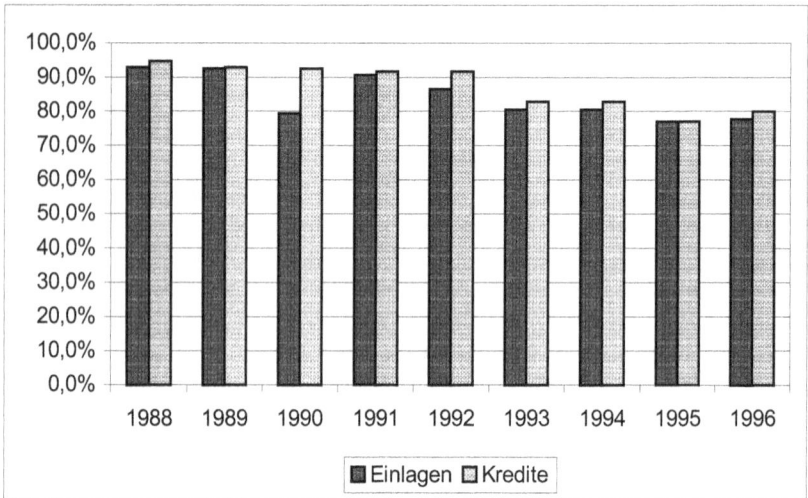

Quelle: CNC (1990, 1991, 1993, 1994, 1996)

Eigenkapitalanforderungen

Wie in Teil I dieser Arbeit erläutert, dient Eigenkapital als Puffer gegen Verluste. Informationsasymmetrie und moral hazard führen dazu, daß Banken einen Anreiz zur Reduzierung des Kapitals und zur Inkaufnahme höherer Risiken haben. Eine verbindlich vorgegebene Quote reduziert damit Insolvenz- und Liquiditätsrisiken. Mit zunehmendem Eigenkapitaleinsatz steigt weiterhin das Verlustrisiko der Gesellschafter einer Bank, d.h. daß durch aufsichtsrechtliche Kapitalvorgaben auch die Risikopolitik des Bankensystems beeinflußt wird. Im Falle Kameruns hat darüber hinaus die implizite Einlagenversicherung einen weiteren Anreiz zur Substitution von Kapital durch Einlagen und damit zur Reduzierung der Eigenkapitalquote dargestellt.

Die G10-Staaten[133] und Luxemburg haben sich 1988 darauf verständigt, bis 1992 eine vom Basle Committee on Banking Supervision erarbeitete Richtlinie zur Eigenkapitalausstattung von Geschäftsbanken umzusetzen (BIS 1988). Gegenstand dieser Richtlinie ist primär die angemessene Unterlegung von Ausfallrisiken mit

---

[133] Belgien, Deutschland, Frankreich, Italien, Japan, Kanada, die Niederlande, Schweden, die Schweiz, die USA und das Vereinigte Königreich.

Eigenkapital. Andere Risiken, denen Banken ausgesetzt sind – Zinsänderungsrisiken, Marktrisiken bei Wertpapiergeschäften oder operative Risiken – werden dabei nur implizit berücksichtigt. Die BIS-Richtlinie stellt eine „weighted risks asset ratio" dar (vgl. Teil I dieser Arbeit) und definiert einerseits die Bestandteile des Kapitals, andererseits die den unterschiedlichen Aktiva nach ihrem Risikogehalt zuzuordnenden Gewichtungen.

Seit Juni 1999 bereitet das Komitee eine neue Richtlinie vor, die Ende 2001 verabschiedet und bis 2004 umgesetzt werden soll (BIS 2001). Sowohl die Definition des Eigenkapitals als auch die Mindestquote sollen danach unverändert bleiben. Wesentliche Neuerungen sind demgegenüber a) erweiterte Möglichkeiten, bankinterne Verfahren zur Bewertung von Risiken zu nutzen, b) die explizite Berücksichtigung operativer Risiken, die beispielsweise aus dem Ausfall von Rechenzentren oder der Unterschlagung durch Mitarbeiter entstehen können sowie deren Messung ebenfalls durch interne Verfahren und schließlich c) die Stärkung der Marktdisziplin durch erweiterte Publizitätspflichten. Die Aufgabenstellung der Bankenaufsicht wird sich damit ändern: „Supervisors would be responsible for evaluating how well banks are assessing their capital adequacy needs relative to their risks. This internal process would then be subject to supervisory review and intervention, where appropriate." (BIS 2001, S. 5). Das Hauptaugenmerk galt dagegen bisher in erster Linie der Einhaltung fix vorgegebener Relationen.

Die Angemessenheit der Eigenkapitalanforderungen in Kamerun soll im folgenden durch einen Vergleich mit der Richtlinie von 1988 beurteilt werden. Die geplante Neufassung wird dabei nicht berücksichtigt. Der mit der Neufassung der Eigenkapitalrichtlinie höhere Freiheitsgrad der Kreditinstitute bei der Risikogewichtung auf Basis interner Systeme wird nach den Vorstellungen der BIS durch die Stärkung der Marktdisziplin einerseits und die regelmäßige Prüfung dieser Systeme durch die Aufsichtsbehörden andererseits kompensiert. Der Bildungsstand der Bevölkerung und die im Vergleich zu den industrialisierten Ländern weniger entwickelte Kommunikationstechnologie führen aber dazu, daß Marktdisziplin durch umfassende Information der Einleger in Kamerun schwerer zu erreichen ist. Zudem fehlt der COBAC, wie oben bereits erwähnt, die Möglichkeit, den Umfang der in den Jahresabschlüssen enthaltenen Informationen unmittelbar zu beeinflussen. Schließlich setzt die Prüfung bankinterner Systeme durch die Aufsichtsbehörde entsprechende Kenntnisse des Personals voraus, die erst im Zeitablauf aufgebaut werden können.

Die BIS-Richtlinie von 1988 unterscheidet zwei Arten von Kapital, nämlich das sog. Kernkapital („tier 1") und das Ergänzungskapital („tier 2"). Bestandteile des Kernkapitals sind das eingezahlte Kapital und ausgewiesene Reserven (Gewinnvorträge, Agios und gesetzliche Reserven). Das Ergänzungskapital darf insgesamt die Höhe des Kernkapitals nicht überschreiten, d.h. daß mindestens 50% des Gesamtkapitals einer Bank aus den Kernkomponenten bestehen muß. Tabelle 2 zeigt die Eigenkapitaldefinition nach der Richtlinie von 1988 im Überblick[134].

Tabelle 2: Eigenkapitalbestandteile nach BIS (1988)

Kernkapital (tier 1)	eingezahltes Kapital
	ausgewiesene Reserven
Ergänzungskapital (tier 2)	stille Reserven, soweit sie von den Aufsichtsbehörden akzeptiert werden und zur Deckung eventueller Verluste unmittelbar zur Verfügung stehen
	Rücklagen aus der Neubewertung des Anlagevermögens, sofern der Wertansatz die Marktentwicklung widerspiegelt und Abschläge für Fluktuationen des Preises und zu erwartende Verluste bei kurzfristiger Veräußerung berücksichtigt sind[135]
	Pauschalwertberichtigungen auf Kreditforderungen und allgemeine Rückstellungen, insofern sie für zukünftige Verluste gebildet wurden, deren Eintritt ungewiß ist
	eigenkapitalähnliche Mittel, die unbesichert, nachrangig und voll eingezahlt sind, wobei sichergestellt sein muß, daß der Kapitalgeber nicht einseitig die Rückzahlung verlangen kann, daß diese Mittel zur Deckung von Verlusten zur Verfügung stehen, ohne daß dadurch die Liquidation der Bank verursacht wird und daß eventuelle Zinszahlungen auf diese Mittel in Verlustsituationen gestundet werden
	nachrangige Verbindlichkeiten, soweit sie unbesichert sind und eine Ursprungslaufzeit von mindestens fünf Jahren haben[136]

Quelle: BIS (1988)

In der Bilanz ausgewiesener Goodwill wird vom Kernkapital abgezogen. Beteiligungen an anderen Banken oder sonstigen Finanzinstitutionen reduzieren das Gesamtkapital, falls die Ermittlung der Kapitalausstattung nicht auf konsolidierter Basis erfolgt. Das so ermittelte Eigenkapital dient in erster Linie zur Deckung von Ausfallrisiken, wobei die gewichtete Eigenkapitalquote 8% der Risikoaktiva nicht unterschreiten darf. Tabelle 3 gibt die Gewichtung der unterschiedlichen Aktiva nach der Eigenkapitalrichtlinie von 1988 wieder.

Das Eigenkapital war in Kamerun bis zur Neuformulierung der Aufsichtsnorm durch die COBAC 1993 über eine einfache „gearing-ratio" reglementiert. Eine Differenzierung nach dem Risikogehalt unterschiedlicher Aktiva erfolgte demgemäß nicht. Die Relation zwischen Eigenmitteln und dem Darlehensbestand durfte 5% nicht unterschreiten (Weltbank 1986, S. 50). Als Eigenmittel galten das eingezahlte

---

[134] Die Berücksichtigung einzelner Elemente des Ergänzungskapitals bei der Ermittlung der Kapitalbasis liegt im Ermessen der nationalen Aufsichtsbehörden.

[135] Bei Wertpapieren darf die Höhe der Neubewertungsrücklage maximal 45% der Differenz zwischen Buch- und Marktwert betragen.

[136] Während der letzten fünf Jahre der Laufzeit werden bei der Eigenkapitalberechnung kumulativ 20% p.a. in Abzug gebracht.

Kapital, Reserven, Rückstellungen und erhaltene Subventionen ohne Rückzahlungsverpflichtung („dotations" - BEAC 1987b, S. 65). Während die Weltbank (1986, S. 51), wie oben bereits erwähnt, davon ausgeht, daß diese Eigenmittelquote nicht eingehalten wurde, geht das aus den Angaben der BEAC nicht hervor – die Notenbank weist beispielsweise für das Gesamtsystem 1984 eine Quote von 5,33% aus (BEAC 1994), während die Weltbank für das gleiche Jahr von einer Überschreitung der zulässigen Darlehensvergabe von annähernd 50% ausgeht, was einer Eigenkapital-Quote von rund 3,6% entspricht.

Tabelle 3: Risikogewichtung unterschiedlicher Aktiva nach BIS (1988)

0%	Forderungen gegen Zentralregierungen oder Notenbanken außerhalb der OECD, sofern sie in nationaler Währung denominiert sind und ihnen entsprechende Verbindlichkeiten gegenüberstehen
	Forderungen gegen Zentralregierungen und Notenbanken der OECD-Mitgliedsländer
	Forderungen, die durch Schuldverschreibungen oder Garantien der Zentralregierung von OECD-Mitgliedsländern besichert sind
je nach Entscheidung der nationalen Aufsichtsbehörde zwischen 0% und 50%	Forderungen gegen den öffentlichen Sektor im Inland (ohne Zentralregierung)
	Forderungen, die durch Garantien des öffentlichen Sektors besichert sind
20%	direkte oder indirekte Forderungen gegen multilaterale Entwicklungsbanken (Weltbank, Inter-American Development Bank, Asian Development Bank, African Development Bank und European Investment Bank) [137]
	direkte oder indirekte Interbankenforderungen innerhalb der OECD
	direkte oder indirekte Forderungen gegen Banken außerhalb der OECD mit einer Laufzeit von bis zu einem Jahr
	direkte und indirekte Forderungen gegen den öffentlichen Sektor (ohne Zentralregierung) in Ländern außerhalb der OECD
	Forderungen, die sich im Prozeß der Beitreibung befinden
50%	Kredite, die mit Grundschulden bzw. Hypotheken auf vermietete bzw. eigengenutzte Wohnimmobilien besichert sind
100%	alle anderen Aktiva, insbesondere:
	Forderungen gegen den privaten Sektor
	Forderungen gegen Zentralregierungen außerhalb der OECD, soweit sie nicht in nationaler Währung denominiert und durch entsprechende Verbindlichkeiten refinanziert sind
	Immobilien, Betriebs- und Geschäftsausstattung etc.

Quelle: BIS (1988)

---

[137] Mit direkten Forderungen sind hier unmittelbare Kreditbeziehungen gemeint, während indirekte Forderungen aus der Besicherung durch Garantien entstehen.

168

Da eine explizite Einlagenversicherung in Kamerun nicht existiert und, wie oben erläutert, weder die Regierung noch die BEAC glaubwürdig als LLR auftreten können, ist grundsätzlich eine möglichst enge Definition des Eigenkapitals angebracht: Bankenaufsicht zielt unter diesen Umständen primär darauf ab, das Insolvenzrisiko zu minimieren, weil Bankpaniken bei Abwesenheit der o.g. Sicherungsmechanismen nicht ausgeschlossen werden können. Die implizite Garantie ist im Gegensatz zur expliziten diskretionärer Natur, d.h. daß aus Sicht der Einleger ein (Rest-)Risiko bestehen bleibt[138]. Bankpaniken werden daher durch implizite Sicherungsmechanismen nicht vollständig ausgeschlossen. In Kamerun wurden die Kapitalkomponenten, die in der BIS-Richtlinie zum Ergänzungskapital zählen, nicht berücksichtigt. Die bis zur Neufassung 1993 geltende Eigenkapitaldefinition war damit grundsätzlich angemessen.

Problematisch ist demgegenüber die fehlende Gewichtung unterschiedlicher Aktiva nach ihrem Risikogehalt. Da die Eigenmittelquote gleichzeitig die Möglichkeit begrenzt, über eine höhere Verschuldung die Eigenkapitalrendite zu steigern, stellt die „gearing ratio" aus Sicht der Banken einen Anreiz dar, das Portfoliorisiko zu erhöhen, d.h. riskantere Projekte mit höheren Ertragschancen zu finanzieren. Dementsprechend kann die aufsichtsrechtliche Eigenkapitalnorm in dieser Form u.U. zu einer Zunahme des Insolvenzrisikos führen, sofern nicht gleichzeitig das Aktivgeschäft der Kreditinstitute reguliert wird. Die Tatsache, daß das Bankensystem bereits vor 1986 insolvent war, spricht dafür, daß Kreditinstitute in der Tat hohe Risiken eingegangen sind. Dieser Effekt wird dann noch verstärkt, wenn die wirtschaftliche Situation einer Bank sich verschlechtert und das Management „go-for-broke"-Strategien fährt. Auch das könnte sowohl Ursache als auch Folge der technischen Insolvenz bereits vor 1986 gewesen sein. Darüber hinaus war die Höhe der Eigenmittelquote unzureichend. Die BIS hält eine Unterlegung von 8% der Risikoaktiva mit Eigenkapital für notwendig, um Ausfallrisiken zu decken. Banken in Entwicklungsländern sind allgemein höheren Risiken ausgesetzt als Kreditinstitute in entwickelten Ländern. Diese Risiken können makroökonomischer Natur sein – z.B. die Abhängigkeit von wenigen Exportprodukten – aber auch im institutionellen Umfeld, beispielsweise im Rechtssystem, liegen. Dementsprechend wäre für Banken in Kamerun eine Eigenmittelquote angemessen, die oberhalb der von der BIS vorgegebenen Quote liegt[139]. Insgesamt war damit die bis 1993 geltende Eigenkapitalnorm im Hinblick auf die Stabilisierung des Systems unzureichend und hat tendenziell zu einer Erhöhung der Ausfallrisiken beigetragen. Der destabilisierende Effekt wurde noch dadurch verstärkt, daß die ohnehin

---

[138] Das gleiche gilt für den Fall, daß eine explizite Einlagenversicherung lediglich eine anteilige Deckung der Bankguthaben vorsieht.

unzureichenden Anforderungen nicht eingehalten wurden, ohne daß dies mit Sanktionen verbunden gewesen wäre.

Mit der Neuordnung von Bankenaufsicht und Geldpolitik haben sich auch die Eigenkapitalanforderungen verändert. Als Eigenmittel („fonds propres nets") definiert die COBAC die Summe aus Basis-Eigenmitteln und „assimilierten" Eigenmitteln (COBAC 1993a). Letztere dürfen die Höhe der Basis-Eigenmittel nicht überschreiten, d.h. daß mindestens 50% der gesamten Eigenmittel einer Bank auf die erstgenannte Kategorie entfallen müssen. Tabelle 4 gibt eine Übersicht über die Komponenten der Eigenmittel.

Tabelle 4: Eigenmittelkomponenten nach Definition der COBAC

Basis-Eigenmittel	eingezahltes Kapital sowie Agios und Reserven (abzüglich eigener Aktien und immateriellen Anlagevermögens)
	Gewinnvorträge und Periodenergebnis abzüglich auszuschüttender Dividenden
	Pauschalwertberichtigungen
	erhaltene Subventionen ohne Rückzahlungsverpflichtung
assimilierte Eigenmittel	Rücklagen aus der Neubewertung von Aktiva, soweit deren Höhe vom Wirtschaftsprüfer bestätigt worden ist
	subordinierte (Gesellschafter-)Darlehen, sofern der Kapitalgeber nicht einseitig die Rückzahlung verlangen kann, Zinszahlungen ohne Zustimmung des Kapitalgebers verschoben werden dürfen und diese Mittel zur Deckung von Verlusten zur Verfügung stehen
	Schuldverschreibungen und sonstige nachrangige Darlehen nach vorheriger Genehmigung durch die COBAC, sofern die Ursprungslaufzeit mindestens fünf Jahre beträgt und eine vorzeitige Rückzahlung – außer im Falle der Liquidation des Institutes – vertraglich nicht vorgesehen ist

Quelle: COBAC (1993a)

Auf Ebene der eingegangenen Risiken erfolgt – mit Ausnahme der lediglich 10%igen Berücksichtigung von Garantien - keine unterschiedliche Gewichtung der Aktiva. Forderungen unterschiedlicher Natur werden sämtlich voll auf die Eigenmittel angerechnet, wobei die Relation zwischen den so definierten Eigenmitteln und den Risikoaktiva 5% nicht unterschreiten darf. Im einzelnen berücksichtigt die COBAC folgende Aktivpositionen:

- Kredit- und Leasingforderungen (netto, d.h. nach Abzug von Einzelwertberichtigungen; ferner nach Abzug von Barsicherheiten oder Rückbürgschaften anderer Kreditinstitute, soweit die COBAC der Anrechnung zustimmt);

---

[139] In Argentinien beispielsweise lag die durchschnittliche Mindestquote 1997 bei 11,5%, in Singapur bei 12,0 % und auf den Philippinen bei 10% (jeweils 1998) (Claessens/Klingebiel 1999, S. 32ff.).

- Wertpapiere mit Ausnahme von Schuldverschreibungen des öffentlichen Sektors (bons d'équipement);

- außerbilanzielle Verpflichtungen, soweit sie in ihrem Risikogehalt einem Liquiditätskredit entsprechen.

Die Eigenmittel-Definition der COBAC orientiert sich zunächst an der BIS-Richtlinie, indem zwischen zwei Eigenmittel-Komponenten unterschieden wird. Im Gegensatz zur BIS rechnet die COBAC aber Pauschalwertberichtigungen bzw. Rückstellungen zu den Basis-Eigenmitteln. Aufsichtsbehörden können nicht immer eindeutig beurteilen, ob diese Bilanzpositionen tatsächlich für zukünftige Verluste, deren Eintritt noch nicht feststeht, oder aber für bereits bekannte Ausfallrisiken gebildet wurden (so auch BIS 1988, S. 5). Dementsprechend ist die Verfügbarkeit von Pauschalwertberichtigungen für die Deckung unerwarteter Verluste tendenziell eingeschränkt. Durch die Zuordnung zum Ergänzungskapital nach BIS wird diesem Risiko Rechnung getragen. Folglich führt die von der COBAC praktizierte Berücksichtigung dieser Positionen im Basis-Kapital zu einer Schwächung der Eigenmittelbasis und beeinträchtigt damit die Stabilität des Systems.

Die Definition der Eigenmittel durch die COBAC ist darüber hinaus der Situation in Kamerun nicht angemessen. Aufsichtsrechtlich ist eine relativ weite Definition der Kapitalausstattung dann sinnvoll, wenn eine Einlagenversicherung bzw. LLR-Fazilitäten das Risiko einer Bankpanik praktisch ausschließen. Falls andererseits weder eine Einlagenversicherung (explizit oder implizit) noch ein LLR existieren, kann es zu einem bank run und in der Folge zu Liquiditäts– und Solvenzkrisen kommen. Im Sinne der Stabilitätssicherung wäre demgemäß – wie in Teil I dieser Arbeit erläutert - eine enge Definition der Eigenmittel vorzuziehen, um das Risiko von Insolvenzen zu reduzieren[140]. Damit ist neben der Einbeziehung von Pauschalwertberichtigungen insbesondere die Berücksichtigung von Rücklagen fragwürdig, die aus der Neubewertung von Aktiva entstehen, zumal der Wert solcher Aktiva erheblichen Schwankungen unterworfen sein kann. Die BIS rechnet diese Positionen zwar auch zum Ergänzungskapital, setzt aber dabei voraus, daß Wirtschaftsprüfer deren Wertansatz bestätigen und Abschläge zur Berücksichtigung der Volatilität des Marktwertes der betreffenden Aktiva vorgenommen werden. Sowohl die begrenzte Größe des Marktes für solche Aktiva in Kamerun – also die geringe Fungibilität - als auch die Mängel in der Rechnungslegung (vgl. Abschnitt 6.2.4) sprechen dagegen, Neubewertungsrücklagen dem Eigenkapital zuzurechnen.

---

[140] Die von der BIS vorgenommene Unterscheidung nach Kern- und Ergänzungskapital stellt insoweit einen politischen Kompromiß dar: Die Eigenkapital-Richtlinie wird in Ländern mit unterschiedlich ausgestalteten Sicherungsmechanismen angewendet, die Berücksichtigung der einzelnen Elemente des tier-2-Kapitals liegt dementsprechend im Ermessen der nationalen Aufsichtsbehörden.

Die Nichtberücksichtigung von öffentlichen Schuldverschreibungen bei der Ermittlung der Risikoposition schließlich dürfte als politische Entscheidung zu werten sein. Unter Stabilitätsaspekten ist dieser Ausschluß nicht ohne weiteres zu rechtfertigen: Die Kreditvergabe an die öffentliche Hand kann ausgedehnt werden, ohne daß diese Forderungen mit Eigenmitteln unterlegt sind. Faktisch – nicht aufsichtsrechtlich - sinkt damit die Eigenmittelquote des Systems. Lediglich dann, wenn öffentliche Schuldverschreibungen frei von Ausfallrisiken und kurzfristig ohne Wertverlust veräußerbar sind, wären die damit verbundenen Risiken irrelevant. Das setzt die Existenz entsprechender Sekundärmärkte und erstklassige Bonität der Schuldner auch im Zeitablauf voraus. Im System der BIS werden daher Forderungen von Kreditinstituten gegen Zentralregierungen von OECD-Mitgliedsländern bei der Ermittlung der gesamten Risikoaktiva zwar ebenfalls nicht berücksichtigt, sonstigen Forderungen gegen den öffentlichen Sektor innerhalb und außerhalb der OECD aber Gewichtungen bis zu 50% bzw. 100% zugeordnet. Die Entwicklung der Zahlungsfähigkeit des Staates in Kamerun während der Wirtschaftskrise zeigt, daß die Bonität der öffentlichen Hand zeitweise stark eingeschränkt war und Forderungen sowohl gegen die Zentralregierung als auch gegen öffentliche Unternehmen mit erheblichen Risiken behaftet waren. Zudem existiert kein Sekundärmarkt für öffentliche Schuldverschreibungen. Dementsprechend beeinträchtigt die Nichtberücksichtigung dieser Forderungen bei der Ermittlung der Risikoposition die Stabilität des Systems. Darüber hinaus entstehen aus der relativen Begünstigung der Darlehensvergabe an den Staat Stabilitätsrisiken dergestalt, daß der Anteil des Staates an der Kreditvergabe tendenziell steigt und damit die Qualität des Risikomanagements und die Effizienz der Finanzintermediation abnehmen.

Darüber hinaus stellt auch die Eigenmittelquote der COBAC eine „gearing ratio" dar, mit der die oben erläuterten Risiken verbunden sind. Die Höhe der Unterlegung von Risikoaktiva mit Eigenmitteln liegt unverändert bei 5% und ist damit unter Berücksichtigung der hohen Risiken weiterhin zu niedrig: „Given the high operational risk the banking sector faces in a fragile legal and judicial environment, capital requirements should be higher than in other countries with a more reliable legal system" (IMF 2000b, S. 6). Insgesamt weist damit auch die neue Eigenmittelnorm Mängel auf, die Stabilitätsrisiken für das System bergen.

Liquiditätsquoten

Die Betrachtung der theoretischen Grundlagen der Bankenregulierung in Teil I dieser Arbeit hat gezeigt, daß auch vorübergehende Liquiditätsengpässe beispielsweise als Folge von bank runs die Insolvenz an sich „gesunder" Institute nach sich ziehen können. Instrumente wie Einlagenversicherung und LLR sollen die Wahrscheinlichkeit von bank runs reduzieren und die Liquidität des Systems sichern. Gleichzeitig kann aber protektive Regulierung zu moral hazard führen – Banken haben einen Anreiz, ihre Liquiditätsreserven über das Maß hinaus zu reduzieren, das sie ohne Absicherung halten würden. Dementsprechend gehört die Liquiditätssteuerung erstens zu den wichtigsten Aufgaben der Geschäftsleitung einer Bank: „[...] managing liquidity is among the most important activities conducted by banks. Indeed, the importance of liquidity transcends the individual bank, since a liquidity shortfall at a single institution can have system-wide repercussions" (BIS 2000, S. 1). Zweitens kommt auch der aufsichtsrechtlichen Regulierung der Liquidität zur Sicherstellung der jederzeitigen Zahlungsfähigkeit große Bedeutung zu.

Im Gegensatz zum Eigenkapital existiert noch keine international harmonisierte Vorgabe zur Liquidität von Kreditinstituten. Als Maßstab zur Beurteilung der Zweckmäßigkeit der kamerunischen Praxis wird daher der in Deutschland seit dem 1. Juli 2000 geltende „Grundsatz II" herangezogen. Die Deutsche Bundesbank (DBB) geht davon aus, daß „die Angemessenheit der Liquiditätsvorsorge eines Institutes primär von drei Faktoren bestimmt wird:

1. Vom Ausmaß der zu erwartenden Zahlungsströme,

2. dem Bestand an hochliquiden Aktiva sowie

3. von den Refinanzierungslinien am Geldmarkt" (DBB 1999, S. 6 f.).

Ein Institut wird dann als liquide betrachtet, wenn die innerhalb eines Monats zu erwartenden Liquiditätsabflüsse von den vorhandenen Zahlungsmitteln mindestens gedeckt werden. Die Relation zwischen Zahlungsmitteln und Zahlungsverpflichtungen mit einer Laufzeit von bis zu einem Monat darf damit 100% nicht unterschreiten. Zusätzlich sind die Kreditinstitute verpflichtet, Liquiditätskennziffern für drei weitere Fristenbänder (mit Laufzeiten bis zu drei Monaten, bis zu 6 Monaten und bis zu einem Jahr) zu ermitteln. Diese sind aber nicht Gegenstand einer bindenden Vorgabe, sondern dienen lediglich der Beurteilung der Liquiditätsentwicklung durch das Bundesaufsichtsamt für das Kreditwesen (BaKred). Die Beschränkung der Regulierung auf die kurzfristige Liquidität ist Ausdruck der Einschätzung, daß die Stabilitätsrisiken im längerfristigen Bereich geringer sind. Die DBB geht davon aus, „daß bei einem solventen und ertragsstarken Institut im allgemeinen keine unüberbrückbaren Hindernisse für die Sicherstellung der mittel- und langfristigen Refinanzierung bestehen, die gegebenenfalls im Wege der zusätzlichen Geldaufnahme am Interbankenmarkt und/oder der außerplanmäßigen Veräußerung von Wertpapieren erfolgen kann" (DBB 1999, S. 30 f.).

In die Berechnung der Liquiditätskennzahl fließt lediglich „Liquidität erster Klasse" ein, d.h. einerseits Bestände an ZBG sowie unwiderrufliche Kreditzusagen und andererseits Wertpapiere mit hoher Liquidität und Fungibilität. Zahlungsverpflichtungen werden entweder nach Maßgabe ihrer Restlaufzeit den

Fristenbändern zugeordnet oder – im Falle von Verpflichtungen ohne feste Laufzeiten – anteilig berücksichtigt. Tabelle 5 gibt einen Überblick über die Komponenten, die zur Berechnung der Liquiditätsquote herangezogen werden.

Tabelle 5: Komponenten der Liquiditätskennzahl nach Grundsatz II

Forderungen (Zahlungsmittel)	Verbindlichkeiten (Zahlungsverpflichtungen)
Primärliquide Mittel:	Verbindlichkeiten ohne feste Laufzeiten:
Kassenbestand	40% der Sichteinlagen von Kreditinstituten
Guthaben bei Zentralbanken	10% der Sichteinlagen von Kunden
	10% der Spareinlagen
	10% der Bauspareinlagen (netto)
	20% der unwiderruflichen Kreditzusagen
	12% der festen Kreditzusagen mit Abrufraten
	5% bzw. 20% der außerbilanziellen Verbindlichkeiten (je nach Art)
Sekundärliquide Mittel:	
Inkassopapiere	Verbindlichkeiten mit festen Laufzeiten:
erhaltene unwiderrufliche Kreditzusagen	innerhalb eines Monats fällige Zahlungen
börsennotierte Wertpapiere	
gedeckte Schuldverschreibungen	
Anteile an Geldmarkt- und Wertpapierfonds	

Quelle: DBB (1999)

Bis zur Neufassung der Aufsichtsnormen 1993 war die Bankenliquidität in Kamerun lediglich durch einen sogenannten Liquiditätskoeffizienten reguliert, der den Kreditinstituten eine Mindestrelation zwischen Forderungen (liquide Mittel + rediskontierbare Aktiva) und Verbindlichkeiten mit einer Laufzeit von jeweils bis zu drei Monaten vorgab (Bida-Kolika/Renamy-Lariot 1991, S. 104). Dieser Koeffizient durfte 70% nicht unterschreiten. Im Gegensatz zum Grundsatz II wurde auf der Aktivseite damit teilweise auf Darlehensforderungen abgestellt.

Der Liquiditätskoeffizient wurde nach Angaben der Weltbank (1986, S. 50) bis Mitte der 80er Jahre weitgehend respektiert. Angaben zum Anteil der rediskontfähigen Aktiva am gesamten Darlehensvolumen und der Verbindlichkeiten mit einer Laufzeit von bis zu drei Monaten am Depositenvolumen für den Betrachtungszeitraum waren nicht verfügbar. Näherungsweise können aber aus der Relation zwischen kurzfristigen Forderungen gegen inländische NFI zzgl. der Reserven bei der Zentralbank und der Summe aus Sicht-, Termin- und Spareinlagen andererseits Rückschlüsse auf die Einhaltung der Liquiditätsnorm geschlossen werden. Forderungen gegen die Zentralregierung bleiben dabei unberücksichtigt, weil angesichts der statutarischen Begrenzung der Kreditvergabe der BEAC an Mitgliedsstaaten angenommen werden kann, daß jedenfalls ein großer Teil dieser Forderungen nicht rediskontfähig war. Im Gegensatz dazu bedeutet die Einbeziehung aller kurzfristigen Kredite an inländische NFI, daß auch nicht

174

rediskontfähige Forderungen in die Betrachtung einfließen. Das wird dadurch kompensiert, daß Termin- und Spareinlagen als Zahlungsverpflichtungen ebenfalls zu 100% berücksichtigt werden. Folglich wird unterstellt, daß sämtliche Termin- und Spareinlagen eine Laufzeit von nicht mehr als drei Monaten aufweisen. Gleichzeitig sind im Betrachtungszeitraum durchschnittlich 59,4% des gesamten Depositenvolumens auf Termin- und Spareinlagen entfallen, die de facto nur anteilig in die Berechnung des Liquiditätskoeffizienten einflossen. Diese Annahme erscheint damit hinreichend restriktiv, um die mit der Einbeziehung aller Forderungen verbundenen Verzerrungen auszugleichen. Abbildung 22 zeigt die Entwicklung der Relation zwischen 1985 und 1993. Die Deckung der Einlagen durch kurzfristige Forderungen lag innerhalb dieses Zeitraums durchgängig bei mindestens 103,0%. Daraus ergibt sich, daß die aufsichtsrechtliche Liquiditätsnorm – die lediglich eine 70%ige Deckung der Einlagen vorsah - im Betrachtungszeitraum eingehalten worden sein dürfte.

Abbildung 22: Relation zwischen kurzfristigen Forderungen und Einlagen, 1985-1993

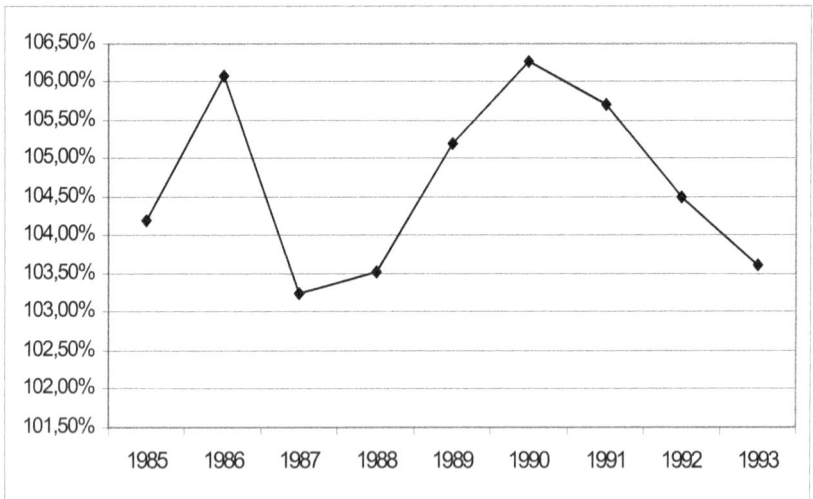

Quelle: BEAC (1994, 1998) – Forderungen gegen die Regierung sind nicht berücksichtigt.

Andererseits hat die Untersuchung der Liquiditätsentwicklung in Kapitel 5 dieser Arbeit gezeigt, daß der kamerunische Bankensektor zwischen 1986 und 1990 faktisch einer Liquiditätskrise ausgesetzt war, die aus dem Rückgang der Einlagenbasis bei gleichzeitiger Ausweitung der Kreditvergabe resultierte - obwohl der Liquiditätskoeffizient vermutlich eingehalten wurde. Dieser Sachverhalt ist darauf zurückzuführen, daß sowohl die Ausweitung der Kreditvergabe als auch ein geringeres Einlagevolumen rechnerisch eine *Verbesserung* des Koeffizienten bewirkt haben. Gleichzeitig waren aber die Wertansätze des Forderungsbestandes unrealistisch: Ein großer Teil der Forderungen war notleidend[141], d.h. daß Zins- und Tilgungszahlungen faktisch nicht flossen. Selbst wenn die Notenbank diese Kredite noch rediskontiert hätte, wären daraus Zinsbelastungen entstanden, denen keine entsprechenden Einnahmen gegenüber gestanden hätten. In Verbindung mit der Wertberichtigungspraxis, die den Banken die Verschleierung bilanzieller Verluste ermöglichte, hat der Liquiditätskoeffizient damit keine Möglichkeit geboten, die tatsächliche Liquidität des kamerunischen Bankensystems zu beurteilen.

Mit Blick auf die in Teil I dieser Arbeit diskutierten Funktionen einer aufsichtrechtlichen Liquiditätsnorm wies die in Kamerun bis 1993 geltende Regelung daneben weitere Schwächen auf:

- Die Einstufung von Kreditforderungen als Liquidität widerspricht wegen der damit verbundenen Ausfallrisiken grundsätzlich dem Ziel der Liquiditätssicherung. Makroökonomische Schocks können – wie in Kamerun – dazu führen, daß Forderungen kurzfristig und in großem Umfang notleidend werden. Zins- und Tilgungszahlungen fließen dann nicht mehr, d.h. die Liquiditätssituation verschlechtert sich, ohne daß der Liquiditätskoeffizient davon sofort beeinflußt würde.

- Mit der Begrenzung auf rediskontfähige Aktiva enthielt die Vorgabe ein qualitatives Element. Dementsprechend wurde der eigentliche Zweck der Norm verwässert (so auch Weltbank 1986, S. 50 f.).

- Die Liquiditätsvorgabe stellte aus Sicht der Kreditinstitute einen Anreiz dar, die Kreditvergabe an mit höheren Risiken behaftete prioritäre Sektoren – die zur Rediskontierung zugelassen waren - gerade dann auszuweiten, wenn das Einlagenvolumen sank. Das führte sowohl zur Verschärfung der Liquiditätskrise als auch zu höheren Portfoliorisiken. Dieser Effekt wurde durch die unrealistische Bewertung von Forderungen noch verstärkt.

- Selbst bei realistischer Ermittlung der Liquiditätsposition durch die Aufsichtsbehörden wäre eine Quote von 70% zu niedrig gewesen, um Liquiditätsrisiken im Bankensektor wirksam zu begrenzen.

- Der Verzicht auf eine Regulierung der längerfristigen Liquidität – mit Laufzeiten von mehr als drei Monaten - ist lediglich dann gerechtfertigt, wenn die Finanzmärkte soweit entwickelt sind, daß erforderliche Mittel auch tatsächlich verfügbar gemacht werden können. Da in Kamerun weder ein hinreichend

---

[141] 1984 rund 120 Mrd. FCFA, die zu jeweils rund 50% auf uneinbringliche Kredite an Händler aus dem Norden des Landes und von der Regierung garantierte Darlehen an öffentliche Unternehmen *(Forts. nächste Seite)*

entwickelter Interbanken- noch ein Wertpapiermarkt existierten, war das nicht gewährleistet.

-   Die Ermittlung des Liquiditätskoeffizienten für Forderungen und Verbindlichkeiten mit einer Laufzeit von drei Monaten führte dazu, daß die auch nach Einschätzung der DBB gerade im kurzfristigen Bereich – innerhalb eines Monats - besonders hohen Risiken nicht berücksichtigt wurden. Zudem kann die BEAC nicht als LLR fungieren, d.h. daß den kurzfristigen Liquiditätsrisiken besondere Aufmerksamkeit hätte gewidmet werden müssen.

Aufgrund dieser Mängel hat die bis 1993 geltende Liquiditätsnorm nicht zur Stabilisierung des Bankensektors beigetragen, sondern im Gegenteil tendenziell zu einer Verschärfung des Liquiditätsengpasses und zu höheren Solvenzrisiken geführt. In der kontraproduktiven Regulierung der Liquidität liegt damit eine strukturelle Ursache der Krise des kamerunischen Bankensystems.

Analog zur Eigenmittelquote wurden auch die aufsichtsrechtlichen Anforderungen an die Liquidität unter dem Eindruck der Bankenkrise 1993 von der COBAC geändert. Tabelle 6 gibt eine Übersicht über die Komponenten, die die Aufsichtsbehörde in die Ermittlung der Liquiditätsquote einbezieht. Der daraus berechnete Liquiditätskoeffizient muß nunmehr bei mindestens 100% liegen. Zudem gilt die Norm für die kurzfristige Liquidität, d.h. es werden Laufzeiten von bis zu einem Monat berücksichtigt.

Die neue Quote ist als Kompromiß zu werten: Nach wie vor werden Kreditforderungen zumindest teilweise als liquide Mittel eingestuft. Gegenüber der bis 1993 gültigen Praxis stellt der neue Liquiditätskoeffizient dennoch eine Verbesserung dar, da mit der Aufgabe der selektiven Kreditpolitik auch die qualitative Unterscheidung zwischen rediskontfähigen Forderungen und solchen Forderungen, die von der Notenbank nicht refinanziert werden, entfällt[142]. Zudem werden Forderungen nicht mehr in voller Höhe angesetzt, sondern mit deutlichen Abschlägen. Eventuelle Ausfallrisiken werden damit (teilweise) berücksichtigt. Weiterhin können die mit der Einbeziehung von Darlehensforderungen in die Liquiditätsermittlung verbundenen Risiken durch eine realistischere Bewertung und strikte Anforderungen an die Bildung von Wertberichtigungen zumindest beschränkt werden. Dem Verfasser dieser Arbeit ist – wie oben bereits erwähnt - zumindest ein Fall bekannt, in dem die COBAC eine drastische Erhöhung der Wertberichtigungen verlangt und auch durchgesetzt hat. Das deutet darauf hin, daß sich die Aufsichtsbehörde der mit einer unrealistischen Bewertung des Portfolios

---

entfielen.

verbundenen Solvenz- und Liquiditätsrisiken bewußt ist. Zudem hat die COBAC eine Norm zur Begrenzung auch des längerfristigen Liquiditätsriskos aus Fristentransformation eingeführt. Der sog. „Coéfficient de transformation à long terme" schreibt vor, daß die Summe aus Sachanlagevermögen, Forderungen mit einer Laufzeit von über fünf Jahren und dem nicht wertberichtigten Teil zweifelhafter Forderungen mindestens zu 50% mit Eigenmitteln oder langfristigem Fremdkapital unterlegt sein muß (COBAC 1993c). Damit wird dem oben formulierten Einwand Rechnung getragen, daß die relativ niedrige Entwicklung des kamerunischen Finanzsektors die Regulierung auch der längerfristigen Liquidität erforderlich macht.

Tabelle 6: Komponenten des Liquiditätskoeffizienten der COBAC

Forderungen (Zahlungsmittel)	Verbindlichkeiten (Zahlungsverpflichtungen)
Zahlungsmittelüberschüsse[143]	Zahlungsmitteldefizite
freie Rediskonkontingente, sofern rediskontfähige Forderungen vorhanden sind	unwiderrufliche Refinanzierungszusagen zugunsten in- oder ausländischer Kreditinstitute
unwiderrufliche Refinanzierungszusagen inländischer oder ausländischer Kreditinstitute mit einer Laufzeit von mindestens sechs Monaten	50% der Termineinlagen mit einer Laufzeit von weniger als einem Monat
75% der innerhalb eines Monats fälligen Zins- und Tilgungszahlungen auf nicht rediskontfähige Forderungen gegen NFI	25% der Sichteinlagen
10% der Kontokorrentkredite und sonstiger fälliger Forderungen gegen NFI	25% der Verbindlichkeiten gegenüber Kreditinstituten und der öffentlichen Hand mit einer Laufzeit von mehr als einem Monat
10% der Forderungen gegen Kreditinstitute und die öffentliche Hand, soweit die Laufzeit einen Monat nicht überschreitet	10% der Spareinlagen
	2% der Eventualverbindlichkeiten

Quelle: COBAC (1993b)

Insgesamt läßt sich feststellen, daß die Neufassung der Liquiditätsnorm gegenüber der bis 1993 geltenden Praxis eine deutliche Verbesserung darstellt. Dennoch führt die Klassifizierung von Kreditforderungen als Liquidität nach wie vor tendenziell zu höheren Liquiditäts- und Solvenzrisiken.

Portfoliorisiko und Wertberichtigungen

Informationsasymmetrie und moral hazard führen dazu, daß die Kreditvergabepolitik von Banken, die mit der Darlehensgewährung verbundenen

---

[142] Die Differenzierung zwischen rediskontfähigen Forderungen und solchen, die nicht durch die Notenbank refinanziert werden, basiert nunmehr lediglich auf der Ausnutzung der Kontingente durch das jeweilige Institut.

[143] Die COBAC definiert als Zahlungsmittelüberschuß die positive Differenz zwischen Bargeldbeständen, Sichtguthaben, Tagesgeldguthaben und Interbankenforderungen mit einer Laufzeit von bis zu einem Monat einerseits und der Summe aus Sichtverbindlichkeiten, Tagesgeldverbindlichkeiten und aus Interbankverbindlichkeiten mit einer Laufzeit von ebenfalls bis zu einem Monat andererseits.

Ausfallrisiken und deren angemessene Bewertung neben Eigenkapital und Liquidität zentraler Gegenstand aufsichtsrechtlicher Aufmerksamkeit sind: „An essential part of any supervisory system is the evaluation of a bank's policies, practices and procedures related to the granting of loans and making of investments and the ongoing management of the loan and investment portfolios" (BIS 1997, S. 24 – Principle 7); und weiter: „Banking supervisors must be satisfied that banks establish and adhere to adequate policies, practices and procedures for evaluating the quality of assets and the adequacy of loan loss provisions and loan loss reserves" (BIS 1997, S. 25 – Principle 8). Zudem bestehen sowohl nach dem Verfahren der BIS als auch nach der in Kamerun geltenden Regelung zwischen der Ermittlung der Eigenkapitalquote und dem bilanziellen Ausweis von Darlehensforderungen Interdependenzen, da lediglich die Netto-Forderungen, d.h. die nach Abzug eventueller Einzelwertberichtigungen verbleibenden Beträge mit Eigenkapital unterlegt werden müssen. Im kamerunischen Kontext betrifft das zusätzlich die Ermittlung des Liquiditätskoeffizienten, da Forderungen sowohl seit der Neufassung der Normen 1993 als auch davor als Bestandteil der liquiden Mittel gelten bzw. galten.

Gegenstand der Bankenaufsicht sind also nicht in erster Linie einzelne Kreditentscheidungen, sondern vielmehr die internen Verfahren der Risikoerfassung, -bewertung und –steuerung (vgl. auch BIS 2001, S. 35). Die Untersuchung der Struktur des Kreditportolios kamerunischer Banken in Kapitel 5 dieser Arbeit hat zunächst gezeigt, daß sektorale Risikokonzentrationen nicht ursächlich für die Bankenkrise waren. Andererseits belegen der hohe Anteil notleidender Forderungen und die technische Insolvenz bereits vor 1986, daß die Bewertung der Kreditrisiken durch kamerunische Banken offensichtlich unzureichend war (so auch Ossie 1996, S. 66, der von einem „Versagen der Banken bei der Risikobeurteilung" (Übers. d. Verf.) spricht). Dementsprechend hat eine wirksame Kontrolle der bankinternen Entscheidungsverfahren durch die Aufsichtsbehörden nicht stattgefunden. Dieses Versagen der Bankenaufsicht ist in erster Linie auf politische Einflußnahme zurückzuführen: Die Wahrnehmung des Bankensektors als Instrument zur Förderung der Entwicklung, das hohe Ausmaß staatlicher Beteiligungen und die fehlende Unabhängigkeit der Aufsichtsorgane haben zu Interessenkonflikten geführt, die ihrerseits eine riskante Kreditpolitik begünstigt haben.

Mit der Neuordnung der Bankenaufsicht und dem weitgehenden Rückzug des Staates aus dem Bankensektor hat sich die Qualität der Kontrolle deutlich verbessert. Insbesondere hat die COBAC (1993d) die Aufgaben der internen Revision klar definiert, die sicherstellen soll, daß Geschäfte, Organisation und interne

Verfahren den branchenüblichen Standards entsprechen[144]. Darüber hinaus ist die Kreditvergabe an einzelne Kreditnehmer bzw. Kreditnehmergruppen nunmehr auf maximal 45% der Eigenmittel eines Institutes begrenzt. Gleichzeitig darf die Darlehensvergabe an Kreditnehmer, die jeweils Kredite in Höhe von mindestens 15% der Eigenmittel erhalten haben, insgesamt das achtfache der Eigenmittel nicht überschreiten (COBAC 1993e)[145]. Der IMF (2000b, S. 2) kommt dennoch zu dem Ergebnis, daß die Aufsicht über die Vergabepraxis den Kernprinzipien der BIS nur teilweise entspricht. Das wird damit begründet, daß die rechtlichen Vorschriften zur Begrenzung von „connected lending", also der Kreditvergabe an Aktionäre oder nahestehende Unternehmen unzureichend sind. Dennoch stellt die aktuelle Praxis eine deutliche Verbesserung gegenüber der Situation vor 1993 dar.

Die Bildung von Wertberichtigungen bzw. die Bewertung von Ausfallrisiken ist naturgemäß zumindest teilweise subjektiv. Sheng (1991, S. 269) betrachtet die Beurteilung der Angemessenheit von Wertberichtigungen als schwierigsten Teil der Regulierung: „Here, the supervisors have to be very clear and firm in introducing standard accounting treatment on interest-in-suspense and loan provisioning (including valuation of security) procedures to be followed by the commercial banks. The greatest controversy between supervisors and bank management is the size of provisions required, which can be subjective and open to question". Die bereits mehrfach erwähnte technische Insolvenz des Bankensektors vor 1986 und das Ausmaß der nach Schätzungen von BEAC und Weltbank erforderlichen Wertberichtigungen verdeutlichen, daß die Bankenaufsicht auch hier ihre Funktion nicht erfüllt hat. Mit der Übertragung der Aufsichtskompetenzen auf die COBAC hat sich diese Praxis geändert. Darlehensforderungen werden nunmehr in dem Moment als gefährdet betrachtet, in dem Zahlungsrückstände auftreten. Kreditinstitute sind gehalten, nach Dauer des Rückstands gestaffelte Wertberichtigungen zu bilden. Zudem umfassen die regelmäßigen Vor-Ort-Inspektionen der COBAC regelmäßig auch eine Evaluierung der Qualität des Kreditportfolios. Das bereits erwähnte Beispiel einer kamerunischen Bank, die infolge der von der Bankenaufsicht verlangten Bildung zusätzlicher Wertberichtigungen erhebliche Verluste ausweisen

---

[144] Bereits die Verordnung von 1985 sah – als Reaktion auf die technische Insolvenz des Bankensektors – die Einrichtung einer interne Revision vor. Aufgrund des massiven staatlichen Einflusses hat das aber offensichtlich nicht zu einer Verbesserung der Portfolioqualität geführt.

[145] Wie in Kapitel 5 bereits erwähnt, liegen Informationen über das Ausmaß der Darlehensgewährung an einzelne Kreditnehmer oder Kreditnehmergruppen, die Aufschluß über eventuelle „Klumpenrisiken" geben könnten, nicht vor. Zwischen 1985 und 1993 wurde dieses Risiko lediglich dadurch begrenzt, daß die Darlehensvergabe an einen einzelnen Kreditnehmer 75% der Eigenmittel nicht überschreiten durfte. Die Reduzierung der Quote durch die COBAC kann als Indiz dafür gesehen werden, daß Klumpenrisiken tatsächlich bestanden haben. Auch der IMF (2000b) geht von einem hohen Grad der Risikokonzentration aus.

mußte, zeigt, daß neben der Kreditvergabe auch die Wertberichtigungspraxis nunmehr angemessen kontrolliert und ggfs. korrigiert wird[146].

6.2.2.3 Fazit

Die Betrachtung der auf die Stabilisierung des Systems abzielenden Eingriffe des Staates hat gezeigt, daß die Ausgestaltung der protektiven und der präventiven Regulierung in Kamerun mit erheblichen Mängeln behaftet war. Diese Mängel haben sich insbesondere auf Kreditrisiken, Wertberichtigungen und die Eigenkapitalausstattung negativ ausgewirkt. Im einzelnen wurden folgende Schwächen identifiziert:

1. Eine explizite Einlagenversicherung existiert in Kamerun nicht. Staatliche Mindestbeteiligungen, die Position der Regierung als großer Gläubiger des Bankensystems (bis 1990), finanzielle Repression und die politische Klassifizierung des Bankensektors als Instrument zur Förderung wirtschaftlichen Wachstums haben aber dazu geführt, daß sowohl Einleger als auch das Management der Kreditinstitute von einer impliziten Einlagenversicherung bzw. von einer Garantie gegen Verluste ausgegangen sind. Die aus der impliziten Versicherung entstehenden Risiken – Reduzierung des Eigenkapitals, höhere Risikoneigung der Banken, tendenziell geringere Bildung von Wertberichtigungen und zusätzliche Schwächung der Marktdisziplin – wurden von der Bankenaufsicht nicht wirksam begrenzt.

2. Die organisatorische Ausgestaltung der Bankenaufsicht wies bis 1992 erhebliche Mängel auf. Die Zuständigkeiten der Aufsichtsorgane waren nicht eindeutig abgegrenzt, zudem waren die Kompetenzen beschränkt. Faktisch wurden die Banken durch das Finanzministerium beaufsichtigt, d.h. die Aufsicht war nicht unabhängig. Da der Staat gleichzeitig Anteilseigner aller Banken war, diese als Instrument zur Förderung der Wirtschaftsentwicklung nutzte und leitende Positionen mit Beamten besetzte, entstanden daraus Interessenkonflikte, die ihrerseits die Wirksamkeit der Aufsicht zusätzlich eingeschränkt haben. Ein Beleg dafür ist die Tatsache, daß sowohl die maximal zulässige Relation zwischen nicht rediskontfähigen Forderungen und Einlagen als auch die aufsichtsrechtliche Eigenkapitalnorm meistenteils nicht respektiert wurden, ohne daß das Sanktionen zur Folge gehabt hätte.

3. Das Zulassungsverfahren war weitgehend arbiträrer Natur und bot damit Möglichkeiten zur Einflußnahme auf die Entscheidungsträger.

---

[146] Das entspricht den Forderungen auch der Weltbank (1989, S. 114): „Die Bankenaufsicht sollte in der Lage sein, den Banken eine angemessene Vorsorge gegen Kreditausfälle aufzuerlegen [...]".

4. Die aufsichtsrechtliche Eigenkapitalquote wies erhebliche Mängel auf: Die Formulierung in Form einer „gearing ratio" vermeidet zwar die Diskriminierung unterschiedlicher Aktiva, bewirkt aber tendenziell eine Zunahme des Insolvenzrisikos. Darüber hinaus war die Mindestunterlegung der Aktiva mit Eigenmitteln in Höhe von lediglich 5% - die von den Banken nicht erreicht wurde - unzureichend.

5. Die von den Aufsichtsbehörden vorgegebene Liquiditätsnorm war zur Beurteilung der Liquidität des Bankensystems ungeeignet. Die Einstufung rediskontfähiger Forderungen als liquide Mittel hat in Verbindung mit der unrealistischen Bewertung dieser Forderungen dazu geführt, daß die Liquiditätskrise, der kamerunische Banken ab 1986 ausgesetzt waren, sich nicht in einer Verschlechterung des Liquiditätskoeffizienten niedergeschlagen hat. Darüber hinaus stellte die Liquiditätsnorm für Kreditinstitute einen Anreiz dar, die Kreditvergabe an mit hohen Risiken behaftete prioritäre Sektoren dann auszuweiten, wenn die Einlagenbasis zurückging. Schließlich war eine 70%ige Deckung der Verbindlichkeiten durch liquide Mittel unabhängig von den Mängeln in deren Definition unzureichend.

6. Weiterhin wurden sowohl die Kreditvergabepraxis der Banken als auch die Qualität des Forderungsportfolios und die Bildung von Wertberichtigungen nur unzureichend beaufsichtigt. Im Ergebnis hat das – zusammen mit der unzureichenden Eigenkapitalausstattung - zur technischen Insolvenz des Systems bereits vor 1986 beigetragen.

Seit dem weitgehenden Rückzug des Staates aus dem Bankensektor und der Aufgabe der Politik der finanziellen Repression 1990 werden Banken nicht mehr als Institute des öffentlichen Sektors wahrgenommen, d.h. daß eine implizite Einlagenversicherung nicht mehr unterstellt wird. Die Neuordnung der Strukturen ab 1990 hat weiterhin eine deutliche Verbesserung der Aufsichtsqualität bewirkt. Die COBAC als supranationale Institution ist nunmehr für die wesentlichen Bereiche der Bankenaufsicht zuständig. Das bedeutet ein deutlich verringertes Risiko politischer Einflußnahme. Auch die Aufsichtsnormen selbst wurden 1993 neu formuliert. Insbesondere die Eigenkapitalregulierung richtet sich nunmehr weitgehend nach international akzeptierten Standards.

Die Definition der dem Eigenkapital zuzurechnenden Komponenten – insbesondere die Berücksichtigung von Pauschalwertberichtigungen und Neubewertungsrücklagen – birgt aber nach wie vor Stabilitätsrisiken. Darüber hinaus müssen öffentliche Schuldverschreibungen nicht mit Eigenkapital unterlegt werden. Die Erfahrung in Kamerun hat aber gezeigt, daß gerade diese Forderungen relativ schnell notleidend werden können. Schließlich ist die Eigenmittelquote mit 5% im internationalen Vergleich nach wie vor zu niedrig. Analog zur Eigenkapitalnorm ist auch die seit 1993 geltende Liquiditätsnorm nicht unproblematisch. Nach wie vor stellen Darlehensforderungen nach Definition der COBAC liquide Mittel dar, wenn auch teilweise mit Abschlägen auf den Buchwert operiert wird. Das darin liegende Risiko wird aber durch die deutlich striktere Kontrolle von Portfolioqualität und Wertberichtigungspraxis begrenzt. Insgesamt haben die ab 1990 durchgeführten Reformen zu einer Begrenzung der Stabilitätsrisiken geführt.

6.2.3 Staatlicher Dirigismus und finanzielle Repression

In Teil I dieser Arbeit wurden die Risiken für die Stabilität des Bankensektors auf theoretischer Ebene diskutiert, die mit finanzieller Repression verbunden sind: Zinsrestriktionen und Kreditlenkung können zu Kreditrationierung und einer geringeren sektoralen Diversifikation des Aktivportfolios führen. Darüber hinaus werden durch die relative Verbilligung des Produktionsfaktors Kapital tendenziell höhere Verschuldungsgrade bei Kreditnehmern gefördert. Bei Auftreten externer Schocks kann das die Ausfallquote erhöhen. Auf Ebene der Refinanzierung führen Zinsrestriktionen dazu, daß Bankguthaben (im Inland) als Anlageform weniger attraktiv werden, Banken ihre Bemühungen um Mobilisierung lokaler Ersparnisse einschränken und die Anzahl der Einleger tendenziell abnimmt. Die geringere Diversifikation der Refinanzierungsquellen wirkt ebenfalls destabilisierend. Falls der Staat schließlich durch direkte Beteiligung an Banken die Kreditvergabe zu steuern versucht, nimmt das Risiko von politisch motivierter Kreditvergabe und Korruption zu[147]. Darüber hinaus ändern sich die Anreizstrukturen des Managements, sofern nicht fachliche Qualifikation, sondern parteipolitische Loyalität primäres Performance-Kriterium ist. Damit sind Effizienzverluste verbunden, die ihrerseits höhere Ausfallrisiken nach sich ziehen.

Die kamerunische Regierung hat eine Vielzahl repressiver Instrumente genutzt, um Kreditströme in prioritäre Sektoren oder an definierte Kreditnehmergruppen zu lenken. Banken waren beispielsweise verpflichtet, 1% des Volumens neu vergebener Darlehen als Einmalzahlung und zusätzlich 10% ihres Gewinns nach Steuern an den staatliche Fonds de Garantie aux Petites et Moyennes Entreprises (FOGAPE) abzuführen. Der Fonds übernahm dann seinerseits Bürgschaften für von den Banken an KMU vergebene Darlehen. Gleichzeitig waren Banken verpflichtet, mindestens 10% der Kredite an kleine und mittlere Unternehmen zu vergeben. Diese Vorgabe wurde aber – wie auch die weiter oben erläuterte Maximalrelation zwischen nicht rediskontfähigen Krediten und Einlagen - trotz der vergünstigten Refinanzierung nicht respektiert, ohne daß das Sanktionen zur Folge

---

[147] Auf die Kreditvergabe durch (staatliche) EFI wird in dieser Arbeit nicht eingegangen, da davon keine unmittelbaren Auswirkungen auf die Stabilität des kamerunischen Bankensystems ausgegangen sind.

gehabt hätte[148]. Weiterhin mußten kamerunische Banken 10% ihrer liquiden Mittel für den Erwerb von Schuldverschreibungen der SNI verwenden, die die Mittel ihrerseits in gesamtwirtschaftlich „sinnvolle" Projekte investieren sollte. Die Gesellschaft hat ihre Investitionstätigkeit aber bereits 1983 eingestellt. Wirksame Kreditlenkung hat daher auch über dieses Instrument zumindest seit diesem Zeitpunkt nicht mehr stattgefunden, vielmehr hat die SNI die ihr zufließenden Mittel dem Bankensystem in Form kurzfristiger Einlagen wieder zur Verfügung gestellt[149].

Zentrales Instrument der finanziellen Repression waren die vom Finanzministerium festgelegten (und regelmäßigen Änderungen unterworfenen) „Conditions des banques". Darin wurden sowohl Kredit- und Guthabenzinsen als auch Gebühren für sämtliche anderen Finanzdienstleistungen strikt reglementiert. Darüber hinaus hat der Staat auch über Beteiligungen an Kreditinstituten versucht, die Kreditvergabepraxis des Bankensystems zu beeinflussen. Im folgenden werden daher zunächst die Zinsreglementierungen auf der Aktiv- und Passivseite der Bankbilanz diskutiert, bevor auf die mit der Aktionärsstellung der kamerunischen Regierung verbundenen Stabilitätsrisiken eingegangen wird. Ausgangspunkt der Analyse sind dabei erneut die in Kapitel 5 dieser Arbeit identifizierten Auslöser der Bankenkrise ab 1986. Dementsprechend wird untersucht, ob von der Zinsreglementierung und den Staatsbeteiligungen negative Auswirkungen auf Liquidität, Portfolioqualität bzw. Wertberichtigungspraxis und die Kapitalisierung des Bankensektors ausgegangen sind.

6.2.3.1 Reglementierung der Kreditzinsen

Basis für die Ermittlung der Kreditzinsen waren bis 1989/90 die von der Notenbank – auf Vorschlag der nationalen Währungskomitees – festgelegten Diskontsätze. Demgemäß unterschieden auch die „Conditions des banques" drei Basissätze (République du Cameroun 1986):

---

[148] Die Regierung hatte offensichtlich akzeptiert, daß die mit der zusätzlichen Kreditvergabe an kleine und mittlere Unternehmen verbundenen Risiken zu einer weiteren Destabilisierung des Bankensystems geführt hätten: „Bankers lack the capability (and the incentives) for lending to the sector. [...] From the demand side, managerial deficiencies are legion, accounting records often absent, collateral non-existent and legal recourse weak despite guarantees" (Weltbank 1986, S. 76 f.). An dem Risikogehalt änderte sich auch dann wenig, wenn FOGAPE der kreditgebenden Bank eine Garantie gewährte, da kamerunische Gerichte vor der Inanspruchnahme dieser Garantie die Ausschöpfung aller Rechtsmittel gegen den Kreditnehmer verlangten. Diese Verfahren waren langwierig, ihr Ausgang angesichts der Mängel des kamerunischen Rechtssystems zweifelhaft.

[149] Die Schuldverschreibungen hatten eine Laufzeit von fünf Jahren und wurden bis 1986 mit 4,5%, danach mit 7,0% p.a. verzinst. Damit lag die Verzinsung deutlich unterhalb des Marktniveaus. Nach Angaben der Weltbank (1986, S. 83) entfielen 1984 rund 25% der mittel- und langfristigen Forderungen des Bankensektors auf diese Papiere. Die von den Banken auf die kurzfristigen Guthaben der SNI zu entrichtenden Zinsen waren reglementiert und lagen mit 10% oberhalb des Satzes, der den Kreditinstituten zufloß. Demgemäß hat diese Praxis sowohl die Rentabilität der Banken belastet als auch – wegen der damit verbundenen negativen Fristentransformation - die Vergabe mittel- und langfristiger Kredite an andere Darlehensnehmer erschwert.

1. den Zins für die Kreditvergabe an privilegierte Sektoren, der dem privilegierten Diskontsatz entsprach,

2. den Zins für Kreditoperationen in anderen Sektoren, entsprechend dem regulären Diskontsatz sowie

3. den Strafzins, der für nicht rediskontfähige Darlehen zugrundegelegt wurde.

Die von Kreditnehmern zu zahlenden Endzinsen ergaben sich durch Addition der jeweils zulässigen Zinsmarge. Dabei wurde erneut nach bevorzugten Sektoren, unterschiedlichen Darlehensarten, Laufzeiten und der Rediskontfähigkeit der jeweiligen Forderungen unterschieden. Im Ergebnis entstand daraus ein komplexes Regulierungswerk: 1986 beispielsweise wurden 21 unterschiedliche Zinssätze angewandt. Tabelle 7 gibt beispielhaft eine Übersicht über die Sätze, die 1986 bei Unterscheidung lediglich nach dem kreditnehmenden Sektor, der Laufzeit und der Rediskontierbarkeit Anwendung fanden. Innerhalb der so entstehenden acht Gruppen wurde zusätzlich nach Produktarten – Avalkredite, Wechseldiskontierung etc. – differenziert[150].

Tabelle 7: Zulässige Margen für ausgewählte Forderungen 1986

	privilegierte Sektoren	nicht privilegierte Sektoren
kurzfristige Darlehen/ Kontokorrentkredite	rediskontierbare Forderungen – privilegierter Basissatz + 2,5 %-punkte	rediskontierbare Forderungen – regulärer Basissatz + 4,5 %-punkte
	nicht rediskontierbare Forderungen – privilegierter Basissatz + 3,5 %-punkte	nicht rediskontierbare Forderungen – regulärer Basissatz + 5,0 %-punkte
mittel- und langfristige Darlehen	rediskontierbare Forderungen – privilegierter Basissatz + 2 %-punkte	rediskontierbare Forderungen – regulärer Basissatz + 3,0 %-punkte
	nicht rediskontierbare Forderungen – privilegierter Basissatz + 3 %-punkte	nicht rediskontierbare Forderungen – regulärer Basissatz + 4,0 %-punkte

Quelle: République du Cameroun (1986) - Für langfristige Darlehen erhöhte sich der Endzinssatz noch um eine einmalige Bereitstellungsgebühr von 0,25%.

Ab 1990 wurde diese Form der Zinsermittlung aufgegeben. Den Banken sind seitdem lediglich ein für alle Darlehensformen und –laufzeiten einheitlicher Maximalzins und eine ebenfalls uniforme Untergrenze für die Verzinsung von Bankguthaben vorgegeben. Abbildung 23 zeigt die Entwicklung des durchschnittlichen nominalen und realen Kreditzinses zwischen 1985 und 1997 (ab 1990 Zinsobergrenze). Dabei zeigt sich zunächst, daß der nominale Satz bis 1988 praktisch unverändert geblieben ist. Erst ab 1989 sind Zinsanhebungen festzustellen, in den Jahren 1996 und 1997 erreichte die Zinsobergrenze mit 22% ihr Maximum. Die reale Darlehensverzinsung war demgegenüber insbesondere zwischen 1985 und 1987 inflationsbedingt relativ niedrig, 1987 sogar leicht negativ. Mit abnehmenden Inflationsraten waren reale und nominale Verzinsung im Anschluß bis 1993 etwa deckungsgleich. Die Abwertung des FCFA 1994 war mit einem Inflationsschub verbunden, der zu einer deutlich negativen Realverzinsung führte. Bis 1997 wurde wieder weitgehende Preisstabilität erreicht, reale und nominale Verzinsung glichen sich folglich wieder an.

Abbildung 23: Reale und nominale Darlehensverzinsung, 1985-1997

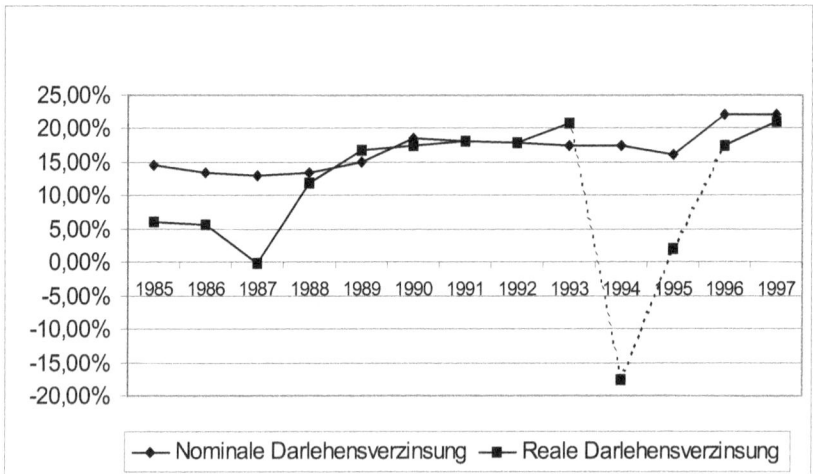

Quelle: IMF (1999, 2000) – Durchschnittliche Kreditverzinsung lt. IFS, ab 1990 Zinsobergrenze. Der reale Satz wurde durch Deflationierung mit der Steigerungsrate des Konsumentenpreisindex ermittelt.

Mit Blick auf die Kapitel 5 identifizierten Ursachen der Bankenkrise können Zinsbegrenzungen auf der Aktivseite der Bankbilanzen in Kamerun auf verschiedenen Ebenen destabilisierend gewirkt haben:

---

[150] Aus der Übersicht geht hervor, daß der administrierte Zins für langfristige Darlehen unterhalb des kurzfristigen Satzes lag. Da der längere Zeithorizont grundsätzlich ein höheres Risiko bedeutet, waren die Kreditinstitute bei der Vergabe von Darlehen mit längeren Laufzeiten dementsprechend zurückhaltend. Das hat zwar die Effizienz der Intermediation und damit die wirtschaftliche Entwicklung beeinträchtigt. Aufgrund des hohen Anteils kurzfristiger Forderungen am Portfolio kamerunischer Banken sind aber von der niedrigeren Verzinsung langfristiger Kredite keine Stabilitätsrisiken ausgegangen.

- Der künstlich niedrig gehaltene Preis für Fremdkapital führt zu einer Überschußnachfrage am Kreditmarkt. Die Folge ist Kreditrationierung, die wiederum tendenziell die politische Einflußnahme auf die Darlehensvergabe und die Konzentration auf größere und bereits etablierte Kreditnehmer begünstigt: „[...] other factors, such as the capacity to provide collateral and political influence, will also play an important part in the financial intermediaries' decisions" (Perera Leite/Sundararajan 1991, S. 147). Beides bewirkt höhere Portfoliorisiken im Kreditgeschäft.

- Zinsbegrenzungen haben unmittelbare Auswirkungen auf Rentabilität und Liquidität der Kreditinstitute. Eine geringere Gesamtkapitalverzinsung stellt einen Anreiz zur Reduzierung des Kapitals dar, da die Eigenkapitalrendite über den Leverage-Effekt gesteigert werden kann. Darüber hinaus nimmt die Höhe der gebildeten Wertberichtigungen mit niedrigeren Gewinnen tendenziell ab, d.h. daß für Portfoliorisiken keine angemessene Vorsorge getroffen wird.

- Zinsen unterhalb des Marktgleichgewichtes können einen höheren Verschuldungsgrad der Kreditnehmer bewirken und damit ebenfalls das Portfoliorisiko erhöhen.

Von der Differenzierung der Kreditzinsen nach Sektoren sind demgegenüber keine Stabilitätsrisiken ausgegangen, weil – wie oben bereits erwähnt - der Anteil der prioritären Sektoren am Kreditvolumen faktisch gering war, d.h. das Ziel der Kreditlenkung in dieser Hinsicht nicht erreicht bzw. nicht durchgesetzt wurde. Im folgenden wird untersucht, ob die in Kamerun praktizierte Zinsreglementierung die v.g. Folgen gehabt hat und ob das gegebenenfalls als strukturelle Ursache der Krise des Bankensektors interpretiert werden kann.

6.2.3.1.1 Kreditrationierung und Verschuldung inländischer Nichtbanken im Ausland

Kamerunische Nichtbanken haben grundsätzlich zwei Möglichkeiten, ihren Kreditbedarf zu decken: durch Verschuldung im Inland oder im Ausland (in Frankreich). Die Höhe der Auslandsverschuldung läßt demgemäß Rückschlüsse auf das Ausmaß der Kreditrationierung im Inland zu. Auf Kredite ausländischer Kapitalgeber werden Nichtbanken dann zurückgreifen, wenn der Zinssatz niedriger und/oder der Zugang zu Inlandskrediten aufgrund von Kreditrationierung beschränkt ist. Kreditrationierung ist ihrerseits Folge der Reglementierung, wenn der administrierte Zins unterhalb des theoretischen Marktgleichgewichtes liegt. Maßgeblich für die Kreditnachfrage ist bei Abwesenheit von Geldillusion die reale

Verzinsung[151]. Bei festem Wechselkurs ist dabei aus Sicht kamerunischer Kreditnehmer die Inflationsrate in Frankreich von nachrangiger Bedeutung (vgl. z.B. Weltbank 1986, S. 13). Dementsprechend vergleichen Kreditnehmer die Zinssätze, die sich nach Deflationierung mit der kamerunischen Inflationsrate ergeben[152]. Das gilt allerdings nur so lange, wie keine Zweifel an der Aufrechterhaltung der fixen Parität bestehen. Ab Ende der 80er/Anfang der 90er Jahre war das in Kamerun nicht mehr der Fall – Abwertungserwartungen waren beispielsweise Auslöser der oben bereits erwähnten Kapitalflucht. Eine Abwertung der lokalen Währung führt zu einer proportionalen Zunahme des Standes der Auslandsschulden in Inlandswährung. Dementsprechend kann man davon ausgehen, daß ab 1989/90 Zinsdifferenzen aus Sicht kamerunischer NFI nur noch von untergeordneter Bedeutung für das Verschuldungsverhalten waren.

Abbildung 24 zeigt die Entwicklung der Kreditvergabe kamerunischer Banken in % des BIP (ohne Interbankenkredite), des Anteils der Nettoauslandsverschuldung inländischer NFI – approximiert durch Verbindlichkeiten gegenüber ausländischen Banken – an den gesamten Bankverbindlichkeiten sowie der Differenz zwischen den realen Kreditzinsen in Kamerun und Frankreich. Deutlich wird zunächst, daß der reale Darlehenszins in Kamerun zwischen 1985 und 1988 im Durchschnitt um 3,6 Prozentpunkte über dem mit der kamerunischen Inflationsrate deflationierten französischen Vergleichssatz lag[153]. Unter Berücksichtigung der Tatsache, daß kamerunische Kreditnehmer bei der Kreditaufnahme im Ausland sowohl mit einem Aufschlag für das höhere Länderrisiko als auch mit höheren Transaktionskosten rechnen müssen, war die Zinsdifferenz für diesen Zeitraum kein Motiv für höhere Auslandsverschuldung[154]. Der Anteil der Nettoauslandsverbindlichkeiten inländischer NFI an den gesamten Bankverbindlichkeiten hat aber im gleichen Zeitraum – trotz einer von 24,7% auf 32,1% des BIP gestiegenen Kreditvergabe kamerunischer Banken - von 7,0% auf 16,2% zugenommen[155]. Das läßt den Schluß zu, daß die

---

[151] Bei Abwesenheit von Geldillusion werden Finanzierungsentscheidungen auf Basis der erwarteten realen Verzinsung getroffen, die sich ihrerseits aus der nominalen Verzinsung durch Berücksichtigung der erwarteten Inflationsrate ergibt. Erhebungen über die Inflationserwartungen in Kamerun liegen nicht vor, daher wird hier behelfsweise mit der ex-post-Realverzinsung argumentiert. Daraus können sich insbesondere dann Probleme ergeben, wenn die Inflationsrate volatil ist und dementsprechend Differenzen zwischen erwarteter und tatsächlicher Preissteigerung auftreten.

[152] Für die Analyse werden vom IMF in den International Financial Statistics angegebene durchschnittliche Zinssätze verwendet. Für Kamerun sind ab 1990 lediglich die zulässigen Zinsobergrenzen ausgewiesen.

[153] Gemessen an der Veränderung des kamerunischen Konsumentenpreisindex für afrikanische Haushalte in Yaoundé (andere Preisindices lagen nicht für den gesamten Betrachtungszeitraum vor).

[154] Die DEG ist beispielsweise in den Jahren 1997-2000 für Kamerun von einem Länderrisiko in der Größenordnung von 4% - 5% p.a. ausgegangen. Weiterhin müssen Darlehensverträge mit ausländischen Kreditgebern vor Auszahlung vom Finanzministerium genehmigt werden, was mit erheblichen Kosten verbunden ist. Schließlich sind auch die Gebühren, die von kamerunischen Banken für die Funktion als Transferstelle erhoben werden, beträchtlich.

[155] Die Kreditvergabe hat auch absolut – von 961 Mrd. FCFA auf 1,2 Bill. FCFA – zugenommen.

189

Begrenzung der Kreditzinsen im Inland Rationierung zur Folge hatte und Nichtbanken aus diesem Grunde zur Deckung ihres Kapitalbedarfs auf die Verschuldung im Ausland angewiesen waren. Das Ausmaß der Rationierung wurde zusätzlich dadurch verstärkt, daß der Bankensektor auch schon vor 1986 technisch insolvent war und sich Kreditinstitute demgemäß besonders risikoavers verhielten bzw. distress borrowing betrieben (Weltbank 1986, S. iii).

Abbildung 24: Kreditvolumen in % des BIP, Nettoauslandsverschuldung in % der Gesamtverschuldung inländischer NFI und Differenz zwischen den realen Kreditzinsen in Kamerun und Frankreich, 1985-1994

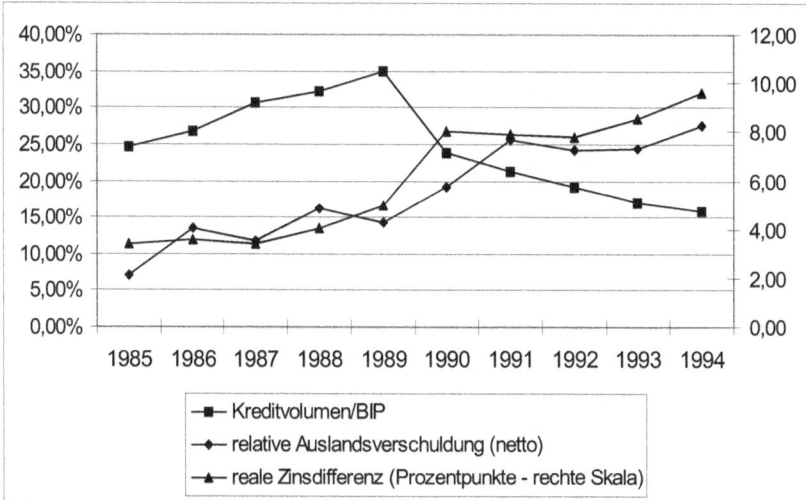

Quelle: BEAC (1994, 1998), IMF (1999, 2000) – Durchschnittliche Zinssätze nach IFS, für Kamerun ab 1990 Zinsobergrenze. Die realen Sätze wurden auf Basis der Veränderungsrate des kamerunischen Konsumentenpreisindex ermittelt.

Ab 1989 ist ein deutlicher Anstieg des Zinsspreads zunächst auf 5,0 Prozentpunkte und dann auf 8,0 Prozentpunkte festzustellen. Bis 1993 bewegte sich die Zinsdifferenz in dieser Größenordnung, nahm 1994 aber erneut auf dann 9,6 Prozentpunkte zu. Ob und inwieweit der höhere Zinsspread für kamerunische NFI einen Anreiz zur Kreditaufnahme im Ausland darstellte, kann angesichts der – nicht quantifizierbaren – Abwertungserwartungen nicht eindeutig beurteilt werden. Der Anteil der Nettoauslandsverbindlichkeiten stieg auf 19,2% 1990 und 25,6% 1991. Bis 1993 blieb die Quote relativ konstant, nahm aber 1994 erneut auf 27,4% zu.

Parallel dazu hat die Kreditvergabe kamerunischer Banken in Relation zum BIP deutlich abgenommen. Der Rückgang zwischen 1989 und 1990 ist zwar teilweise darauf zurückzuführen, daß die BEAC die Forderungen liquidierter Banken statistisch nicht dem Bankensektor zurechnet. Auch nach 1990 ist aber ein durchgehend sinkendes Kreditvolumen festzustellen – die Relation zwischen Krediten und BIP sank von 23,8% 1990 auf 15,7% 1994. Die Entwicklung der Auslandsverschuldung zwischen 1990 und 1991 läßt darauf schließen, daß inländische Kreditnehmer sich weiterhin einer Rationierung ausgesetzt sahen: Bei nahezu unveränderter Zinsdifferenz nahm der Anteil der Auslandsverschuldung von 19,2% auf 25,6% zu. Daß das trotz der bereits erwähnten Abwertungserwartungen der Fall war, kann ebenfalls als Beleg dafür gelten, daß inländische NFI rationiert wurden und folglich ihren Kapitalbedarf teilweise im Ausland decken mußten. Auch die Tatsache, daß der Bankensektor nach den ersten Sanierungsmaßnahmen 1989/90 noch nicht stabilisiert war – und dementsprechend 1995 ein zweites Sanierungsprogramm erforderlich wurde -, spricht dafür, daß sich Banken weiterhin risikoavers verhalten haben und Kreditnehmer rationiert wurden. Das war allerdings nicht mehr Folge der Zinsreglementierung, sondern vielmehr der nach wie vor hohen Portfoliorisiken. Für den Zeitraum nach 1991 läßt die Entwicklung von Zinsdifferenz und Auslandsverschuldung keine Rückschlüsse auf Rationierung zu. Bei sinkendem inländischen Kreditvolumen bedeutet ein gleichbleibender Anteil der Auslandsverbindlichkeiten, daß in- und ausländische Verschuldung in gleichem Maße reduziert wurden.

Insgesamt läßt sich festhalten, daß die bis 1990 praktizierte Zinsreglementierung zu Kreditrationierung im Inland geführt hat. Die Kreditrationierung hat die Bildung von Risikokonzentrationen im Kreditportfolio begünstigt. Darüber hinaus führte die Rationierung dazu, daß der aufgrund der staatlichen Beteiligungen ohnehin schon große Einfluß der Politik auf die Kreditvergabepraxis tendenziell zunahm. Das hat die Portfolioqualität zusätzlich beeinträchtigt. Auch für den Zeitraum nach 1990 läßt sich Kreditrationierung feststellen. In Verbindung mit steigenden Zinsdifferenzen hatte das insbesondere 1991 trotz der Abwertungserwartungen einen starken Anstieg der Auslandsverschuldung inländischer Nichtbanken zur Folge. Mit der Rationierung weiterhin waren auch nach 1990 höhere Risikokonzentrationen im Aktivgeschäft verbunden[156]. Nach der weitgehenden Freigabe der Zinsen 1989 kann das aber nicht mehr als unmittelbare Folge der Reglementierung interpretiert werden, sondern vielmehr als Ausdruck der nach wie vor instabilen Lage des Bankensektors.

6.2.3.1.2   Zinsmargen und Rentabilität des Bankensektors

Zinserträge aus dem Aktivgeschäft sind eine wesentliche Einnahmenquelle des Bankensektors. Die Höhe dieser Einnahmen wird in erster Linie von den Refinanzierungskosten bestimmt. In Systemen finanzieller Repression wird

---

[156] Das galt auch noch im Jahr 2000: Der IMF (2000b, S. 1) spricht von „high degree [...] of loan concentration".

dementsprechend die Rentabilität der Kreditinstitute durch Zinsreglementierung unmittelbar beeinflußt. Das wiederum hat Auswirkungen auf die Bildung von Wertberichtigungen: Um Bilanzgewinne in angemessener Höhe ausweisen zu können, wird die Risikovorsorge tendenziell reduziert[157]. Gleichzeitig stellen niedrigere Erträge einen Anreiz zur Reduzierung des Eigenkapitals dar. Schließlich führen niedrige Zinsmargen zu geringeren Liquiditätszuflüssen und erhöhen damit generell das Risiko der Illiquidität bei unerwarteten Forderungsausfällen oder einem Rückgang der Einlagenbasis.

Methodisch müssen zwei unterschiedliche Kriterien zur Anwendung kommen, um diese Stabilitätsrisiken beurteilen zu können. Aus Sicht der Eigentümer eines Kreditinstitutes ist nicht die nominale, sondern die reale Rentabilität eines Institutes ausschlaggebend. Sowohl die eventuelle Neigung zur Reduzierung des Eigenkapitals als auch die Bildung von Wertberichtigungen werden damit von der realen Differenz zwischen Refinanzierungskosten einerseits und Darlehensverzinsung andererseits beeinflußt. Die Auswirkungen der Zinsbegrenzung auf die Liquiditätsposition eines Kreditinstitutes hängen demgegenüber von den nominalen Zinseinnahmen ab, d.h. daß die nominale Zinsmarge ausschlaggebend ist.

Kamerunische Banken haben neben der – vergleichsweise geringfügigen – Verschuldung im Ausland zwei Möglichkeiten, ihre Kreditvergabe zu refinanzieren: über Einlagen einerseits und die Rediskontierung von Forderungen bei der BEAC andererseits. Abbildung 25 zeigt die Entwicklung der realen Differenz zwischen Darlehensverzinsung und Refinanzierungskosten von 1985 bis 1997. Aus der Betrachtung geht hervor, daß die Zinsmarge in den Jahren 1985 bis 1987 für beide Refinanzierungsquellen negativ war. Erst ab 1988 sind positive Differenzen festzustellen. Die kamerunische Regierung hat demgemäß auch schon vor der weitgehenden Aufgabe der Zinsreglementierung 1990 versucht, die Rentabilität des Bankensystems durch höhere Margen zu steigern und so zur Stabilisierung beizutragen. 1994 ist die Zinsmarge aufgrund des abwertungsbedingten Inflationsschubs drastisch auf rd. –25,0 Prozentpunkte für beide Refinanzierungsquellen gefallen, hat aber mit dem Rückgang der Preissteigerungsrate bereits 1996 erneut das Niveau von 1993 erreicht. Die erneute Steigerung 1997 auf 15,9 Prozentpunkte (Einlagen) bzw. 13,5 Prozentpunkte (Rediskontkredite) war Ausdruck der Bemühungen, inflationären Tendenzen durch die Verteuerung von Krediten entgegenzuwirken.

---

[157] Dieses Verhalten von Kreditinstituten setzt gleichzeitig entsprechende Mängel in der Rechnungslegung und der Bankenaufsicht voraus.

Abbildung 25: Reale Zinsmargen bei Refinanzierung über Einlagen und über Rediskontkredite der Notenbank, 1985-1997

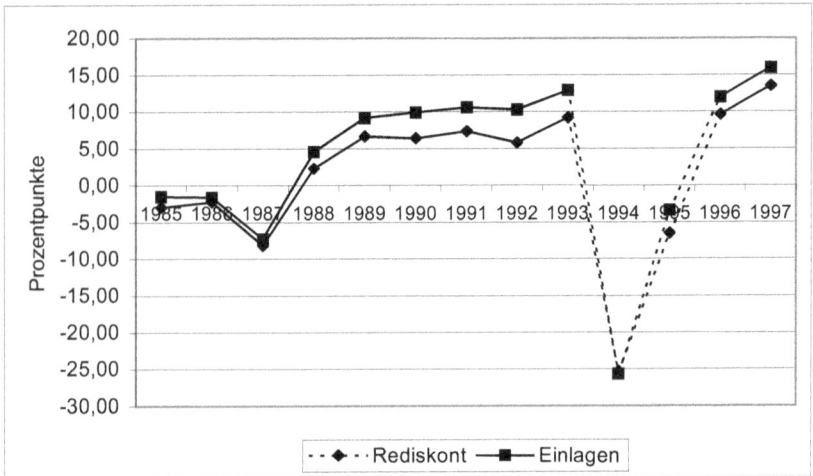

Quelle: *IMF (1999, 2000) – Durchschnittszinssätze für Darlehen und Einlagen nach IFS (ab 1990 minimale Einlagen- bzw. maximale Darlehensverzinsung); regulärer Diskontsatz der BEAC. Die realen Sätze wurden auf Basis der Veränderung des kamerunischen Konsumentenpreisindex ermittelt.*

Die Entwicklung zeigt deutlich, daß die Rentabilität des Bankensystems jedenfalls bis 1987 durch die Zinsreglementierung beeinträchtigt wurde: In diesem Jahr lag die reale Differenz zwischen Darlehensverzinsung und Guthabenverzinsung bei -7,3 Prozentpunkten. Die Eigenmittel des kamerunischen Bankensystems haben aber zwischen 1985 und 1989 absolut zugenommen. Zudem hat die Darstellung der Kapitalisierung des Bankensektors in Kapitel 5 gezeigt, daß die Eigenmittel auch in Relation zur Bilanzsumme bis 1988 gestiegen sind. Dementsprechend war das oben erläuterte Risiko sinkender Kapitalquoten als Folge niedrigerer Rentabilität für den kamerunischen Bankensektor nicht relevant. Im Gegensatz dazu waren die Wertberichtigungen bereits vor 1986 unzureichend, das Bankensystem technisch insolvent. Die durch Zinsreglementierung verringerte Rentabilität der Institute kann zwar nicht als Ursache der Insolvenz gelten, hat aber die Bildung zusätzlicher Wertberichtigungen zumindest behindert. In den Jahren nach 1987 waren die Margen – von den kurzfristigen Auswirkungen der Abwertung abgesehen – dagegen durchgängig deutlich positiv, d.h. daß von der Zinsreglementierung keine negativen Auswirkungen auf Eigenkapital oder Wertberichtigungsbildung ausgegangen sind.

Nominal waren die Zinsmargen im gesamten Betrachtungszeitraum positiv (Abbildung 26). Im einzelnen ist zwischen 1985 und 1987 ein Rückgang der Zinsdifferenz festzustellen, während ab 1988 mit zunehmenden nominalen

Kreditzinsen auch der Spread gestiegen ist. Bezogen auf die Refinanzierung über Einlagen ist die Zinsmarge zwischen 1990 und 1994 von 11,0 auf 9,4 Prozentpunkte gefallen, hat aber im Anschluß wieder deutlich bis auf knapp 17,0 Prozentpunkte 1997 zugenommen. Die Zunahme der Margen ab 1994 war dabei Ausdruck der Bemühungen, den mit der Abwertung des FCFA verbundenen inflatorischen Impulsen durch die Erhöhung der Obergrenze für die Darlehensverzinsung entgegenzuwirken.

Abbildung 26: Nominale Zinsmargen bei Refinanzierung über Einlagen und über Rediskontkredite der Notenbank, 1985-1997

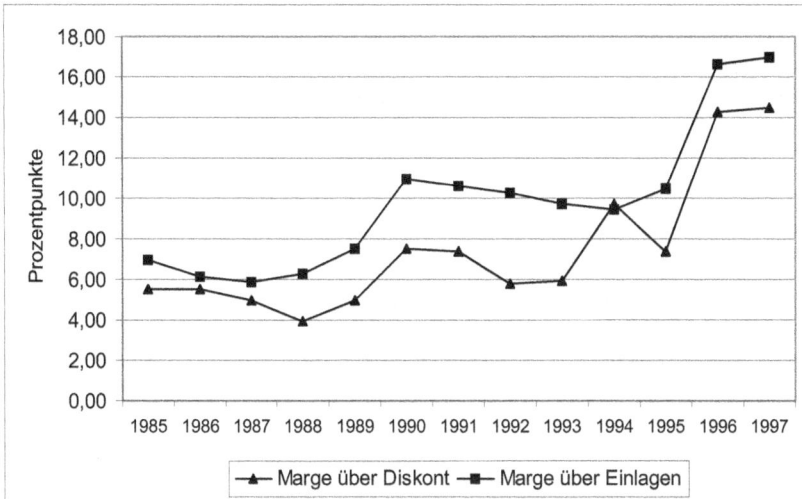

Quelle: IMF (1999, 2000) – Durchschnittlicher Kredit- und Einlagenzins nach IFS (ab 1990 Zinsunter- bzw. -obergrenzen), regulärer Diskontsatz der BEAC.

Aus der Entwicklung der nominalen Zinsmargen läßt sich keine Beeinträchtigung der Liquiditätsposition des Bankensystems erkennen. Auch zwischen 1985 und 1987 lagen Zinszahlungen – so sie denn geleistet wurden – deutlich über den Kosten der Refinanzierung. Mit der Teilliberalisierung der Zinsen 1990 sind die zulässigen Zinsmargen darüber hinaus erheblich gestiegen.

Zusammenfassend läßt sich festhalten, daß die realen Zinsmargen zwischen 1985 und 1987 negativ waren. Das hat zwar keine ersichtlichen Auswirkungen auf die Eigenmittelausstattung des Systems gehabt, aber dazu beigetragen, daß erforderliche Wertberichtigungen nicht oder nur in unzureichendem Ausmaß gebildet wurden. Die Solvenzkrise des kamerunischen Bankensystems ist durch die Zinsreglementierung dementsprechend tendenziell verstärkt worden. Demgegenüber lag in der Zinsbegrenzung keine Belastung der Liquiditätsposition des Bankensektors.

6.2.3.1.3 Zinsreglementierung und Verschuldungsgrad

Zinssätze unterhalb des Marktgleichgewichts führen dazu, daß Fremdkapital in Relation zu Eigenkapital als Finanzierungsquelle billiger wird. Folglich werden Unternehmen und Haushalte in stärkerem Maße Kredite nachfragen, als das bei freier Preisbildung der Fall wäre. Sofern diese Nachfrage gedeckt wird, führt das zu höheren Verschuldungsgraden bei Kreditnehmern. Damit steigt aus Sicht der Kreditinstitute das Ausfallrisiko, da das zur Deckung (temporärer) Verluste zur Verfügung stehende Eigenkapital auf Kreditnehmerseite niedriger ist.

Um den Verschuldungsgrad inländischer NFI messen zu können, müßten entsprechende Daten zum Unternehmens- und Haushaltssektor vorliegen. Das ist nicht der Fall, dementsprechend können Existenz und Ausmaß eventueller Stabilitätsrisiken nicht abschließend beurteilt werden. Andererseits wurde oben festgestellt, daß Kreditnehmer im gesamten Betrachtungszeitraum rationiert wurden, wobei die Rationierung bis 1990 primär Folge der Zinsreglementierung und danach Ausdruck der andauernden Solvenzprobleme des Bankensektors war. Rationierung bedeutet aber, daß eben nicht die gesamte Kreditnachfrage gedeckt wird. Das spricht dafür, daß zumindest in den Fällen die mit dem Verschuldungsgrad verbundenen Risiken berücksichtigt wurden, in denen die Entscheidung über die Kreditgewährung nicht Folge politischen Drucks war. Darüber hinaus deutet auch die Entwicklung der Auslandsverschuldung inländischer NFI insbesondere ab 1988 darauf hin, daß die Verschuldungsgrade nicht übermäßig hoch waren: Ausländische Banken treffen Finanzierungsentscheidungen jedenfalls in erster Linie auf Basis wirtschaftlicher Kriterien. Falls der Verschuldungsgrad aus Sicht der Kapitalgeber zu hoch gewesen wäre, hätten kamerunische NFI keinen Zugang zu Auslandskrediten gehabt. Hier gilt allerdings die Einschränkung, daß lediglich eine geringe Anzahl kamerunischer (Groß-)unternehmen überhaupt in der Lage ist, an internationalen Kapitalmärkten als Kreditnehmer aufzutreten. An diesen Unternehmen hat die Regierung i.d.R. bedeutende Beteiligungen gehalten. Das könnte dazu geführt haben, daß Kreditgeber entweder von einer impliziten Staatsgarantie für ihre Forderungen ausgegangen sind oder aber explizit Staatsbürgschaften zur Voraussetzung für die Darlehensgewährung gemacht haben.

Insgesamt erscheint die Einschätzung plausibel, daß die bis 1990 praktizierte Zinsreglementierung bei der Mehrzahl kamerunischer Unternehmen und bei den Haushalten nicht zu höheren Verschuldungsgraden geführt hat. Demgegenüber kann dieser Effekt der Zinsbegrenzung bei großen Unternehmen nicht ausgeschlossen werden. Ob und in welchem Umfang daraus tatsächlich Stabilitätsrisiken entstanden sind, kann mangels entsprechender Daten nicht abschließend beurteilt werden.

6.2.3.2   Reglementierung der Einlagenverzinsung

Analog zu den Darlehenszinsen waren auch die Zinsen für Bankeinlagen bis 1990 Gegenstand umfangreicher Regulierung über die „Conditions de banque". Ausgangspunkt für die Ermittlung der Guthabenverzinsung war ein vom Finanzministerium festgelegter Basiszins („taux créditeur de base"). Weiterhin wurden drei Formen von Bankeinlagen unterschieden: Sparguthaben, Termineinlagen und Einlagenzertifikate[158]. Die Endzinssätze wurden durch Addition nach Art, Höhe und Laufzeit des Guthabens differenzierter Zinsmargen ermittelt. Aus dieser Differenzierung resultierten 1986 beispielsweise 49 unterschiedliche Zinssätze (République du Cameroun 1986). Zusätzlich lag die Verzinsung von Staatseinlagen oberhalb des durchschnittlichen Satzes für Guthaben privater Wirtschaftssubjekte. Mit der Liberalisierung der Zinsen 1990 wurde diese Form der Zinsreglementierung weitgehend aufgegeben. Den Kreditinstituten ist nunmehr lediglich eine für Terminguthaben und Einlagenzertifikate unabhängig von Laufzeit und Höhe einheitliche Mindestverzinsung vorgegeben. Die Mindestverzinsung von Sparguthaben liegt seit 1990 zwischen 0,5 und 1,0 Prozentpunkt über der Untergrenze für andere Einlagenformen. Bei Depositen oberhalb von drei Mio. FCFA entfällt die Bindungswirkung der Mindestverzinsung, d.h. der Satz kann frei ausgehandelt werden, wobei für Staatseinlagen eine Obergrenze von 10% gilt (BEAC 1998).

Abbildung 27 zeigt die Entwicklung der nominalen und realen Verzinsung von Bankguthaben zwischen 1985 und 1997. Dabei wird deutlich, daß die nominale Verzinsung bis 1994 weitgehend konstant geblieben ist. Im Gegensatz zu den Kreditzinsen war mit der Teilliberalisierung 1990 dementsprechend keine Erhöhung des Zinsniveaus verbunden, vielmehr wurden die bis dahin gültigen Sätze nunmehr in Form von Zinsuntergrenzen fortgeschrieben. Der reale Zins war inflationsinduzierten Schwankungen unterworfen und zwischen 1985 und 1987 negativ. Ab 1988 wurden positive Werte erreicht, 1993 ein Maximum von knapp 11,0%. Der abwertungsbedingte Inflationsschub führte 1994 erneut zu einem deutlich negativen realen Guthabenzins. Mit sinkender Preissteigerungsrate nahm aber die reale Einlagenverzinsung wieder zu, 1997 waren nominaler und realer Zins annähernd deckungsgleich.

---

[158] Die Verzinsung von Sichteinlagen wurde bereits 1984 per Erlaß untersagt, um die Rentabilität des Bankensektors zu steigern (Weltbank 1986, S.19).

Abbildung 27: Nominale und reale Einlagenverzinsung, 1985-1997

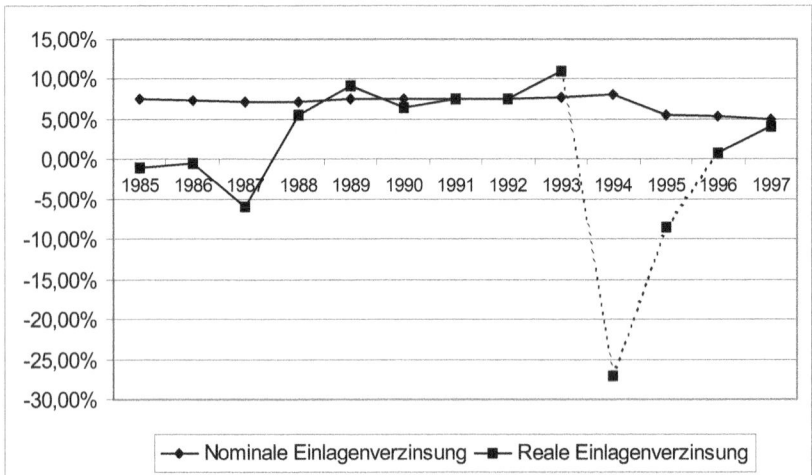

Quelle: IMF (1999, 2000) – Durchschnittliche Verzinsung für Termin- und Spareinlagen sowie andere Einlageformen nach IFS, ab 1990 Mindestverzinsung. Der reale Satz wurde durch Deflationierung mit der Veränderungsrate des Konsumentenpreisindex ermittelt.

In Kapitel 5 dieser Arbeit wurde deutlich, daß die Liquiditätskrise des kamerunischen Bankensystems auf einen Rückgang der Einlagen insgesamt und auf den relativ hohen Anteil der Einlagen des öffentlichen Sektors am gesamten Depositenvolumen zurückzuführen war. Die Zinsreglementierung kann dementsprechend dann als eine der Ursachen für die Systemkrise betrachtet werden, wenn die Mobilisierung privater Einlagen dadurch behindert wurde. Die Betrachtung beschränkt sich dabei auf private Bankguthaben, da die Höhe der Bankeinlagen des Staates nicht primär zinsabhängig ist. Vielmehr dürften neben der Einnahmensituation zinsunabhängige politische Erwägungen eine große Rolle bei der Festlegung des Volumens der staatlichen Einlagen gespielt haben - die kamerunische Regierung hat beispielsweise versucht, die Illiquidität des Bankensektors durch Bereitstellung öffentlicher Depositen zu vermeiden[159]. Zinsbegrenzungen können das lokal verfügbare Einlagenvolumen dann in zweierlei Hinsicht beeinflussen: Erstens können niedrige Zinsen die Attraktivität der Anlage bei lokalen Kreditinstituten verringern, zweitens können Zinsdifferenzen insbesondere bei fixem Wechselkurs den Transfer von Kapital ins Ausland motivieren.

---

[159] Die BEAC weist nur Einlagen der Zentralregierung, nicht aber die öffentlicher Unternehmen separat aus. Die Annahme, daß auch letztere nur eingeschränkt zinsreagibel sind bzw. waren, erscheint angesichts des politischen Einflusses auf diese Unternehmen aber plausibel.

6.2.3.2.1   Einlagen bei lokalen Banken

Der Zusammenhang zwischen realer Verzinsung und der Höhe der Ersparnisbildung – in Form realen und monetären Vermögens - ist nicht eindeutig. Ursache dafür ist die mögliche Kompensation von Einkommens- und Substitutionseffekten, die mit einer Zinserhöhung verbunden sein können: Eine höhere Verzinsung monetärer Aktiva kann demnach einerseits zu einer Verringerung der Konsumausgaben und damit zu einer höheren Sparquote führen (Substitutionseffekt). Andererseits nehmen bei höheren Zinssätzen die Erträge aus dem bereits vorhandenen Vermögen zu. Das bedeutet ein höheres Einkommen und kann damit höhere Konsumausgaben zur Folge haben (Einkommenseffekt). Ob eine Zinserhöhung tatsächlich eine höhere Ersparnis bewirkt, ist damit unklar. Unabhängig davon haben Zinssätze aber Auswirkungen auf die Form der Ersparnisbildung – höhere Zinsen begünstigen tendenziell Finanzaktiva gegenüber anderen Sparformen (vgl. z.B. Weltbank 1989, S. 34).

Die Beurteilung der Auswirkungen der in Kamerun praktizierten Zinsreglementierung auf die Höhe der Bankeinlagen wird dadurch erschwert, daß der Finanzsektor – wie in den meisten Entwicklungsländern – in einen formellen und einen informellen Bereich fragmentiert ist. Letzterer unterliegt weder staatlicher Aufsicht noch sonstiger Reglementierung. Die Bildung von Geldvermögen im informellen Sektor ist aber nicht zwangsläufig zinsinduziert. Vielmehr beeinflussen noch andere Faktoren die Bedeutung des informellen Sektors, beispielsweise der fehlende Zugang zu Banken in ländlichen Gebieten, der geringere administrative Aufwand, soziale Aspekte oder fehlendes Vertrauen in formelle Institutionen. Weiterhin ist das Einkommen wesentliche Determinante der Ersparnisbildung. Mit sinkendem Einkommen nimmt der Anteil der Konsumausgaben tendenziell zu und damit die Ersparnis ab. Unabhängig davon, ob die Verzinsung die Vermögensbildung in Form monetärer gegenüber realer Aktiva begünstigt oder nicht, führen Einkommensverluste dann auch zu geringeren Bankeinlagen.

Tefempa (1996) kommt in einer Studie, die den Zeitraum von 1970 bis 1992 umfaßt, zu dem Ergebnis, daß zwischen dem Diskontsatz und der Höhe der Bankeinlagen in Kamerun eine schwach negative Korrelation besteht, also Erhöhungen des Diskontsatzes tendenziell eine Verringerung der Einlagenbasis zur Folge haben. Nach Tefempa resultiert der negative Zusammenhang zwischen Diskont und Einlagenentwicklung in erster Linie daraus, daß Motiv für die Haltung von Guthaben bei Banken nicht Zinserträge sind, sondern vielmehr der Zugang zu Krediten: Kamerunische Banken setzen für die Darlehensvergabe voraus, daß der Kreditnehmer über Bankguthaben verfügt. Die Kreditgewährung kann insbesondere deswegen als Motiv für die Bildung von Bankdepositen betrachtet werden, weil die

Verzinsung von Einlagen im informellen Sektor höher als der formelle Habenzins und gleichzeitig die Laufzeiten der Kredite deutlich kürzer sind.

Im informellen Sektor in Kamerun spielen die sog. „Tontines" eine große Rolle, die revolvierende Kreditgemeinschaften (rotating credit associations, vgl. z.b. Adams 1991) darstellen: Im einfachsten Falle zahlen alle Mitglieder monatlich einen festen Betrag ein, die Summe der so gesammelten Gelder wird dann reihum jedem Mitglied als Kredit mit einer Laufzeit von beispielsweise einem Monat gewährt. Tontines sind in Kamerun weit verbreitet. Eine Schätzung der quantitativen Bedeutung dieser Form der informellen Finanzintermediation ist aber kaum möglich, da sich diese Institutionen naturgemäß staatlicher Reglementierung entziehen und folglich verläßliche Daten nicht verfügbar sind. Die Weltbank (1986, S. 17) beschränkt sich denn auch darauf, festzustellen, daß Tontines „ [...] play an extremely important role in the Cameroonian economy [...]", ohne quantitative Angaben zu machen. Diese Form der Finanzintermediation ist weiterhin keinesfalls nur auf ärmere Bevölkerungsschichten beschränkt: Nach Angaben eines kamerunischen Unternehmers gegenüber dem Verfasser dieser Arbeit können sich Kredite, die durch große Tontines gewährt werden, auf mehrere hundert Mio. FCFA belaufen.

Henry et al. (1991) ermitteln auf Basis einer Stichprobe von 10 Tontines eine durchschnittliche Einlagenverzinsung von 16,8% und einen Kreditzins von 18,7%. Die von den kamerunischen Behörden festgelegte minimale Verzinsung von Bankeinlagen lag im gleichen Jahr bei 7,5%, der maximale Kreditzins – unabhängig von der Laufzeit - bei 18,25% (BEAC 1998). Die Bildung von Einlagen im formellen Finanzsektor ist daher nur dann rational, wenn der damit verbundene Zinsverlust durch Gewinne überkompensiert wird, die aus dem Zugang zu Krediten mit längeren Laufzeiten entstehen.

Methodisch weist die Studie von Tefampa das Problem auf, daß zwischen dem Diskontsatz und den übrigen Zinssätzen in Kamerun kein eindeutiger Zusammenhang besteht (vgl. Abschnitt 6.1.4.2). Dementsprechend kann auch nicht unmittelbar von Diskontsatzschwankungen auf entsprechende Veränderungen des inländischen Zinsniveaus geschlossen werden. Nichtsdestotrotz erklärt sich aber der negative Zusammenhang zwischen Zins und Einlagen daraus, daß im informellen Sektor grundsätzlich höhere Zinsen für Guthaben gezahlt werden und damit der Zugang zu Krediten Motiv für die Bildung von Bankguthaben ist. Die Zinsdifferenz ist dabei auf Kostenvorteile informeller Institutionen zurückzuführen: „First, indigenous bankers know their clients better than commercial banks. This reduces information cost. Second, administrative costs are lower for indigenous banks than for modern banks because their employees are paid less (and are less educated), the establishment is less elaborate, and the paperwork simpler. [...] Third, indigenous banks interest rates are not regulated and can therefore adjust fully to market forces.

[...] Fourth, indigenous banks are not subject to reserve requirements that are imposed on modern banks". (Fry 1988, S. 294, der sich auf Timberg/Aiyar 1984, S. 44, 54 bezieht). Darüber hinaus sind die Ausfallquoten im informellen Sektor sehr gering, da i.d.R. die gesamte Familie des Darlehensnehmers die Forderung implizit garantiert und dementsprechend der soziale Druck zur Rückzahlung hoch ist[160].

Lediglich der dritte der genannten Faktoren hängt unmittelbar mit der Zinsbegrenzung zusammen. Das Ausmaß, in dem die Zinsdifferenz zwischen formellem und informellem Sektor bei vollständiger Freigabe der Zinsen sowohl für Einlagen als auch Kredite abnehmen würde, kann mangels entsprechender Daten nicht quantifiziert werden. Trotz der economies of scale und scope im modernen Sektor dürften aber die Einlagenzinsen aufgrund der sonstigen Kostennachteile – insbesondere der höheren Ausfallquote - auch in diesem Falle noch unterhalb des Zinsniveaus im informellen Sektor liegen. Die Attraktivität des informellen Sektors aus Sicht der Einleger kann daher nicht ausschließlich als Folge der Zinsreglementierung im formellen Sektor betrachtet werden, sondern resultiert zumindest teilweise aus zinsunabhängigen Kostenvorteilen.

Darüber hinaus beeinflussen noch weitere Faktoren die Bedeutung des informellen Finanzsektors. Das betrifft zunächst die eingeschränkte Verfügbarkeit von Finanzdienstleistungen für breite Bevölkerungsschichten, die aus der räumlichen Konzentration des Filialnetzes auf städtische Regionen – insbesondere Yaoundé und Douala - resultiert. Weiterhin haben kamerunische Banken beispielsweise für die Eröffnung eines Sparkontos Mindestguthaben zwischen 100.000 und 200.000 FCFA verlangt, um Kostendeckung zu erreichen. Bei einem durchschnittlichen Pro-Kopf-Einkommen von 294.000 FCFA zwischen 1985 und 1997 bedeutet das, daß sich die Kreditinstitute unabhängig von der Zinsreglementierung nicht um die Mobilisierung des bei weitem größten Teils der lokalen Ressourcen, der von ärmeren Bevölkerungsschichten stammt, bemüht haben. Ein Grund dafür dürfte in der Verfügbarkeit von Einlagen des öffentlichen Sektors zumindest bis 1989 gelegen haben (so auch Ossie 1996, S. 66). Darüber hinaus hat der Bankensektor schließlich spätestens mit der (nicht angekündigten) Liquidation von SCB und PARIBAS 1989 einen erheblichen Vertrauensverlust erlitten, zumal sich die Auszahlung der Einlagen über einen Zeitraum von rund zwei Jahren hingezogen hat. Bankguthaben im formellen Sektor waren demgemäß aus Sicht der Einleger mit höheren Risiken behaftet, d.h. daß die Attraktivität des informellen Sektors auch bei unveränderten Zinsdifferenzen zunahm.

Tefampa kommt weiterhin zu dem Ergebnis, daß wesentliche Determinante der Ersparnisbildung insgesamt die Entwicklung des Pro-Kopf-Einkommens ist. Auch

---

[160] Zur institutionellen und sozialen Ausgestaltung der Tontines in Kamerun vgl. Henry et al. (1991).

die Weltbank (1986, S. 12 f.) betrachtet das Einkommen als wesentliche Determinante für die Ersparnisbildung im Sinne von Konsumverzicht. Ein Zusammenhang zwischen Realverzinsung und der Ersparnis in Form von Finanzaktiva wird dagegen zumindest für den Zeitraum zwischen 1979 und 1984 nicht festgestellt.

Abbildung 28: Reale Einlagenverzinsung und Termin- und Spareinlagen in % des BIP, 1985-1997

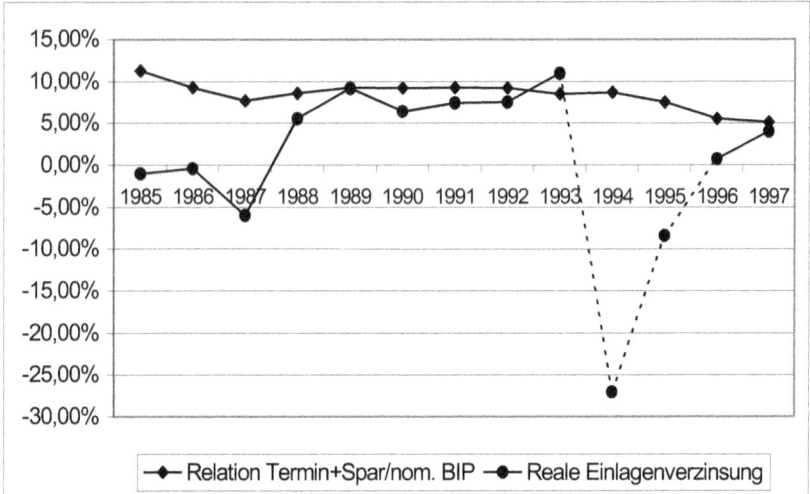

Quelle: IMF (1999, 2000), BEAC (1994, 1998) – Durchschnittliche Einlagenverzinsung nach IFS, ab 1990 Mindestverzinsung. Der reale Satz wurde durch Deflationierung mit der Veränderungsrate des Konsumentenpreisindex ermittelt.

Diese Erwägungen sprechen insgesamt dafür, daß die Höhe der Bankeinlagen in Kamerun nur teilweise durch die Zinsreglementierung beeinflußt wurde. Abbildung 28 zeigt die Entwicklung der realen Einlagenverzinsung sowie der Relation zwischen Termin- und Spareinlagen und BIP von 1985 bis 1997. Sichteinlagen werden nicht betrachtet, da diese in erster Linie Transaktionszwecken dienen und zudem nicht verzinst werden. Ein eindeutiger Zusammenhang zwischen realer Verzinsung und Bankeinlagen ist nicht erkennbar[161]. Zwischen 1985 und 1987 hat die Quote bei negativen Realzinsen zwar von 11,2% auf 7,7% abgenommen. Die

---

[161] Diese Interpretation der Daten ist mit erheblichen Unsicherheiten behaftet, da die BEAC Einlagen öffentlicher Unternehmen nicht separat ausweist. Die Einlagen dieser Unternehmen sind aufgrund des politischen Einflusses nur eingeschränkt zinsreagibel. Nach Angaben der Weltbank (1986) lag der Anteil der Einlagen öffentlicher Unternehmen 1984 bei rund 30% (vgl. Kapitel 5 dieser Arbeit). Für den Zeitraum nach 1986 kann aber angesichts der hohen Verluste von sinkenden Einlagen öffentlicher Unternehmen ausgegangen werden.

deutliche Steigerung des Zinses 1988 hat aber lediglich zu einer geringfügigen Zunahme der Termin- und Spareinlagen auf 8,6% des BIP geführt. Trotz schwankender realer Zinsen blieb die Relation bis 1992 weitgehend konstant, nahm aber bis 1997 weiter bis auf 5,1% ab. Infolge der mit Abwertung des FCFA verbundenen höheren Inflationsraten war die reale Einlagenverzinsung 1994 und 1995 deutlich negativ. Bis 1997 stieg der reale Zins wieder auf 4,0%, lag damit aber noch erheblich unter dem Niveau von 1993 (12,0%). Der relative Rückgang des Einlagenvolumens zwischen 1994 und 1997 dürfte in erster Linie auf die nach wie vor instabile Lage des Bankensystems zurückzuführen sein, zumal nach der Abwertung keine weiteren Inflationserwartungen bestanden, d.h. der negative Realzins als zeitlich befristeter Einmaleffekt betrachtet wurde.

Zusammenfassend läßt sich festhalten, daß die in Kamerun bis 1989 praktizierte Zinsreglementierung nicht Hauptursache für die unzureichende Mobilisierung privater lokaler Ressourcen gewesen sein dürfte. Einkommensverluste, die aus Kostenvorteilen resultierende höhere Verzinsung im informellen Sektor und der leichtere Zugang zu informellen Finanzdienstleistungen haben ebenfalls dazu beigetragen, daß der formelle Bankensektor für Anleger weniger attraktiv war. Das deckt sich mit der Einschätzung der Weltbank (1986, S. 32): „It seems likely that the negative real interest rates (zwischen 1975 und 1982, Anm. d. Verf.), the lack of formal financial institutions, and the higher rates paid by the informal sector were major contributing factors." Die kamerunischen Kreditinstitute haben die Substitution formeller durch informelle Geldvermögen weiterhin dadurch begünstigt, daß sie sich auf die Mobilisierung größerer Einlagen beschränkt haben. Die ärmeren Bevölkerungsschichten waren demgemäß für Anlagezwecke auf den informellen Sektor oder auf den Erwerb realer Aktiva angewiesen. Diese Praxis wurde durch die Verfügbarkeit von Einlagen des öffentlichen Sektors bis 1988 zusätzlich gefördert.

6.2.3.2.2   Einlagen bei Banken im Ausland

Die Untersuchung der Liquidität des kamerunischen Bankensystems in Kapitel 5 dieser Arbeit hat gezeigt, daß inländische NFI im Betrachtungszeitraum über erhebliche Auslandsguthaben verfügten. Zudem hat der Anteil der Auslandsguthaben am gesamten Einlagevolumen (Inland + Ausland) zwischen 1986 und 1990 zugenommen und so die Liquiditätskrise verstärkt, der die Kreditinstitute in diesen Jahren ausgesetzt waren.

Bei freiem Kapitalverkehr und voller Konvertibilität der inländischen Währung können Differenzen zwischen dem inländischen Zins und dem ausländischen Referenzsatz einen Anreiz für Kapitalexporte darstellen, wenn die Differenz die mit Auslandsanlagen verbundenen höheren Transaktionskosten überkompensiert. Die in Kamerun praktizierte Reglementierung der Guthabenzinsen könnte dementsprechend die Bildung von Bankguthaben im Ausland gefördert haben, wenn die reale Verzinsung im Inland unterhalb des realen Zinssatzes in Paris gelegen hat. Für die Ermittlung der realen Zinssätze ist - wie oben bereits erläutert – die Inflationsrate in Kamerun maßgeblich, da aus Sicht kamerunischer Anleger bei festem Wechselkurs die französische Preissteigerungsrate von untergeordneter Bedeutung ist. Analog zur Kreditaufnahme inländischer NFI im Ausland gilt das nur, solange an der Aufrechterhaltung der fixen Parität keine Zweifel bestehen: Abwertungserwartungen stellen einen zinsunabhängigen Anreiz zur Bildung von Bankguthaben im Ausland (in Frankreich) dar. Dementsprechend dürften Differenzen in der realen Einlagenverzinsung ab 1989/90 das Anlageverhalten kamerunischer NFI nur noch begrenzt beeinflußt haben.

Abbildung 29: Auslandseinlagen inländischer NFI in % der Gesamteinlagen und Differenz zwischen den realen Einlagenzinsen in Frankreich und Kamerun, 1985-1994

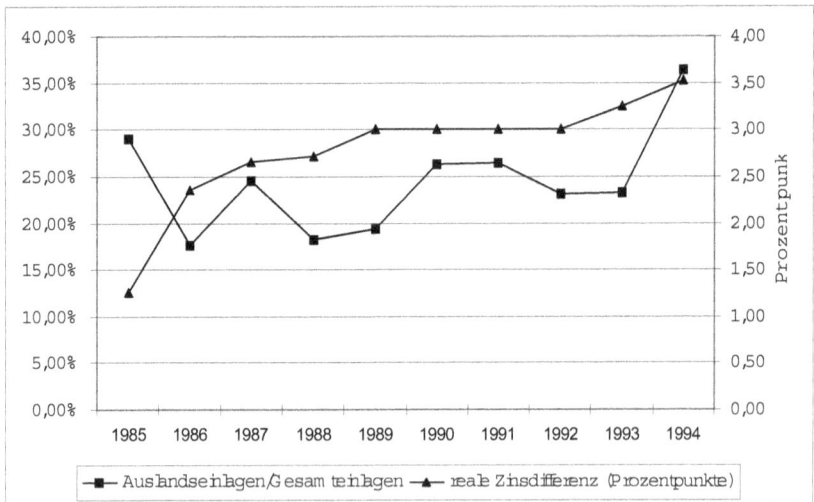

Quelle: BEAC (1994, 1998), IMF (1999, 2000) – Durchschnittliche Einlagenverzinsung nach IFS, für Kamerun ab 1990 Mindestverzinsung. Die realen Sätze wurden durch Deflationierung mit der Veränderungsrate des kamerunischen Konsumentenpreisindex ermittelt.

Abbildung 29 zeigt die Entwicklung des Anteils der Bankguthaben inländischer NFI im Ausland an den gesamten Einlagen (Inland + Ausland; ohne Einlagen der Zentralregierung) sowie der realen Differenz zwischen der durchschnittlichen Einlagenverzinsung in Kamerun und Frankreich, jeweils deflationiert mit der kamerunischen Inflationsrate. Ein eindeutiger Zusammenhang zwischen Zinsdifferenz und den relativen Auslandsguthaben ist nicht zu erkennen: Dem Anstieg der Zinsdifferenz von 1,3 auf 2,4 Prozentpunkte zwischen 1985 und 1986 stand zwar ein Rückgang des Anteils der Bankguthaben bei ausländischen Instituten von 29,0% auf 17,6% gegenüber. Bereits im Folgejahr stieg aber dieser Anteil wieder deutlich auf 24,6%, obwohl der Zinsspread weiter auf 2,7 Prozentpunkte zunahm. 1989 wiederum erreichte der Anteil der Auslandsguthaben 19,4%, während die Zinsdifferenz weiter bis auf 3,0 Prozentpunkte zunahm. Die Entwicklung der Auslandsguthaben ab 1990 dürfte bei zunächst unveränderter, ab 1993 aber wieder steigender Zinsdifferenz primär auf Abwertungserwartungen zurückzuführen sein. Der Anstieg auf 36,4% 1994 schließlich resultiert aus der im Januar dieses Jahres erfolgten Abwertung des FCFA.

Lediglich für die Entwicklung zwischen 1986 und 1987 können auf Basis der vorliegenden Daten negative Effekte der Zinsreglementierung in Kamerun auf die Liquidität des Bankensystems angenommen werden: Wenn kamerunische NFI trotz positiver und zunehmender realer Zinsdifferenzen zusätzliches Geldvermögen ins Ausland transferiert haben, dann bedeutet das, daß nicht allein die Höhe der Erträge für Anlageentscheidungen maßgeblich war, sondern andere Faktoren – beispielsweise das fehlende Vertrauen in die Solidität lokaler Institute – Auswirkungen auf die Höhe der Auslandsguthaben hatten. Die Begrenzung der Guthabenverzinsung hätte dann verhindert, daß sich ein höheres Marktzinsniveau einstellt, in dem diese Faktoren berücksichtigt worden wären. Dementsprechend hätte die Zinsreglementierung trotz der positiven Differenzen zwischen kamerunischem und französischem Realzinsniveau die Bildung von Auslandsguthaben begünstigt und damit die Liquiditätskrise im kamerunischen Bankensystem tendenziell verstärkt. Die Daten lassen aber nicht den Schluß zu, daß das im Betrachtungszeitraum durchgängig der Fall war. Vielmehr haben offensichtlich andere Faktoren, insbesondere Abwertungserwartungen, die Auswirkungen der Zinsdifferenzen und damit der Zinsreglementierung im Inland auf das Verhalten kamerunischer Anleger überlagert.

6.2.3.3   Staatliche Beteiligungen

Der kamerunische Staat hat sich ab 1973 massiv im Bankensektor engagiert: Per Verordnung wurden eine Mindestbeteiligung der öffentlichen Hand von 1/3 des Kapitals an allen Banken, ein Vorkaufsrecht des Staates bei Beteiligungsveräußerungen und das Recht zur Besetzung leitender Positionen durch die Regierung verbindlich vorgegeben[162]. Eingriffe in den Finanzsektor entsprachen dem damaligen „Zeitgeist". Fry (1988, S. 304) verweist beispielsweise auf deutlich zunehmende Interventionen des Staates ab Ende der 60er Jahre in Thailand und auf den Philippinen. Dementsprechend kann auch die Entwicklung in Kamerun als Ausdruck des zunehmenden Interventionismus ab Ende der 60er/Anfang der 70er

Jahre interpretiert werden: Durch direkte staatliche Beteiligung an Geschäftsbanken und die Gründung der Banque Camerounaise de Développement (BCD)[163] sollte einerseits die wirtschaftliche Entwicklung beschleunigt und andererseits der „Kamerunisierung" Vorschub geleistet werden (Monga 1997, S. 75 u. 157). Da sich die Regierung sowohl direkt als auch über die BCD und die SNI an den Geschäftsbanken beteiligte, wurde die gesetzlich vorgegebene Mindestbeteiligung allerdings teilweise deutlich überschritten. Bereits 1978 lag die durchschnittliche Beteiligung des Staates bei 56,5% (Bulletin de l'Afrique noire 1979, S. 384). 1980 war der Staat bei der SCB und bei der BICIC mit 60% bzw. 51% des Kapitals Mehrheitsaktionär, die Beteiligung an der SGBC erreichte 45% (vgl. Tabelle 8). Gankou (1991, S. 49) gibt in einer unvollständigen Liste per 30.06.1986 Beteiligungen des Staates an fünf Banken an, die sich zwischen 65% (SCB) und 35% (BIAOC, BCCC und PARIBAS) bewegen.

Tabelle 8: Beteiligungsverhältnisse bei wichtigen kamerunischen Geschäftsbanken 1980

(Beteiligung in %)	CL-Paris	SG-Paris	BNP-Paris	BIAO	Chase Manhattan	Barclays Int.	sonstige	BCD	Staat
SCB	25						15	25	35
SGBC		37,8					17,2	15	30
BICIC			11,5		13		24,5	12	39
PARIBAS					40	25		10	25
BIAO-Cameroun				65				10	25
CHASE					65				25

Quelle: BEAC 1987, S. 261 - Angaben zur Beteiligung anderer Investoren an der Chase Bank fehlen.

Diese Praxis änderte sich erst mit der Restrukturierung des Bankensystems: 1990 wurde das Erfordernis einer Mindestbeteiligung aufgehoben. 1996 wurde zudem die Höhe der Beteiligung des Staates auf maximal 20% begrenzt (République du Cameroun 1996). Bis 1997 war der kamerunische Bankensektor weitgehend privatisiert.

Unabhängig von der tatsächlichen Höhe der Beteiligung führte die Intervention des Staates dazu, daß Kreditinstitute bis 1990 faktisch vom Staat kontrolliert wurden. La Porta et al. (2000, S. 11) verweisen auf empirische Untersuchungen, nach denen bereits eine Beteiligung von 20% für die Kontrollausübung hinreichend hoch ist. Zudem liegt die Höhe der Sperrminorität in Kamerun typischerweise bei 33,3%.

---

[162]Verordnung Nr. 73-27 vom 30. August 1973
[163] Die BCD wurde bereits 1960 gegründet, also unmittelbar nach der Unabhängigkeit.

Dementsprechend waren jedenfalls keine Entscheidungen gegen die Repräsentanten der Regierung im Verwaltungsrat möglich.

Die Auswirkungen dieser Politik auf die Stabilität des Systems waren erheblich. Das betraf zunächst die Effizienz der Finanzintermediation und die Entwicklung des Finanzsektors: „Countries with greater state ownership of banks tend to have less developed banks and nonbanks" (Barth et al. 2000, S. 18). Dementsprechend haben kamerunische Kreditinstitute ihre Funktionen – Mobilisierung von Einlagen, Fristentransformation, Informationsproduktion und Unternehmenskontrolle - nur unzureichend erfüllt. Das bedeutet grundsätzlich höhere Risiken und hat damit negative Auswirkungen auf die Stabilität des Systems.

Weiterhin haben staatliche Beteiligungen unmittelbaren Einfluß auf die Qualität des Forderungsportfolios einer Bank: „[...] public enterprises are highly inefficient, and their inefficiency is the result of political pressures from the politicians who control them" (Shleifer/Vishny 1994, S. 995). Der politische Druck hat sich in verschiedener Hinsicht ausgewirkt. Erstens haben kamerunische Kreditinstitute Finanzierungsentscheidungen jedenfalls nicht primär auf Basis betriebswirtschaftlicher Kriterien getroffen. An anderer Stelle wurde bereits darauf hingewiesen, daß der Bankensektor bereits vor 1986 technisch insolvent war, weil das Volumen der notleidenden bzw. uneinbringlichen Forderungen – rund 120 Mrd. FCFA - die bilanziellen Eigenmittel deutlich übertraf. Von diesen Forderungen entfielen zwischen 70 und 80 Mrd. FCFA auf uneinbringliche Darlehen, die an Händler aus dem Norden des Landes vergeben wurden. Nach Einschätzung der Weltbank (1986, S. 19) war die Darlehensvergabe politisch motiviert. Auch Bida-Kolika/Renamy-Lariot (1991, S. 105) betrachten die „exzessive Einmischung des Staates in die Geschäftsführung" (Übers. d. Verf.) als eine der Ursachen für die Krise des Bankensektors in Kamerun.

Darüber hinaus haben die Staatsbeteiligungen die Ausweitung der Kreditvergabe an den öffentlichen Sektor begünstigt. Die Untersuchung in Kapitel 5 dieser Arbeit hat gezeigt, daß 1985 und 1986 8,6% bzw. 10,5% des Darlehensvolumens an die Zentralregierung oder öffentliche Unternehmen vergeben wurden. In absoluten Zahlen entsprach das 82,4 bzw. 115,7 Mrd. FCFA. Von den oben erwähnten notleidenden Forderungen entfielen aber 40-50 Mrd. FCFA auf Kredite an öffentliche Unternehmen. Das heißt, daß bereits 1985 rund 50% der Kredite an den öffentlichen Sektor nur noch eingeschränkt werthaltig waren. Mit Beginn der Wirtschaftskrise und sinkenden Staatseinnahmen hat sich diese Relation noch verschlechtert. Folglich haben staatliche Beteiligungen zu der Solvenzkrise des Systems beigetragen.

Staatliche Beteiligungen – und das Recht der Regierung, über die Besetzung von Führungspositionen zu entscheiden – führen weiterhin dazu, daß sich die

Qualität des Managements tendenziell verschlechtert, da nicht in erster Linie Kompetenz, sondern vielmehr (parteipolitische) Loyalität zum Auswahlkriterium wird. Ein Beispiel dafür ist die Ernennung eines ehemaligen Verteidigungsministers, der Biya bei der Niederschlagung des Putsches von 1984 geholfen hat, zum Präsidenten des Verwaltungsrates des CAC[164]. Das begünstigt das Mißmanagement in der Kreditvergabe zusätzlich; die Ausfallrisiken nehmen zu.

Die kamerunische Bankenaufsicht war ebenfalls starken politischen Einflüssen ausgesetzt. Staatliche Beteiligungen bzw. damit verbundene Interessenkonflikte haben dazu geführt, daß die Effizienz der Aufsicht zusätzlich eingeschränkt wurde (Bida-Kolika/Renamy-Lariot 1991, S. 105). Dementsprechend wurden Verstöße gegen aufsichtsrechtliche Normen nicht sanktioniert. Insbesondere mit Blick auf bankinterne Verfahren und Kontrollen hat die Bankenaufsicht offensichtlich versagt: Die Einrichtung einer internen Revision war bereits seit 1985 verbindlich vorgegeben, hat aber nicht zu einer Verbesserung der Risikoposition im Bankensektor geführt. Gleichzeitig ist „ [die] mangelhafte Kreditpolitik [...] die häufigste Form technischen Mißmanagements und gewöhnlich eine Folge unzureichender interner Kontrollen [...]" (Weltbank 1989, S. 93). Analog kann mit Blick auf die Bildung von Wertberichtigungen argumentiert werden: Obwohl die technische Insolvenz des Systems bereits vor 1986 bekannt war, hat die Bankenaufsicht nicht auf höheren Wertberichtigungsquoten bestanden[165]. Das läßt sich lediglich durch politische Einflußnahme erklären, die wiederum durch die Aktionärsstellung der Regierung begründet war. Dementsprechend haben Staatsbeteiligungen nicht nur zu höheren Risiken im Kreditgeschäft beigetragen, sondern tendenziell auch dazu geführt, daß für diese Risiken nur unzureichend Vorsorge getroffen wurde.

Staatliche Beteiligungen haben weiterhin – wie oben bereits erwähnt - dazu beigetragen, daß sowohl Anleger als auch die Banken selbst von einer impliziten Einlagenversicherung bzw. von einer Übernahme eventueller Verluste ausgegangen sind. Das hat dazu geführt, daß aus Sicht der Einleger die Risikopolitik einer Bank irrelevant wurde. Die Marktdisziplin wurde dementsprechend geschwächt. Weiterhin begünstigt die Annahme einer impliziten Garantie gegen Verluste eine höhere Risikoneigung im Kreditgeschäft und die Substitution von Eigenkapital durch (implizit

---

[164] Der CAC wurde zu einem Zeitpunkt gegründet, als die gesetzliche Vorgabe einer staatlichen Mindestbeteiligung bereits aufgehoben war. Als Nachfolger des FONADER war der CAC aber zu rund 80% in Besitz der Regierung und öffentlicher Unternehmen. 1997 mußte der CAC liquidiert werden. Nach Berichten der kamerunischen Presse sind in großem Umfang Gefälligkeitskredite vergeben worden, die anschließend nicht zurückgeführt wurden.

versicherte) Einlagen. Das hat ebenfalls zu höheren Ausfallrisiken und damit zu einer weiteren Destabilisierung des Systems geführt.

Zusammenfassend läßt sich festhalten, daß staatliche Beteiligungen erheblich zur Destabilisierung des Bankensystems beigetragen haben. Das Ausmaß der aus den Beteiligungen entstandenen Risiken läßt sich mangels entsprechender Daten nicht quantifizieren. Destabilisierende Effekte betrafen in erster Linie die Qualität des Forderungsportfolios, Effizienz und Kompetenz des Bankmanagements, die zusätzliche Schwächung der Bankenaufsicht und die Schwächung der Marktdisziplin durch eine implizite Einlagenversicherung. In der Aktionärsstellung des Staates lag damit eine wesentliche strukturelle Ursache der Bankenkrise ab 1986. Mit den Reformen von 1990, der Privatisierung des Bankensektors und insbesondere mit der Begrenzung staatlicher Beteiligungen auf maximal 20% ab 1996 haben diese Stabilitätsrisiken aber deutlich abgenommen.

6.2.3.4   Fazit

Die kamerunische Regierung hat bis 1989/90 eine Politik der finanziellen Repression verfolgt. Ziel dieser Politik war in erster Linie die Förderung der wirtschaftlichen Entwicklung durch Beeinflussung der Kapitalallokation. Zentrale Instrumente waren Zinsbegrenzungen sowohl für Einlagen als auch für Kredite sowie staatliche Beteiligungen an Kreditinstituten. Die Untersuchung der Auswirkungen der finanziellen Repression auf die Qualität des Forderungsportfolios und die Liquidität des Bankensystems hat ergeben, daß in der staatlichen Intervention strukturelle Ursachen der Bankenkrise ab 1986 liegen:

1.   Die Begrenzung der Darlehenszinsen hat zu Kreditrationierung geführt. Kreditrationierung bewirkt ihrerseits die Bildung von Risikokonzentrationen im Aktivgeschäft und fördert den politischen Einfluß auf Kreditentscheidungen (und Korruption). Beides hat die Ausfallrisiken erhöht und damit zur Insolvenz des Bankensektors beigetragen. Die Differenzierung der Zinssätze nach Sektoren bzw. Darlehensnehmern hat im Gegensatz dazu keine destabilisierenden Effekte gehabt, weil die Kreditinstitute angesichts der höheren Risiken bei der Darlehensvergabe zurückhaltend waren und aufsichtsrechtlich vorgegebene Mindestvolumina nicht durchgesetzt wurden.

2.   Mit der Reglementierung der Kreditzinsen waren insbesondere bis 1987 Belastungen der Rentabilität des Bankensystems verbunden. Das wiederum hat

---

[165] Die vollständige Wertberichtigung aller notleidenden Forderungen innerhalb eines Geschäftsjahres hätte unmittelbar den Zusammenbruch des Bankensystems zur Folge gehabt, zumal eine gleichzeitige Rekapitalisierung nicht finanzierbar gewesen wäre. Das hätte weder im Interesse der Aufsichtsbehörden noch der Regierung gelegen. Nichtsdestotrotz hätten die Aufsichtsorgane die Bildung dieser Wertberichtigungen über einen längeren Zeitraum verlangen können. Das ist aber nicht
(Forts. nächste Seite)

die Möglichkeiten, Wertberichtigungen für notleidende Forderungen zu bilden, eingeschränkt und so das Ausmaß der Krise verschärft. Auswirkungen der Zinsbegrenzung auf die Liquiditätsposition der Kreditinstitute waren demgegenüber nicht festzustellen.

3. Die Beschränkung der Guthabenzinsen war lediglich eine von mehreren Ursachen, die zu einer unzureichenden Mobilisierung lokaler Ressourcen geführt und damit die Liquiditätskrise verstärkt haben, zumal ab 1988 positive Realzinsen erreicht wurden. Allerdings haben kamerunische Banken sich auf die Mobilisierung großer Einlagen beschränkt und so die Substitution von Guthaben im formellen Sektor durch Anlagen im informellen Sektor gefördert. Diese Praxis wurde dadurch begünstigt, daß der Staat den Banken bis 1988 in großem Umfang Einlagen zur Verfügung stellte.

4. Ein eindeutiger Zusammenhang zwischen der Differenz der realen Einlagenzinsen in Kamerun und in Frankreich – jeweils deflationiert mit der kamerunischen Inflationsrate – und der Neigung inländischer NFI zur Bildung von Bankguthaben im Ausland konnte nicht festgestellt werden. Das resultiert in erster Linie daraus, daß die ab 1989/90 einsetzenden Abwertungserwartungen den Einfluß der realen Zinsdifferenz auf das Anlageverhalten kamerunischer Einleger überlagert haben. Dennoch kann für den Zeitraum zwischen 1985 und 1987 nicht ausgeschlossen werden, daß die Reglementierung eine Kompensation der aus Sicht der Einleger mit der Anlage im Inland verbundenen höheren Risiken durch eine entsprechend höhere Verzinsung verhindert hat. Dann hätte die Zinsreglementierung folglich einen Anreiz zur Bildung von Auslandsguthaben dargestellt und so die Liquiditätskrise verstärkt.

5. Eine Ursache der Krise des kamerunischen Bankensystems kann in den massiven staatlichen Beteiligungen gesehen werden. Diese haben zu einer Verschlechterung der Portfolioqualität, zu Effizienzverlusten im Management, zu einer (weiteren) Schwächung der Bankenaufsicht und zur Annahme einer impliziten Einlagenversicherung bzw. einer Übernahme eventueller Verluste durch die Regierung beigetragen. Zusammengenommen liegt in diesen Auswirkungen ein wesentlicher Grund für die Insolvenz des Systems.

Mit den Reformen ab 1990 hat die Regierung die Politik der finanziellen Repression aufgegeben. Der Staat hat sich aus dem Bankensektor zurückgezogen, die Zinssätze wurden weitgehend liberalisiert. Mit Repression verbundene Stabilitätsrisiken sind daher seit diesem Zeitpunkt nicht mehr relevant.

---

geschehen.

6.2.4 Rechtliche Rahmenbedingungen und Korruption

In Teil I dieser Arbeit wurde der Zusammenhang zwischen Rechtssystem und Stabilität des Bankensystems unter theoretischen Aspekten diskutiert. Dabei ergab sich, daß das Ausmaß des Gläubigerschutzes und die Qualität der Rechnungslegung Einfluß auf die Risikoposition des Bankensektors, auf das Potential zur Mobilisierung lokaler Ressourcen und auf die Wirksamkeit der Bankenaufsicht haben. Unabhängig von den gesetzlichen Rahmenbedingungen ist darüber hinaus die Möglichkeit, rechtliche Ansprüche auch gerichtlich durchzusetzen, von zentraler Bedeutung für Effizienz und Stabilität des Bankensektors.

La Porta et al. (1998) unterscheiden in einer insgesamt 49 Länder umfassenden komparativen Studie zur Qualität des Gläubigerschutzes und dessen Durchsetzung zwei Kategorien von Rechtsquellen, aus denen sich die Rechtsordnungen einzelner Länder zu wesentlichen Teilen herleiten: erstens die aus der römisch-germanischen Tradition abgeleiteten kodifizierten Rechtssysteme und zweitens die Common Law-Länder, deren Rechtsordnung nicht kodifiziert ist und primär auf Präzedenzfällen basiert. Innerhalb der ersten Kategorie wird wiederum zwischen französischer, skandinavischer und deutscher Tradition differenziert. Erstere beruht auf dem Code Civil von 1807, letztere auf dem 1897 vollendeten Bürgerlichen Gesetzbuch (BGB). In der napoleonischen Zeit hatte der Code Civil großen Einfluß auf die Herausbildung der Rechtsordnungen v.a. in Belgien, den Niederlanden, Polen und Italien. In der Kolonialära wurde die Anwendung französischen Rechts auf die Kolonien im Nahen Osten sowie in Nord- und Sub-Sahara-Afrika ausgedehnt. Das BGB hat dagegen die Rechtsordnungen beispielsweise in Österreich, Griechenland, Ungarn, der Schweiz und Japan beeinflußt. Zu den Common Law-Ländern schließlich sind neben England die USA und der gesamte Bereich des British Empire zu zählen.

Die Ergebnisse von La Porta et al. (1998) zeigen, daß der Gläubigerschutz – bezogen sowohl auf Kreditgeber als auch auf Aktionäre – in Ländern, die der französischen Rechtstradition gefolgt sind, am wenigsten ausgeprägt ist. In Common Law-Ländern genießen Gläubiger dagegen den umfassendsten rechtlichen Schutz. Das gleiche gilt für die gerichtliche Durchsetzung gesetzlicher und vertraglicher

Regelungen („enforcement") und die Qualität der Rechnungslegung[166]. Kamerun – das nicht zur Gruppe der untersuchten Länder gehört – ist als ehemalige französische Kolonie ebenfalls dieser Rechtsfamilie zuzurechnen[167]. Dementsprechend können grundsätzlich eine schwache Ausprägung des Gläubigerschutzes, niedrige Standards in der Rechnungslegung und eine vergleichsweise eingeschränkte Durchsetzbarkeit rechtlicher Ansprüche angenommen werden.

Eine Analyse der in Kamerun vor und während der Bankenkrise geltenden Vorschriften zum Gläubigerschutz und zur Rechnungslegung scheitert daran, daß vollständige und verläßliche Daten nicht vorliegen. Die Beratungsgesellschaft FIDAFRICA – nach Kenntnis des Verfassers dieser Arbeit die einzige zugängliche Quelle, die sich detailliert mit den Mängeln des kamerunischen Rechtssystems beschäftigt - kommt in einem Gutachten für die Regierung aus dem Jahre 1992 zu dem Ergebnis, daß es notwendig sei, eine Sammlung der entsprechenden Texte zu erstellen, um die Kenntnisnahme aller in Kamerun geltenden Gesetze überhaupt erst zu ermöglichen (FIDAFRICA 1992, S. 24). Das spricht dafür, daß eine umfassende Beurteilung der zum damaligen Zeitpunkt geltenden Gesetze im Hinblick auf Gläubigerschutz und Rechnungslegung nicht möglich ist. Diese Situation hat sich erst zum 01.01.1998 mit der Harmonisierung des in der Franc-Zone anwendbaren Handelsrechts geändert (Traité relatif à l'Organisation pour l'harmonisation du droit d'affaires en Afrique (OHADA), unterzeichnet am 17.10.1993). Seit diesem Zeitpunkt sind die einschlägigen Rechtsvorschriften zentral kodifiziert.

Unabhängig von den geltenden Vorschriften hängt die Qualität des Rechtssystems aber maßgeblich von der Durchsetzbarkeit rechtlicher Ansprüche ab. In dem oben bereits angesprochenen Gutachten identifiziert FIDAFRICA Mängel des kamerunischen Rechtssystems, die deutlich machen, daß die gerichtliche Durchsetzung rechtlicher Ansprüche mit erheblichen Unwägbarkeiten verbunden ist bzw. war:

- Die Gesellschaft hielt die Einrichtung einer Behörde für erforderlich, die erstens die Kohärenz von Gesetzesvorlagen und Gesetzen mit in Kamerun geltendem

---

[166] Die Unterschiede in Einkommen und Entwicklung sind auch zwischen den Ländern erheblich, die der gleichen Rechtstradition zuzurechnen sind. La Porta et al. (1998) weisen folglich darauf hin, daß Mängel im System offensichtlich anderweitig zumindest teilweise kompensiert werden können: „It is important to remember, however, that while the shortcomings of investor protection described in this paper appear to have adverse consequences for financial development and growth, they are unlikely to be an insurmountable bottleneck. France and Belgium, after all, are both very rich countries"(S. 1152). Konkret nennen die Autoren die Eigentümerkonzentration und damit verbesserte Kontrollmöglichkeiten sowie statutarische festgelegte Mindestdividenden oder Gewinnrücklagen.

[167] Tchoungang (1986, S. 252) verweist darauf, daß auch nach der Unabhängigkeit keine wesentlichen Veränderungen im Privatrecht stattgefunden haben und spricht von einem „Triumph des europäischen Rechts" (Übers. d. Verf.).

Recht sicherstellen und zweitens dafür sorgen soll, daß Informationen über Gesetzesänderungen auch kommuniziert werden (S. 20). Zudem wurde eine erhebliche Verbesserung des Ausbildungsniveaus der Richter im Handelsrecht angemahnt (S. 35).

- Weiterhin wird Intransparenz des juristischen Systems festgestellt, die sich dergestalt ausgewirkt habe, daß Rechte und Verpflichtungen weder Konfliktparteien noch Anwälten oder Gerichten vollständig bekannt waren (S. 22). Dies habe darüber hinaus dazu geführt, daß es innerhalb des Landes zu erheblichen Divergenzen in der Rechtssprechung gekommen sei (S. 34).

- Explizit wird die Abhängigkeit der Jurisprudenz von der Exekutive angesprochen, die bewirke, daß „der Richter dem Staatsanwalt (der anklagt) näher steht als dem Rechtsanwalt (der verteidigt)" (S. 32, Übers. d. Verf.).

- FIDAFRICA hielt es für notwendig, die Entlohnung von Richtern zu erhöhen, um der Korruption vorzubeugen (S. 34).

Auch von einschlägigen Ratingagenturen liegen Indices vor, die in erster Linie das enforcement betreffen. Die Business International Corporation (BI, zitiert nach Mauro 1995, S. 708) bewertet die Effizienz des Rechtssystems für den Zeitraum von 1980-1983 auf einer Skala von 1 bis 10 mit 7 und damit vergleichsweise positiv. BI definiert diesen Indikator wie folgt: „Efficiency and integrity of the legal environment as is affects business, particularly foreign firms" (Mauro 1995, S. 684). Die Daten von BI fließen nunmehr in die Länderratings der EIU ein, ohne aber dort im einzelnen aufgeführt zu werden. Der International Country Risk Guide (ICRG 2001) bewertet Stärke und Unparteilichkeit des Rechtssystems sowie die allgemeine Respektierung gesetzlicher Vorschriften in einem „law & order"-Index, der ebenfalls Werte zischen 1 und 10 annehmen kann, wobei mit einem höheren Wert eine höhere Qualität des Rechtssystems verbunden ist. Nach Angaben des ICRG lag der Index zwischen Januar 1984 und Januar 1996 meistenteils bei 3, lediglich 1992 und 1994 war eine weitere Verschlechterung auf 2 festzustellen[168]. Das Rechtssystem wird damit insgesamt negativ beurteilt. Die Ergebnisse von La Porta et al. (1997, 1998)[169], die Studie von FIDAFRICA und die negative Beurteilung durch den ICRG lassen den Schluß zu, daß die Qualität des Rechtssystems in Kamerun im Betrachtungszeitraum unzureichend war.

Vom Center for International Financial Analysis and Research (CIFAR), das die Qualität der Rechnungslegung in verschiedenen Ländern bewertet, liegen keine Angaben zu Kamerun vor. Dem Verfasser dieser Arbeit sind aber Fälle bekannt, die auf erhebliche Mängel auch in diesem Bereich schließen lassen:

---

[168] Jeweils Januar-Werte für 1984, 1986, 1988, 1990, 1992, 1994 und 1996.

- Die Bewertung der Darlehensforderungen einer Bank wurde durch Abschlußprüfer testiert. Im Anschluß daran wurde diese Bank, wie oben bereits erwähnt, von der COBAC zur Bildung von Wertberichtigungen in erheblichem Umfang veranlaßt. Zwischen bilanziellem und tatsächlichem Wert der betroffenen Forderungen bestanden also erhebliche Differenzen.

- Ein kamerunisches Unternehmen wies ein Erbbaurecht als Vermögensposition in der testierten Bilanz aus, obwohl der Erbbaurechtsvertrag unwirksam war.

- Ein anderes Unternehmen hat durch Übertragung von Vermögensgegenständen auf Tochtergesellschaften „asset stripping" betrieben. Die Überschuldung der Muttergesellschaft wurde lediglich durch den Ansatz unrealistischer Goodwill-Positionen in der ebenfalls testierten Bilanz vermieden. Gleichzeitig wurden Verbindlichkeiten gegenüber der DEG überhaupt nicht ausgewiesen.

Die genannten Beispiele stellen zwar keine objektive und umfassende Bewertung der in Kamerun geltenden Vorschriften zur Rechnungslegung dar, deuten aber andererseits darauf hin, daß – unabhängig von den geltenden Standards – auch das Testat eines Wirtschaftsprüfers nicht notwendigerweise Richtigkeit und Vollständigkeit einer Bilanz garantiert. Folglich waren sowohl die Basis für die Entscheidung über die Darlehensgewährung als auch die Grundlage für die Unternehmenskontrolle durch Kreditinstitute mit Mängeln behaftet.

Einen weiteren Anhaltspunkt für die Durchsetzbarkeit rechtlicher Ansprüche und die Qualität der Rechnungslegung bietet das Ausmaß der Korruption. Mauro (1995) stellt in einer empirischen Untersuchung des Zusammenhangs zwischen Korruption und wirtschaftlichem Wachstum fest, daß die von BI verwandten Indices zur Beurteilung des Rechtssystems, bürokratischer Hemmnisse und des Korruptionsniveaus eng korreliert sind. Der Grund für diese Korrelation ist offensichtlich: Wenn Gläubiger sich nicht darauf verlassen können, daß ihre Rechte tatsächlich durchgesetzt werden können, stellt das einen Anreiz dar, Gerichtsentscheidungen durch finanzielle Zuwendungen zu beeinflussen. Analog führt eine ineffiziente Bürokratie dazu, daß Investoren beispielsweise langwierige Genehmigungsverfahren durch Bestechung („speed money") zu beschleunigen suchen.

Korruption ist in Kamerun weit verbreitet. Der ICRG bewertet das Ausmaß der Korruption ebenfalls durch einen Index, der Werte zwischen 1 und 10 annehmen kann. Ein höherer Wert bedeutet dabei weniger Korruption. Von 1984 bis 1986 erreichte dieser Index für Kamerun lediglich einen Wert von 2, danach bis 1996 3

---

[169] La Porta et al. (1997) verwenden ebenfalls den law & order-Index des ICRG.

(ICRG 2001). In einem von der Nichtregierungsorganisation Transparency International (TI) für das Jahr 1998 veröffentlichten Bericht, der den Korruptionsgrad in insgesamt 85 Ländern untersucht, nimmt Kamerun vor Paraguay und Honduras die „Spitzenposition" ein (FES 1999, S. 5). Das betrifft auch das Rechtssystem. Die FES (1999, S. 53) verweist darauf, daß die Bestechung der Gerichte, sei es um Entscheidungen zu beeinflussen oder überhaupt einen Gerichtsentscheid zu erhalten[170], allgemein üblich ist: „Rare est aujourd'hui la relation entre justiciable et personnel judiciaire d'où l'argent est absent au départ d'une affaire." Sowohl die Einschätzung des ICRG als auch die Bewertung von TI und der FES sprechen dafür, daß Korruption in Kamerun weit verbreitet ist und die Qualität des Rechtssystems darunter erheblich gelitten hat.

Insgesamt waren also Gläubigerschutz, Rechnungslegung und enforcement im Betrachtungszeitraum unzureichend. Die Auswirkungen dieser Tatsache auf die Stabilität des Bankensystems und Zusammenhänge mit der Bankenkrise ab 1986 sind objektiv kaum zu beurteilen, da beispielsweise zwischen Zahlungsunfähigkeit und Zahlungsunwilligkeit eines Schuldners nicht unterschieden werden kann. Informationen über Versuche von Banken, Sicherungsgüter zu verwerten oder die Liquidation eines säumigen Schuldners zu betreiben, liegen ebenfalls nicht vor. Mit Blick auf die in Kapitel 5 dieser Arbeit identifizierten Ursachen der Bankenkrise – technische Insolvenz bereits vor 1986, Liquiditätsengpässe als Folge eines primär einkommensinduzierten Rückgangs des Einlagevolumens, unzureichende Wertberichtigungen und Unterkapitalisierung – sind aber grundsätzlich folgende Effekte anzunehmen:

1. Trotz sinkenden Einkommens haben die Guthaben inländischer Nichtbanken bei Banken im Ausland relativ betrachtet zugenommen und damit den Liquiditätsengpaß verstärkt. Ein Grund dafür war die Reglementierung der Guthabenverzinsung, die verhinderte, daß die aus Sicht der Einleger mit Inlandsguthaben verbundenen höheren Risiken durch einen höheren Zins kompensiert wurden. Die Annahme eines höheren Anlagerisikos könnte auf fehlende Transparenz der Banken selbst und/oder auf eine schwache Gläubigerposition der Kreditinstitute zurückzuführen sein. Das wiederum resultiert aus Mängeln im Gläubigerschutz und in der Rechnungslegung (und aus politischer Einflußnahme).

---

[170] Die FES nennt einen Fall, in dem ein Richter nach vier Monaten noch kein Urteil erlassen hatte und dazu nur gegen Zahlung von 50.000 FCFA bereit war. Weiterhin wurde ein von einem kamerunischen Unternehmen im Zuge eines Konfliktes mit dem deutschen Partner erwirktes Gerichtsurteil von der juristischen Abteilung der DEG als „offensichtlich rechtsmißbräuchlich" qualifiziert.

2. Da der kamerunische Bankensektor bereits vor Beginn der Wirtschaftskrise 1986 technisch insolvent war, kann die Ursache dieser Insolvenz nicht das sich verschlechternde wirtschaftliche Umfeld gewesen sein. Vielmehr haben Kreditinstitute die mit der Darlehensvergabe verbundenen Risiken falsch eingeschätzt. Diese Fehleinschätzung kann Folge unzureichender Rechnungslegung (und politischen Drucks) gewesen sein.

3. Bis 1989 hat die Kreditvergabe trotz des Liquiditätsengpasses zugenommen. Das war auf den Versuch der Kreditinstitute zurückzuführen, durch Kapitalisierung von Zinsforderungen und/oder Gewährung neuer Darlehen die endgültige Zahlungsunfähigkeit von Schuldnern und damit eigene Verluste zu vermeiden („distress borrowing" oder „evergreening", vgl. Lindgren et al. 1996, S. 58). Dieses Verhalten kann wiederum Folge unzureichender Rechte der Banken als Gläubiger – die den Zugriff auf Sicherungsgüter, den Austausch des Managements oder die Liquidation zahlungsunfähiger Unternehmen erlaubt hätten – bzw. fehlender Durchsetzbarkeit dieser Rechte gewesen sein. Dem Verfasser dieser Arbeit ist ein Fall bekannt, in dem eine kamerunische Bank auf die Einleitung rechtlicher Schritte verzichtet hat, weil das Verfahren trotz eindeutiger Rechtslage mit erheblichen Risiken verbunden gewesen wäre. Gleichzeitig wurde dem Kreditnehmer ein zusätzlicher Kontokorrentkredit eingeräumt, um die Illiquidität des Unternehmens zu vermeiden.

4. Die Bilanzierungspraktiken haben es den Kreditinstituten ermöglicht, die technische Insolvenz zu verbergen, indem Wertberichtigungen nur in unzureichendem Maße gebildet wurden. Das wiederum bedeutet, daß auch die Wirksamkeit der Bankenaufsicht – deren Kontrolle bis 1990 im wesentlichen in der Prüfung von Banken vorgelegter Berichte bestand –eingeschränkt war. Die erforderliche Rekapitalisierung des Systems wurde so verhindert. Angesichts der weiter oben erläuterten politischen Abhängigkeit der Aufsichtsorgane ist allerdings zu vermuten, daß auch eine realistische Bewertung des Forderungsportfolios nicht zu aufsichtsrechtlichen Konsequenzen (d.h. zur Schließung von Instituten) geführt hätte.

5. Wenn Gläubigerschutz und Rechungslegung unzureichend sind, wird die Reputation eines kreditsuchenden Unternehmens ein wichtiges Kriterium bei der Darlehensvergabe. Folglich konzentrieren sich Banken auf relativ wenige, am Markt bereits etablierte Unternehmen. Das führt – in Verbindung mit finanzieller Repression – zu Kreditrationierung, Klumpenrisiken auf der Aktivseite und damit höheren Ausfallrisiken.

6. Mangelnder Gläubigerschutz führt dazu, daß Kreditnehmer einen Anreiz haben, gewährte Darlehen nicht zu bedienen (vgl. z.B. Lindgren et al. 1996, S. 94). Das erhöht ebenfalls das Portfoliorisiko der Kreditinstitute.

Insgesamt erscheint die Annahme plausibel, daß Mängel im Rechtssystem und in der Rechnungslegung eine strukturelle Ursache der Bankenkrise in Kamerun dargestellt haben. Das Ausmaß der aus diesen Defiziten entstandenen Risiken läßt sich mangels geeigneter Daten aber nicht quantifizieren.

7. ZUSAMMENFASSUNG

Gegenstand dieser Arbeit war die Untersuchung der Zusammenhänge zwischen staatlicher Regulierung und der Stabilität des Bankensektors in Kamerun. Ausgangspunkt war dabei die Hypothese, daß die Systemkrise, die zwischen 1986 und 1997 zu beobachten war, zwar durch eine sich verschlechternde gesamtwirtschaftliche Entwicklung ausgelöst wurde, die strukturellen Ursachen aber in staatlichen Eingriffen zu suchen sind.

Die Ergebnisse legen nahe, daß diese Hypothese als verifiziert gelten kann. Das kamerunische Bankensystem war bis 1990 staatlichen Eingriffen ausgesetzt, die in erheblichem Umfang zur Destabilisierung beigetragen haben. Das betraf zunächst die Bankenaufsicht, deren organisatorische Ausgestaltung und Kompetenzausstattung ebenso unzureichend war wie die Definition der aufsichtsrechtlichen Normen selbst. Im Ergebnis haben diese Mängel dazu geführt, daß Aufsicht bestenfalls eingeschränkt stattfand und politischen Einflüssen unterlag. Darüber hinaus hat die kamerunische Regierung durch Instrumente finanzieller Repression die Kreditallokation zu beeinflussen versucht. Neben Zinsrestriktionen sollten insbesondere massive staatliche Beteiligungen sicherstellen, daß speziell die Entwicklung prioritärer Sektoren gefördert würde. Das große Ausmaß der staatlichen Beteiligungen hat erhebliche Effizienzverluste und erhöhte Kreditrisiken nach sich gezogen. In Staatsbeteiligungen liegt eine Ursache der Insolvenz des Systems bereits vor 1986. Schließlich war auch das Rechtssystem mit Mängeln behaftet. Weder die Durchsetzbarkeit rechtlicher Ansprüche noch die Anwendung geeigneter Buchführungspraktiken waren gewährleistet. Das hat sowohl die Bewertung von Kreditrisiken als auch die Begrenzung von Forderungsausfällen erschwert und so ebenfalls zur Insolvenz des Systems beigetragen.

Nachdem die strukturellen Schwächen des Systems offenbar wurden, hat die Regierung ihre Politik geändert. Ab 1990 wurden Reformen eingeleitet, die zu einer Stabilisierung des Systems führten. Die Reformen bezogen sich auf alle oben identifizierten Mängel: Die Zuständigkeit für die Bankenaufsicht wurde auf eine supranationale Behörde übertragen und die Aufsichtsnormen neu formuliert; gleichzeitig hat die Regierung die Politik der finanziellen Repression weitestgehend aufgegeben, indem die Zinsen liberalisiert und staatliche Beteiligungen an Kreditinstituten gesetzlich begrenzt wurden. Die Mängel im Rechtssystem wurden durch die Harmonisierung des Handelsrechts in der Franc-Zone zwar begrenzt, sind aber angesichts der nach wie vor weit verbreiteten Korruption nach wie vor relevant. Dennoch haben diese Maßnahmen insgesamt dazu geführt, daß Systemkrisen deutlich weniger wahrscheinlich geworden sind.

STATISTISCHER ANHANG

1. Wirtschaftliche Entwicklung 1960 – 1984 im Überblick

		1960	1961	1962	1963	1964	1965	1966	1967
Bevölkerung	Mio.	4,7	4,8	4,9	5,1	5,2	5,3	5,4	5,5
nominales BIP *	Mrd. FCFA	142,6	152,4	162,9	144,7	156,5	167,7	177,2	194,5
reales BIP (Basis 1980)	Mrd. FCFA	568,2	578,6	599,6	625,0	648,0	661,0	692,3	615,2
nominale Wachstumsrate**	%	n.a.	6,9%	6,9%	-11,2%	8,2%	7,2%	5,7%	9,8%
reale Wachstumsrate	%	n.a.	1,8%	3,6%	4,2%	3,7%	2,0%	4,7%	-11,1%
nominales Einkommen/Kopf	USD	123,7	128,9	134,6	136,5	144,4	153,3	157,0	141,0
Wachstumsrate des Nominaleinkommens/Kopf	%		4,3%	4,3%	1,4%	5,8%	6,2%	2,7%	-10,1%
reales Einkommen/Kopf (Basis 1980)	USD	493,0	489,5	495,4	504,1	510,6	508,0	519,9	453,0
Wachstumsrate des Realeinkommens/Kopf	%		-0,7%	1,1%	1,8%	1,3%	-0,5%	2,6%	-12,7%
PPP-Einkommen/Kopf	USD	n.a.	n.a.	n.a.	n.a.	n.a.	n.a.	n.a.	n.a.
Wachstumsrate des PPP-Einkommens/Kopf	%	n.a.	n.a.	n.a.	n.a.	n.a.	n.a.	n.a.	n.a.
Inflationsrate (Konsumentenpreise)	%	n.a.	n.a.	n.a.	n.a.	n.a.	n.a.	n.a.	n.a.
BIP-Deflator (Basis 1980)	Index	25	26	27	27	28	29	29	35
Veränderung des Deflators	%	n.a.	5,1%	3,1%	-0,3%	4,4%	2,8%	0,2%	23,6%
offizieller Wechselkurs (Jahresdurchschnitt)	FCFA/USD	245,2	245,3	245,0	245,0	245,0	245,1	245,7	246,0
NEER	Index	n.a.	n.a.	n.a.	n.a.	n.a.	n.a.	n.a.	n.a.
REER	Index	n.a.	n.a.	n.a.	n.a.	n.a.	n.a.	n.a.	n.a.
Handelsbilanzsaldo	Mio. USD	n.a.	n.a.	n.a.	n.a.	n.a.	n.a.	n.a.	n.a.
Leistungsbilanzsaldo	Mio. USD	n.a.	n.a.	n.a.	n.a.	n.a.	n.a.	n.a.	n.a.
ausl. Direktinvestitionen	Mio. USD	n.a.	n.a.	n.a.	n.a.	n.a.	n.a.	n.a.	n.a.
Haushaltsdefizit in % des BIP	%	n.a.	n.a.	n.a.	n.a.	n.a.	n.a.	n.a.	n.a.
Staatsverschuldung im Ausland in % des BIP	%	n.a.	n.a.	n.a.	n.a.	n.a.	n.a.	n.a.	n.a.

Tab. 1: Entwicklung ausgewählter Wirtschaftsindikatoren, 1960-1984; Quelle: IMF (1992, 2000), Weltbank (1999)

* Ab 1963 Angaben des IMF, davor der Weltbank.
* Die negative Wachstumsrate 1963 erklärt sich aus dem Wechsel von Weltbank- zu IMF-Daten.

		1968	1969	1970	1971	1972	1973	1974	1975
Bevölkerung	Mio.	6,1	6,7	6,8	6,9	7,1	7,2	7,4	7,5
nominales BIP	Mrd. FCFA	219,4	247,3	300,3	321,3	355,9	400,5	492,6	580,2
reales BIP (Basis 1980)	Mrd. FCFA	656,6	695,3	719,6	716,6	729,4	772,0	849,4	846,1
nominale Wachstumsrate	%	12,8%	12,7%	21,4%	7,0%	10,8%	12,5%	23,0%	17,8%
reale Wachstumsrate	%	6,7%	5,9%	3,5%	-0,4%	1,8%	5,8%	10,0%	-0,4%
nominales Einkommen/Kopf	USD	145,1	144,0	150,0	161,6	195,0	226,6	254,6	337,4
Wachstumsrate des Nominaleinkommens/Kopf	%	3,6%	4,2%	10,7%	7,4%	10,4%	2,7%	21,3%	18,0%
reales Einkommen/Kopf (Basis 1980)	USD	434,8	402,2	384,0	375,8	409,9	480,4	478,8	524,3
Wachstumsrate des Realeinkommens/Kopf	%	-3,4%	-2,9%	1,5%	-2,4%	-0,2%	3,6%	7,6%	-2,5%
PPP-Einkommen/Kopf	USD	n.a.	n.a.	n.a.	n.a.	n.a.	n.a.	n.a.	690
Wachstumsrate des PPP-Einkommens/Kopf	%	n.a.	n.a.	n.a.	n.a.	n.a.	n.a.	n.a.	n.a.
Inflationsrate (Konsumentenpreise)	%	n.a.	n.a.	3,6%	3,0%	4,3%	1,4%	4,5%	5,1%
BIP-Deflator (Basis 1980)	Index	37	39	42	44	47	50	56	59
Veränderung des Deflators	%	5,8%	5,3%	7,9%	3,4%	8,0%	6,5%	10,7%	6,0%
offizieller Wechselkurs (Jahresdurchschnitt)	FCFA/USD	247,6	260,0	276,4	275,6	252,0	222,9	240,7	214,3
NEER	Index	n.a.	n.a.	n.a.	n.a.	n.a.	n.a.	n.a.	n.a.
REER	Index	n.a.	n.a.	n.a.	n.a.	n.a.	n.a.	n.a.	n.a.
Handelsbilanzsaldo	Mio. USD	n.a.	n.a.	27,9	12,6	-18,3	98,9	103,3	-28,3
Leistungsbilanzsaldo	Mio. USD	n.a.	n.a.	-40,1	-53,3	-97,9	-10,3	-18,2	-176,2
ausl. Direktinvestitionen	Mio. USD	n.a.	n.a.	16,0	1,7	3,3	-0,7	29,8	25,3
Haushaltsdefizit in % des BIP	%	n.a.	n.a.	n.a.	n.a.	n.a.	n.a.	n.a.	-2,2%
Staatsverschuldung im Ausland in % des BIP	%	n.a.	n.a.	12,5%	14,3%	14,2%	13,5%	13,7%	14,5%

Tab. 1: Fortsetzung

		1976	1977	1978	1979	1980	1981	1982	1983	1984
Bevölkerung	Mio.	7,7	7,9	8,2	8,4	8,5	9,0	9,3	9,6	9,9
nominales BIP	Mrd. FCFA	657,2	789,9	968,1	1.135,4	1.356,2	1.796,4	2.172,8	2.618,1	3.195,0
reales BIP (Basis 1980)	Mrd. FCFA	887,6	962,2	1.121,7	1.258,5	1.175,3	1.485,1	1.665,3	1.785,9	1.968,3
nominale Wachstumsrate	%	13,3%	20,2%	22,6%	17,3%	19,4%	32,5%	21,0%	20,5%	22,0%
reale Wachstumsrate	%	4,9%	8,4%	16,6%	12,2%	-6,6%	26,4%	12,1%	7,2%	10,2%
nominales Einkommen/Kopf	USD	332,6	332,2	521,3	620,9	654,4	663,2	668,9	676,0	714,9
Wachstumsrate des Nominaleinkommens/Kopf	%	9,8%	2,7%	44,1%	12,3%	4,7%	30,3%	22,0%	17,2%	21,3%
reales Einkommen/Kopf (Basis 1980)	USD	482,4	495,1	607,7	704,3	654,4	609,3	546,1	489,7	456,4
Wachstumsrate des Realeinkommens/Kopf	%	2,6%	5,5%	12,7%	9,3%	-7,7%	19,7%	8,4%	4,0%	6,9%
PPP-Einkommen/Kopf	USD	720	890	930	1180	1260	1530	1610	1690	1850
Wachstumsrate des PPP-Einkommens/Kopf	%	4,3%	23,6%	4,5%	26,9%	6,8%	21,4%	5,2%	5,0%	9,5%
Inflationsrate (Konsumentenpreise)	%	1,8%	5,7%	10,4%	11,2%	4,2%	17,1%	7,6%	7,0%	7,8%
BIP-Deflator (Basis 1980)	Index	71	75	78	88	100	109	122	138	157
Veränderung des Deflators	%	19,7%	5,9%	3,4%	12,9%	14,2%	8,8%	12,5%	12,8%	13,6%
offizieller Wechselkurs (Jahresdurchschnitt)	FCFA/USD	239,0	245,7	225,7	212,7	211,3	271,7	328,6	381,1	437,0
NEER	Index	n.a.	n.a.	n.a.	90,9	93,0	87,2	83,4	81,1	80,5
REER	Index	n.a.	n.a.	n.a.	n.a.	131,6	120,9	118,2	122,9	125,1
Handelsbilanzsaldo	Mio. USD	n.a.	89,9	144,3	83,4	37,2	41,8	140,3	141,5	524,2
Leistungsbilanzsaldo	Mio. USD	n.a.	-124,6	-187,5	-125,8	-454,8	-475,4	-378,6	-414,3	-144,4
ausl. Direktinvestitionen	Mio. USD	n.a.	8,7	40,6	62,1	129,6	135,4	111,4	213,8	17,7
Haushaltsdefizit in % des BIP	%	-2,4%	-0,4%	0,4%	2,8%	0,5%	-3,3%	-2,5%	1,3%	n.a.
Staatsverschuldung im Ausland in % des BIP	%	19,4%	28,5%	28,6%	32,2%	32,3%	31,9%	30,4%	29,1%	25,6%

Tab. 1: Fortsetzung

2. Wirtschaftskrise und wirtschaftliche Entwicklung zwischen 1985 und 1997

2.1 Entstehung und Verwendung des BIP

	1985	1986	1987	1988	1989	1990	1991	1992	1993	1994	1995	1996	1997
nom. BIP (Mrd. FCFA)	3.896	4.135	3.783	3.579	3.424	3.327	3.247	3.150	3.271	3.786	4.366	4.844	5.291
reales BIP (Mrd. FCFA, Basis 1985)	3.896	4.100	4.011	3.696	3.631	3.388	3.257	3.159	3.058	2.978	3.078	3.230	3.391
nominale Wachstumsrate	21,9%	6,1%	-8,5%	-5,4%	-4,3%	-2,8%	-2,4%	-3,0%	3,8%	15,8%	15,3%	11,0%	9,2%
reale Wachstumsrate	n.a.	5,2%	-2,2%	-7,9%	-1,8%	-6,7%	-3,9%	-3,0%	-3,2%	-2,6%	3,3%	5,0%	5,0%
Bevölkerung (Mio.)	10,17	10,46	10,82	10,88	11,54	11,48	11,81	12,14	12,48	12,83	13,28	13,56	13,94
nom. BIP/Kopf (FCFA)	383.088	395.315	349.649	328.925	296.664	289.782	274.920	259.473	262.083	295.090	328.727	357.227	379.519
Wachstumsrate	18,3%	3,2%	-11,6%	-5,9%	-9,8%	-2,3%	-5,1%	-5,6%	1,0%	12,6%	11,4%	8,7%	6,2%
reales BIP/Kopf (FCFA)	383.088	391.931	370.739	339.697	314.601	295.157	275.749	260.189	245.056	232.081	231.619	238.178	243.264
Wachstumsrate	n.a.	2,3%	-5,4%	-8,4%	-7,4%	-6,2%	-6,6%	-5,6%	-5,8%	-5,3%	-0,2%	2,8%	2,1%
BIP/Kopf PPP (US-$)	2.050	2.300	2.380	2.260	2.160	1.990	1.920	1.900	1.820	1.750	1.810	1.870	1.890
Wachstumsrate	10,8%	12,2%	3,5%	-5,0%	-4,4%	-7,9%	-3,5%	-1,0%	-4,2%	-3,8%	3,4%	3,3%	1,1%

Tab.2: Entwicklung des BIP; Quelle: IMF(2000), Weltbank (1999)

	1985	1986	1987	1988	1989	1990	1991	1992	1993	1994	1995	1996	1997
Primärer Sektor	21,6%	24,0%	25,0%	26,0%	26,5%	24,8%	24,8%	27,3%	27,3%	38,7%	39,2%	40,2%	40,9%
Sekundärer Sektor	32,5%	29,1%	29,3%	29,4%	28,7%	28,7%	29,5%	25,8%	24,0%	23,0%	23,3%	22,0%	21,5%
Tertiärer Sektor	45,9%	46,9%	45,8%	44,6%	44,8%	46,5%	45,7%	47,0%	46,4%	36,1%	35,1%	35,0%	34,8%
(ind. Steuern - Subv.)	n.a.	n.a.	n.a.	n.a.	n.a.	n.a.	n.a.	n.a.	2,3%	2,2%	2,5%	2,8%	2,8%
Summe	100,0%	100,0%	100,0%	100,0%	100,0%	100,0%	100,0%	100,0%	100,0%	100,0%	100,0%	100,0%	100,0%

Tab. 3: Entstehung des nominalen BIP nach Sektoren; Quelle: IMF (1995, 1998), UN (2000)

	1985	1986	1987	1988	1989	1990	1991	1992	1993	1994	1995	1996	1997
Primärer Sektor	n.a.	n.a.	n.a.	n.a.	23,2%	24,2%	25,2%	27,2%	27,4%	28,8%	30,5%	31,2%	31,9%
Sekundärer Sektor	n.a.	n.a.	n.a.	n.a.	28,8%	28,1%	26,4%	25,0%	25,5%	22,4%	21,2%	21,1%	21,6%
Tertiärer Sektor	n.a.	n.a.	n.a.	n.a.	45,6%	45,3%	46,2%	45,2%	43,9%	46,4%	46,5%	45,2%	43,8%
(ind. Steuern - Subv.)	n.a.	n.a.	n.a.	n.a.	2,4%	2,4%	2,2%	2,6%	3,3%	2,3%	1,9%	2,5%	2,7%
Summe	n.a.	n.a.	n.a.	n.a.	100,0%	100,0%	100,0%	100,0%	100,0%	100,0%	100,0%	100,0%	100,0%

Tab. 4: Entstehung des realen BIP nach Sektoren; Quelle: IMF (1995, 1998)

	1985	1986	1987	1988	1989	1990	1991	1992	1993	1994	1995	1996	1997
Ölsektor	n.a.	n.a.	n.a.	n.a.	8,2%	8,3%	7,6%	6,9%	6,0%	5,6%	4,9%	4,4%	4,5%
Verarbeitendes Gewerbe	n.a.	n.a.	n.a.	n.a.	14,7%	13,6%	12,8%	13,2%	14,2%	12,3%	11,7%	12,0%	12,4%
Elektrizität/Gas/Wasser	n.a.	n.a.	n.a.	n.a.	1,4%	1,8%	1,9%	1,9%	1,7%	1,9%	1,9%	1,9%	2,0%
Baugewerbe	n.a.	n.a.	n.a.	n.a.	4,5%	4,3%	4,2%	2,9%	3,6%	2,6%	2,6%	2,7%	2,7%
Summe	n.a.	n.a.	n.a.	n.a.	28,8%	28,1%	26,4%	25,0%	25,5%	22,4%	21,2%	21,1%	21,6%

Tab. 5: Anteile der Branchen des sekundären Sektors am realen BIP; Quelle: IMF (1995, 1998)

	1985	1986	1987	1988	1989	1990	1991	1992	1993	1994	1995	1996	1997
Staatsverbrauch	9,0%	8,8%	10,9%	11,3%	12,4%	12,8%	12,4%	12,2%	11,0%	7,5%	7,2%	6,7%	6,6%
Bruttoinvestition incl. Lagerinv.	24,9%	25,5%	24,7%	20,9%	17,1%	17,9%	20,9%	13,5%	16,7%	15,6%	14,4%	16,0%	17,0%
Privater Konsum	64,2%	64,3%	67,8%	68,1%	69,1%	68,9%	62,6%	72,2%	71,5%	74,3%	72,7%	73,7%	70,5%
Außenbeitrag (o. Faktoreinkommen)	1,9%	1,4%	-3,4%	-0,3%	1,4%	0,3%	4,0%	2,1%	0,9%	2,5%	5,6%	3,6%	5,9%
Summe	100,0%	100,0%	100,0%	100,0%	100,0%	100,0%	100,0%	100,0%	100,0%	100,0%	100,0%	100,0%	100,0%

Tab. 6: Verwendung des nominalen BIP; Quelle: IMF (2000)

2.2 Außenverflechtungen

Mio. FCFA	1985	1986	1987	1988	1989	1990	1991	1992	1993	1994	1995	1996
Güterexporte gem. ZB-Statistik	730.649	719.256	507.465	548.403	488.927	442.554	438.919	311.215	444.000	623.000	863.400	837.600
Güterimporte gem. ZB-Statistik	-510.323	-566.029	-431.185	-363.599	-331.807	-278.987	-302.300	-255.541	-270.900	-422.000	-621.800	-631.500
Handelsbilanzsaldo	220.326	153.227	76.300	184.804	157.120	163.567	136.619	55.674	173.100	201.000	241.600	206.100
Saldo der Dienstleistungsbilanz	-464.238	-311.973	-314.843	-281.293	-319.676	-278.093	-293.196	-309.110	-332.200	-286.000	-289.300	-364.800
davon: Zinsen und Dividenden	-264.643	-144.034	-120.545	-145.997	-172.360	-155.518	-125.128	-208.459	-198.900	-190.000	-143.400	-305.000
Saldo der Übertragungen	-8.335	-32.095	-29.768	-31.544	-12.535	-8.833	-11.435	2.556	-12.700	9.000	8.800	-13.100
Leistungsbilanzsaldo	-252.247	-190.841	-268.311	-128.033	-175.091	-123.359	-168.012	-250.880	-171.800	-76.000	-38.900	-171.800
private Mittel	188.223	-15.760	8.491	3.930	-42.192	-28.007	-23.413	-6.148	-26.400	-44.000	-64.600	-64.900
davon: Direktinvestitionen	141.971	6.582	3.596	20.045	-27.747	-15.522	-4.725	-4.593	-4.900	10.000	12.700	33.000
öffentliche Mittel	42.165	47.064	120.724	72.016	69.403	11.211	23.635	-70.014	-35.500	63.100	-111.600	-194.000
Saldo der lfr. Kapitalbilanz	210.388	31.304	129.215	75.946	27.211	-16.796	222	-76.162	-61.900	19.100	-176.200	-258.900
außerordentliche Zuflüsse	0	0	0	93.700	149.472	201.282	207.546	318.495	235.600	306.500	182.400	370.000
Saldo der kzfr. Kapitalbilanz	19.344	138.776	-29.094	-60.472	31.706	-44.947	-98.360	-39.039	-36.300	-13.000	-33.000	68.000
Kapitalbilanzsaldo	229.732	170.080	100.121	15.474	58.917	-61.743	-98.138	-115.201	-98.200	6.100	-209.200	-190.900
Erreurs et Omissions	49.889	-7.897	27.084	47.275	-43.070	-49.753	56.834	15.976	-24.000	-107.000	-123.400	-60.700
Veränderung der Reserveposition	27.374	-28.658	-141.106	28.416	-9.772	-33.573	-1.770	-31.610	-58.400	129.800	-189.100	-53.400

Tab. 7: Zahlungsbilanz; Quelle: BEAC (1994, 1998)

	1985	1986	1987	1988	1989	1990	1991	1992	1993	1994	1995	1996	1997
Rohöl/Ölprodukte	n.a.	n.a.	50,2%	38,1%	41,1%	43,8%	51,3%	44,8%	47,2%	42,1%	34,9%	32,4%	37,6%
Kakao	n.a.	n.a.	14,2%	12,3%	9,4%	7,2%	4,6%	5,8%	5,8%	10,4%	10,8%	11,7%	10,4%
Kaffee	n.a.	n.a.	16,2%	17,2%	10,2%	7,6%	5,6%	5,8%	6,3%	12,6%	12,6%	10,7%	9,5%
Baumwolle	n.a.	n.a.	1,5%	5,1%	3,8%	5,0%	2,3%	3,2%	3,6%	6,0%	5,7%	4,6%	6,8%
Holz	n.a.	n.a.	3,6%	9,3%	5,9%	6,0%	5,7%	6,9%	12,4%	14,3%	10,6%	10,3%	11,8%
Aluminium	n.a.	n.a.	n.a.	n.a.	7,0%	7,1%	5,1%	4,4%	5,1%	6,7%	8,2%	7,9%	6,6%

Tab. 8: Anteile wichtiger Exportprodukte am wertmäßigen Gesamtexportvolumen (FCFA); Quelle: IMF (1995, 1998), EIU (1987, 1990, 1993)

US-Cents/Pfund bzw. US-$/barrel	1985	1986	1987	1988	1989	1990	1991	1992	1993	1994	1995	1996	1997
Kakao	102,3	93,8	90,6	71,8	56,3	57,5	54,1	49,9	50,4	63,3	65,0	66,0	73,4
Kaffee	121,2	148,3	102,3	95,1	75,7	55,0	49,8	43,6	53,5	119,8	126,8	82,8	80,7
Baumwolle	44,4	39,9	48,0	43,4	45,6	54,3	53,5	41,4	42,3	55,8	71,8	59,8	53,6
Rohöl (Spot)	27,4	14,2	18,2	14,8	17,9	23,0	19,4	19,0	16,8	16,0	17,2	20,4	19,3

Tab. 9: Weltmarktpreise für ausgewählte Exportprodukte; Quelle: IMF (1999)

	1985	1986	1987	1988	1989	1990	1991	1992	1993	1994	1995	1996	1997
US-$/barrel	27,4	14,2	18,2	14,8	17,9	23,0	19,4	19,0	16,8	16,0	17,2	20,4	19,3
TFCFA/barrel*	16,6	12,6	11,7	12,9	13,8	12,1	11,8	10,9	11,9	24,1	25,0	24,8	27,7

Tab. 10: Entwicklung des Weltmarktpreises für Rohöl in FCFA und US-Dollar; Quelle: IMF (1999)
* Der Anstieg 1994 resultiert aus der nominalen Abwertung des FCFA.

	1985	1986	1987	1988	1989	1990	1991	1992	1993	1994	1995	1996	1997
Nahrungsmittel und Tabak	n.a.	n.a.	n.a.	12,0%	12,1%	13,4%	17,4%	20,2%	17,0%	11,4%	10,8%	8,7%	8,8%
Halbfertigerzeugnisse	n.a.	n.a.	n.a.	16,2%	19,7%	17,5%	16,3%	15,3%	18,1%	11,9%	15,0%	17,2%	16,2%
industrielle Ausrüstungsgüter	n.a.	n.a.	n.a.	16,3%	17,4%	13,5%	14,3%	10,8%	9,3%	6,7%	9,7%	12,4%	12,6%
Konsumgüter Unternehmen	n.a.	n.a.	n.a.	23,2%	21,9%	27,1%	24,7%	24,1%	23,5%	16,7%	18,3%	20,9%	18,2%
Konsumgüter Haushalte	n.a.	n.a.	n.a.	15,8%	14,4%	14,4%	12,9%	14,3%	13,6%	9,0%	10,4%	11,5%	10,2%

Tab. 11: Anteile ausgewählter Produktgruppen am Importvolumen (in FCFA); Quelle: IMF (1995, 1998)

Die Angaben des IMF enthalten eine Schätzgröße für den offiziell nicht erfaßten Handel, die zwischen 1993 und 1994 von 0,7 Mrd. auf 130 Mrd. FCFA steigt. Das erklärt den Rückgang der prozentualen Anteile der hier ausgewiesenen Gütergruppen ab 1994.

2.3 Staatshaushalt und Verschuldung der öffentlichen Hand

Mrd. FCFA	1985	1986	1987	1988	1989	1990	1991	1992	1993	1994	1995	1996	1997
Staatseinnahmen	n.a.	924	743	633	583	478	506	502	431	344	534	655	768
davon: Einnahmen aus Ölsektor	n.a.	n.a.	n.a.	n.a.	186	145	188	166	112	74	107	143	204
Steuern und sonstige Einnahmen	n.a.	n.a.	n.a.	n.a.	376	333	318	336	320	270	427	512	564
Steuereinnahmen	n.a.	674	543	555	346	315	290	285	274	244	383	450	487
davon: Einkommen- und Gewinnsteuern	n.a.	353	229	267	64	67	58	51	47	43	58	65	101
davon: Steuern auf Güter und Dienstl.	n.a.	106	109	94	133	141	123	114	125	104	193	209	200
davon: Im- und Exportbesteuerung	n.a.	148	137	102	84	74	67	91	72	62	104	126	127
davon: sonst. Steuereinnahmen	n.a.	67	69	92	65	33	44	29	31	36	28	50	58
sonstige Einnahmen	n.a.	250	200	78	30	18	29	51	45	26	44	62	77
davon: Privatisierungserlöse	n.a.	0	0	0	0	0	0	0	0	0	0	1	22
Staatsausgaben	n.a.	n.a.	n.a.	n.a.	722	733	783	712	630	659	666	734	793
Konsumtive Ausgaben	n.a.	n.a.	n.a.	n.a.	550	541	601	604	543	545	619	691	719
davon: Löhne und Gehälter	n.a.	n.a.	n.a.	n.a.	290	287	300	296	275	207	194	188	213
davon: Güter und Dienstleistungen	n.a.	n.a.	n.a.	n.a.	120	128	98	74	68	50	106	123	143
davon: Zinszahlungen*	n.a.	33	43	40	59	71	138	173	152	241	262	302	299
Investive Ausgaben	n.a.	n.a.	n.a.	n.a.	172	192	182	108	87	114	47	44	74
lfd. Haushaltsdefizit/-überschuß	n.a.	n.a.	n.a.	n.a.	-159	-255	-277	-210	-199	-315	-132	-79	-25
abzüglich Privatisierungserlöse	n.a.	0	0	0	0	0	0	0	0	0	0	-1	-22
Veränderung der Zahlungsrückstände**	n.a.	n.a.	n.a.	n.a.	-192	29	172	-174	203	-473	115	-273	-3
Defizit auf cash-Basis	n.a.	n.a.	n.a.	n.a.	-351	-226	-105	-384	4	-788	-17	-354	-50
Finanzierung im Ausland	n.a.	n.a.	n.a.	n.a.	170	179	63	269	4	699	6	411	-173
Finanzierung im Inland	n.a.	n.a.	n.a.	n.a.	181	45	40	117	-8	90	11	-57	223

Tab. 12: Entwicklung des Staatshaushaltes; Quelle: IMF (1995, 1997, 1998, 1998c)

* Die starke Zunahme 1994 ist Folge der nominalen Abwertung des FCFA.
** Der deutliche Rückgang 1994 ist auf Umschuldungsvereinbarungen zurückzuführen.
Die Tab. 6 zugrundeliegenden Angaben der International Financial Statistics des IMF stimmen nicht mit Daten der IMF-Länderberichte überein. Da lediglich in den Country Reports Einnahmen und Ausgaben aufgeschlüsselt werden, beschränkt sich die Darstellung hier auf letztere.

	1985	1986	1987	1988	1989	1990	1991	1992	1993	1994	1995	1996	1997
Einnahmen													
Ölsektor	n.a.	n.a.	n.a.	n.a.	33,0%	30,3%	37,2%	33,1%	25,9%	21,5%	20,1%	21,8%	26,6%
Im- und Exportabgaben	n.a.	16,0%	18,4%	16,1%	14,9%	15,5%	13,2%	18,1%	16,6%	18,1%	19,5%	19,2%	16,6%
Verbrauchssteuern	n.a.	11,5%	14,6%	14,9%	23,6%	29,5%	24,3%	22,7%	29,0%	30,2%	36,1%	31,9%	26,0%
Einkommensteuern	n.a.	38,2%	30,8%	42,1%	11,4%	14,0%	11,1%	10,2%	10,9%	12,4%	10,9%	9,9%	13,2%
sonst. Steuereinnahmen	n.a.	7,24%	9,23%	14,56%	11,55%	6,90%	8,70%	5,78%	7,12%	10,38%	5,24%	7,63%	7,56%
Ausgaben													
Konsumtive Ausgaben	n.a.	n.a.	n.a.	n.a.	76,2%	73,8%	76,8%	84,8%	86,2%	82,7%	92,9%	94,1%	90,6%
davon: Löhne und Gehälter	n.a.	n.a.	n.a.	n.a.	40,2%	39,2%	38,3%	41,6%	43,6%	31,4%	29,2%	25,7%	26,9%
davon: Zinszahlungen	n.a.	n.a.	n.a.	n.a.	8,2%	9,7%	17,6%	24,3%	24,1%	36,5%	39,3%	41,2%	37,8%
Investive Ausgaben	n.a.	n.a.	n.a.	n.a.	23,8%	26,2%	23,2%	15,2%	13,8%	17,3%	7,1%	5,9%	9,4%

Tab. 13: Relative Anteile verschiedener Einnahme- und Ausgabepositionen; Quelle: IMF (1995, 1998, 1998c)

Mrd. FCFA bzw. %	1985	1986	1987	1988	1989	1990	1991	1992	1993	1994	1995	1996	1997
Langfristige Auslandsversch. (incl. Garantien)*	901	980	1.015	1.021	1.385	1.387	1.690	1.791	2.124	4.071	3.789	3.960	4.031
Kurzfristige Auslandsverschuldung	n.a.	n.a.	n.a.	n.a.	n.a.	76	82	78	111	121	225	33	116
Nettoinlandsverschuldung (incl. öff. Unternehmen)	0	3	0	0	139	143	344	412	431	401	392	330	354
Gesamtverschuldung	901	984	1.015	1.021	1.524	1.586	2.116	2.281	2.666	4.593	4.406	4.323	4.501
Auslandsverschuldung in % des BIP	23,1%	23,7%	26,8%	28,5%	40,5%	43,4%	54,6%	59,3%	68,3%	110,7%	91,9%	82,4%	78,4%
Inlandsverschuldung in % des BIP	0,0%	0,1%	0,0%	0,0%	4,0%	4,3%	10,6%	13,1%	13,2%	10,6%	9,0%	6,8%	6,7%
Gesamtverschuldung in % des BIP	23,1%	23,8%	26,8%	28,5%	44,5%	47,7%	65,2%	72,4%	81,5%	121,3%	100,9%	89,2%	85,1%
Anteil der Auslandsversch. an Gesamtversch.	100,0%	99,7%	100,0%	100,0%	90,9%	86,2%	79,9%	78,5%	79,7%	88,6%	86,0%	91,6%	89,6%
Anteil der Inlandsversch. an Gesamtversch.	0,0%	0,3%	0,0%	0,0%	9,1%	9,0%	16,3%	18,0%	16,2%	8,7%	8,9%	7,6%	7,9%

Tab. 14: Entwicklung der Staatsverschuldung; Quellen: IMF(1995, 1998), UN (1994, 1996, 1998), BEAC (1994, 1998)

* Der Anstieg der Auslandsverschuldung zwischen 1993 und 1994 resultiert aus der nominalen Abwertung des FCFA.

Mrd. FCFA	1985	1986	1987	1988	1989	1990	1991	1992	1993	1994	1995	1996	1997
BEAC	8	8	1	-49	18	48	246	291	299	272	257	243	259
Kreditvolumen Zentralregierung	-61	-5	-81	-133	-70	-17	5	44	76	89	94	51	67
Kreditvolumen. öff. Unternehmen	n.a.	n.a.	n.a.	n.a.	191	112	93	77	55	39	42	36	28
Verschuldung des öff. Sektors bei Banken	-61	-5	-81	-133	121	95	98	121	132	128	136	87	95
Inlandsverbindlichkeiten gesamt	-53	3	-80	-182	139	143	344	412	431	401	392	330	354

Tab. 15: Quellen der staatlichen Inlandsverschuldung; Quelle: BEAC (1994, 1998)

2.4 Preis- und Wechselkursentwicklung

	1985	1986	1987	1988	1989	1990	1991	1992	1993	1994	1995	1996	1997
Konsumentenpreisindex (Basis 1995)	54,4	58,7	66,4	67,5	66,4	67,1	67,1	67,1	65,0	87,8	100,0	104,7	106,3
Inflationsrate	8,5%	7,8%	13,1%	1,7%	-1,7%	1,1%	0,1%	0,0%	-3,2%	35,1%	13,9%	4,7%	1,5%
Konsumentenpreisindex Frankreich (Basis 1995)	77,0	78,9	81,5	83,7	86,7	89,6	92,5	94,7	96,7	98,3	100,0	102,0	103,2
Inflationsrate	5,8%	2,5%	3,3%	2,7%	3,5%	3,4%	3,2%	2,4%	2,1%	1,7%	1,8%	2,0%	1,2%
BIP-Deflator (Basis 1980)	174,2	174,6	170,4	171,8	168,6	171,4	177,5	175,3	178,8	198,5	232,3	244,9	251,4
Inflationsrate	11,2%	0,2%	-2,4%	0,8%	-1,8%	1,6%	3,6%	-1,3%	2,0%	11,0%	17,0%	5,4%	2,7%
BIP-Deflator Frankreich (Basis 1980)	155,2	163,3	168,1	172,9	178,1	183,6	189,7	193,7	198,5	201,5	204,7	206,9	209,0
Inflationsrate	5,76%	5,20%	2,96%	2,84%	3,02%	3,09%	3,28%	2,11%	2,47%	1,55%	1,57%	1,07%	1,02%
Offizieller Wechselkurs (FCFA/US-$, Jahresmittel)	449,3	346,3	300,5	297,9	319,0	272,3	282,1	264,7	283,2	555,2	499,2	511,6	583,7
Index des nom. eff. Wechselkurses (Basis 1995)	83,8	90,5	94,9	98,7	103,6	122,9	129,8	148,0	164,6	91,9	100,0	100,7	96,8
Index des realen eff. Wechselkurses (Basis 1995)	130,7	144,7	161,9	157,8	145,5	149,5	143,1	144,2	134,5	86,8	100,0	101,5	99,6

Tab. 16: Preis- und Wechselkursentwicklung; Quelle: IMF (2000), Weltbank (1999)

Die Veränderungen sowohl des Konsumentenpreisindex als auch des BIP-Deflators und der Wechselkurse 1994 sind Folge der nominalen Abwertung des FCFA.

227

3. Entwicklung des kamerunischen Bankensystems von 1985-1997

Mio. FCFA	1985	1986	1987	1988	1989	1990	1991	1992	1993	1994	1995	1996	1997
Zentralbankguthaben	27.503	44.911	25.405	29.353	48.782	41.028	27.482	17.223	12.388	42.571	37.490	82.475	122.771
Auslandsguthaben	162.969	41.218	74.679	117.938	139.427	31.450	39.739	27.254	26.022	72.463	64.223	47.254	69.700
Forderungen gegen inländische NFI	980.689	1.101.899	1.155.477	1.148.795	1.198.034	790.271	887.847	603.143	557.816	594.741	601.120	581.870	481.868
davon:													
Regierung	82.402	115.687	140.921	124.867	119.490	73.750	100.625	105.955	147.166	173.263	176.908	150.377	134.278
öffentliche Einrichtungen	0	0	0	0	0	25.877	859	20.098	6.895	12.498	10.765	9.346	9.189
öffentliche Unternehmen	0	0	0	0	191.129	111.518	93.187	77.030	52.676	39.448	42.057	36.257	28.039
Private	878.287	986.212	1.014.556	1.023.928	887.415	579.126	493.176	400.060	351.079	369.532	371.390	385.890	310.162
Forderungen gegen Finanzinstitute	0	0	0	0	2.907	1.827	2.548	3.056	3.057	4.462	9.019	9.213	8.574
sonstige Aktiva**	0	0	0	0	0	67.893	57.500	61.710	84.258	123.931	110.259	23.339	42.895
Aktiva*	**1.151.161**	**1.188.028**	**1.255.561**	**1.296.086**	**1.389.150**	**932.269**	**815.116**	**712.386**	**683.541**	**838.168**	**822.111**	**744.151**	**724.608**
Eigenmittel	64.215	82.432	101.341	111.670	119.512	105.795	141.951	77.267	75.884	84.385	62.249	102.793	80.663
Zentralbankverbindlichkeiten	129.981	192.563	341.549	327.909	294.327	211.816	77.577	51.634	52.053	27.072	21.407	4.928	4.504
Auslandsverbindlichkeiten	101.475	127.308	151.602	132.817	228.967	46.114	36.520	24.850	36.959	26.734	40.169	37.447	29.185
Einlagen	859.872	784.140	728.180	793.003	787.955	605.780	575.212	532.507	506.362	649.916	637.264	591.490	594.735
davon:													
Sichteinlagen	278.381	280.313	215.903	226.438	281.202	182.457	177.101	159.943	150.036	223.089	213.966	213.448	225.099
Termin- und Spareinlagen	437.838	383.069	290.706	308.290	316.980	306.908	301.521	290.323	278.683	329.788	329.303	288.893	270.622
Einlagen der Regierung	143.653	120.758	221.571	258.275	189.773	25.633	18.806	25.884	27.380	23.147	30.797	83.125	49.507
Einlagen öffentlicher Einrichtungen	0	0	0	0	0	90.882	77.784	56.357	50.273	73.892	83.198	46.024	49.507
sonstige Passiva**	-4.382	1.585	-67.111	-69.313	89.313	-37.236	-16.144	26.128	29.983	50.061	61.022	7.493	37.756
Passiva*	**1.151.161**	**1.188.028**	**1.255.561**	**1.296.086**	**1.520.074**	**932.269**	**815.116**	**712.386**	**701.240**	**838.168**	**822.111**	**744.151**	**746.843**
nicht erklärte Abweichung*	0	0	0	0	-130.924	0	0	0	-17.699	0	0	0	-22.235

Tab. 17: Bilanz des Bankensystems, 1985-1997; Quelle: BEAC (1994,1998)

* Aus den Angaben der BEAC ergeben sich Differenzen zwischen Aktiv- und Passivvolumen. Gründe dafür konnten nicht ermittelt werden.
** Weder die „sonstigen Aktiva" noch die „sonstigen Passiva" werden von der BEAC aufgeschlüsselt.
*** Der Rückgang des Bilanzvolumens 1990 resultiert in erster Linie daraus, daß die Forderungen und Verbindlichkeiten von Banken in Liquidation auf die staatliche Société de Recouvrement (SCR) übertragen und von der BEAC nicht mehr dem Bankensektor zugerechnet wurden.

	1985	1986	1987	1988	1989	1990	1991	1992	1993	1994	1995	1996	1997
kurzfristige Forderungen (bis 1 Jahr)	74,6%	75,0%	77,0%	81,3%	86,7%	86,9%	81,7%	79,7%	80,5%	83,1%	85,6%	77,0%	73,5%
mittelfristige Forderungen (1-5 Jahre)	24,3%	24,6%	22,6%	18,3%	13,2%	13,1%	17,0%	20,3%	19,4%	16,6%	14,2%	22,8%	26,3%
langfristige Forderungen (über 5 Jahre)	1,1%	0,4%	0,4%	0,3%	0,1%	0,1%	1,4%	0,0%	0,1%	0,2%	0,2%	0,2%	0,2%

Tab. 18: Anteile von Forderungen am Kreditportfolio nach Fristigkeit, Quelle: BEAC (1994, 1998)

	1985	1986	1987	1988	1989	1990	1991	1992	1993	1994	1995	1996	1997
Land- und Forstwirtschaft, Fischerei	n.a.	n.a.	n.a.	7,3%	11,0%	9,3%	9,8%	10,2%	9,3%	6,5%	6,8%	6,6%	7,7%
verarbeitendes Gewerbe	n.a.	n.a.	n.a.	15,1%	15,2%	16,1%	17,9%	18,1%	18,0%	17,1%	16,7%	16,0%	18,9%
Handel	n.a.	n.a.	n.a.	28,2%	27,7%	30,0%	30,6%	30,1%	30,5%	28,9%	28,3%	28,0%	33,1%
Baugewerbe1	n.a.	n.a.	n.a.	8,8%	6,9%	6,1%	5,9%	5,7%	5,5%	5,1%	5,0%	4,8%	5,7%
Exporthandel	n.a.	n.a.	n.a.	8,1%	8,4%	8,1%	7,2%	7,1%	6,6%	4,8%	3,9%	3,6%	4,1%
sonstige Dienstleistungen*	n.a.	n.a.	n.a.	9,0%	9,7%	9,8%	10,8%	11,0%	11,2%	22,2%	25,0%	26,1%	14,2%

Tab. 19: Prozentuale Anteile ausgewählter Sektoren an der Kreditvergabe, Quelle: IMF (1995, 1998)

* Die Zunahme 1994 resultiert daraus, daß zuvor bilanziell nicht berücksichtigte Forderungen des Bankensystems gegen das Finanzministerium berücksichtigt wurden.

	1985	1986	1987	1988	1989	1990	1991	1992	1993	1994	1995	1996	1997
Regulärer Diskontsatz*	9,00%	8,00%	8,00%	9,50%	10,00%	11,00%	10,75%	12,00%	11,50%	7,75%	8,80%	7,75%	7,50%
Privilegierter Diskontsatz	5,25%	5,25%	5,00%	5,00%	6,50%	6,50%	n.a.	n.a.	n.a.	n.a.	n.a.	n.a.	n.a.
Diskontsatz für Kredite an die öff. Hand	4,00%	4,00%	4,00%	4,50%	4,50%	5,50%	7,50%	9,50%	11,00%	7,75%	8,00%	7,75%	7,50%
Strafzins	18,00%	16,00%	16,00%	16,00%	16,00%	16,00%	16,00%	16,00%	18,00%	18,00%	20,00%	15,00%	15,00%
durchschnittliche Einlagenverzinsung**	7,50%	7,35%	7,15%	7,21%	7,50%	7,50%	7,50%	7,50%	7,75%	8,08%	5,50%	5,38%	5,04%
durchschnittliche Kreditverzinsung**	14,50%	13,50%	13,00%	13,46%	15,00%	18,50%	18,15%	17,77%	17,46%	17,50%	16,00%	22,00%	22,00%

Tab. 20: Zinsentwicklung, 1985-1997; Quelle: BEAC (1994, 1998), IMF (2000)

* Ab 1994 Geldmarktsatz.

229

LITERATURVERZEICHNIS

Abutalebi, G. (1996): „Entwicklungsfinanzierung und Wirtschaftspolitik – Die Zinspolitik Koreas", Leipzig

Adams, D.W. (1991): „Taking a Fresh Look at Informal Finance" in: Callier, P. (Hrsg.): „Financial Systems and Development in Africa" World Bank - Economic Development Institute, Washington, S. 29-43

Afrika-Jahrbuch 1997, Opladen 1998

Akerlof, G. (1970): „The Market for Lemons: Quality Uncertainty and the Market Mechanism", Quarterly Journal of Economics 89, S. 488-500

Amelung, T. (1987): „Zum Einfluß von Interessengruppen auf die Wirtschaftspolitik in Entwicklungsländern", Die Weltwirtschaft 1987 (1), S. 158-171

Baltensperger, E. (1990): „The Economic Theory of Banking Regulation" in: Furubotn, E.G.; Richter, R. (Hrsg.): „The Economics and Law of Banking Regulation", Occasional Papers Vol.2, Winter 89/90, Center for the Study of the New Institutional Economics, Universität des Saarlandes

Baltensperger, E.; Milde, H. (1987): „Theorie des Bankverhaltens", Berlin

Bank for International Settlements (BIS) (1988): „Basle Commitee on Banking Supervision – International Convergence of Capital Measurement and Capital Standards", Basel

--,-- (1997): „Basle Commitee on Banking Supervision – Core Principles for Effective Banking Supervision", Basel

--,-- (1998): "Sound Practices for Loan Accounting, Credit Risk Disclosure and Related Matters", Consultative paper issued by the Basle Committee on Banking Supervision, Basel

--,-- (2000): „Sound Practices for Managing Liquidity in Banking Organisations", Basel

--,-- (2000b): „Basle Commitee on Banking Supervision – Report to G7 Finance Ministers and Central Bank Governors on International Accounting Standards", Basel

--,-- (2001): „Secretariat of the Basle Commitee on Banking Supervision – The New Basle Capital Accord: an Explanatory Note", Basel

Banque de France - Secrétariat du Comité Monétaire de la Zone Franc (SCM) (1986): „La Zone Franc – Rapport 1985", Paris

--,-- (1991): „La Zone Franc – Rapport 1990", Paris

--,-- (1989): „La Zone Franc – Rapport 1988", Paris

--,-- (1992): „La Zone Franc – Rapport 1991", Paris

--,-- (1993): „La Zone Franc – Rapport 1992", Paris

--,-- (1994): „La Zone Franc – Rapport 1993", Paris

--,-- (1995): „La Zone Franc – Rapport 1994", Paris

--,-- (1996): „La Zone Franc – Rapport 1995", Paris

--,-- (1997): „La Zone Franc – Rapport 1996", Paris

--,-- (1998): „La Zone Franc – Rapport 1997", Paris

Banque de France (BdF) (1995): Annual report 1995, Paris

--,-- (1997): Rapport annuel 1997, Paris

Banque des Etats de l'Afrique Centrale (BEAC) (1987a): „Evolution des emplois et des ressources des banques commerciales du Cameroun et leurs résultats d'exploitation au cours de la période 1980/85", Etudes et Statistiques Nr. 140, Yaoundé, S. 59-73

--,-- (1997): Etudes et Statistiques Nr. 233 - Statistiques Monétaires, Yaoundé

--,-- (1987b): Etudes et Statistiques Nr. 145, Yaoundé

--,-- (1994): Etdues et Statistiques Nr. 208, Yaoundé

--,-- (1994): Etudes et Statistiques Nr. 242, Yaoundé

Bardhan, P. (1997): „The Role of Governance in Economic Development – A Political Economy Approach", Development Centre of the Organisation for Economic Cooperation and Development, Paris

Barth, J.R.; Caprio, G. jr.; Levine, R. (2000): „Banking Systems around the Globe – Do Regulation and Ownership Affect Performance and Stability?", World Bank Policy Research Paper Nr. 2325, Washington

Beber, H. (1988): „Wirkungen des bankenaufsichtsrechtlichen Instrumentariums auf den Wettbewerb im Kreditgewerbe", Göttingen

Beck, T.; Demirgüc-Kunt, A.; Levine, R. (1999): „A New Database on Financial Development and Structure", Weltbank Policy Research Working Paper Nr. 2146, Washington

Bekolo-Ebe, B (1986).: „Rétrospective d'une décennie de croissance de l'économie Camerounaise: 1975-1986", Revue Camerounaise de Management No. 3, S. 7-43

Bekolo-Ebe, B. (1986b): „Critique des fondements quantitativistes de la politique monétaire de la Zone Franc", Revue Camerounaise de Management, Nr. 3, S. 35-46

Berger, A.N.; Udell, G.F. (1990): „Collateral, Loan Quality, and Bank Risk", Journal of Monetary Economics 25, S. 21-42

Bhattacharya, S.; Boot, A..W.A.; Thakor, A.V. (1998): „The Economics of Bank Regulation", Journal of Money, Credit and Banking 30, S. 745-770

Bida-Kolika, A.; Renamy-Lariot, A. (1991): „Gestion bancaire dans un environnement d'ajustement structurel: expérience de la Banque des Etats de l'Afrique Centrale", BEAC Etudes et Statistiques No. 182, S. 97-125, Yaoundé

Blandford, D. et al. (1994): „Cameroon: Oil Boom and Bust" in: Sahn, D.E. (Hrsg.): „Adjusting to Policy Failures in African Economies", Ithaca/London, S. 131-163

Bonte, R. et al. (1999): „Supervisory Lessons to be drawn from the Asian Crisis", Bank for International Settlements (BIS) – Basel Commitee on Banking Supervision, Working Paper Nr. 2, Basel

Bossone, B. (1999): „The Role of Trust in Financial Sector Development", World Bank Policy Research Paper Nr. 2200, Washington

Bossone, B.; Promisel, L. (1998): „Strengthening Financial Systems in Developing Countries – the Case for Incentives-based Financial Sector Reforms", World Bank – Background Papers for the 1998 Annual Meetings of the International Monetary Fund and the World Bank Group, Washington

Bröker, G. (1989): „Competition in Banking", OECD-Publikation 1989

Buch, C. M. (1996): „Creating Efficient Banking Systems: Theory and Evidence for Eastern Europe", Tübingen

Bulletin de l'Afrique noire (1979): „Les banques en Afrique centrale", 4. April 1979,

Burghof, H.-P.; Rudolph, B. (1996): „Bankenaufsicht – Theorie und Praxis der Regulierung", Wiesbaden

Büschgen, H. E. (1998) „Bankbetriebslehre", Wiesbaden

Callier, P. (1991) (Hrsg.): „Financial Systems and Development in Africa", World Bank Economic Development Institute, Washington

Calomiris, C.; Gorton, G. (1991): „The Origins of Banking Panics: Models, Facts, and Banking Regulations", in: Hubbard, G.R. (Hrsg.): „Financial Markets and Financial Crises", Chicago, S. 109-173

Chang, R.; Velasco, A. (1998): „Financial Fragility and the Exchange Rate Regime", National Bureau of Economic Research Working Paper No. 6469, Cambridge

Claassen, E.-M. (1985): „The Lender-of-Last-Resort Function in the Context of National and International Financial Crises", Weltwirtschaftliches Archiv 121, S. 217-237

Claessens, S.; Klingebiel, D. (1999): „Alternative Frameworks for Providing Financial Services", World Bank Policy Research Paper Nr. 2189, Washington

Clément, J.A.P. (1994): „Streben nach Stabilität: Wechselkursanpassung des CFA-Franc", Finanzierung & Entwicklung, Juni 1994, S. 10-13

Commission Bancaire de l'Afrique Centrale (COBAC) (1993a): „Règlement COBAC R 93/02 relatif aux fonds propres nets des établissements de crédit", Yaoundé 1993

--,-- (1993b): „Règlement COBAC R 93/06 relatif à la liquidité des établissements de crédit", Yaoundé 1993

--,-- (1993c): „Règlement COBAC R 93/07 relatif à la transformation réalisée par les établissements de crédit", Yaoundé 1993

--,-- (1993d): „Règlement COBAC R 93/08 relatif au contrôle interne dans les établissements de crédit", Yaoundé 1993

--,-- (1993e): „Règlement COBAC R 93/04 relatif la division des risques des établissements de crédit", Yaoundé 1993

Conseil National du Crédit du Cameroun (1990): „Vingtième Rapport du Conseil National du Crédit – Exercices 1987/1988 – 1988/1989 – 1989/1990", Yaoundé

--,-- (1991): „Vingt-et-unième Rapport du Conseil National du Crédit – Exercice 1990/1991", Yaoundé

--,-- (1993): „Vingt-deuxième Rapport du Conseil National du Crédit – Exercices 1991/1992 – 1992/1993", Yaoundé

--,-- (1994): „Vingt-troisième Rapport du Conseil National du Crédit – Exercice 1993/1994", Yaoundé

--,-- (1996): „Vingt-quatrième Rapport du Conseil National du Crédit – Exercices 1994/1995 - 1995/1996", Yaoundé

Dakolias, M. (1996): „The Judicial Sector in Latin America and the Carribean – Elements of Reform", World Bank Technical paper Nr. 319, Washington

Dakolias, M. (1999): „Court Performance around the World", World Bank Technical paper Nr. 430, Washington

Dale, R. (1984): „The Regulation of International Banking", Cambridge de Juan, A. (1991): „Does Bank Insolvency Matter? And what to do about It?" in: Callier, P. (Hrsg.): „Financial Systems and Development in Africa" World Bank - Economic Development Institute, Washington

Delancey, M. W. (1989): „Cameroon – Dependence and Independence", San Francisco/London

Demirgüc-Kunt, A.; Detragiache, E. (1998): „The Determinants of Banking Crises: Evidence from Developed and Developing Countries", International Monetary Fund Staff Papers Vol. 45, S. 81-109, Washington

--,-- (2000): „Does Deposit Insurance Increase Banking System Stability?", International Monetary Fund Working Papers Nr. 00/3, Washington

Demirgüc-Kunt, A.; Maksimovic, V. (1998): „Law, Finance, and Firm Growth", Journal of Finance Vol. 53 (6), S. 2107-2137

Deutsche Bundesbank (DBB) (1999): „Grundsatz II über die Liquidität der Institute", Frankfurt/Main

Diamond, D. (1984): „Financial Intermediation and Delegated Monitoring", Review of Economic Studies 51, S. 393-414

Diamond, W.; Dybvig, P. H. (1983): „Bank Runs, Deposit Insurance, and Liquidity", Journal of Political Economy 91, S. 401-419

Dietz, M. (1998): „Korruption – Eine institutionenökonomische Analyse", Berlin

Domac, I.; Martinez Peria, M.S. (2000): „Banking Crises and Exchange Rate Regimes: Is there a Link?", World Bank Policy Research Paper Nr. 2489, Washington

Dorce, F. (1995): „Cameroun: une bien étrange privatisation", JAE Nr. 194, 17.04.1995, S. 8-12

Dowd, K. (1992): „Models of Banking Instability: a Partial Review of the Literature", Journal of Economic Surveys Vol. 6, Nr. 2, S. 107-132

Economist Intelligence Unit (EIU) (1987): Cameroon Country Profile 1986/87, London

--,-- (1990): Cameroon Country Profile 1989/90, London

--,-- (1993): Cameroon Country Profile 1992/93, London

--,-- (1996): Cameroon Country Profile 1995/96 London

--,-- (1998): Cameroon Country Profile 1997/98, London

Engberg, H.L. (1972): „The New African Central Banks and Monetary Management" in: Sametz, A.W. (Hrsg.): „Financial Development and Economic Growth – the

Economic Consequences of Underdeveloped Capital Markets", New York, S. 195-223

Engellandt, A. (2001): „Finanzintermediation und Leitwährungen", Marburg

Fama, E. (1985): „What's Different about Banks?", Journal of Monetary Economics 15, S. 29-39.

FIDAFRICA (1992): „Etude sur l'environnement juridique de l'activité commerciale et bancaire au Cameroun", Douala (liegt nur in Auszügen vor)

Fielding, D. (1995): „Investment in Cameroon 1976-1988", Journal of African Economies Vol. 4 Nr. 1, S. 29-51

Finsinger, J. (1989): „Bank Regulation and Deposit Insurance", Arbeitsbericht Nr. 68 des Fachbereiches Wirtschafts- und Sozialwissenschaften der Universität Lüneburg

Friedrich-Ebert-Stiftung (FES) (1999): „De la corruption au Cameroun", Yaoundé

Fry, M. J. (1988): „Money, Interest and Banking in Economic Development", Baltimore

Furubotn, E. G.; Richter, R. (1990) (Hrsg.): „The Economics and Law of Banking Regulation", Occasional Papers Vol.2, Center for the Study of the New Institutional Economics, Universität des Saarlandes

Gankou, J. M. (1991): „La politique économique du Cameroun: son impact sur la croissance depuis 1960", Neuchâtel

Gardener, E. (1994): „Capital Adequacy and Large Exposure Standards" in: Norton, J.J.; Chia-Jui, C.; Fletcher, I. (Hrsg.): „International Banking Regulation and Supervision: Change and Transformation in the 1990s", Dordrecht, S. 191-224

Gelbard, E.A.; Leite, S.P. (1999): „Measuring Financial Development in Sub-Saharan Africa", IMF Working Paper Nr. 99/105, Washington

Gérardin, H. (1989): „La zone franc: histoire et institutions", Paris

--,-- (1994): „La zone franc: la dynamique de l'intégration monétaire et ses contraintes", Paris

Geschiere, P.; Konings, P. (1993): „Itinéraires d'accumulation au Cameroun", Paris/Leiden

Gilbert, R.A. (1984): „Bank Market Structure and Competition", Journal of Money, Credit and Banking 16, S. 627-650

Goldsmith, R.W. (1969): „Financial Structure and Development", New Haven/London

Goldstein, M.; Turner, P. (1996): „ Banking Crises in Emerging Economies: Origins and Policy Options", Bank for International Settlements Economic Papers No. 46, Basel

Gonzalez-Hermosillo, B. (1999): „Determinants of Ex-ante Banking System Distress: A Macro-micro Empirical Exploration of some Recent Episodes", IMF Working Paper Nr. 99/33, Washington

Gonzalez-Hermosillo, B. (1999): „Developing Indicators to Provide Early Warnings of Banking Crises", Finance & Development Vol. 36, Nr. 2, S. 36-40

Gup, Benton E. (1998): „Bank Failures in the Major Trading Countries of the World – Causes and Remedies", Westport/London

Guttentag, J.; Herring, R. (1983): „The Lender-of-last-resort Function in an International Context", Essays in International Finance 151, Princeton

Hardy, D.C. ; Pazarbasioglu, C. (1999): „Determinants and Leading Indicators of Banking Crises: Further Evidence", International Monetary Fund Staff Papers Vol. 46, S. 247-258, Washington

Harrell, A.C. (1994): „Deposit Insurance Reform: Issues and Implications for the Structure of the American Financial System" in: Norton, J.J., Chia-Jui, C. und Fletcher, I. (Hrsg.): „International Banking Regulation and Supervision: Change and Transformation in the 1990s", Dordrecht, S. 305-375

Hay, J.R.; Shleifer, A.; Vishny, R.W. (1996): „Toward a Theory of Legal Reform", European Economic Review 40, S. 559-567

Henry, A., Tchente, G.-H.; Guillerme-Dieumegard, P. (1991): „Tontines et banques au Cameroun – les principes de la société des amis", Paris

Hubbard, G.R. (1991) (Hrsg.): „Financial Markets and Financial Crises", Chicago

International Country Guide Risk (ICRG) (2001): Selected Data Report for Cameroon (http://www.countrydata.com, 30.07.2001)

International Currency Review (1986), Vol. 1 Nr. 3, Feb./März

International Monetary Fund (IMF) (1992): International Financial Statistics Yearbook 1992, Washington

--,-- (1993): Cameroon – Background Papers, Washington

--,-- (1995): IMF Staff Country Report No. 95/5 Cameroon – Background Papers and Statistical Appendix , Washington

--,-- (1995b): International Financial Statistics Yearbook 1995, Washington

--,-- (1996): IMF Staff Country Report No. 96/125 Cameroon – Selected Issues and Statistical Appendix , Washington

236

--,-- (1997): Government Finance Statistics Yearbook 1997, Washington

--,-- (1998): IMF Staff Country Report No. 98/17 – Cameroon: Statistical Appendix, Washington

--,-- (1998b): Press Release Nr. 98/42, Washington

--,-- (1998c): Government Finance Statistics Yearbook 1998, Washington

--,-- (1998d): World Economic Outlook May 1998, Washington

--,-- (1999): International Financial Statistics Yearbook 1999, Washington

--,-- (2000): International Financial Statistics 2000, Washington

--,-- (2000b): „Report on the Observance of Standards and Codes - Cameroon", Washington   (http://www.imf.org/external/np/rosc/cmr/banking.htm, 17.05.2001)

--,-- (2000c): IMF Staff Country Report No. 00/81 – Cameroon: Statistical Appendix, Washington

Issing, O. (1992): „Einführung in die Geldpolitik", 4. Auflage, München

Issing, O. (1993): „Einführung in die Geldtheorie", 9. Auflage, München

Jensen, M.; Meckling, W. (1976): „Theory of the Firm: Managerial Behaviour, Agency Costs and Ownership Structure", Journal of Financial Economics 3, S. 305-360

Jeune Afrique Economie (JAE) (1995): Nr. 199, 3.07.1995, S.46-60

--,-- (1997): Hors Série – Spécial Banques 1997

,-, (1998): Hors Série – Spécial Banques 1998

Johnston, B.; Chai, J.; Schumacher, L. (2000): „Assessing Financial Systems Vulnerabilities", International Monetary Fund Working Paper No. 76, Washington

Jua, N. (1991): „Cameroon: Jump-starting an Economic Crisis", Africa Insight Vol. 21, No. 3, S. 162-170

Jua, N. (1993): „State, Oil, and Accumulation" in: Geschiere, P.; Konings, P.: „Itinéraires d'accumulation au Cameroun", Paris/Leiden, S. 131-159

Kane, E.; Buser, S. (1979): „Portfolio Diversification at Commercial Banks", Journal of Finance 24, S. 19-34

Kappel, R. (1993): „Future Prospects for the CFA Franc Zone", Intereconomics Nov./Dez., S. 269-278

237

Kaufman, G. G. (1996): „ Bank Failures, Systemic Risk, and Bank Regulation", Cato Journal, 16 Nr. 1, S. 17-45

Keeley, M.C. (1990): „Deposit Insurance, Risk, and Market Power in Banking", American Economic Review 80, S. 1183-200

Kim, D. ; Santomero, A. (1988): „Risk in Banking and Capital Regulation", Journal of Finance 43, S. 1219-232

Kindleberger, C. P. (1978): „Manias, Panics and Crashes – A History of Financial Crises", New York

Kindleberger, C. P.; Laffargue, J.-P. (1982) (Hrsg.): „Financial Crises", Cambridge

King, R. G.; Levine, R. (1993): „Finance and Growth: Schumpeter might be Right", Quarterly Journal of Economics 108, S. 717-737

Koehn, M.; Santomero, A. (1980): „Regulation of Bank Capital and Portfolio Risk", Journal of Finance 35, S. 1235-244

König, T. (2001): „Das regelgebundene Währungssystem der FCFA-Zone im Wandel der Zeit", Marburg

Körner, P. (1988): „Kamerun – afrikanisches „Musterland" in der Krise" , Afrika Spektrum Nr. 1, S. 77-94

La Porta, R.; Lopez-de-Silvanes, F.; Shleifer, A.; Vishny, R. (1997): „Legal Determinants of External Finance", Journal of Finance Vol. LII, Nr. 3, S. 1131-1150

--,-- (1998): „Law and Finance", Journal of Political Economy 106, S. 1113-1155

--,-- (1999): „Investor Protection: Origins, Consequences, Reform", National Bureau of Economic Research Working Paper Nr. 7428, Cambridge

La Porta, R.; Lopez-de-Silvanes, F.; Shleifer, A. (2000): „Government Ownership of Banks", National Bureau of Economic Research Working Paper Nr. 7428, Cambridge

Levine, R (1997a): „Financial Development and Economic Growth: Views and Agenda", Journal of Economic Literature 25, S. 688-726

--,-- (1998): „The Legal Environment, Banks, and Long-run Economic Growth", Journal of Money, Credit and Banking 30, S. 596-613

Levine, R.; Loayza, N.; Beck, T. (1999): „Financial Intermediation and Growth: Causality and Causes", World Bank Policy Research Paper Nr. 2059, Washington

Lindgren, C.-J., Garcia, G.; Saal, M. (1996): „Bank Soundness and Macroeconomic Policy", International Monetary Fund, Washington

238

Marchés Tropicaux et Méditerranéens (MTM) (1992): Spécial Cameroun, 11.12.1992

--,-- (1994): Cameroun 1994, 15.04.1994, S. 748-785

--,-- (1995): Spécial Cameroun, 8.12.1995, S. 2705-2755

Mauro, P. (1995): „Corruption and Growth", The Quarterly Journal of Economics (August), S. 681-711

McKinnon, R.I. (1973): „Money and Capital in Economic Development", Washington

Michelsen, H. (1995): „Auswirkungen der Währungsunion auf den Strukturanpassungsprozeß der Länder der afrikanischen Franc-Zone", Frankfurt

Moerland, P. W. (1995): Corporate Ownership and Control Structures: an International Comparison", Review of Industrial Organization 10, 0S. 443-464

Monga, C. (1993): „La banqueroute en ligne de mire", Jeune Afrique Economie (JAE) Nr. 170, S. 84-89

Monga, C. (1997): „L'argent des autres – banques et petites entreprises en Afrique: le cas du Cameroun", Paris

Ndeffo Fongue, J. (1997): „Franc-Zone, Geld- und Währungspolitik in Afrika – Reformmöglichkeiten unter besonderer Berücksichtigung der Erfahrung der Geldpolitik in Deutschland", Marburg

Ndongko, W.A. (1981): „Financing Economic Development: the Cameroon Experience", Journal of African Studies Vol. 8, No. 1, S. 16-30

Ngogang, S. (1982): „Eine Struktur für dezentralisierte geldpolitische Impulsentscheidungen – Die Geldpolitik Kameruns in der Franc-Zone", Giessen

Nkodia, A. (1987): „Influence de la baisse des cours des produits de base et du dollar sur l'évolution récente des balances des paiements des Etats de la zone BEAC", BEAC Etudes et Statistiques Nr. 138, S. 13-28, Yaoundé

Norton, J.J.; Chia-Jui, C.; Fletcher, I. (1994) (Hrsg.): „International Banking Regulation and Supervision: Change and Transformation in the 1990s", Dordrecht

Nuven, D. (1994): „Linkages in Price Level and Inflation between CFA Franc Zone Countries and France", IMF Working Paper Nr. 94/93, Washington

Ossie, W.-A. (1994): „Les objectifs intermédiaires de la Banque des Etats de l'Afrique Centrale: essai d'analyse", BEAC, Etudes et Statistiques Nr. 210, Yaoundé, S. 171-206

--,-- (1996): „Pour une restructuration en profondeur du système bancaire en zone BEAC", BEAC - Etudes et Statistiques Nr. 225, Yaoundé, S. 58-83

Patat, J.-P.; Lutfalla, M. (1990): "A Monetary History of France in the Twentieth Century", London

Pecchioli, R. M. (1987): „Bankenaufsicht in den OECD-Ländern: Entwicklungen und Probleme", OECD-Publikation

Perera Leite, S.; Sundararajan, V. (1991): „Issues on Interest Rate Management and Liberalization" in: Callier, P. (Hrsg.): „Financial Systems and Development in Africa" World Bank - Economic Development Institute, Washington, 147-157

Polizatto, V. (1991): „Prudential Regulation and Bank Supervision: Building an Institutional Framework for Banks" in: Callier, P. (Hrsg.): „Financial Systems and Development in Africa", World Bank Economic Development Institute, Washington, S. 173-199

Popiel, P.A. (Hrsg.) (1995): „Systèmes financiers en Afrique subsaharienne – étude comparative", World Bank - Africa Technical Department series discussion paper Nr. 260, Washington

Rajan, R.; Zingales, L. (1998): „Financial Dependence and Growth", American Economic Review 88, S. 559-586

République du Cameroun (1986): Arrêté no 00931 du 2 mai 1986 portant conditions des banques, Yaoundé

--,-- (1996): „Déclaration relative à la réforme du secteur financier", Ministre de léconomie et des finances, Yaoundé (o. Datum)

Rettinger, D. (1998): „Die Wirtschaftsprobleme Kameruns – Eine Untersuchung der Bedetung von Institutionen für den Entwicklungsprozeß", Frankfurt

Rochet, J.-C. (1992): „Capital Requirements and the Behaviour of Commercial Banks", European Economic Review 36, S. 1137-78

Roe, M. W. (1990): „Political and Legal Restraints on Ownership and Control of Public Companies", Journal of Financial Economics 2 (1), S. 7-41

Rombach, E. (1993): „Finanzintermediation und Bankenregulierung", Hallstadt

Rossi, M. (1999): „Financial Fragility and Economic Performance in Developing Economies: Do Capital Controls, Prudential Regulation and Supervision Matter?", International Monetary Fund Working Paper Nr. 99/66, Washington

Sahn, D.E. (1994) (Hrsg.): „Adjusting to Policy Failures in African Economies", Ithaca/London

Sametz, A.W. (1972): „Financial Development and Economic Growth – the Economic Consequences of Underdeveloped Capital Markets", New York

Schwiete, M. (1997): „Finanzsystem und wirtschaftliche Entwicklung", Berlin

Shaw, E.S. (1973): „Financial Deepening in Economic Development", New York

Sheng, A. (1991): „Bank Supervision: Principles and Practices" in: Callier, P. (Hrsg.): „Financial Systems and Development in Africa", World Bank Economic Development Institute, Washington, S. 259-275

Sherwood, R., Shepherd, G., de Souza, C. (1994): „Judicial Systems and Economic Performance", Quarterly Review of Economics and Finance 34, Special Issue, S. 101-116

Shleifer, A.; Vishny. R. (1993): „Corruption", Quarterly Journal of Economics 108, S. 599-617

--,-- (1994): „Politicians and Firms", Quarterly Journal of Economics 109, S. 995-1025

--,-- (1997): „A Survey of Corporate Finance", Journal of Finance 52, S. 737-783

Solow, R. M. (1982): „On the Lender-of-last-resort" in: Kindleberger, C. P.; Laffargue, J.-P. (Hrsg.): „Financial Crises", Cambridge

Statistisches Bundesamt, StBA (1993): „Länderbericht Kamerun 1992", Wiesbaden

Stiglitz, J.; Weiss, A. (1981): „Credit Rationing in Markets with Imperfect Information", American Economic Review 71, S. 393-410

Sundararajan, V. ; Balino, T. (1991): „Issues in Recent Banking Crises" in: Sundararajan, V.; Balino, T. (Hrsg.): „Banking Crises: Cases and Issues", International Monetary Fund, Washington, S. 1-57

Sundararajan, V.; Balino, T. (Hrsg.) (1991): „Banking Crises: Cases and Issues", International Monetary Fund, Washington

Tchatchouang, J.-C. (1990): „Les opérations et les résultats d'explotation des banques commerciales de la zone d'émission BEAC en 1988", BEAC – Etudes et Statistiques Nr. 175, Yaoundé

Tchoungang, C. (1986): „Le cadre juridique des sociétés commerciales au Cameroun", Revue Camerounaise de Management Nr. ¾, S. 247-256

Tefempa, G. (1996): „L'épargne nationale est-elle sensible au taux d'intérêt réel au Cameroun?", BEAC Etudes et Statistiques Nr. 221, S. 285-301, Yaoundé

Thomson, J.B. (1987): „The use of Market Information in Pricing Deposit Insurance", Journal of Money, Credit, and Banking 19, S. 528-536

Timberg, T.A.; Aiyar, C.V. (1984): „Informal Credit Markets in India", Economic Development and Cultural Change, Vol. 33 (1), S. 43-59

United Nations (UN) (1994): Statistical Yearbook 1993, New York

--,-- (1996): Statistical Yearbook 1995, New York

--,-- (1998): Statistical Yearbook 1997, New York

--,-- (2000): Statistical Yearbook 1999, New York

--,--: Monthly Statistic Bulletins, verschiedene Ausgaben, New York

Vallée, O. (1989): „Le prix de l'argent CFA – heurs et malheurs de la zone franc", Paris

--,-- (1993): „A son créancier, celui qui s'endette devra céder sa place même à la mosqué" in: Geschiere, P.; Konings. P.: „Itinéraires d'accumulation au Cameroun", Paris/Leiden, S. 161-185

Weltbank (1986): Cameroon Financial Sector Report, Report No. 6028-CM, Washington

--,-- (1987): Cameroon Country Economic Memorandum, Report No. 6395–CM, Washington

--,-- (1989): Weltentwicklungsbericht 1989, Washington

--,-- (1999): World Development Indicators 1999, Washington

--,--: Weltbank-Atlas, verschiedene Jahrgänge, Washington

West Africa (1985), 8. April 1985, S. 677 ff.

Wied-Nebbeling, S. (1993): „Markt- und Preistheorie", Heidelberg

Winter, M. (1994): „Ursachen und Folgen der Krise des Bankensektors in den CFA-Ländern", Afrika Spectrum 29, S. 165-185

In der Schriftenreihe *Wirtschaftspolitische Forschungsarbeiten der Universität zu Köln* sind bisher erschienen:

Terres, Paul:
Der Weg zur Internationalisierung der D-Mark
(Wirtschaftspol. Forschungsarbeiten, Bd. 1)
2 Mikrofiches, 135 S., 37 Euro, 1996
ISBN 3-89608-221-3

Schaffer, Thomas:
Privatisierungskonzepte im Transforma-
tionsprozeß sozialistischer Planwirtschaften
(Wirtschaftspol. Forschungsarbeiten, Bd. 2)
2 Mikrofiches, 141 S., 37 Euro, 1996
ISBN 3-89608-222-1

Prokop, Marc:
Finanzwirtschaftliche und finanzwissen-
schaftliche Aspekte eines Europäischen
Finanzausgleichs
(Wirtschaftspol. Forschungsarbeiten, Bd. 3)
2 Mikrofiches, 135 S., 27 Euro, 1996
ISBN 3-89608-223-X

Merten, Iris:
Geldpolitik in Spanien. Von den frühen 70er
Jahren bis zur Gegenwart.
(Wirtschaftspol. Forschungsarbeiten, Bd. 4)
2 Mikrofiches, 152 S., 37 Euro, 1996
ISBN 3-89608-224-8

Mikoleizik, Andreas:
Geldverfassung und Geldwertstabilität
(Wirtschaftspol. Forschungsarbeiten, Bd. 5)
1 Mikrofiche, 87 S., 27 Euro, 1996
ISBN 3-89608-225-6 (inzwischen auch als
Buchausgabe lieferbar unter der ISBN 3-8288-
9019-9 zum Preis von 25,90 Euro)

Scharrenbroch, Christiane:
Die Konvergenzkriterien des Vertrages von
Maastricht und ihre ökonomische Begründung
(Wirtschaftspol. Forschungsarbeiten, Bd. 6)
2 Mikrofiches, 125 S., 27 Euro, 1996
ISBN 3-89608-226-4

Böhlich, Susanne:
Die Verschuldung als Finanzierungsinstrument
der Europäischen Union
(Wirtschaftspol. Forschungsarbeiten, Bd. 7)
1 Mikrofiche, 93 S., 27 Euro, 1996
ISBN 3-89608-227-2

Seiche, Florian:
Die Savings und Loan Industrie in den Ver-
einigten Staaten von Amerika. Anatomie einer
Krise
(Wirtschaftspol. Forschungsarbeiten, Bd. 8)
1 Mikrofiche, 87 S., 27 Euro, 1996
ISBN 3-89608-228-0

Borgis, Oliver:
Internationale Währungskooperation am
Beispiel des Weltgeldmengenkonzeptes von
McKinnon
(Wirtschaftspol. Forschungsarbeiten, Bd. 9)
2 Mikrofiches, 105 S., 37 Euro, 1996
ISBN 3-89608-229-9

Ditzer, Roman:
Die japanische Entwicklungshilfe
(Wirtschaftspol. Forschungsarbeiten, Bd. 10)
2 Mikrofiches, 99 S., 37 Euro, 1996
ISBN 3-89608-230-2

Klein, Thilo:
Die peruanische Währungsreform von 1990
(Wirtschaftspol. Forschungsarbeiten, Bd. 11)
2 Mikrofiches, 106 S., 37 Euro, 1997
ISBN 3-89608-594-8

Hagenkort, Susanne:
Der Geldschöpfungsgewinn bei staatlichem
Geldangebot
(Wirtschaftspol. Forschungsarbeiten, Bd. 12)
1 Mikrofiche, 83 S., 27 Euro, 1997
ISBN 3-89608-595-6

Zängerle, Robert:
Medienkonzentration im Fernsehen. Ursachen
und Möglichkeiten ihrer Begrenzung am
Beispiel Brasilien
(Wirtschaftspol. Forschungsarbeiten, Bd. 13)
2 Mikrofiches, 108 S., 37 Euro, 1997
ISBN 3-89608-596-4

Seiche, Florian:
Währungskonkurrenz und Notenbankfreiheit.
Möglichkeiten einer wettbewerblich
organisierten Geldverfassung ?
(Wirtschaftspol. Forschungsarbeiten, Bd. 14)
als Buch lieferbar, 232 S., 25,90 Euro, 1997
ISBN 3-89608-764-9

Stapf, Jelena:
Zur Theorie der Währungskonkurrenz. Beseitigung des staatlichen Geldangebotsmonopols und der Geldnachfrageschranken
(Wirtschaftspol. Forschungsarbeiten, Bd. 15)
1 Mikrofiche, 82 S., 27 Euro, 1997
ISBN 3-8288-0031-9

Brochhagen, Thomas:
Die westdeutsche Währungsreform von 1948 und die Währungsreform 1990 in der DDR: eine vergleichende Betrachtung
(Wirtschaftspol. Forschungsarbeiten, Bd. 16)
2 Mikrofiches, 186 S., 37 Euro, 1997
ISBN 3-8288-0103-X

Wacker, Heiko:
Das brasilianische Wechselkurssystem
(Wirtschaftspol. Forschungsarbeiten; Bd. 17)
als Buch lieferbar, 114 S., 21,90 Euro, 1997
ISBN 3-89608-812-2

Ute Eckhardt:
Dezentralisierung in Kolumbien. Eine Analyse der Reorganisation von Aufgaben, Finanzbeziehungen und Kontrollmechanismen zwischen Gebietskörperschaften,
(Wirtschaftspol. Forschungsarbeiten; Bd. 18)
als Buch lieferbar, 290 S., 25,90 Euro, 1998
ISBN 3-8288-9013-X

Fritsche, Michael:
Der aktive Finanzausgleich in Brasilien auf der Grundlage der Verfassung von 1988
(Wirtschaftspol. Forschungsarbeiten; Bd. 19)
als Buch lieferbar, 174 S., 25,90 Euro, 1997
ISBN 3-89608-815-7

Schmücker, Julia:
Erfolgreiche Stabilisierungspolitik nach einer großen offenen Inflation. Der Plan Cavallo in Argentinien
(Wirtschaftspol. Forschungsarbeiten; Bd. 20)
als Buch lieferbar, 114 S., 25,90 Euro, 1998
ISBN 3-8288-9008-3

Kellner, Gundula:
Die chilenische Rentenreform und ihre Bedeutung für die inländische Kapitalbildung
(Wirtschaftspol. Forschungsarbeiten; Bd. 21)
als Buch lieferbar, 140 S., 25,90 Euro, 1998
ISBN 3-8288-9016-4

Mann, Thomas:
Fundamentale Zahlungsbilanzkrisenmodelle und Bankenkrise am Fallbeispiel Mexiko
(Wirtschaftspol. Forschungsarbeiten; Bd. 22)
als Buch lieferbar, 204 S., 25,90 Euro, 1998
ISBN 3-8288-9017-2

Thiel, Ingo:
Der dörfliche Bodenübernahmevertrag (nongcun tudi chengbao hetong) in der VR China
(Wirtschaftspol. Forschungsarbeiten; Bd. 23)
als Buch lieferbar, 118 S., 25,90 Euro
ISBN 3-8288-9018-0

Sachon, Julia:
Das Currency-Board-System der Währungspolitik als Stabilisierungsinstrument am Beispiel Argentiniens
(Wirtschaftspol. Forschungsarbeiten; Bd. 24)
als Buch lieferbar, 140 S., 25,90 Euro, 1998
ISBN 3-8288-9023-7

Forati Kashani, Vahid:
Das iranische Finanzsystem
(Wirtschaftspol. Forschungsarbeiten; Bd. 25)
als Buch lieferbar, 336 S., 25,90 Euro, 1998
ISBN 3-8288-9024-5

Schumacher Xavier, Cordula:
Stabilisierungspolitik in Brasilien. Der Plano Real
(Wirtschaftspol. Forschungsarbeiten; Bd. 26)
als Buch lieferbar, 116 S., 25,90 Euro, 1998
ISBN 3-8288-9026-1

Ditzer, Roman:
Der Instrumenteneinsatz in der japanischen Regionalpolitik mit einer Fallstudie zur Präfektur Okinawa
(Wirtschaftspol. Forschungsarbeiten; Bd. 27)
als Buch lieferbar, 214 S., 25,90 Euro, 1998
ISBN 3-8288-9028-8

Rumker-Yazbek, Dorothee:
Die Indexierung in der Wirtschaft Brasiliens
(Wirtschaftspol. Forschungsarbeiten; Bd. 28)
als Buch lieferbar, 92 S., 25,90 Euro, 1999
ISBN 3-8288-9032-6

Prokop, Marc:
Finanzausgleich und europäische Integration.
Ein regionaler Ansatz
(Wirtschaftspol. Forschungsarbeiten; Bd. 29)
als Buch lieferbar, 302 S., 25,90 Euro, 1999
ISBN 3-8288-9030-X

Homann, Simone:
Reformen des Finanzsystems im
Transformationsprozeß zentral geplanter
Volkswirtschaften. Das Beispiel der
Volksrepublik China
(Wirtschaftspol. Forschungsarbeiten; Bd. 30)
als Buch lieferbar, 174 S., 25,90 Euro, 1999
ISBN 3-8288-9036-9

Mohr, Matthias:
Der Einfluß der Kommunalverfassung auf die
Kommunalverschuldung
(Wirtschaftspol. Forschungsarbeiten; Bd. 31)
als Buch lieferbar, 200 S., 25,90 Euro, 1999
ISBN 3-8288-9031-8

**Feldsieper, Manfred; Wessels, Wolfgang
(Hrsg.):**
Die Beziehungen zwischen der Europäischen
Union und Lateinamerika. Ein Materialband
zum Lehrprojekt "Simulationsseminare EU-
Lateinamerika" an der Universität zu Köln
(Wirtschaftspol. Forschungsarbeiten; Bd. 32)
als Buch lieferbar, 120 S., 25,90 Euro, 1999
ISBN 3-8288-9034-2

Hartmann, Philipp:
Agrarreform im brasilianischen Bundesstaat
Ceará. Ökonomische Analyse und Bewertung
(Wirtschaftspol. Forschungsarbeiten; Bd. 33)
als Buch lieferbar, 118 S., 25,90 Euro, 1999
ISBN 3-8288-9037-7

Bürfent, Peter:
Rentenreformen in Lateinamerika
(Wirtschaftspol. Forschungsarbeiten; Bd. 34)
als Buch lieferbar, 366 S., 25,90 Euro, 2000
ISBN 3-8288-9038-5

Conrad, Heinz Harald:
Reformen und Problembereiche der
öffentlichen Rentenversicherung in Japan
(Wirtschaftspol. Forschungsarbeiten; Bd. 35)
als Buch lieferbar, 331 S., 25,90 Euro, 2000
ISBN 3-8288-8159-9

Gerstenberger, Björn:
Die Stellung der Zentralbank im
wirtschaftspolitischen System Brasiliens
(Wirtschaftspol. Forschungsarbeiten; Bd. 36)
als Buch lieferbar, 105 S., 25,90 Euro, 2000
ISBN 3-8288-8164-5

Botzenhardt, Philipp:
Konzepte zur Messung der Unabhängigkeit
von Zentralbanken
(Wirtschaftspol. Forschungsarbeiten; Bd. 37)
als Buch lieferbar, 105 S., 25,90 Euro, 2000
ISBN 3-8288-8214-5

Murwanashyaka, Ignace:
Untersuchungen über die Geldnachfrage in
Südafrika
(Wirtschaftspol. Forschungsarbeiten; Bd. 38)
als Buch lieferbar, 203 S., 25,90 Euro, 2001
ISBN 3-8288-8232-3

Hügle, Wolfgang J.:
Finanzsysteme, wirtschaftliches Wachstum und
die Rolle des Staates. Ein funktionaler Ansatz
unter Berücksichtigung der Reformerfahrung
lateinamerikanischer Länder
(Wirtschaftspol. Forschungsarbeiten; Bd. 39)
als Buch lieferbar, 301 S., 25,90 Euro, 2001
ISBN 3-8288-8234-X

König, Torsten:
Das regelgebundene Währungssystem der
Franc-Zone im Wandel der Zeit.
(Wirtschaftspol. Forschungsarbeiten; Bd. 40)
als Buch lieferbar, 280 S., 25,90 Euro, 2001
ISBN 3-8288-8270-6

Engellandt, Axel:
Finanzintermediation und Leitwährungen. Ein
grundlegender Beitrag zu einer internationalen
Geldtheorie
(Wirtschaftspol. Forschungsarbeiten; Bd. 41)
als Buch lieferbar, 281 S., 25,90 Euro, 2001
ISBN 3-8288-8298-6

Kochalumottil, Beena:
Verfahren, Methoden und neue Ansätze zur
Beurteilung von Länderrisiken
(Wirtschaftspol. Forschungsarbeiten; Bd. 42)
als Buch lieferbar, 127 S., 25,90 Euro, 2002
ISBN 3-8288-8348-6

www.ingramcontent.com/pod-product-compliance
Lightning Source LLC
Chambersburg PA
CBHW020832210326
41598CB00019B/1877